中州儒将张钫

张宗子　梁幸福　编著

中国文史出版社
CHINA CULTURAL AND HISTORICAL PRESS

图书在版编目（CIP）数据

中州儒将张钫 / 张宗子, 梁幸福编著. — 北京：
中国文史出版社, 2020.7

ISBN 978-7-5205-2067-6

Ⅰ. ①中⋯　Ⅱ. ①张⋯　②梁⋯　Ⅲ. ①张钫（1886-1966）— 人物研究　Ⅳ. ①K825.2

中国版本图书馆CIP数据核字（2020）第103450号

责任编辑： 牛梦岳

出版发行：**中国文史出版社**

社　　址：北京市海淀区西八里庄路69号院　　邮编：100142

电　　话：010-81136606　81136602　81136603（发行部）

传　　真：010-81136655

印　　装：北京新华印刷有限公司

经　　销：全国新华书店

开　　本：710mm×1010mm　1/16

印　　张：28.5　　字数：408千字

版　　次：2020年12月第1版

印　　次：2020年12月第1次印刷

定　　价：98.00元

序言

泽被华夏　辉耀乡邦

　　新安地处洛阳之西，西安之东，是两京（长安、洛阳）故道中的重要门户，是丝绸之路的重要节点，汉函谷关 2014 年成功进入世界文化遗产保护名录。受地理环境影响，在这块土地上曾孕育出了名标青史为数众多的忠臣良将和志士仁人。这些忠臣良将和志士仁人是乡邦的荣耀，亦是佑启后人，爱我中华，爱我乡邦的典型楷模。新安前人夙有"表扬前哲，彰显有德"之古训，对于清代以前的地方名人已几无所漏的载入史册和方志，对于清代以后民国时期的人物近年来虽然征集收录了一些编入《新安文史资料》，但是关于辛亥革命陕西起义重要人物张钫的专集传记则付阙如，实为一件憾事。2018 年 8 月，现居台湾年已 89 岁高龄的张钫之子张广平先生代表张氏后人回乡探亲，述及此事，希望新安政协能够将张钫生平事迹及传世文章组织编撰成书，并提供部分文献资料。人民政协的文史资料工作在"存史、资政、团结、育人"等方面有着独特的重要作用，亦为信史之一种，并日益受到社会各界的重视。为了弘扬乡贤文化，使张钫在辛亥革命中的事迹和作用及其在我国历史文化方面的贡献地位得以彰显，政协新安县委员会经过认真研究，决定编纂出版《中州儒将张钫》一书，并聘请我县有文史专长的老委员张宗子同志担任主笔。一年多来，在政协新安县委员会文化和文史委员会诸位同志的共同努力下，终于完稿成书。

张钫先生是河南省新安县人，字伯英，号友石，1886 年 7 月 17 日生于新安县铁门镇，1907 年，考入保定陆军速成学堂，在学堂期间加入同盟会。毕业后，在陕西新军中进行革命活动，是辛亥革命中陕西新军起义的领导人之一，后来曾任秦陇豫复汉军东征大都督、陕西靖国军副总司令等职，反对地方军阀陆建章、陈树藩。抗日战争期间，张钫先生曾任第一战区抗日预备军总司令、军事参议院副院长等职。1949 年，任国民党鄂豫陕边区绥靖公署主任。解放后，曾任全国政协第二届委员会委员、民革中央团结委员会委员、中央文史馆副馆长。1966 年 5 月病逝于北京。1986 年 6 月全国政协、中央统战部为其举行迁葬铁门仪式。起起武夫，戎马驰骋的张钫不仅熟知军事，而且学识渊博，在书法、金石和考古收藏方面亦有一定造诣和成就。他于民国初年收集河洛一带零散墓志，在他的蛰庐西侧筑建了一座"千唐志斋"，将墓志镶嵌在"千唐志斋"窑洞内予以保存。共收藏墓志石刻 1578 方，其中唐志 1191 方，是我国唯一的墓志博物馆。占全国所有唐志总数一半左右，对保护祖国历史文物做出了重要贡献。现为国家重点文物保护单位、爱国主义思想教育基地。在书法方面，从他书写的《孙子兵法》条幅和《沈闿然墓志》来看，他的笔法高古，楷兼隶意，既具颜鲁公之浑厚，兼有赵松雪之简放，温润娴雅，端丽有则，堪为摹习垂法范本。再从张钫的学问功底来看，当也为一代翘楚。受家庭和乡邦书香文化熏染，张钫精于文笔，现存著作除了已经结集出版的《张钫回忆录》《千石斋藏志目录》和《历代军事分类诗选》之外，尚有诗、文、诔、赞、书牍、碑记、墓志、书牍、题跋、檄移、文告等多种文体。他的文风朴实，辞约而精，字句之间洋溢着一种慷慨磊落之气，读之使人回肠荡气，艳羡不已。

我家水源村距铁门张钫故居不足五里，此村原为张钫祖辈居住之地，并和樊姓有姻亲关系，同时张钫幼年也曾在这里读书，因此村人对于张钫家族及张钫本人较为熟悉，尤其是民国时期张钫曾在西安、洛阳、开封等地赈灾救民之事，尤为村人感念不已。此外，张钫及其父祖辈也曾为水源村修渠道办学校等公益事业捐资，这也是水源父老乡亲传诵不忘的旧事。"睹乔木而思故家，考文献而爱乡邦"，"地以人贵，人以地传"。新安这块土地孕育了张钫，蛰庐也为新安争得了荣耀，这份荣光是新安人的骄傲，也是取之不尽、用之不竭的史志资源，新安人对此无比珍爱，并以此为用，启迪后人，恭桑敬梓。

最后，对于张钫先生之子张广瑞等亲属关心支持本书出版深致谢意！

樊栋梁

（政协新安县委员会主席）

2020 年 6 月

目 录
Contents

卷二 志酬千唐

卷三 书文兼工

卷四　德业绵长

卷一

军旅忆往

辛亥举义　帝制坍塌

　　宣统三年（1911）清政府出卖铁路修筑权，激起全国人民的反对。湖北革命团体文学社和共进会在同盟会的推动下实现了联合，于八月十九日（10月10日）发动武昌起义，建立湖北军政府。继武昌起义之后，1911年10月22日，西安辛亥革命起义爆发并取得成功，从而很快地控制了西北局势。在陕西辛亥革命起义的成功影响下，全国各地相继响应，1912年1月1日，以孙中山为大总统的中华民国临时政府在南京成立，颁布并通过了《临时约法》。2月12日，清帝被迫宣告退位。

　　辛亥革命，结束了清朝276年的统治地位，也结束了中国自秦以来两千余年的封建帝制，建立了中华民国，使中国逐渐走向共和。

　　张钫是陕西辛亥革命起义的领导者和直接参加者之一，亦是为辛亥革命作出重要贡献的人物。

孙中山先生手书"博爱"赠张钫（伯英）

忆陕西辛亥革命 [①]

一、清末编练新军与举办陆军学堂

清朝军队，旗兵与绿营在清中叶已经腐败。湘军与淮军在甲午、庚子战败后，也完全暴露了它的作战无能。在这种情况下，清政府决定编练新军，计划编三十六镇精锐的部队。除北洋六镇成立稍久外，南洋各镇多新成立之师。海军当残破之余，只剩一部分小炮艇而已，海军费又被挪用去修了颐和园。那时大省练兵成镇，小省成协。鄂省有械，粤省有钱，江浙各省有人，其规模尚有可观。至于边远省份，人、械、饷三者都缺，所以参差不齐，不能照计划成立。

陕西算是小省，当时编练一个混成协，协统是王毓江。他是一个道台官，办了两年，在三千步兵额里便吃了一半空额，1910年（宣统二年）被革职查办，重新招募新兵。经过六个月时间，募到士兵三千名，多半是外省人。这是由于征兵办不到，本省人多鄙视当兵，不肯应募之故。

当时绿营所用的武器，最称锐利的不过为铜底大装、七响马枪、水连珠、利名顿、哈机克斯、洋抬枪而已。绿营队伍，均扛大旗，穿战裙，用布包头，背着大刀，抬着土炮，用前膛枪，武器十分陈旧。新军的装备则都是新式武器了。当时新军所用的器械以湖北兵工厂出的小口径为第一。新军一个协有步兵两标（步枪三千支）、山炮三队（炮十八门）、骑兵一营、工辎兵各一连。但那时为了防范"叛变"，都不发给子弹，每枪只发空响弹

[①] 选录于《风雨漫漫四十年：张钫回忆录》，中国文史出版社2018年版。脚注如无特别说明，均为本书编者注，下同。

一排，作练习用，与徒手无异。

除了编练新军，清政府又举办新的军事学校，当时除在各省设立陆军小学外，并在全国设立四个陆军中学。这些学校的学生须学习二年后毕业，才能升入军官学堂。从小学到军官学堂毕业，需要九年才能训练出一个排级的军官。当局感到不能等待，乃在陆军部直接领导下，成立陆军速成学堂，招学生两班，由陆军小学及文学堂挑选具有中学程度并且身体健壮的学生入学，两年半毕业，毕业后即可与军官学堂毕业班次相衔接，军官人才就可以源源产生。我就是那时陆军速成学堂的一个学生。

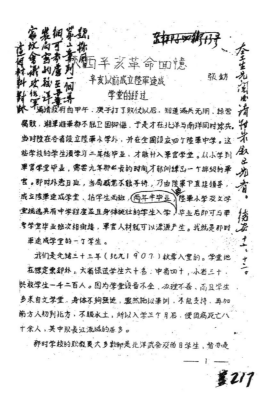

张钫《忆陕西辛亥革命》初稿《陕西辛亥革命回忆》稿影

我是1907年（光绪三十三年）秋季入学的。学堂地址在保定东郊外。大省保送学生六十名，中省四十名，小省三十名，共收学生一千二百人。因为学堂设备不全，办理不善，而且学生多来自文学堂，身体不够强健，骤然施以军训，不能支持；再加南方人初到北方，不服水土，所以入学三个月后，便因病死亡八十余人，其中以长江流域的居多。

那时学校的教职员大多数都是出身北洋武备学堂及留日的学生，督办是段祺瑞，总办是赵理泰，监督是曲同丰。学生编制以队为单位，分步、马、炮、工、辎等专科。步兵总教习贺忠良，马科总教习黑守仁，炮科总教习唐直道，辎重总教习靳新义，都是日本人。学生年龄大者达三十一岁，小者十八九岁，程度因之参差不齐。学生除分隶各专科外，程度较低者须补习普通学科半年，然后分入专科。另外有满文、蒙文和英、法、德、俄、日五种外文，每人选修一门。在二年半修业期间，死亡、退学和革职的学生计达二百余人，送去日本留学者六十五人，毕业学生仅剩八百余人。军事教育规定严格，对于思想言论及行动限制极严，防范极密，凡政治书籍和杂志等皆不许阅读。

各省学生分编各科，彼此互相联络者很多，但是真能接受革命思想，参加同盟会者亦只有七十二人。在这七十余人中，以陕、浙、粤、闽、桂、滇等省籍的居多，因当时发动革命，首在各边省地区。我是豫籍，但是由陕省保送，所以与陕、豫同学都接近。当时所读的革命书报，有《警世钟》《国民必读》《猛回头》《太平天国战史》《二十世纪之支那》《浙江潮》《新湖南》《夏声》等，但不能公开阅览，只能秘密阅读。加入同盟会者，才能见到《民报》及其他宣传革命的小册子。

1907 年（光绪三十三年）秋季毕业的学生，分发各镇入伍见习，见习期满，于 1909 年春季，分别回各省。那时学校里大部分学生，皆受革命思想的熏陶，回到各省之后，整军经武之风大兴，而军容为之一变。回省学生大概都任排连级干部，为接近士兵之官，先从精神训练入手，使士兵渐知爱国的方向，孙、黄革命之精神，始深入部队之中。当时对士兵讲话，不明说革命的意义，对头目（即今日之班长）精神讲话，讲的是卫国御侮，必须战争，战争可分四种：（一）同种战争；（二）异种战争；（三）同族战争；（四）异族战争，意思是暗指清政府是异族，我们必须把他们赶走。这几句话在当时发生很大的效力。

我们回陕西的同学，都在督练公所候差，每人每月支银十八两。1910 年（宣统二年），混成协的三千士兵募齐后，我们分到各营充当排长的共有二十二人。分派的那天是 1910 年（宣统二年）10 月 3 日（农历九月初一），翌年的西安起义也是农历的这一天。

二、陕西革命党人的活动

陕西是西北革命的策源地。清朝末年，在陕西除官府以外，人民的心多倾向革命，盼望打倒清政府。因此，同盟会在日本东京派回到陕西活动的虽只有井勿幕一人（康宝忠到北京未回陕），但他到处都受人欢迎，他在省城及渭北各县布置的革命活动，力量很大。

在军队中，钱鼎（字定三，一标三营营副）和我等设立了"军事研究社"，和井勿幕取得了联系。钱鼎和我是同学会的代表，同学三十多人，都分别在部队中担任工作。骑兵营曹位康，工兵连张希瑞，一标钱鼎，二标刘自新、炮兵营党仲昭、张仲仁（二人住渭南会馆联络站）、徐烈卿（住书院门站）、朱叙五、陈树藩、余永宽、王仁山和我皆担任工作。全协士兵中老行伍出身的，多数都参加帮会，如刘世杰（工兵队头目，洪帮）、马玉贵（二营头目，伊斯兰教，洪帮）、吴世昌、郭锦镛、马瑞堂、魏礼亭、吕金堂等，都是帮会头目。张云山是协部司号长，他在洪帮里很有号召力。万炳南是哥老会的大哥，他在新军及巡防营中的地位最高。学生出身的人中，钱鼎因活动革命，加入帮会，其他的革命分子也都和帮会接近。军队中官、目、兵各级均有人负责。对旗籍同学同时暗中防范，不露痕迹。"军事研究社"也有旗籍同学参加，但是他们不知道这是革命机关。

党人对于教育界、新闻界、政界及一般社会人士，均有相当联络。我们和各方面人碰头的地方，计有"义聚楼饭馆""正谊书局""派报处"等处和一些私人（卢慧卿等）的住宅。那时督练处总办兼巡警道张藻是军队的上级指挥，在他署中担任机要科长的候补知县公恩溥（惠亭），是我妹夫的父亲，上级官署的消息可以从他那里探访。藩台衙门的书吏如白水县焦子静等，都分别参加革命活动，还组织了公益书局，进行宣传工作。张聚庭的女友傅二姐（即卢慧卿）那里是秘密联络站，作用很大，因常在小雁塔开会，在义聚楼饭馆吃饭，当时风声甚大。

朝邑县（今属大荔县）阎小泉是关东游侠的首领。井勿幕、寇遐嘱托李仲三去策动他，他把李仲三吊打一顿，后来却答应参加革命。西安起义后由我把他收编，归陈树藩指挥，同去攻取运城，再到茅津渡掩护东征军的左翼，后在援醴泉①时阵亡。

辛亥革命时期的小雁塔

渭南孝邑的大侠严纪鹏也在渭河南北秘密布置力量，第一次攻克潼关时，也曾参加战役，其后升任标统等职。其他如曹印侯在临潼（后调凤翔）首先给东征军募集民兵一千名，李天佐（字襄初）在蒲城，井岳秀在渭北各县，李仲三在二华（即华县、华阴），也都能号召民众，参加东征军。井岳秀在辛亥革命中做事很多，后来坐镇榆林达二十年；曹印侯西援凤翔，颇建成绩；李仲三外号李逵，他在辛亥革命运动中，冒险犯难，始终不馁，在同州②、朝邑一带做的工作很多。同州中学寇遐、尚殿特、党廷佐一班同人，在学生中及地方上均发生很大的作用，后来这一班人多在东路战事上立了功。尚殿特曾被派为弋表去湖北、南京，备受艰险，终能完成任务。党廷佐以拔贡出身，荷枪临阵，在枪林弹雨中以地堰为书案，草拟文书，行若无事。

---

① 陕西礼泉县。——原书编者注
② 现称大荔县。——原书编者注

三、响应武昌起义，光复西安

武昌起义的消息传到陕省后，同盟会领导的革命活动更加积极起来。官府也侦骑四出，准备抓人。我们得悉黑名单已拟定了，只是何时动手尚不知道。面对这种紧急局势，我们急谋对策，在 1911 年 10 月 14 日（农历八月二十三日），开了一个会，决定了以下几个办法：

（一）由张钫去见巡警道张藻，面探虚实。

（二）赶紧埋藏或销毁所有秘密文件。

（三）加紧进行各团体的联系工作和军队策反活动。

张藻曾任陕西陆军小学总办，是我的老师。我从保定陆军速成学堂毕业回陕时，他是兵备处总办，见过他几次，进新军也是他的关系。大家要我去见他，我当然义不容辞。那天跟我一道去的，还有一位军校生曹位康（骑兵连连长）。我们动身时，心情很紧张，因为我们都是官府单上有名，准备要逮捕的人。我见张藻后，首先说："传说官府听信谣言，把我们同学都当成革命乱党，要拿办我们。我们今天自来投案，请即撤职交军法审讯。"张藻听了我的话，反问我们："煽动部队的是谁？"我说："这个我们不知道，可是新军造不了反是肯定的。"张藻问："道理何在？"我说："新军官兵虽有枪，但并无一颗子弹，空枪不敌一根棍子方便，如想造反，等于自己找死，何况袁世凯出来后，以武昌孤城与北洋大军为敌，无异螳臂当车，我看不消几天，大局即可敉平[①]。"张藻听了我这番话，显得非常高兴，说我看得很对。我回去向大家报告，大家听了很兴奋。

当时省咨议局忙于开会，请愿立宪，甚嚣尘上，而官府方面表面上虽百般敷衍，实则视民意机关如仇雠。那时候的议长王锡侯（户县人，进士），副议长郭希仁（临潼人，举人），以及许多议员都是各县士绅中的开

---

①敉（mǐ），敉平，即平定之意。

明分子。咨议局在 10 月 13 日开了筹备会，并决定 10 月 22 日召开大会。开筹备会的时候，同盟会的同志参加宣传，因而事先得到 10 月 22 日开会时陕西各级官员都要前往参加的消息。这时我从张藻的机要科长公恩溥那里，听说驻西安的新军全要调开。10 月 16 日这天，一标一营首先奉命调汉中，限即日出发。这明明是当局为提防新军而采取的调虎离山之计。这个诡计如果得逞，我们的努力就要前功尽弃。因为我们的革命力量，主要是新军。这真是一个紧急关头，箭在弦上，不得不发。我们就决定在 10 月 22 日上午 9 时，集合新军各部代表到林家坟园开会，发动起义。

当时革命力量蓬勃发展，大家都知道时机业已成熟，但是能统筹全局、指挥起义的人尚待选择。在当时能负责而行动积极的同盟会会员也不过三五个人，钱鼎是其中最沉着的一个。10 月 20 日上午 7 时，我俩会面，用笔谈录要点，达四小时之久，话说不到二十句，笔谈用纸则有一百张之多。谈毕将纸烧毁，才相对一笑说："大事定矣。"并决定同去访张凤翙（字翔初，同盟会员）。当时钱鼎因过于激动，面色与平时不同，无法表现出行若无事的样子。

我与张凤翙常常谈论革命，但与钱鼎较生疏。那时张凤翙任混成协参军（参谋长）兼第二标一营管带，他和第三营管带张益谦（毕业日本士官学校，娶一日本妻子）感情最厚。我和张仲仁在 10 月 20 日夜晚先访张益谦，在他家谈了半夜，不甚和谐。10 月 21 日下午 5 时，我在骑兵营和曹位康商谈后，沿营垣外面到西哨门，正遇着张凤翙领队伍从临潼回来。我走近去先告诉他："事已急迫，晚间我和钱鼎到你那里商谈。"我又赶紧跑去告知钱鼎，再返回炮营。等晚间我到了张凤翙营里，见张卧在床上，钱坐在他的旁边，慢慢地谈着，我便催他起来，说事已急迫，漫谈何济。张刚刚起来，他那个营的营副恩厚（旗籍）恰恰走了进来，四人坐谈，三人心意忙迫，一人则毫不知情。平时彼此间常谈至夜分，此时此刻，真如芒刺在背，我乃借故使钱先走，恩厚亦随出休息。我约张送钱，同至操场，三人背肩相倚，面向外立，谈举事各要点。张凤翙说："我同意各要点，即干，义无反顾。如果失败，祸我承担，生死与二君共之。张益谦由我负责让他干，但事前不必先告诉他，到时我自有办法。"谈完即分手，分别向三个方向走去。

10月22日（星期日），适为发饷之期。早7时，协部及督办公署和藩台衙门的委员，分别到各营，同时点名发饷，以防顶替。8时放假。旗籍和与革命无联系的军官，都纷纷回家或他出。时张凤翙以参军身份，命令各营目兵擦枪，整理内务，听候命令，再行出营；此令用意是不让士兵们外出。参加革命的官兵，全数留营，派代表到林家坟开会。

营房外西墙有一古庙，名景教寺，寺的右面有一林姓坟园，周围约十亩之大，树多松柏，缭以枳棘，冢高草密，平时是士兵们聚赌的所在。参加者相继来到，计各营部队代表及洪门代表共七十五人。会议开始后，钱鼎和张凤翙先讲了话，说明响应武昌起义的重要意义。大家对此都无异议，唯对起义日期及领导人各有见解，莫衷一是。陈素子（浙江人）自称是黄克强（即黄兴）派来，是万大哥炳南麾下，在一标当兵，奉万大哥之命，说起义之期，28日最好。巡防营的代表主张26日，但是他们忽略了在几天内新军就要被调离省垣，新调之二十营巡防营到陕，那时便无办法。钱鼎、张凤翙和我三人即时商议，大家认为筑室道谋，必致偾事，乃决定用命令方式进行，先喊站队。我站在坟顶上作紧急宣布，说明情势紧急，条件有利，非立即动手不可，改期发动，深恐事泄，功败垂成。大家赞同这一决定，主张延期的也放弃原来的意见。于是又规定了起义的时间、记号、各部队之任务、口号、现在及进城后指挥机构所在地，并宣布决定事项十条：

1. 举大事要有决断，当断不断，反受其患，今日事今日做，迟至下午则失败。自10时至12时，城内无无枪炮声，过午大家可以随便行动。如有被捕者可以供认是我们主张。

2. 记号用白布条缠左臂（各士兵将白布单扯条藏腰间，临时散发同志）。

3. 炮、骑兵分骑马和徒步零星入城，在高等学堂附近集中，听候招呼，由张钫指挥。

　　4．听到枪声后，一标向陆军中学前进，收缴该校枪弹，编制学生，占据鼓楼及北城门楼，从满城西北进攻，由钱鼎带领。

　　5．二标向军装局前进，取得子弹后，由东、南两方面攻满城，工、辎两队随二标前进，曰张凤翙带领。

　　6．口号是"兴汉灭旗"。

　　7．指挥所分城外和城内两处，城外设在二标一营营部，城内设在军装局。

　　8．到达目的地后，分占附近各衙署。

　　9．各代表回单位后，要积极发动，不可迟误；闻枪声后要积极努力完成任务。

　　10．散会后要行动安静。

清朝西安最后一任将军文瑞的衙署满城将军府

　　宣布完以后，可大家听明白没有？当时大家同声答应听明白了，遂即解散。

　　那一天 10 点钟前，炮营首先出发。炮营分左、中、右三队，左队队官朱叙五，中队队官党仲昭，我是右队队官。我传达命令后，全营立即出动。我带两骑先进西门，朱叙五带二十余骑由西门续进，并派骑马的向各联络点送信，徒手兵则三三两两，形同闲游，由西门进城，顺着僻静街巷向军装局进发，到高等学堂门前空场等候，党仲昭带三十骑到骑兵营监视出入，由南

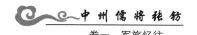
门进城，西、南两城门各留十多人，闻枪声后夺取城门。我约 10 点半到高等学堂西边，下马时遇省议员严庄，就嘱他速到咨议局通知副议长郭希仁，说马上枪响，就是起义了。我入该校后，在候客室请高培支相见。过了约十分钟，听见门外马蹄声飞奔东去，从兵吕金堂已拦挡不及，进来向我报告。我遂赶至军装局门口，暂坐西隔壁一个小饭馆内，嘱士兵遛马休息，并告以如果有人询问，就说星期日到东关旅行。兵皆徒手，不致引人注意。不到十分钟，宪兵从东来，上前查问，说你们是干什么的，把马跑成泥马了。士兵们向来痛恨宪兵，便说你管我们，打你个浑蛋。宪兵拍马而逃。军装局对门便是咸宁县署，警察又来干涉。那时我正与守库的新军排长和老库兵计划进去的路线，听警察鸣笛，又来查询，答复如前，说我们就走。当即喊士兵站队点名，只到乘马者二十八名，步行的尚未来到。因情势已迫，再迟恐生变化，此时以抢到武器弹药鸣枪为第一任务，乃下令进局抢枪，令守门的把守局门，枪上刺刀，子弹上膛，非新军官兵不准进入。官兵将军帽掷向天空，大声喊杀，蜂拥而入。门首卫兵是一标三营派来的，我们早已对他们做好工作，所以毫无阻碍。入门后先奔西院，撞开库房的外门，至南院库房。库楼很高，檐槛密排，铁栅门上铁锁长达尺余，门环坚固，无钥匙斧凿，无法进入，枪弹近在咫尺，不能到手，心急如焚。正在紧张的时候，瞥见院内池台围墙边有三尺来长的青石条，就用它来把锁撞坏，栏杆破裂，到达库门。又如法炮制撞开了铁皮包裹的二门，方得登楼。见枪弹箱堆积高与梁齐，乃从上层推箱坠地，使木箱破裂。枪支到手，各执一支，实弹发射，枪声震天。二十八个士兵，各携枪弹出库院。这时党队官带领骑兵三十人到达军装局门首，便委他负责守库。步行者也纷纷到达，我带领二十八人放排枪高呼"兴汉灭旗"口号，向西迎去。到南大街只见商号住户放着水盆茶碗，表示欢迎，各家门口贴着"兴汉灭旗"四字，大家看见更为兴奋，当即请朱叙五带士兵二人出东门回营，将山炮二门拉进城内使用。

南门什（十）字街在钟楼南东西木头市之间，通南门要道，与军装局为平行线，守此据点，可控制满汉两城，就在此处向四面放了十几排枪。约二十分钟后，第一标到了北校场陆军中学，枪声已响了。原来他们到陆中时，学校即开门迎入，他们将存储校内的一千支枪和十六万发子弹全部取出来了。

至于第二标，当天上午张凤翙将张益谦约来，告知他举事的消息，让他回营带队，即同出发。张益谦回营，张皇失措，找来理发匠先要剃去小胡子。正在这时，张凤翙随后赶到，勒令吹号集合，张益谦不得已，只得服从命令，带队向城内进发。该标队伍按照第一、二、三营顺序前进。进城之后，经过藩台衙门时，听守库的兵士开枪，张益谦便在后边停留迟疑，下马躲藏在街南一个小巷子里，直到第二天才出来到军装局。因为这个缘故，陕西革命成功后，他不再带兵，改任文官，做财政厅厅长，后来居山东而死。二营管带王某当时跑了，不知下落。张凤翙这时率士兵向守库还击。但二标士兵只带有空响弹，向库兵放了一排。张凤翙一骑当先，全标士兵，均上刺刀，喊杀而前，势如排山倒海，越过十字街东奔，至军装局取得弹药后，连续向满城发射，全城震动。满城官兵闻到枪声，仓皇失措，先关闭通汉城各栅门。汉城各衙门官员，因正在咨议局开会，闻枪声四起，乃作鸟兽散，弃去冠裳，藏匿于民家，不敢回衙。护理巡抚的藩台钱能训躲在他的一位随从家里，月六轮手枪自杀未死。三日后，钱能训与巡警道张藻和知府知县，皆由老百姓将他们送交军府（都受到优待）。其他小官更是纷纷逃散，不知去向。

10月22日，汉城（驻有巡防兵六营，每营二百五十人）无抵抗就被革命军占领。满城旗籍两万户（包括老弱妇孺四五万人），有步枪一万余支，骑兵两千名，闻变后先封闭内城各门，因不知虚实，想要整队出击，又不敢遽发。待至夜间，有数千人分四五路出扰，天明退回，仍坚闭内城各门，借观动静。

10月22日夜，革命军装了七颗炮弹，23日早晨7时，就用炮攻满城大菜市门。门内旗人用木器家具堵塞，炮击火起，栅门焚毁。革命军一部攀上城墙俯击，大部冒火突入。旗兵望风北溃，打算由北门出城逃走，而这时东门、北门已经被革命军占领，所剩残余，纷纷缴械投降。将军文瑞（旗人）自知大势已去，投井自杀。打了一日一夜，到24日一早全城肃清。

辛亥革命时西安八旗将军衙署被夷为废墟

24 日，战事停止，进入了维持秩序的阶段，陆军中学学生七百多人从 23 日即开始调去守藩库，刘文辉即当时参加者之一。

26 日，迁司令部于高等学堂，召集各界人士开会，经推举张凤翙为大统领，钱鼎、万炳南为副大统领，张云山为兵马大都督，马玉贵为粮饷都督，刘世杰为军令都督。一切政治措施，由大统领负责。到 29 日各事一切就绪，当即派副大统领钱鼎出师东征，兵马大都督张云山领兵守长武、凤翔一带。

1911 年辛亥革命，起义军占领陕西

四、陕西革命军的东西路战役

陕西新军起义后决定的作战计划，是东攻西守，东南联络武汉，西南打通川、滇，派川、甘、新三省学生回省活动。

东路方面，10月29日钱鼎率兵出西安。至临潼，当地曹印侯起义响应。11月1日，钱在渭南被严纪鹏部下误杀。11月2日，改派我为东征都督，于11月4日出省城。6日，河南陆军五十七标、五十八标占潼关。潼关道文锐（旗人）先于5日逃往灵宝县。潼关城被马耀群占领了两天，敌军来援，马耀群退南山根，文锐又回潼关。9日，东征军至临潼西吊桥，10日进攻，11日光复潼关。敌军退灵宝。14日，革命军进攻灵宝，敌军河北镇台马军叙所辖二十营来援河南陆军，进至灵宝。

11月21日，河南陆军被革命军击溃，马军退回河北。敌又派毅军十八营增援，相持三天，因众寡悬殊，革命军自灵宝、函谷关退盘豆塬，激战两日夜。28日，与毅军恶战于潼关以东的牛头塬两侧。29日又战于潼关凹阎王沟。12月1日午8点，革命军退回华阴及华山一带布防。12月11日，革命军再克潼关，尾追敌军出函谷关。12月20日，毅军自灵宝崩溃，退至洛阳。

此一战役，东征革命军分三路前进：北路援晋军反攻平阳；中路军攻取灵宝后进攻陕州、洛阳；南路支队沿伏牛山出永宁、宜阳攻伊阙，占领嵩山一带。

1912年1月2日，双方大战于渑池英豪镇间，因不利退守崤函。那时敌人除毅军增加二十营外，又增派北洋陆军第六镇一协，由周符霖带领；第二镇全镇，以统制王占元为总司令。河南陆军一协及南洋镇、河北镇所辖的巡防营，同时分布豫西各县，日与各地方新起民军战斗。

清军更以精锐部队，携大炮百余门，进攻民军，观音堂、张茅、陕州、灵宝相继不守，革命军一部退入南山，主力退守潼关。敌军猛攻潼关，1月19日，潼关又复失陷。革命军退入商雒，沿秦岭布防。陕州、灵宝两地北阻黄河，南倚山岭，民军复日夜游击于敌之侧背，所以占领潼关之敌人，不敢向西窥视，因成对峙之局。迨至1912年2月18日，敌军始被迫由潼关退走。

西路方面，革命军防守长武、邠州①、乾州②、凤翔一带。当10月22日新军起义的时候，前陕甘总督升允，乘枪声稀疏的时候，自东柳巷（在汉城）他的家里潜出北门，步行经草滩过渭河，沿途召集旧属，窜入甘肃。升允到兰州后，同新任陕甘总督长庚（旗人）调兵遣将，于12月初到平凉，率四提督合计部队约骑兵六七十营之众。提督张行志出陇州攻凤翔；升允偕新军周学昌及马安良、陆洪涛、马国仁三提督攻邠、乾；长庚偕西宁马麟、宁夏镇台马福祥继续增援。12月底，长武、邠州、永寿三据点相继失陷，张云山率部退守乾州支持二个月有余。甘军一部分占领醴泉进袭咸阳，距长安仅五十里，因而长安震动。1912年2月，东路停战，东路军西向增援，由咸阳东门入城。甘肃骑兵万余人逼临城下，革命军出击，吴世昌、王荣镇带伤，一战而甘军大败，追至店张驿，咸阳就此保住了。3月8日收复醴泉，甘军退至乾州塬。那时清帝已退位，退位文电升允不肯发表。新军起义的人，多半也是升允的学生，就写信给升允的老朋友牛梦周（陕西蓝田人），说明了清帝退位，共和告成，请牛梦周带信去见他。升允见到这封信，才泣涕而去。西路战事，至此始告一段落。

袁世凯恐甘军得势，难以控制，当乾、凤吃紧时，派遣毅军二十营援陕，进驻兴平、武功两县，西援凤翔，北援乾州。毅军在兴、武哗变抢劫，志在攻西安，不知此时甘军已退走，骚扰至4月初左右，除被击溃一部分外，其余大部分被集合送出潼关。其后盘踞河南、追击白朗的赵倜，即统率此军，后任河南督军，在河南为害达十二年之久。

---

①现称彬县。——原书编者注。
②现称乾县。——原书编者注。

辛亥革命杂忆 ①

一、陕西军政府的成立经过

　　辛亥九月初一日新军起义，按照林家坟会议的事项能一一做到，这出乎哥老会掌舵者的意外。在初三日以后，他们的山堂开会庆功，便将部队原有组织闹乱，顿呈混乱状态，钱鼎的愤慨即因此而起。日夜会商不能就绪。万炳南大显神通，陈素之从中主谋，争夺领导地位。陈素之是浙江人，他自称是黄克强派来的，从事下层工作，要将万炳南抬举作领导人。这样的争论，出乎钱鼎意料之外。陈素之只能说南方话，大家都听不明白，他的计划不免吃亏，但是万炳南的地位和生命确实都被他断送了。帮会中没有人才，陈素之就是他们的一位诸葛亮。经过困难协商以后，他们还是接受了我们的计划，渐渐就范，那时社会上一般人已经认识了洪门大爷的厉害，他们革命的说法是旧一套，赶不上时代，同盟会的同志受了这次教训，感觉到专靠旧的关系是不成的，需要吸引学生作为新的生力军，钱鼎是因为受了刺激，引用学生的第一人。但是他没注意到急起陡转，不能即合时宜，所以后来才演出渭南之变，竟致以身殉国。

　　自初二日起咨议局及各界同人即到军装局分别担任事务，人数甚多。由郭希仁、李元鼎等撰拟文告，我和数同人应付军事，支应了四五昼夜，省垣治安始稍有头绪。经张凤翙、钱鼎向各方面磋商，舌敝唇焦，经四五昼夜之久，才拟定了一张分担职务的名单。初五日将司令部迁入高等学堂，初六日假大礼堂召集开会，由张凤翙主持致辞，我按照名单在黑板上写出

---

　　① 录于《辛亥革命在陕西》，陕西人民出版社1986年版。

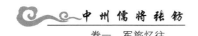
一人，由大家起立表示赞成与否。按单提出张凤翙为大统领，钱鼎、万炳南为副大统领，张云山为兵马大都督，马玉贵为粮饷都督，刘世杰为军令都督，这才算把帮会的人安置妥当。大统领府设民政、军政、财政、教育等部，临时提出了权限的划分并推选副都督。又决定了几点：兵马都督统率队伍而不招兵，粮饷都督管理粮饷而不征收钱粮，军令都督专管军法而不管人民的民刑诉讼。军政权限，划分清楚，军装子弹，藩库银钱，仓库粮食，军队编制，均分别订立办法，三都督和军政部的职权，亦经划分。马都督玉贵开始点名发放粮饷，刘都督世杰整饬军纪风纪，手捧大令的官兵四出巡查，秩序便从此安定了。

在革命时期军事骚乱的情况下，政治方面几成无政府状态。九月初二日由省垣各界人士出面，分别安抚，当晚即将前任西安知府尹昌龄（四川人），现任咸宁知县张瑞玑（山西人），请至军装局商谈治安问题。二人与我们见面后，便欣然赞助，出面协同维持秩序，推议长王锡侯出面领导，颇收功效。当时谈及现任藩、臬、道、府、县各官员都藏匿无踪，由尹、张二人担任传达，让他们出来协助革命，负责保其安全，决不伤害。过了几天，代理陕西巡抚钱能训（后在冯国璋总统任内任国务总理）、臬台、巡警道等都出来相见，保护于军政府内，待以上宾之礼，共和告成后，将他们送出潼关。

二、革命时的财政状况

革命军占领省垣后，属于藩台衙门的藩库财物，由陆军中学学生负责看守。那时库内存银三百五十万两[①]，金三百余两，制钱若干万贯，临时军政各费，均由此数内支拨，暂凭我的名章提取，每次提银鞘到军装局，由杨西堂负责发放，每匣两千两，五十两一封，每封银锞十枚，每锞五两。清朝新设立的大清银行，行长薛秀青是山西人，因为成立不久，信用还不

---

①一说七十多万两。

如私人银号。大德通、日升昌几家山西银号，掌握着市面金融。当铺也是市面上流通货币的一种机构，有官家的股本，交私人经营生息。至于各县所收赋税，均系解库存储。库中出纳银锞，均有一定标准成色和重量，所以库平银价高于市场，银号在一转手之间，即可压秤、估色、平价而剥得利润。当时陕西尚未使用银圆，偶有银圆流入，仍按七钱二分银价计算，银每两合制钱一千二百文，银十二两兑换黄金一两。当时的兵士月饷，头目五两二钱，兵士四两二钱，排长十八两，司务长十二两。上述是当时社会的金融状况。

因为军事发动，各县元款解交省库，约经过三个月的光景，已感觉军用不给，于是另设筹饷局，临时筹措粮饷。关中素称富庶，西安与三原多豪商大贾，东里的刘三省堂在四川开设当铺有三四十号；泾阳吴怀先为陕西第一富户，有三千万两的财产，单就扬州盐号一项，每年可收利息一百万两，此外开设其他商号更多。还有板桥常家、社树姚家、王桥头柏家、凤翔周家，经营商业，财富均在五百万两以上。他们到处设立票号，一张汇兑纸条，可行数省，私人的经济垄断力量极大，剥削的方法尤多，一般农民的膏血，多被吸取，可称为旧社会的资本家。当时筹饷局的大使，分赴各富户劝募，筹的粮饷数目颇巨，所以陕西革命军兴以后，在财政上尚未感受较大困难，这是一大原因。陕西地方一般人民积蓄粮食，成为一种通常习惯，而粮商购买囤积的数目，亦甚惊人。军兴以后，沿大道各县设立粮台，供给军食，将蒸馍和锅盔送给前方，直到战事结束。

军队所需，粮饷并重，当时军粮虽无问题，在饷银上却成捉襟见肘之相。军队由一协而增为十协，加以行政教育等费用，需数庞大，银行纸币即不能流通，只有由政府发行流通券，借以调剂金融。人民本无使用纸币的习惯，更因当时的印刷工业不发达，技术低劣，所印行的流通券更不受社会的欢迎，因而流通得亦不顺利。山西的票号又从中作祟，加以威胁，以致流通券的发行没有收到良好的效果。当时在西安市面流行的银圆铜圆两种货币也很少，甚至外县商人见到银圆，还要剪开看看。物品大都掌握在地主、行店、贩运者、囤积者的手里，政府是一个空大架子，虽操有经济权而不能实际统一，实在金融仍掌握在资本家手中，对政府的征借则百方反抗，以形成社会上的贫富悬殊。革命后虽有所改革而不彻底。当时交通闭塞，商人的消息反而灵通，他们利用电报邮政而作囤积居奇的勾当，一般劳动人民辛苦得来的产品，一转瞬间即被商人剥削净尽。关于货币，在银色上有库平、市平之分，制钱有大小之别，因此兑换时钱数上有三七、二八、一九种种折扣，都成为他们从中剥削人民的机会。一般劳动人民做一天工得铜钱百文，短工在农忙时不过二百文钱。长工是以年计工资十八贯；教书的秀才，一年也不过二十贯钱。在当时的一首歌谣里说："山前山后雨蒙蒙，长工打伞送先生。酒席筵前分上下，一年工价一般同。"这就是当时一般被压迫的穷人的生活情形。

三、革命军所用之武器

陕西军装局，所存武器种类不一。有旧式的洋枪洋炮，据说是清朝左宗棠西征时用的。那时总粮台是袁保恒，驻在陕西，西北军事平定后，把剩余的武器都储藏在陕西军装局内，证明那时候的武器是土枪、快枪并用。局内存的来复枪很多，一名铜底大装，用法是从枪口装入弹药，从后边加上火帽（一名柿花，它的形状像柿蒂一样），然后扳机轧火而发射。那时巡防队全用这种枪支。革命时还将这种枪支发给一大部分部队使用，因为这种枪所用的弹药，本地可以制造，比较方便。后来局存来复枪渐次发完，一部分士兵拿着刀上阵作战，抢夺快枪。又将民间所用的铡刀，装上木柄，名为铡刀队，夜间袭击时，铡刀一挥，就可以结束敌人生命，比较战刀效力大得多，并且没有声音。一次有两个战士用它来杀伤敌人，曾经夺获六支快枪。夜间放哨，突遇敌人，冲锋陷阵，用处最大。所以辛亥革命陕西铡刀队声名很大，确也立了很大的战功，表现出人民革命的精神。铡刀的刀面既长且宽，极轻利，用它可以挡射来的子弹，铡刀队常随在冲锋队后，打过几次胜仗，当时曹印侯所带的部队里这种武器最多。但是只能协同持枪步队，而不能独立作战。

当时所用的洋式武器，有俄造水连珠，德造曼利夏，英造哈几克司，日造一响毛瑟、五响毛瑟，又有七子复膛，利明屯，洋抬炮，小钢炮，马枪等十几种，都是左宗棠西征时的利器。其他盔甲、马甲、刀矛、土抬、红衣炮等旧武器，存的也很多。那时汉阳兵工厂造的五响枪算是最新的武器。局内存有一万支，新军有三千支，满城旗兵八千支，起义后收集起来分给部队，就那时分配的比例，都是四成快枪，四成杂枪，二成铡刀，因为杂枪子弹太少，不能充分利用，效力远不如铡刀厉害。上述就是辛亥革命时期所用的武器。

四、满城战事之一瞥

驻防在陕西满城的有将军文瑞，左翼副都统承燕，右翼副都统克蒙额，九月初一日因为省咨议局开会，他们都前往参加。听见了革命军的枪声，绕道跑回满城。他们统率的有骑兵两千名，步兵八千名。在初一日的下午3点钟，旗兵占领了东城门楼，6点钟又占领了北城门楼。钟楼是全城的中心，已被革命军首先占领。一日晚间革命军攻东门未下，在夜里据城堡对峙，九月初二日革命军进攻大差市门，满人的骑兵在前，步兵继后，排积街头，打算开门冲了出来。因为门口起火，无法冲出，革命军的炮弹隔城射入，正落在骑兵密集队伍中间，顿时秩序大乱，骑兵向后奔逃，闯散步兵队伍。张仲仁带队乘机攻进满城，钟楼上的部队由西策应，占领东门的旗兵，退守东北城角，抵抗到夜晚。革命军又攻北门，北门着火（北城门楼就是这时烧的），张益谦前往督促堵剿，因有同学在内，劝令交枪，有七八百名跪地双手举枪，哀求饶命，收枪后乃一律击毙。在这时候，将军闻已自杀了。

满城占长安城的四分之一：东北一隅，全是旗人驻防的地点，人口大约在六七万以上，学习军事留学日本的有一百多名，读书人中有几个举人进士。自甲午战争以后，旗籍中也有些人感觉到国家的局势不安，想要努力奋发，挽救危局。但是旗人二百余年养成的惰性，一时不能振作，兼之那时清朝在京的大官，养尊处优，都已腐朽如同死灰，直到武昌起义，才令各省旗兵发枪训练，已是于事无补。先前，我们曾在满城参观他们出操的情形，预料不能作战。我军起义，果然一击而溃。满洲旗人专有的满城，将军、都统和满洲贵族据以作福作威的根据地，不久即将墙拆掉，从此再非禁地，而成为四通八达的街市了。

五、革命后洪门帮会在陕西的消长

清朝末年，洪门帮会盛行于西北各省，当时有谚语云："想当兵，拜仁兄。"可见那时，当兵的多数都参加洪门帮会。其他的行业如牙侩屠沽，皂隶摊贩，酒保优妓等等若不参加洪帮，一旦遭遇困难，便无人协助。甚至官商士绅亦有人参加，即不参加也要懂得洪门的规矩，可以得到很多的方便。所以那时衙署各机构以至各个阶层都有洪门的弟兄在内。见面时竖起大拇指合手向左作齐耳揖，说出行话，便知道是家门人。再进一步说出山主拜兄的上下（因为不敢直呼他们的名字，便说上×下×，如说云山二字，便说上云下山），若小山主见大山主，要行大礼，有数十个动作的姿势，背三代，说引进，站过堂，拜过令，便可以不带银钱走遍四海，吃喝无虑。小兄弟带着山主发给的海底（就是参加洪门的凭证），所到之处，也有相当的方便。洪门的兄弟不管做了怎样犯法的事，只要对大哥说出真实话，都可保护他。可是对大哥要孝敬，如果犯了家法，经过巡察报告，便要开堂处罚，真要白刀子进去，红刀子出来，或腿或背，自己下手方算好汉。重者甚至处死，轻者罚金，发誓坦白，是最轻的处分。据说其祖师是明末遗老，一说姓潘，一说姓朱；洪者红也，是要图谋恢复明朝的暗号。清朝用种种手段引诱压迫，均不能使他们屈服妥协。"开山"两个字的意思，是表示洪门与山同坚，不可改易，持续了几百年不能忘记复明灭清的主义。他们常说新的名词叫作"革命"，与我们洪门的宗旨一样。陕军起义以后，他们便将洪门的招牌挂起，公开开山拜祖，大散海底，山主高坐广堂，讲说家法，谈论国事，会毕大排筵席，开会庆祝，灯烛辉煌。并且让哥弟们各开山门，招收徒弟。那时新军的编制被他们弄得土崩瓦解，五零四散，同盟会同志们率领的队伍，几致完全破坏。同盟会为应付和挽救仓促间的局面，只得重新组织队伍，用不参加洪门的老兵当官，收集了些个帮会以外的士兵，把散放出来的监犯也都令当兵，青年学生，商号学徒，都在吸引之列，仓促间编训了几千人，真可说是乌合之众。因为这个缘故，同盟会的同志钱鼎才带领了三十几个学生愤愤出发，想要去到外县招募新兵，用学生来做干部，有志未遂，后来竟死于乱众。上述是九月初三日到初七日的情形。到初八日接洽的结果，帮会始倡言合作，分封官秩以后，各归各标，各有职权，才渐具规模。

那时洪门有力量的领导之一是张云山，已经被推为兵马大都督。他幼年失学，在民国纪元十年前从一个山西人名叫钟疙瘩的学习吹号，得了钟疙瘩的方法，钟死后，张云山的吹号技术便冠于关中。他参加过牛军门（忘其名，安徽人，他的儿子牛策勋是陕西陆军中学堂学生）的部队，西出嘉峪关至喀什、伊犁等处，步行万里，来去尖站、宿站的地名，他都能记得烂熟，常向人说说西北各地的风土人情。返陕后，充当武备学堂和陆军小学的号目，编制新军他考试第一，当了协部的司号官。新军起义时，他参加了革命，因为有帮会的群众，才被推为兵马大都督。初八日派我去送关防给他，举行了隆重的仪式。事前郭希仁先去布置，摆设香案，张灯结彩。授印时先供关防和任命状于桌上，待张云山行三跪九叩礼，宣誓表示服从大统领命令，尽忠报国后，两人举起印匣，我接住将关防亲手交给他，并且说了些勉励他的话。仪式毕，参加的人都向他道喜，形成了一个热闹的场面。

因为粮饷都督忙于点名，三天没有领到粮饷，张云山便叫骂起我来，暴跳如雷，郭希仁劝阻，骂声益高。适我掀帘而入，我说："张云山！你太不够大将的风度了，轻信人言，信口骂人，成何体统，军令都督在座，这算犯法不算？"还好，他偃立刻含笑赔礼，我给他写了一张借支一万两银子的借条，先领取支用，然后再办手续。他喜欢地说："像这样是大都督，尚可为。"一场误会，就此结束了。

其后，一方面军政渐渐上了轨道；另一方面，在这时候东征西防，军事吃紧，也迫使共同走上合力御侮的途径。因为他的部队将长武、邠州、永寿三县三百余里的土地失守，当他赶到乾州即被围困，经过三个月，清帝逊位，共和政体告成，他再回到长安。他那时一种耀武扬威的神气，至今陕西人还有谈说。当他回长安的时候，卫兵都头缠红巾，身穿对襟挖云镶袖嵌花的马褂，系两块战裙，着抓地虎战靴，大旗两面，令箭成排，骑兵一百对，他乘着四人抬的绿呢轿子，搴帷挂枪，立在轿内，两边还有背着春秋刀、双手带（武器名）的小队二十名，招摇过市，行人辟易，夹道争观，真像是一种演戏的场面。装模作样，他真做得出来。演讲起来，口若悬河，一般平民很喜欢听。

民国元年三月因为整军，陕西共编两师四旅，另外还有独立旅。张云山为第一师师长，马玉贵为第一旅旅长，郭某（外号草包）为第二旅旅长。我任第二师师长，刘世杰为第三旅旅长，郭锦镛为第四旅旅长。副大统领万炳南毫无战功，与陈树藩、陈殿卿、张宝麟均编为旅长。第一师司令部设在巡抚衙门，除师部应有组织外，另设顾问处，聘请宋伯鲁为顾问，延揽文人，教张云山学习文化，自此张云山收集古董字画，因而馈赠盈庭，姬妾充于内阃，文人学士，座上常满，兄弟习气，逐渐消除，轻裘缓带，居然儒将风流，非复吴下阿蒙。

万炳南以洪门大哥、副大统领的地位，编为旅长，意甚不平，曾在看戏的场合里骂座。他的部下倡言家规坏了，开山堂整纪律，说是要提纲振纪，派邱彦彪等赴西路各县开山收徒，招兵买马，参谋长陈素子、参议李自立等运筹于内，他住在机器局（兵工厂）内，暗中发动哥弟修枪配弹，做非常的准备。张云山虽然知道万炳南有图谋不轨的情事，但碍于洪门家规，不便制止，却也知张督在暗中做了防备。张凤翙都督檄调东路军两标星夜兼程进省，恐万炳南一旦叛变，省城现驻士兵，多是洪门哥弟，不可仗恃。在那时，云山告假归里扫墓而离省。当骑兵一标进东门时，张督带卫士数十人，由西门上城，沿墙南走，若闲游一般，从者都不知道是做什么去。等到了机器局的旁边，才对跟随他的卫士说："你们将枪预备，听我命令即开枪射击。"那时万炳南正在屋里，听见城上有人喊他，出门仰视，见是张督，乃知不妙，便跑下台阶向南面水池里躲避。但躲避不及，数枪齐发，万炳南立时被击毙。他的徒众闻警四散，逃亡南山一带，为患年余，始渐次消灭。张云山回省，对枪毙万炳南的事，绝口不谈，从此走入正当途径，改变洪门哥弟的作风，整军经武，帮助张督安定西府一带地区。民国二年八月万炳南的遗部驻在凤翔的第一团，发生叛变，团长王生岐率领叛兵由汉中窜到河南，参加白朗的起事。民国三年白朗窜陕甘，是王生岐充先锋。

先是民党派邹子良、马开臣等加入张云山部队工作，他很欢迎。邹子良对宋伯鲁不满，骂他是老官僚，冲突尖锐。民国二年，袁世凯解散国会，严令各省消除暴乱分子，邹、马都被枪毙了。袁世凯命云山做陕北镇守使，尚未到任，白朗入陕窜甘，张督被调晋京，北京政府任命陆建章为陕西都督。张云山这时已经学会了做官的妙术，送礼拜门，到八仙庵迎陆，见面即叩头称呼老师，请进北院。从此对陆子承武称兄弟，陆之舅子刘某称舅老，以及陆之左右，送帖纳交，皆成至亲厚友。所有金银玩好，书画古董，及山珍海错，名马烟土，有求即送。陆建章本是贪暴官吏，他的左右狠如豺虎，一年的光景，便将张云山禁烟时所搜括的财物掠夺一空，但他想做陕北镇守使的迷梦仍未得遂，于是一病不起，于民国四年五月便结束了他的一生。我在四月亦免职到省，闻耗前去探视，只见他腹大如鼓，肿高尺余，据云是气鼓症。

六、辛亥后陕西的戏剧组织

陕西旧时的戏剧分省城和东路（同州）两种梆子，就是所说的秦腔。那时也有二黄戏一班，号称徽班，所有的演员都是河南怀庆府的人。秦腔是那时候社会上一般流行的戏剧，二黄则是渭北地区一般财东欣赏的戏剧。

辛亥革命以后，大家都在提倡改良风俗，民党的同志们便创设了易俗社，张都督凤翔成立了一个榛苓社，张云山又成立了一个鸣盛社。易俗社和榛苓社都是演唱秦腔，鸣盛社则是演唱本地二黄（就是汉调）。各剧社成立之后，都到京沪各地制买行头、争角（就是争着找有名的角色）、亮箱（是演戏的时候穿最漂亮的戏衣给观众们欣赏），出奇制胜，在戏剧上有相当的进步。后来张凤翙去陕，张云山病故，榛苓、鸣盛两社亦渐渐坍台。考其原因，他们的成立没有思想的内容，兴衰系于一人，所以不能持久。五十年来全国谈戏剧者都知有易俗社，榛苓、鸣盛无人得知。由鸣盛出科的演员，后来亦绝少见到。榛苓演员遗留下的技术，至今还有少数人传习。

我是易俗社创立人之一，知道当时发起组织剧社的用意，及后来的经过。易俗社直到现在不但还能存在着，而且还能向发展的途径迈进，也是很不容易的一件事。

民元省议会成立，议长杨铭源（字西堂，宜君县人，曾留学日本）。他是东征军的军需长，与蒲城李桐轩、临潼孙仁育还有很多民党议员，认为从旧社会跨到新社会必须移风易俗，从通俗教育入手，首先改良戏剧的必要，借戏剧的宣传讽刺力量，可以逐渐消灭社会上一切封建迷信的气氛，无形中可以改正许多不良的习惯与嗜好。杨西堂代表东征军先拿出了九千两银子，再由其他方面凑集了些款项，把易俗社开始组织成立。邀请了老生名演员外号麻子红和名满西北的旦角陈雨浓等担任教戏，招收了一班青年学生，按小学教育方法教导，先学文化，同时学习戏剧。李桐轩、孙仁育和一些戏剧爱好者编写新词，同时也改良旧词，编了很多出色剧目，曾轰动一时。

易俗社是由民党的同志组成的，当然与民党有密切的关系，频繁的往来，无形中就是民党的一个机关，在民党被袁世凯摧残以后，易俗社便成为民党潜在力量活动的一个联络机构。民党的同志托庇于它的掩护的人很多，从事革命活动的人常常住在社里，易俗社历任的社长和编辑都曾从事革命，靖国军中自胡景翼以下与民党往来都在社里。当民国三年陆建章任陕西省督军，旧封建社会的劣绅们向陆报告说易俗社是民党的秘密机关，在那时传说要解散易俗社，并且要拿人。正在这时我到了西安，去见陆建章，谈到陕西本地戏剧值得一看，比较好的就是易俗社，我向他说："我请你看吧！"我把易俗社叫到督军署的东花园，我还记得那天演的剧目是《柜中缘》。陆建章问我那个唱小旦的叫什么名字？他的腿上装着弹簧没有？为什么那样灵活？我说："那个小学生名叫刘箴俗，才学习了两年多的时候，因为小孩子腿脚都软，所以举动灵便。"陆说："等唱完了，可以把他叫来给我看看么？"我说可以。演完了戏把刘箴俗叫来，陆建章用手捏着他的腿说："北京唱戏的人，也没有你这样的灵活。"在这时我便接着说："这就是有人报告你，说戏院是革命机关的那一班戏。"陆建章笑着说："戏真好，闲话任他们去说，你不必在意。"这一关如果没有刘箴俗，几乎不能度过。过了几天又把陆建章同来的人都请到八旗会馆（易俗社的戏园）看了几次戏，从此他们大家只说戏好，再不说是民党机关一类的闲话。陆建章还在现在的易俗社西端修了一座大戏院，赠给易俗社。陈树藩督陕时又拨地扩建。民国十年，刘箴俗等曾经到北京、汉口各大城市作巡回演出。所到之处，都受到欢迎。一班学生继续一班，曾经度过种种困难，把易俗社一直保存到现在，确也不是一仵很容易的事。其他剧社都归于消灭，易俗社不但巍然独存，解放之后，而且加以改良，较之从前，更有飞跃的进步，前途未可限量。仅就我片断的回忆，不能详细写出易俗社的悠久历史，如果要研究秦腔这一剧种和易俗社的学生历次所出的演员中的人才，让旧社长曹培之，现在的副社长刘毓中两人按编年体写出，可以成书一本，也可视作戏剧史上重要的一页。

七、辛亥前后陕西的社会面貌

当清朝末年的时候，陕西仍旧是十五六世纪封建专制社会，从河南起直到西北极边，除了邮政局的信差和电报局的电线杆以外，再也不能见到其他新时代的一切事物。道路是崎岖不平的，通行的车辆车轨宽窄是不同的。河南的车到了潼关，需要改换宽轴，等到出关向东又要换窄轴。遗留下的所谓御道虽是比较宽，但是仅具片断的形式。那时称作官店的旅客住所比较洁净，但是不留住一般旅客。一般客商所住的只是茅店饭馆，古时候"鸡声茅店月，人迹板桥霜"的景象，依旧存在着。旅途中的痛苦不一而足，路的高低不平，车的颠簸还是其次，日出首途，日夕进店，日行百里，如果少走多走都无处可以借宿，稍早稍晚均有被盗贼劫夺的可能。潼关以西路面稍宽，在路的两边旧有左宗棠栽种的柳树，因为年代已久，无人保护，间有间无，十不存一。那时旅行所用的交通工具除骡车以外，官员大半都坐轿，一般骑马乘脚驴，也还有步行的。运输的工具，有骡马车，骆驼队，驮骡群。担挑背抬和推小车子的都是利用人力。如果用几句话来形容，可以说：饥渴劳顿，不避寒暑，风雨泥泞，步履艰难，行人路上欲断魂。当时有流行的一个民歌："坐轿官员笑嘻嘻，人家骑马我骑驴，回头看见推车的，比上不足下有余。"这是一个普通市民自己宽慰的歌曲，但显然在里面也包含了鸣阶级不平的思想，而流露出来一种自然的讽刺。

人民生活方面贫富悬殊，富人锦衣玉食，贫者流离街头，宿于破庙。劳动农民，男劳于野，女织于家，终岁辛勤，不获饱食暖衣。但那时一种不良的嗜好，却蔓延由富到贫各个阶层。那种嗜好就是鸦片。不仅是富人家家都摆着烟灯，贫人也并不例外。辛亥年的夏天，我从三原县经过，住在南关，因天热去到街头散步纳凉，看见街上每铺一条芦席，两个木枕，即有二人对卧吸食鸦片，经我数过共有七百余盏烟灯，真如走进了人间地狱。

据说陕西每年烟土的收入，约三千五百万两银子，官商都视为利薮，人民因为种烟获利胜于种米种麦，所以八百里秦川，很多地方在烟苗开花的时候，几乎见不到禾苗。遭逢荒年，常到千里之外买粮，等到粮至人已饿死的惨剧，也曾演过多次。当时政府绝不言禁，共和以后，虽曾禁烟，但又不能彻底奉行，明禁暗征，经手官员，均大发其财，除临交通大道不种或铲除以掩人耳目以外，偏僻田野，其种如故。据说陕西西路的烟土最好，乾州白花烟，与武功、岐山烟土价格，高于他县。张云山为西路禁烟督办时，曾用杀、罚的方法施禁，功效甚微。陈树藩督陕时派郭希仁禁烟，也没有收到很大效果。刘镇华做省长的时候，因为军饷不给，寓禁于种，在秦岭山北，渭水以南，和东路山岭地区，都大种烟苗，由军队保护，并先放款于民，烟熟时定价收买，比放印子钱收利还重，计一元收回烟土四两，可谓残酷剥削。

我在当时的感想，人民沾染了鸦片的嗜好，不自知觉堕入了人间地狱，都是因为清政府软弱无能黑暗贪污所造成，于是增强了我的革命观念。哪知到了国民党统治时期，仍旧是禁者自禁，种者自种，吸者自吸，我感觉有无限的愤慨。

（1960 年）

辛亥秦陇豫复汉军东征记^①

一、光复潼关

武昌起义后，我与张凤翙、钱鼎等，因痛恨清廷政治的腐败，即在陕密谋响应革命。于1911年10月22日发动起义，苦战三昼夜，光复西安，成立秦陇复汉军政府^②，全省各地纷纷响应。这对当时全国革命形势的发展影响甚大。

辛亥革命时，陕西起义军成立时的秦陇复汉军临时指挥部（军械库）

西安光复后，陕西各州县地方官吏见革命声势浩大，纷纷归顺。唯住在潼关之潼商道瑞清及驻防协台等，据城抵抗，并分别向豫、晋两省请求援兵。豫、晋两省统治当局各调派一部分军队赴潼关，因太原发生起义，晋省所派军队中途折回。清政府从河南开封调派新军一个混成协（旅），以八百里旱路急行军，于11月3日到达潼关附近。瑞清亲至灵宝迎接，企图守潼关。

---

① 录于《风雨漫漫四十年：张钫回忆录》，中国文史出版社2018年版。
② 陕西起义诸人因当时听说湖北义军有"浙鄂豫复汉军"之称，乃仿其意称"秦陇复汉军"。新安千唐志斋藏张钫撰书之《步兵少校新安梁君墓志铭》中，又有"豫晋秦陇北伐军"之称。

辛亥秦陇豫复汉军东征时的潼关

在河南新军未到前，驻潼关巡防队管带胡明贵与士绅徐国桢及当地侠士马耀群，响应省城起义，密谋反正，于11月2日里应外合，遂占领潼关。河南新军先头部队于11月3日抵潼关附近，胡明贵率部抗拒，战于潼关东，因寡不敌众，兵败身死。陕西军政府最初以潼关防务重要，曾由副大统领钱鼎率队东巡。

钱鼎行至渭南，被严纪鹏部下所误杀。此时潼关情势紧张，乃以我为秦陇复汉军东路征讨大都督，率师东征。后因和豫西地方武力会合，军中官兵多数是河南人，又是在豫西作战，遂改称秦陇豫复汉军。我于11月4日下午仓促出省，当晚至斜口。出发时带炮兵一队，马队五十名，金陵机关炮四尊，步兵两标，来复枪千余支，洋抬枪五十支。幕府人员随同出征的有军需长杨西堂，秘书长王子端，参谋长张季方，兵站人员王仁山、陈汉峰，文牍人员曹季南、王广庆，参谋董雨禄、王更宸等。临行时，颁发行军规则数条：（一）未经官长许可，不准随意离队；（二）不准擅入民宅，亦不准擅用民物；（三）驻扎地点，须听长官指示，不准自寻住处，扰害百姓；（四）任侦探者须力尽其责，不准借端偷闲，贻误全军；（五）遇敌来袭时，须沉着听从长官指挥，不可惊慌失措，扰乱众心。与敌接近时须派前卫队、侧队等掩护。

11月5日，弪行至临潼，严纪鹏因其部下误杀钱鼎惴惴不安，前来请罪，愿以所部效命东征，立功赎罪。我遂令其召集部众，加入东征军。此时步一标二营管带李长胜、副都督兼三标标统郭锦镛先后来到，又招纳蓝田杨茹林部，临潼起义县令曹印侯亦竭力帮助招收部众参军，东征军之实力逐渐扩大。

11月8日，军行至华州，探得潼关确实情况，并筹谋作战计划。为动摇敌军战斗意志，发出《招降豫军书》。

招降书送出后，是夜派党佑卿乘驿晋省，请增援兵，并函张凤翔大统领，略谓：

据探报，豫军约有八营，枪炮甚利，闻其接应军尚有十余营。现在马耀群所部，尽遁入南原山谷间。东路沿途各城镇，先聚有江湖弟兄及民团，皆闻风逃散。似此敌炮甚利，而兵甚足，部人心又复动摇，钫出省时，仅带三标兵力，不足以克复潼关。请再增兵数营，火速开来，以便接应，而决战胜。

当日委邓遇春为管带，设置递马哨于各州县专为传递军事消息。后潼关克复，递马哨设至关上。该哨于一夜间能奔驰二百八十里，自潼关抵西安，军事消息当日可到。当时军情紧急，既无电报，又无电话，该哨颇为得力。

11月9日，军行至华阴。计划三路进兵潼关：以一标各营由华阴山根经南北营向金盆进攻潼关，是为南路；以二标各营由大路先取吊桥，进攻潼关，是为中路；预先征调沿河商民船只齐集三河口，临时运兵侧击，是为北路。炮队和机关炮队，分为两部，配合一二两标作战，马队则专向潼关侦察。

11月10日早6时，誓师东门外，即令一标各营进发，马队东出侦察。8时，二标各营进发，中路部队抵距潼关十五里之全店时，马队已与敌军接战，击毙河岸哨兵一名。此时吊桥豫军后退，我即开始攻城。敌军退至城下，我军尾追。下午1时战斗开始，3时我军直逼城下。当时大雨如注，战至8时，官兵衣履尽湿，不能支持，退驻吊桥。参谋董雨禄率勇士30人登城，不克而退。是夜步一标驻塬凹底村避雨，距关三里许。

11 月 11 日早 5 时出发，据探报，敌炮兵队已到，即令我军步二标由大路进攻，并召集当地民众千余人，遥助声威。至 8 时，战甚激烈，我军给养接济不上，士气稍馁。二营管带李长胜，由前线归来，亦陈述怯状。正在紧张困难的时候，民人杨彦彪带民兵六百人来助战，但空手的十分之八，即令分布于大道侧助战。8 时半，严纪鹏率所招侠客一千五百余人陆续前来，即为编制，以百人为一队，依次向南塬增兵，进攻敌军。我军闻援兵至，勇气百倍，进攻亦猛。至 12 时，敌炮声隆隆，枪弹如雨，大炮向我军进攻路上轰击，官兵均冒险前进。炮声一停，官兵即飞速向前。我立时逼近骆驼顶、凤凰嘴两高地。此时渭河上下游炮船亦至。发炮侧击，敌军炮火渐微，城上树白旗。我军登城，呼声遍野。二营管带李长胜因扑城猛烈，中弹阵亡。士兵愈愤，纷纷持白刃奋勇先登，先后登城已千人。沿城墙东进的数百人，突入城内追击的数百人。敌军不支，委弃弹药三十余车堵塞道路，出东门溃退至灵宝待援。我军追至阌底镇而停。此次战役，我军获大炮四尊，机枪一挺，步枪数十支，弹药车数十辆。这是东征军第一次胜利。

二、由潼关第一次东征失败

潼关光复后，当时认为渑崤、函谷为潼关之层层门户，若为敌所盘踞，则固守潼关颇为不易，且清廷此时从北京调派毅军步、马、炮兵十营由赵倜率领，于 11 月底先后到达陕州，增援灵宝；加上原守灵宝的河南巡防队十营兵力，敌军实力颇为强大。敌军意在西攻潼关，挽回败局。我军为固守潼关，巩固陕西革命胜利形势，助豫省独立，为鄂军声援，必须加强东征军之实力，方能与强大之敌军作战。

此时东征军幕僚人员增加有张石生、陈仲瞿、毅民田[①]、谢楚材、高致堂、邓林盛、徐少雨、梁敬斋、蔡伯勋、赵卜龄、李笃臣、李铭山、雷立

[①] 据《辛亥革命在陕西》，陕西人民出版社1986年版，《辛亥革命中潼关的三次攻守战·东征幕府人员前后一览表》（735页）所载，"毅民田"当为"田毅民"。

甫、刘必达、赵顺臣、李逢仙、许仲衡、张介夫、苏谊谷、袁佐卿等。当时陕西同、朝、二华（同官、朝邑与华州、华阴）和河南灵宝一带学生自动来从军的有二百余人，一部分派在军需、军械、辎重方面工作，一部分组成宣传队，向民众宣传革命意义。

革命军兴，从军的人日多，唯军械缺乏。特派高致堂等赴鄂联络，并购军械。行时携有致黎元洪都督照会及函各一件。照会如下：

为照会事。照得敝军自九月初一日举行，一切情形前已上闻。今者克复潼关，豫中豪杰多来响应，拟不日东下进攻洛阳，为北捣燕蓟之地步。但秦陇素称瘠贫，饷项军械诸多未备，因特委派高致堂、王斗南、薛麟伯前来，借重贵省接济。无论何种枪炮，或新式或旧式，多多益善，至价值若干，如数清偿。再陕省风气闭塞，人民之维新知识尚属简单，而一切善后事宜，万难周密完善。惟贵省交通最早，英才聚会，此间应如何筹办之处，统希指示前途，俾有遵循。至军机之如何相援，军械之如何转运，仍乞同敝委商酌，以期迅速而重军务。

所致函意在催黎大都督迅速率军北上。函云：

黎大都督麾下：

往者天戈所指，奴虏窜逃，武昌人士，望风纳款。凡在邻省，咸以鄂中出师之趋向为视线之集点，虽巴蜀豪俊不足以左右天下之大势者，岂非以武汉为中原腰膂，右邻米粟之乡，近拥军械之厂，加以麾下豪情高谊，万众倾心，规划大局，必能率十万貔貅，北捣燕蓟。秦人不敏，用敢率其疲敝，奋臂响应，于九月初一日定长安，二十一日克潼关，严师境外以作东下之势，已十数日矣。麾下深沟固垒，师不轻发，抑或别有灼见。窃不能不进筹者，兵贵神速，勇为气帅，麾下以精锐之师，当新胜之后，北驱鞑虏，直疾风扫败叶耳。又况中州士女，延颈举踵，日望大军之来，此诚不可以不战。满虏荫昌，跋前疐后，不得已举项城以自代，虽情见势屈，然京师余孽，巢穴稳固，万一死灰复燃，吾四万万同胞将无噍类，炎黄子孙遭此一大劫，麾下何以谢天下，何以告后世？毋使滋蔓，蔓实难图，此不得以不战。钫一介寒畯，生长东垣，复仇之义，兴汉之思，未尝不同。麾下若提数万之众，北逾黄河，声罪致讨，直趋京师，钫亦将帅关中子弟，并号召河南数万健儿，执鞭弭以从其后，扼吭拊背，遥为接应，彼贼虽狡，窃恐食之不得下咽也。再陕省军械短少，如肯下顾，鼎力借助，是所深幸。兹专派同志前来，详细情形必能面述。此请勋安，诸维霁照。

当时我对袁世凯、段祺瑞、冯国璋亦抱有幻想，曾分别致函劝其反正。

致袁函：

慰帅乡先生大人阁下钧鉴：

满人二百余年苦心焦思，组织一完全无缺之专制政府，一旦失驭，冰泮瓦裂，虽曰人谋，岂非天命！今巴蜀湘鄂江闽皖粤诸省，相继告变，不约而同，秦虽闭塞，响应之余，望风皆靡，取长安，克潼关，指日东下，直向河洛，际此时会，虽有圣智，不能为谋。荫昌身总戎机，谊切同种，不能以一死报国，而巧托名义，举先生以自代。先生历任封疆，久握兵符，此次出山，亦天理人情之至。然钫窃不能不进规者。先生生长中州，父老子弟皆所抚摩噢咻，以遂其生者。故先生一登显赫，咸户颂尸祝，庆吾乡之有人。岂唯庆吾乡之有人，实庆吾汉族之有人。先生此出，苟别有命意，汉人实共赖之。如欲勠力疆场，效命满清，无论势成弩末，难穿鲁缟，就令大兵所至，芟刈殆尽。然试思此：号呼遍野，血流成河，是谁氏之子孙？而先生所得之效果，又谁氏之消受也？言念及此，恐先生寝不安席，食不甘味者矣。昔合肥晤对外人，侈谈战功，讥之者曰：同种相残，我辈耻之。合肥语塞。钫末学后进，忝膺东路兵马都督之任，深虞颠覆，然大义所在，不得不为先生陈之。

致段函：

芝荃夫子大人函丈：

不亲教言，已年余矣，山斗在望，景仰良深。钫自到陕后，人情现象，无一非亡国之状，心常忧之。回忆我夫子讲授之余，挥尘清谈，一及满清消长之机，种族畛域之别，则激昂慷慨，涕泗交并，时勉钫以所不及。今胡运将终，人心思汉，项城此次出山，抑或明知其不可，而有不得不然之势。夫子参预机谋，左右其间，必能达其目的，无负平生之素志。况现在陕西大局已定，由长安克潼关，率兵将抵河洛，所谓高屋建瓴，势如破竹者也。钫谬膺重任，不敢不勉，以贻师门羞。夫子爱而教之，匡其不逮，是所深愿。如其委心任运，不与吾事，想亦不至以残杀同种自多其功，为满虏助之焰而傅之翼也。寸心千里，不尽所言。

致冯函：

夫子大人阁下：

自违榘范，日就荒落。加以时事日非，秕政繁兴，国民交病，哀鸿遍野，对此现象，不觉热血喷涌。比者湘鄂江皖闽粤各省，相继告变，秦中人士亦望风响应，于九月一日克有长安，殄灭异种，初二日底定大局，公举张翔初凤翙为统领，门生等皆在其列，越仙（冯之侄）、晋三（马晋三，冯之学生）现为总司令部参谋官，举家亦无恙。此次人材翘楚，半出师门，谓非我夫子提倡之力，曷克臻此？今者潼关已克，将提师北上，道出汴中。钫以菲材，谬膺东路都督之任，尚望锡以指南，不迷趋向，则种族之争，光复之业，或可告成；夫子期许之心，亦可稍慰矣。如以一姓之兴亡，掷万姓之头颅，一堂师弟，交锋对垒，相见疆场，则不惟钫之所不愿，当亦先生之所必不出此也。

此三函发出后，并未得到复信，但在宣传方面起了一些作用。

由潼关出征部署，大致就绪，11月25日我军克阌乡县。11月26日，令一标二营和炮队由大路经大字营、稠桑向灵宝进发，马队向虢略镇搜索。

于11月27日早6时，齐到王垛、沙坡等地。函谷关一带，地势崎岖、大兵难集，且豫兵新败气馁。故决以混成一标进逼函关。是日，左侧卫至虢略镇。我在王垛村附近详察地势，敌马队在灵宝南关及东南塬上向我射击，此时我部队到者仅马队百骑及步兵前卫。但闻敌枪声，皆勇气勃勃，要求攻击。遂由沙坡向北天齐庙（灵宝县南门外一小山头）进攻。攻至塬上，甚得利。是晚在王垛村宿营。我同参谋苏谊谷夜宿孟村友人薛祖泽家。该村于道光年间，铸有大炮，长三米许，射程可及五里，而未尝试用。及召民众数十人，抬至距灵宝三里许之高塬上，向敌军营中凡三发，敌彻夜惊慌。

20世纪初期的函谷关（灵宝境内，今已被黄河库水淹没）

11月28日，我军右侧队攻天齐庙，左侧队攻占函谷关。激战八小时，敌军向曲沃镇退却。据守天齐庙敌军连长吉松传正与我军接洽起义，后毅军赶到，迫使反攻。敌兵力加强，形势突变，豫军原接洽起义的亦作罢。我军见敌军力强大遂停进攻。

11月29日，刘镇华由嵩洛一带运动大侠至，相见于虢略镇许仲衡家。杨勉斋、刘粹轩、任镜海、石又畬、蒋我山、楚赏斋、贾济川等亦先后至。刘镇华说："丁同升、柴云升、憨玉琨、赵长荣等为中州大侠，皆率部来与东征军会合；丁可于三日内先到。"我军当时认为敌军增援，实力强大，我亦必须函陕增调大军，并与豫西大侠会合，增强实力，攻取灵宝，乘胜东进。

11月30日，探得赵偶率敌军十营在灵宝部署，准备向我军进攻。敌兵精器利，我不可轻敌，且潼关初定，人心未安，恐前敌不支而根本动摇，于是决计拔师。4时令部队向稠桑、东谷峪一带集中，7时向西移动。当日由龙驹寨传到湖北来电，略云："敌军刻正准备北伐。与黄、黎二帅大军会合，亦有成约。攻守须械，万难分用。然亦足以牵制豫军，解贵军东顾之忧。并一面电请荆沙，速多分运接济"等语。12月1日早，部队开回潼关。加紧组织兵力，布置一切，做东征准备。

12月5日，丁同升率侠士五百人至，即编为九标一营。12月6日探得毅军开始西犯，遂令九标一营及侦探队为前卫，以丁同升为前卫队长，即日向阌乡进发。二营二标曾绍魁及七标为本队，向盘豆进发。屈全马队为右翼侧防队，向阌底镇、盘豆南山根之线游弋。炮队同二标前进。是日，雷雨亭由保定归陕，随带陕、甘入伍生五十七人，经东军阵地抵潼关。我官兵见雷等军服整齐，乘马车数辆，通过敌军防地西来，疑其为敌军间谍，数次扣留，经多次解释，始到我军总部。12月8日晚，丁同升部进驻盘豆，12月9日早5时与敌军大战于盘豆。时曾绍魁占盘豆河西岸塬南段，丁同升占中段，侦探队长李紫恒占北段。激战至10时，屈营马队由南山根包抄，敌稍退，丁营渡小河猛攻，敌又稍退，12时王荣镇率步兵两营至十二里河东南塬上向敌包抄，炮队又及时赶到，步兵为之一振。忽马队被敌炮击甚烈，马未经训练，阵乱，四处奔跑，步兵不明情况，亦为之扰，由大路夹道中西退。王荣镇部亦退。下午1时许，齐退至十二里河。七标与追来之敌激战。丁、曾两营在十二里河做防御。下午3时，大军齐退至阌乡镇。我率队数十名赴马庄视察，以防敌由此犯关。当日晚，令各营部队均退入潼关。夜10时，集合各标营官长，选奋勇军，准备固守潼关。由潼关初次东征遂告失败。

三、潼关失守，败退华阴

12月10日早，我军把部队分作守城与出战两部，守城部队由炮队和一标二营张建魁担任，在潼关城内周密布置；出战部队由周福兴、陈建升各带所部由七里店向阌底镇攻击；丁同升、李紫恒带队由潼关凹向阌底镇攻击；王荣镇、严纪鹏带队由万家岭向阌底镇攻击；马队管带李长兰守十二连城一带，防敌抄击。早8时战斗开始，我军攻击甚猛，丁营督队官戴凌云和侦探队长李紫恒身先士卒，带队猛攻，均阵亡（李紫恒又名小红，是徽戏班名艺人，驰名河、洛、陕一带）。正午12时战斗最为激烈。延至午夜2时，我军伤亡甚重，士气稍挫。夜3时，官兵有退意，4时遂令退却，各部队退守城东门及东南门一带。我偕郭锦镛、张建魁、王荣镇等由东门视察守城士兵，经东南隅至小南门时，敌已据李家庄塬头上，向城中射击，我遂调七标三营杨茹林部由阎王沟邀击。我回司令部，行至凤山巷十字口，见递马哨行李已捆好，正准备西行，即呵责制止，回到司令部，众惊慌欲散，严制之始止。当日下午，兵士车辆拥塞西大街，急欲出城。时严纪鹏部把守城门，城上士兵纷投砖石，不让出城。城内谣言颇多，官兵心怀猜疑，民众更为恐慌。谣传：雷雨亭通敌，入伍生是敌军奸细。当雷雨亭率陕甘入伍生五十余人，军服整齐，乘马车数辆通过敌军阵地，毫无阻碍来到潼关时，官兵多疑为清军派来的间谍。雷到后，我认为雷颇有才学，委以东征军总参谋长名义，并与雷同住一室。当日夜，我在司令部即不见雷，因疲困过甚，就命杨西堂到城中察看守备情况，杨到城东门时，见雷服装整齐，携带简单行李，正欲走出东门，杨怀疑雷有出城投敌之意，制止不许出城，雷又逃至附近老百姓家中。杨将此情说出后，官兵多认为雷和入伍生是清军间谍，即将雷雨亭搜出，并逮捕入伍生数人，乱枪打死。因雷和入伍生是光头，有些官兵见光头的即疑为是入伍生，将光头赵卜龄等解饷员数人，亦用枪打死。官兵又谣传城内奸细很

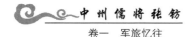

多，不能打仗，纷纷欲出城西去。此时也有人怀疑我与敌人有勾结。因在潼关光复后，清豫军中有同学姚任支等，以同学关系，不愿互相残杀，曾通信商议和谈停战，某日我军与清豫军正在函谷关对峙，适姚任支等派代表来，我正与代表谈话间，我军疏于防备，敌军即放枪一排，击毙我军士兵多名。官兵见敌派代表来，已甚疑惑，及受清豫军欺骗，击毙我士兵多名，即疑我与清豫军有勾结。当时我曾给马荫午、马耀群二人写信解释，信被某营截拆，竟误认约清豫军定明午结群来攻。此时，对我怀疑的严重情况，可以想见。我闻雷雨亭被杀消息即出而制止，并说："我革命军光头甚多，我即是光头，绝不许猜疑敌杀，自乱军心。"经严加制止和解释，其余入伍生始免于难。但此时军心大乱，已失去作战意志。当时我正与陕甘入伍生十数人在军械处挑选枪械，掌令官某自己恐慌欲逃，即假冒我的命令，言敌入城，我军速退。官兵闻此言，即拼命冲门而出，向西奔跑，随从闻此讯，即向我告警说："敌临城下，官兵多已溃逃，请你快走！"我问："何以不闻守城士兵发炮声？"随从不答。我出了司令部，仓皇登城，唯闻人惊马嘶，一片紊乱吵闹声，知城中部队混乱，不能再战。遂下令大军暂退华阴县和华岳庙南处。但撤退命令并未传到原布置守城部队。我于12时退至华阴时，七标标统王荣镇于早7时已过华阴西去，各营随之西去的甚多。遂下令各部队均须回华阴集合。12月11日晨，大军均退至华阴。即令各营集合部队，点验伤亡和人枪数目。并派出侦探，往敷水侦察。得报，称敌军10日夜并未入城，我守城部队夜间与攻城敌军战斗甚烈。11日晚，又得侦探报告，当日早敌炮火猛烈向城内轰击，我守城部队始缓缓撤出，潼关遂陷入敌手。此次失败原因：（一）出战部队不明守城部署情况。及战，败退至关上，不知预有守城布置，因之气馁。（二）谣传敌军间谍混入我军，因之官兵互相猜疑，甚至对统帅亦不信任，这是失败的主要原因。（三）我军多系新招之众，缺乏战斗经验，更因克复潼关即行东征，未得休整，致多不服调遣。

四、我军增兵再克潼关

省垣闻东征军失败，张凤翙亲带卫队数人于12月12日黎明出发，当晚赶到华州。当时谣言颇多，甚至有张钫投敌的传说。我闻之甚为愤懑。是夜12时，张凤翙又赶到华阴，向我宽慰备至，两人彻夜商谈并研究敌情，达旦未寝。13日2时，标统陈殿卿带队至，督府秘书长郭希仁继至，12时，标统谢采臣、李长兰部亦至。

15日，各部队齐集华阴，张凤翙召集各标营长会议。诸人多以潼关失败，归咎于我。我在会上表示消极和不满，慨然说："前次之败，因由我调度无方，但诸将士不服调遣，亦何能辞其咎！今大统领前来督师，诸君如能用命，以我们现在的兵力，当敌军数十营，可操胜算。"言毕，众皆默然。我便提出五路进攻计划。16日，大军云集华阴东门外，官兵四面环立，张凤翙、我等居中誓师说："吾省存亡，在此一举，当同心勠力以摧强敌。"言辞激昂，全军感动。我当众指出："前次战争，守城部队抵御甚力，翌晨尤作苦战。假使出战部队不擅自溃退，暂至城内休息，拂晓出击，潼关谅不致失陷。"又说："出战部队甫至十二连城，九日即有自行退走者，占潼关东塬时，有前进者，有闻少挫即卷携私物而逃者，及下令撤退，在华阴集合，竟有退至省垣者，有退至华州一带者，有逃走不知去向者，并误听谣言，互相猜疑，不服调遣，假设你们当统帅，将何以处此？今宣布命令，敌毅军马、步、炮混戎，约有十六营，占据东西瑞村、坡头庙、金盆、敖里一带，我军分两路进攻，大统领率李长兰、陈殿卿、宋兴汉等部队由大路进攻；我率谢采臣、王印升、张建魁等部队由南北营向潼关进攻；周福星、丁同升等暂住岳庙作预备队；其余各标营暂住华阴整理。各标营应开动者，即日开拔。"言毕，各将士唯唯听命。约9时许，各标营即整队出发。当晚于东全店一带宿营。是日，赵倜派姚景铎送信云："奉内阁电，北京与湖北正在议和。令约束东西两军，各占地点，暂行停战，以待后命。"

当时，部分官兵又疑惑我与敌勾结，有的窃窃私语，有的公开扬言："不杀姚景铎即杀张钫，否则大军初发，又生猜疑，影响军心，难打胜仗。"议论纷纷。嗣经详加解释并将姚景铎放走，亦未复信，官兵怀疑渐释。

当日规定，由张凤翙指挥正面部队担任主攻，我指挥南塬部队担任助攻。当晚，我归华阴，夜2时令王荣镇、严纪鹏率七标，谢采臣、孙耀亭率一标，周福星、张建魁、王印升等各率一营出发。正面部队由吊桥进攻，攻势勇猛，敌军不支，败退城内。午后4时，我军直抵城下，争先登城。前锋多人为大炮击伤。敌军复派敢死队数百人，手持红旗由西门突出，猛扑我军，我军稍退，至天黑停战。南塬上队伍，由北营向金盆进攻。敌我占据地点，均系塬谷相间，攻击不易得力，我军伤亡较众，12时，我军稍占优势，西瑞村一带敌人退却。天晚，敌炮队射击甚猛，我军停止攻击。

12月18日，另行布置作战计划，仍分五路进攻。唯鉴于前日未能取胜原因，决定19日出发，先以占据地势为主，布置妥当，再行进攻。五路军队如下：

（一）张凤翙卫队，刘世杰部队，六标一、二营，八标一营炮队，李文龙队伍，均由大道进攻，由张凤翙督师；

（二）张钫卫队，谢采臣队伍，周福星队伍，李长兰队伍，一标一营，王印升队伍，均绕道东南塬包抄后路，由张钫督师；

（三）王荣镇队伍，七标一、二、三营，城防队，均绕道十二连城进攻敌侧；

（四）陈树发队伍，杨克敌队伍，周耀群队伍，均由东南塬攻击；

（五）宋汉兴队伍，杨永升队伍，均防守河岸。

19日早，五路同时出发。大道部队将至吊桥，准备隐蔽，计划夜间进攻。此时敌军已侦知我军情况，即变守为攻，先发制人，乘我不备，以全力向我军猛扑。我军死力抵抗，互有伤亡。勉支数时，我军败退。张凤翙与刘世杰堵之不能止，仍退岳庙。因雨雪泥泞，军行困难，夜间戒严令亦不能执行，营次甚为危险。幸赖东南塬及黄河岸诸军，均能据守划定地点，牵制敌军，敌未能来追。张凤翙回营后，即蒙被而卧，因失败而精神颓丧。

适兵马副都督吴世昌率先锋队数百人及六标一营至，张即回省。

12月20日，我令塬上各军，依前日计划，各向预定地点攻击。12时由寻底出发，马耀群为前二队，张建魁占领顺井，防守阎王沟一带。我率陈殿卿、王荣镇向万家岭占领阵地。行至万家岭，即遭遇敌军，我军奋勇进攻，激战甚烈。午后2时，李长兰率部队增援，3时周福星率部队增援，进攻至李家庄。卫队一营营长辛建忠率数十名勇士，首先向敌猛扑，被敌大炮轰击，壮烈牺牲。3时半，丁同升率部队增援，我军奋勇百倍，个个争先。5时，我军即围攻至城下，城将攻克，但敌军退却无路，死力抵抗，我军因天晚，加以大雪，暂停攻城，均宿营于战线内。当夜，敌军乘机逃走。21日早，塬上军队集中寻底村，因雪后泥泞，不便进攻。我预料敌必败退，但诸将士不信，仅标统陈殿卿随我前往上屯和下屯视察。当时士兵有窃语我通敌而诓骗陈殿卿的说法，陈殿卿闻之不信，并说："我和张患难相交，必不害我。"窃语士兵遂潜逃。兵士正猜疑间，一民夫匆匆至马前说："敌人退了，我公何不入城？"随从皆欢喜兴奋，随我入城。不久，各部队亦陆续入城。斯役将士用命，增援及时，官兵夜间露宿，忍饿受冻，终无怨言，故能一鼓作气，克服潼关。此时，清廷对东征军更为注意了。

潼关克复后，稍加布置，我与郭希仁回华阴。是晚，我与郭希仁、杨铭源围炉畅谈古今英雄。时而雄辩，时而褒贬，谈至伤心处，不觉泪下。回忆起义以来，10月22日至30日眼肿如桃；东征期间，衣不解带，夜不安枕，心力俱瘁。初拟东征，人言纷纷，丧师失城，谣言四起，此次冒雨雪，出入枪林弹雨间，幸将潼关收复。拟息仔肩，以保余生。我年仅二十六岁，未死于敌，几死于友，今得免二难，总算万幸。翔初知我甚深，以室家担保；诸公爱我殷切，力为辩白，方免其难。我若不及早回头，恐身败名裂，空谈革命，于事无济。回忆及此，颇为消极。唯念及革命未成，河南尚未独立，半途而废，贻笑大方，亦不得不勉力而行。当时思想矛盾，进退两难。

12月22日，奉张凤翙令，仍留部队守潼关，东征军一切进攻防守事宜，均由我全权处理。23日，率华阴大军，移驻潼关。经全店，遇楚赏斋、任镜海等，知运动已成。中州大侠王天纵、张治公、柴云升、憨玉琨、赵长荣、杨凤鸣各率所部前来。河南大侠义士多来会合，共图革命大业，吾等欣喜异常。24 日，王天纵、张治公一起，柴云升、憨玉琨一起，各带千余人，马各二百余匹，枪支有十分之八，来与东征军会合。25 日，杨凤鸣率五百余人，赵长荣率千余人，枪械均有十分之六七，马各百余匹，来与东征军会合。各将士均表示热烈欢迎。这时东征军之势力与声势更加壮大。

五、豫西王天纵等武力加入东征军，由潼关第二次东征

东征军第一次克复潼关，刘镇华西来。第二次克复潼关，杨勉斋、刘粹轩、楚赏斋、任镜海、王广庆、贾济川等先后西来，又联络豫西各豪侠地方武力以及学生、士绅、民众、团队等来参加东征军者甚多。最先到的，为丁同升率部五百余人参加作战，得力甚大。后有王天纵、张治公、柴云升、憨玉琨等绕道卢氏入雒南经泰峪到潼关加入东征军。接着赵长荣、杨凤鸣等率部加入东征军。当时潼关二次克复，又增加豫西武力万余人，加上王天纵等之名声，东征军威力为之大振。于是计划由潼关开始第二次东征，企图首先打败在豫清军，谋得河南独立。

12 月 26 日，即将豫西新来加入东征军部队分别编制，统名为秦陇豫复汉军，以王天纵为先锋官，张治公为第一标标统，柴云升为第二标标统，赵长荣为第三标标统，憨玉琨为第四标标统，丁同升为卫队第一标标统，杨凤鸣副之 ①，原有部队番号和力量均有调整。

---

① 《陕西文史资料精编》第一卷《社会政治（上）》，《张伯英先生日记零稿》，谓王天纵为东征军第一标标统兼先锋官，柴云升、赵长荣、丁同升、杨凤鸣职务与此文同，无关于张治公和憨玉琨之记载。另全国政协保存之张钫手稿《辛亥革命东路战役的日记及函件》所记豫西侠士之任职，王天纵为第一标标统兼先锋官，王天右（天纵之弟）副之，张治公为第二标标统，柴云升为第三标标统，丁同升为第八标标统，赵长荣为第九标标统，憨玉琨为骑兵第二标标统兼童子军营长，以后到来之王修己为十三标标统。

当时晋省民军自娘子关失利后，副都督温寿泉率部退至蒲州。潼关二次克复，温即到潼关商请援兵，收复晋南。当由秦晋豫三省主要同志举行会议，决定分三路东征。以秦豫两省兵力，编制五千人援晋，由陈树藩、井勿幕为正副统领，为左翼军。该部于12月中旬由大庆关渡黄河，协同晋省民军作战，曾先后克复晋南各县。又就豫西地方武力，编组游击队，分头向嵩县、卢氏、洛宁、宜阳、洛阳一带进攻，为东征军的右侧卫。

中路主力计有步兵十标，骑兵一标，炮兵一营。该部以王天纵为先锋官，标统张治公、柴云升、丁同升、憨玉琨、张建魁、严纪鹏、周福星、赵长荣、王荣镇、宋兴汉等均以善战闻名，此为东征军之主力。并继续广泛联络豫西地方武力。河南巡防营亦派人接洽，愿受编制参加革命。东征军所辖部队番号发展到三十六标。并委杨勉斋为东征军总部秘书长，刘粹轩为总参议。分派刘粹轩、刘镇华、楚赏斋、贾济川、任镜海等五十人到各标营队担任政治工作，又组织学生队担任宣传工作，在东征军之发展与战斗中均起极大作用。

东征军编制筹划大致就绪后，于12月27日配发枪械、子弹与粮饷，即派曹季南、鲁金钵率马队一营为前卫队，先行出发，并筹办沿途粮台（行军中筹办粮草之机构）。

28日，令柴云升、憨玉琨、赵长荣各标占据虢略镇，向灵宝攻击。王天纵带张治公、丁同升两标及炮队由大道进占函谷关，亦向灵宝进攻。严纪鹏率七标一、二营作接应军。鲁金钵、屈金马队担任包抄。命郭锦镛、杨铭源、袁佐卿、王广庆等留守潼关。我督师东征。

12月29日，大军开始出动。向各省都督和报馆发出通告书，略谓：

敝军起义，以复汉为宗旨，以联合各省组织中华民国新政府为目的。民人、商人和外国人均极力保护。各地豪侠一律招收，为复汉军臂助。敝军再克潼关，除原有实力外，复召集陕豫各地大侠，如白翎子（即严纪鹏）、阎飞龙、丁同升、王天纵、张治公、柴云升、憨玉琨、赵长荣、王修己、张屏、武世清等，均率领数千人与敝军会合，编成东征大军，开始东征，首在河南独立。并与各省革命军联合，推翻清政府，建立民国新政府。

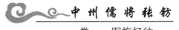

我东征军纪律严明，绝不扰害商民及外国人。与清河南新军、毅军、北洋陆军之到处掳掠民财、残杀无辜、奸淫妇女、行同匪盗者，绝不相同。盼望各地同胞力加协助，以图早日完成革命大业。

六、东征军在豫西战争之胜利

12月29日，大军由潼关开始东征。12月30日，王天纵、张治公、丁同升部和炮队及七标严纪鹏部已陆续进抵阌乡，柴云升、憨玉琨、赵长荣等部已占据虢略镇。31日，王天纵所率正面部队已到达稠桑。刘镇华到虢略镇督师。柴、憨、赵等部晚5时出发，经孟村、王垛向灵宝前进。夜10时抵孟村宿营，准备夜袭灵宝。我命其暂停孟村，听候命令，再行攻击。

1912年1月1日上午10时，王天纵率正面攻击部队进抵函谷关五里坡上，炮队占道左高原，开炮击中敌帐篷十余个，余敌帐篷即撤走。时王天纵、张治公、丁同升各部队奋勇猛攻，南路柴云升、憨玉琨、赵长荣各部队亦王垛渡河，向灵宝攻击，两面夹击，攻势甚猛，敌军似有退势。晚9时暂停攻击，我军均在战线上宿营，夜间时发生小战斗。

1月2日拂晓，我军发起攻击，士气甚旺，敌军枪声渐远，似有退却之势，但因敌军在灵宝西南枣园内筑有坚固工事，我正面部队虽多，攻击不能得力，侧面兵力甚少，不能收夹击之效。当即改变攻击方略：以七标一、二营自王垛渡河，同南路二、三两标部队向敌侧面攻击；以一标并卫队一标及炮队，仍由大道向灵宝进攻。3日早，令先锋官王天纵第一标和卫队一标一营及炮兵一队守函谷至王垛之线，二标一营、三标一营、马队两队及七标一、二营，均由沙坡、南阳寨向天齐庙攻击。各部于12时同时发起进攻：柴云升、憨玉琨部由高家滩向佛湾攻击，赵长荣部向黎源庄攻击，七标一营向灵宝东塬攻击，七标二营由佛湾向天齐庙攻击，马队由南阳寨进占龙王庙。当时，我与敌已战斗三昼夜，但我军愈战愈勇，正面大道部队仍取攻势，炮队向天齐庙及城内射击，南路各部队合力夹击，午后又三面进攻。我军攻击目标是天齐庙之敌主力。柴云升部及七标二营进至佛湾村，为敌炮猛烈射击所阻，不能前进，遂相持。七标一营开进沙坡东五里旷野处，遭敌炮队射击，阵乱，遂命该营退南阳寨整队复攻。同时鲁金钵马队行至南阳寨东，亦遭敌炮射击，队乱，而马兵则分散猛进，向灵宝东二十里龙王庙袭击敌人后路。傍晚，赵长荣部进攻黎源庄，激战两小时，始占领该庄。该标营管带张敬业带勇士数十人，追杀至天齐庙而止。柴云升、憨玉琨部此时亦冒敌炮火猛烈进攻。南路各营队均奋勇攻击。敌伤亡甚重，于夜 12 时退出灵宝。4 日苦战，获得胜利。

4 日早，我军进驻灵宝城内，即着手恢复地方秩序，保护商民，据报有四名兵士乘机抢劫，立即逮捕正法，绅民均称军纪严明。即整顿队伍，预备追击。午后 2 时，派王天纵督率张治公、憨玉琨、柴云升各标出发，晚宿营曲沃镇、大营各地。据报敌人已退至陕州。5 日，派赵长荣率第三标，严纪鹏率第七标出发，令张季芳留守灵宝，鲁金钵马队驻灵宝城内。敌军退至陕州，本欲守城抵抗，闻我军左翼阎飞龙标占领茅津渡（陕州东十五里），我军王天纵部又迫近陕州，故军退守硖石。6 日，我率卫队数营进驻陕州，并令各标部队进攻硖石。敌军不支，又向东溃退。我军追至观音堂，敌军又败退至渑池。7 日，我邀集陕州绅士会商地方事宜，公推许仲衡为州牧，办理留守事宜。是日，王天纵各部紧追敌后，与敌后卫部队进行多次战斗。在陕州又决定计划：以七标二营留守陕州，其余各标部队和游击队七营、炮队一队，由正面进攻渑池并向洛阳推进。8 日，我至茅津商调井岳秀游击队渡河南来。9 日，我率接应部队出发，当晚宿营观音堂，七标住张茅。三标赵长荣籍隶宜阳，该县驻有敌军一营，故令该标统带两营前往扫荡。即日目观音堂开赴洛宁、宜阳一带并向洛阳进攻。王天纵率张治公、憨玉琨各部进攻毅军和北洋军第六镇十二协周符麟部于渑池，激战三时，占领渑池，敌军败退至千秋镇。敌军从放弃灵宝开始，在数日内败退四百余里，直到洛阳，才稳住脚步。这是东征军在豫西战争之重大胜利。

七、北洋陆军反攻，东征军第二次失败

1912 年 1 月中旬，东征军在河南西部取得了重大的胜利，此时南北双方停战已有一个多月了。袁世凯认为江南独立各省距北京较远，而陕西、山西、河南各省革命军却是肘腋之患，山西清军退出雁门，晋南又守蒲州，河南西部东征军气势甚盛，致毅军退却四百余里，中原局势似将有大变。袁遂令京汉线上北洋陆军第二镇王占元之一部和第六镇第十二协周符麟部集中兵力三十余营，迅速进驻洛阳，带野炮、山炮三十余门，西上进攻东征军。又增调毅军十营，连以前参加作战之毅军共有十八营，委赵倜为前敌总司令，令其戴罪图功。此时敌军集结豫西各地者共八十营，约两万余人，带武器粮食，西进渑池，向东征军开始进攻。袁世凯又密令，必须打退东征军，进占潼关，才能进行和谈。敌军于 1 月 8 日以骑兵先冲到渑池，向东征军发起攻击。我军且战且退，先激战于渑池，继战于英豪以东地区。至 12 时，复激战于英豪、观音堂之间。敌军以其炮火优势，压迫我军节节后退，致使我军损失甚重。天晚，我军再退却，准备在崤山硖石有利地带，使其炮火不能发挥优势，与敌决战。11 日我退守硖石，敌军守观音堂，暂时相持。此时适有英传教士齐牧师等六十余人自西安东来，准备回国，途中见东征军纪律严明，绅民均同声称赞和拥护，因与我在阵地晤面，表示愿居中调停，使两军媾和，我等表示赞成。英人齐牧师和苏先生等在陕州停留四天，来往于两军间接洽数次。我军决定以甘壕为中间议和地点。当时致齐、苏二教士，介绍两军使订和函：

齐牧师、苏先生仁兄阁下：

顷承函嘱，以敝军与清军议和，是阁下惠及生灵之深意，钦佩莫名，敢不遵命！惟议和地点应在两军势力之间，议和人员当为彼此俱负责任之人。所云令敝军人员赴观音堂与清军议和，观音堂属清军势力所及，在我未免有失主权，因拟议和地点定在甘壕。议和之人，敝军已派就三员，另单开上。清军亦当指派三人，预先通知。届期即由二君在甘壕介绍会面，相议和约。是否，统希鸿裁施行。即请教安。

是时敌军司令部亦来函请和，我军致东军司令官订和函：

第二军司令部大鉴：

顷接来函，知贵军已担任保护外人一切，幸甚。至称由本军府派人与贵军议和一节，尤见贵司令部不忍同种相残之至意。本军起义宗旨，以清政腐败达于极点，不忍四百兆生灵沦于胥亡，特督率民军，与东南各省协力推倒清政府，以期建立我中华民主共和新政府，为我汉族谋永远之幸福。起义未匝月，各省响应者已居十之九，足见我汉族同仇之一斑。本军此次东征，盖襄助河南父老子弟速谋独立。贵军西来防阻，谅亦因久制于清政府势力之下，不得不尔，当非贵司令之本心也。但此时之清政府，已如奄奄夕阳，残喘不保，而民主共和又为吾国最多数之决心，大势所趋，孰能御之？贵军纵极力撑持，多演一日之战斗，究有救于清政府之败亡乎？我辈同系汉族，而顾梦梦然自相残杀，祖宗有灵，不其恫乎？苏先生，齐牧师，一外人也，见我们同和徒作无益之战争，犹戚然悯之，愿为居间调停，我辈对之亦赧然愧矣。本军府拟与贵司令部约明议和地点，以观音堂西五里甘壕为适宜地点。此地须两方面均认为中立地。本军府与贵军司令部均须派全权议和专使三员，与外国人同赴甘壕开议。至本军府所有关于议和条件，本军所派专使可以完全担任。

信去后，12日我军即派党佑卿、杨勉斋、刘粹轩三人同英人齐、苏二教士前往甘壕议和，然敌军负约，并未派人至。是晚，敌军复来函诡言请和。盖敌军执行袁世凯密令，假为议和，暗中集结兵力，企图迅速进攻潼关。

我军守硖石三昼夜，议和不成，援兵未至，粮源亦接济不上，人无熟食，马无宿草，加以大雪严寒，形势不利。而我军赵长荣、柴云升两标统俱派往嵩、宜等县，兵力分散。河北陈树藩部在运城茅津渡尚有八营兵力，屡催未来。据判断，敌军经数日之准备，必大举猛攻。因而我命部队向张茅撤退。此时王天纵持不同看法，谓敌不会进攻，仍有议和可能。因此我与王天纵打赌说："如明日敌不来攻，算我输，我将大都督印交与你。"王天纵说："如明日敌来攻，算我输，我愿军法从事。"刘粹轩当时同意王天纵的看法，颇为我担心。我西去，刘留在张茅不走，以看究竟。此时，王天纵有轻敌和恃勇而骄之意，而敌军由黄河岸向西包抄部队，已接近张茅。12日夜，我下令撤退时，王天纵部则恃勇轻敌，于其他部队撤退后，次晨3时始撤。敌军伪造东征军臂章，紧紧跟踪，王疑是友军在后，亦未注意，待天亮，王退至张茅时，刘粹轩出迎王天纵，王对刘说："尚有队伍在后面。"说罢，王即准备在张茅住店休息。刘闻后面还有我军部队，即带随从七人往接，出张茅东首，马弁王友仁发现对面来的是敌人，并非友军，即连发数枪，并大喊："敌人！敌人！"王即折马飞奔陕州，见我报告敌情。并沿途传告敌人追来消息。王天纵在张茅休息，闻后面跟的是敌军，即出店，上马西奔。此时敌人即冲入街市，刘粹轩等数人，因走脱不开，被敌军赵偶部所俘，赵将刘等押送周符麟处理。刘虽称是东征军议和代表，但周将刘等数人一律枪杀。我军张治公等部于13日在张茅与敌军混战半日，被敌军三面包围，虽掩护我军撤退一部，但死伤官兵八百余人。当日下午，敌人追至会兴镇。此日幸阎飞龙率部由北南来，王天纵等部才脱离了敌军的追击。是夜，我军退至灵宝。即派张季芳、刘镇华赴河北调陈树藩、井勿幕部火速来援。14日我军集合部队，并令退守阌乡。15日我军退守函谷关，敌骑兵三千人追至，与敌激（战）半日，我军再退至阌底镇，亦有退回潼关者。16日，我军河北陈树藩部队与敌军激战于茅津，一部分部队与敌军激战于平陆，激战竟日，迟滞敌军攻势。17日，我军与敌战于阌底镇，当日退回潼关。是日，函请西安军政府速派兵来守潼关。但西路战事紧急，省垣亦难抽调大军东来。1月18日我军陈树发率两营来，与敌激战于牛头塬；李仲三率一营来，与敌激战于七里店、李家庄等地。敌军进攻潼关，将炮兵布置三个阵地，用交叉火力网向城内射击，骑兵由两侧西进，取包围形势。我军弹药耗尽，且以敌我兵力悬殊，伤亡尤重，不能支持，遂于1月20日撤出潼关。此为我军东征之第二次失败。

八、我军败退雒南^①侧袭敌军西犯

在北洋陆军和毅军两万多人进攻下，我军撤出潼关之后，1月21日退至华州，一路作战，伤亡叁大，到华州集合时，官兵已不满两千人。在守潼关战争危急时，曾一再电请西安增派援军。当时升允率甘军在西路攻占醴泉等地，气焰正盛，省垣兵力均赴西路御敌，无兵东援。西安总务府又屡接湖北电，言上海和议可望达成，令各省皆停战。总务府没有妥善办法，也就抄录电文，函我即与清军议和，守约停战。此时潼关战争正急，清军非占领潼关，绝不言和。处此情况下，我既气愤，又消极，即报省总务府东征胜败详情函：

总务府诸公鉴：

接来函，可恨，可怜，可惜！陕东屏藩必坏于我而原于诸公也。南省电文决不可恃。十月二十一日（阴历——编者注），停战时也，而毅军取我潼关。十一月十二日停战期满，续期我们不得知，十三日攻吴。十五日取灵，血战三昼夜，满奴不堪其苦而退，非遵约也。钫由灵至陕州，乃非作防御计划，只因接陈伯生（即陈树藩——编者注）函，见严小泉面，言晋境无多事，不日过河相助，于是防御计划有进取之心矣。先锋王天纵至观音堂，探得敌人用二十七营之兵力来攻，我军退硖石。适洋人来，停战两日，而电文又到，于是即告清军，清军支吾答之，继复特遣专使，来营面商，其实已运兵黄河岸上，被我探知，连夜退兵。讵先锋等恃勇不服，仅

---

①今陕西洛南县。

退二十里（张茅镇），弟连夜至陕州催七标二营接应。小泉至河五日矣，仍在茅津。是时清军三面围张茅兵士，兵士弹尽而死于沟、死于井、死于枪弹者约八百人。最可惜军使刘粹轩及随从六七人，往硖石出张茅，即遭贼毒害，一人逃归。当弟在陕州催队之时，即我前队被袭之时。不几时大军西退矣，七标二营整队出城而逃矣，小泉上潞村矣，柴营没于英壕，王营没于张茅，赵忠取永宜未归。是时弟将兵不满五营，枪不足两千支，退灵宝守函谷，敌虽狡，我五营足以御之。乃枪少弹尽，财竭粮乏，于是退阌乡，次日即退潼关。敌取灵取阌，于初一日早攻我潼关，幸三十日陈树发来，初一日晚李仲三来，而兵器不利，陈已退守东塬。是日夜着李营东开，成败在此一举。曾派三参谋赴晋调兵，三往而兵不见发，至今仍无音信。兵临城下，危在旦夕，君等尚恃秦桧之议，误我误陕民，吾死有期矣。死当为厉鬼以吓办事胡涂者，君等好自为之可也。当进兵时，无子弹，无饷干，退时到矣，物不我济，谁之咎耶？当此寒天，省来各兵，军装齐备，且服皮外套，靴鞋丽都。弟之兵，平日无衣，战时无子弹无饷粮，守硖石四昼夜，得饮热水一口者千人之五十，且大雪，焉能以死力守之耶？前后进退情况，约略述之。弟现病，请另派妥员，速来接事为祷，否则败坏不堪，并要防清得潼，窥省城也。钫上言，初三日。

此信去后，想西安总务府诸负责人必大震，定会抽调援兵，且不至于再乱发命令了。

1月21日，我军退至华州后，深恐敌军西追，我军无力阻挡，反而引盗入室。为使敌军难窥虚实，不敢贸然进逼长安，故决计率残兵两千人，退守商州、雒南，略加整顿，仍可侧袭敌军西犯。如西安援军至，亦可两路夹击。大计已定，一面向商、雒撤退，一面函告张凤翙，略谓：

前接由龙驹寨来函称："弟前派赴鄂购枪者已回，运到快枪八千支，请速委人接收。当即委屈荃往接。现此处兵力，决难战守，又念省城兵力仅足坚守省城，本难接济，弟拟收集残兵，暂退商州。陈仲渠有兵千人驻石家坡，杨凤鸣有兵数百驻卢氏，皆可调用。一面派人调回柴云升、赵长荣等。闻柴、赵各召集千余人，若能接到湖北快枪，分发新旧官兵，计可得十五营兵力。弟在此与省为犄角，敌军决不敢长驱直进。即令西来，弟当可率军侧袭并断其后方。设有不幸，尚可为省城之救兵。敌不西进，弟由商、雒，省由大路，夹攻进击，潼关立可克复。弟以商州、兴安为根据地，南连川、鄂，东招豫、陕，残败之局，可望补救。弟在商、雒牵制敌兵，不使西进，万不敢懈也。"

1月22日即率队由华州经石头峪入南山。并派侦探八人，住华阴侦查敌军情况。据报称：敌军自20日入潼关城，并未西进。我23日至保安镇。此时随我来者，带兵官长有郭锦镛、周福星、张建魁、丁同升、王天纵、张治公、憨玉琨、鲁金钵、魏进先等人，总部幕僚有杨勉斋、党佑卿、王广庆、杨铭源、曹季南、三仁山、梁敬斋、李笃臣、任镜海、楚赏斋、蒋我山、石又謇、许仲衡等人。张季芳、刘镇华因赴河北请援，未回。王天纵因在硖石与我打赌后，觉得自己判断错误，连日来见面时颇有难堪表现，我再三解释说："前日打赌为军中戏言，请不必介意。"而王仍猜疑多端，并拟离军他去。到保安镇时，我军尚有万两军饷，据报王天纵拟劫夺军饷，我又与王说："我们相处甚好，你需要什么，请当面说明，千万不要做出对不起朋友的事情。"王说："我与大都督相处甚好，大都督待我甚厚，我绝无二心，请不要听信谣言。"但虽如此表示，而王已不安心在东征军了。此时，官兵集结，饷糈无着，即派杨铭源先赴商州筹饷。24日我军到达雒南，即闻河南大侠周凤阁率四百余人已到石家坡。傍晚又接信云大侠王修己、赵长荣率两千余人至朱阳关等处。官兵闻之，甚为兴奋。但大军会集，饷糈困难。1月25日又派李笃臣赴商州协助杨铭源筹饷，并规划各标营驻地。同时派张钊赴省请领饷弹。此时新旧各部队士兵逐渐集合，亟须整顿训练。即派夏丹侠、孙海樵、梁敏斋、王仁山等担任编制训练。1月26日闻陈殿卿、李长兰、吴世昌率援军由西安开抵华州，张凤翔亲自督师。1月27日即派蔡伯勋赴华州会商作战计划，并就近请领饷弹。1月30日由商州解来饷银两千两。先是我军出潼关东征时，省垣首派标统刘刚才为后援部队，而刘出省即盘踞商州。时以东西两路日夜告急，总务府无暇分顾，致刘得以逍遥事外，独用重兵，淫掠烧杀，无所不为。凤凰嘴、蒲谷河、龙驹寨、黄家村等处皆被蹂躏，居民不堪其苦。而商州劣绅倚势把持一切。杨铭源等赴商筹饷，为刘所忌，几起冲突，然赖我大军驻雒南，刘自知不敌，始允筹饷。杨铭源共筹饷七千余两，以裕军食。是日派员赴鄂请援，并照会湖北军政府：

敝军东征，占领渑池，以期克日会师。旋接贵军府续订停战期限之电，按兵不动，牒知敌军。冀彼如约，暂行停战，以待后命。不意清廷诈为议和，以缓南军进攻，而调陆军二镇一部、六镇一协和增派毅军巡防营共约两万余人，专力犯我。敝军人少不敌，节节退守，潼关又复失陷。残敌之余，枪械不敷，势难复战。现敝军暂住雒南县，与西安为掎角，牵制敌军，使不敢长驱直入。特派敝军外交部部员王子辅、王华南，军官梅占魁，前往告急请援。

1月31日，派丁同升赴洛宁一带招募新兵。是日王天纵亦离军赴鄂。王负大侠之名，及见我军二次东征失败，志气顿挫，败退华州时，即拟离去，至雒南，又再三申请。我以其战败气馁，去志颇坚，遂允所请。由于王天纵曾经杀害绿林朋友关老九，故王与柴、憨仇恨颇深，经我和刘镇华、杨勉斋等居间调和，两部始能在东征军中勉强合作。败退雒南后，王部损失甚大，实力仅有二百余人，又怕柴、憨两人乘机报复，遂决心离军赴南阳，转豫鄂边区。临行时，我送银五千两。此时，张治公则东行回豫西招兵，张召集三千余人又回到潼关，我又保荐张为标统。2月1日，派许仲衡赴虢略镇筹办粮台，杨凤鸣部亦开往虢略镇。并令驻黄村之六标标统陈仲瞿率队进取卢氏。2月2日令一标二营赴石家坡驻扎，相机越岭北进。并派张铮、杨勉斋、楚赏斋、冯玉玺等赴石家坡、巡检司、黑张各地筹办粮台。此时闻省垣派来军队约十营，已集结华阴。在雒南初次拟定计划：以精锐部队沿洛川东下，直袭敌军后路。派周福星、陈建升、鲁金钵各部进驻龙驹寨、荆紫关以联络鄂军，袭取南阳。派陈仲瞿部取卢氏，杨凤鸣部占虢略镇。命丁同升、张治公在洛宁、嵩县一带召收部队后，即东进袭取洛阳。派一标二营并王寿田部越岭北进，虚设旗帜，以张声势而迷惑敌人。

我率三、五两标为接应军。连日来吴世昌、郭希仁等屡次来函催我军即越岭北进，侧袭敌军，2月4日张凤翙函催愈急，于是决定改变计划，以恢复潼关为重点，即命杨勉斋赴朱阳、虢略镇督师攻灵宝；命党佑卿赴巡检司、黑张督师出泰峪；三、五两标即日进驻黑张。2月6日，三标出嵩草峪，五标一营并一标二营出泰峪。当日刘镇华、张季芳、田维勤等由省来，解饷银二千余两。2月7日得党佑卿由泰峪报告敌情，并说明泰峪为出师要道，攻守咸宜，嗣后山南一刃部队和运输，均可出自泰峪。

张凤翙到华州后，确知敌军有两万余人，不可轻视，而主张停战议和，诸将中多以城下之盟为耻，持有不同意见。张凤翙于2月8日在华阴召集会议，陈树发愿决死战，张凤翙斥为河边小卒，不关紧要。吴世昌亦言战，张凤翙问其敢否具军令状，不胜将如何，众始无言。遂决定议和。2月12日我赴华阴与张凤翙面商攻复潼关办法，留张季芳、刘镇华、党佑卿等在泰峪指挥部队。到华阴知张凤翙已决定议和，并已与敌军来往通信数次。我当时因鉴于过去多次与敌军和谈，均受其诈，对和谈能否达成，仍有怀疑，但为形势所迫，亦表赞成。

九、和谈达成协议，东征军战事结束

当时，闻上海议和达成协议，想敌军占领潼关后，照袁世凯密令，可以正式和谈，且已通信数次，表示愿派代表在全店议和。我与张凤翙谋商和谈进行办法，并于2月13日派彭世安、吴善卿、金和暄、张生午、白星桥为代表，准备随时到全店与敌军代表会谈。在代表未出发前，因鉴于过去刘粹轩被杀之教训，各代表对安全问题颇有顾虑，因此，函赵偶、周符麟，略谓："日来由陈树发处转来手书，嘱派代表，不日当可派往。但前在张茅时，我军代表刘粹轩及护兵七人，中途遇害，至今一人未归，革命健儿，思之痛心，不忍再派。请彼此函商。如有最要机宜非以口舌解决不可者，望尊处派代表前来，我等决不相仇。"经过14、15两日互相通信商议和两方代表在全店接谈，以初步议决停战条件数条，

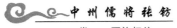

唯对刘粹轩之被害和以潼关为中立地点两问题，相持不下。当时我军在泰峪待命之将士，多表示不能忍耐，咸欲致死力与敌决战。东舍和斜马两地探哨，亦时与敌军发生冲突。我即派袁佐卿往泰峪传达不能轻启战端和必须耐心等待和谈之苦衷，并函刘镇华、张季芳、任镜海、党佑卿、王修己、楚赏斋等人，略谓："和议条件已决，惟粹轩事，外交部长已电清政府，白星桥复亲往交涉，张大柄随北方来此，连夜而返，又去交涉，弟日内到关会议，亦当全力争之。刻下彼即退潼关，此案仍未解决，决非会毕即事全毕也。陕东大局，一二日可定。对各标营士兵要时加劝慰，切勿轻开战端。"16日敌我两方代表在全店会议。拟定第一次东西军联络暂时停战草案：

（一）现既联络，两方面均应休养兵力，不得任意发枪。

（二）两方面均赞成共和政体，自系一家，更不得向前线运动兵力，以生疑议而伤感情。

（三）两方面既承认联络，凡往来之军使，均应以两方面规定红白旗为记，不得任使来往，以免误会。

（四）两方面前线之士兵，见持军使旗子者，均应保护，不得残害，如违者即与以相当之办法。

（五）如有持军使旗子以行暗袭者，即为南北之公敌。

（六）两方面认可联络后，均不得遣派侦探越界搜索，以免误会，致伤感情。

（七）勿论将来解决如何，现时两方面均宜守约，不得搦战。

（八）两方面均应约束兵士，以守规定区域。

（九）两方面地点之米粮柴草等，准商民互相通商，不可拦阻，即由两方面出示，晓谕商民。

（十）两方面军队驻扎之地点，均应指明，以防匪类混杂。如有土匪聚众扰害地面情事，距何方面驻扎军队地点相近，即由该军队就近剿办，以保治安。

（十一）以此草约经两方面均已认可后实时（施），彼此分电南北军，如有背此约者，即为南北叿之公敌。

以上十一条由东军提议，西军修正赞成。

（一）此次两方所派代表，均有全权责任，议决之件，两方须实时履行。

（二）共和政体北军既全体赞成，临时总统一切命令进行，两方均应服从。

（三）贵军应全退出敝军原有战地，此款应待南北军之公电解决。

（四）敝使刘粹轩及随从六人，须由贵军询查踪迹，如该使实系东军残害，东军应认照战时公法办理。

（五）刻日由袁内阁电饬升允速即撤兵，否则西方战事不得认为背约。

以上五条由西军提议，东军修正赞成，唯三条须待南北军公电解决。

1912年2月18日，我代衷东征军，与清军代表赵倜、周符麟会议于潼关，并正式签订上述和约。清军是日大半退出潼关，19日清军全部退出。我驻泰峪等地的部队即日开驻潼关。20日调驻雒南之郭锦镛、张建魁、王寿田各部队和幕僚刘玉山、王仁山、梁敬斋等来潼关。又调驻商州龙驹寨之周福星、陈建升、鲁金钵、屈辉文各部队和幕僚杨铭源、李笃臣等，驻卢氏之陈仲瞿部和驻虢略镇之杨凤鸣部（杨死后由程鹏仁率领）均来潼关。21日、22日，在潼关点验各部队并加以布置。时升允率甘军围攻咸阳，西安危急，我率一、三、五各标部队西援，留郭锦镛、张季芳、刘镇华、田维勤等在潼关主持一切。至此，秦陇豫复汉军东征战事即告结束。

（尹文堂／整理　1962年）

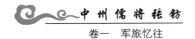

我所知道的河南辛亥革命①

革命酝酿时期

河南同盟会于 1906 年成立于日本东京。初成立时推曾昭文为支部长。当时在日加入者有杜潜、朱奋吾、车钺、刘积学、潘印佛、杨曾蔚、刘醒吾、陈伯昂等。创办《河南》杂志，以张钟端为总经理，刘积学为总编辑，并特请周树人（即鲁迅）撰稿，共出版 10 期，宣传革命，影响颇大。后清政府驻日公使馆函日警署迫令停刊。

1908 年，东京河南同盟会支部派杜潜回开封组织同盟会分部。初设机关于开封私立中州公学，该校监督杨源懋（字勉斋），教职员暴式彬、杨汉光、韩立纶和当时进步人士刘芬佛、刘纯仁（字粹轩）、李心梅、王庚先、张宗周以及该校庶务长刘镇华等均加入同盟会。借中州公学之掩护，活动甚力，不多时入会者 200 余人。杨勉斋 19 岁中进士，弃官办学，官绅对他颇为敬重，其号召力亦大。当时同盟会分部派刘镇华赴保定，与陆军速成学堂中的豫籍学生我和王伯功相联系，互订密契，为将来起义做准备。1908 年夏，我乘暑假到巩县小学窑洞中与河南盟友王伯功、刘镇华、刘履中，还有该校校长张南陔等开了一次秘密会议。此次会议为以后秦豫革命力量的合作奠定了基础。1909 年春，又密会于洛阳中学（杨勉斋兼该校监督），当时与会者有杨勉斋、刘粹轩、宫砥堂、阎郁文等。会商要点：(1)传播主义；(2)联络地方武力（刀客）；(3)运动新旧军队；(4)在

---

① 录于《百年记忆——河南文史资料大系·政治卷》，毛德富主编，中州古籍出版社 2014 年版。

伏牛山区设武力基地；（5）全省东西南北铁路已通，郑汴间不易起事，洛阳、南阳西连川陕，地利可凭，应注重在豫陕边区发动革命。当时同志们均非常赞同此主张。会后，我即就道入陕。与同志们临别于洛阳周公庙时，勉斋、粹轩依依不舍地说："可无言而去乎？"我说："西北有事必有我在，诸公能闻风而来乎？"勉斋、粹轩同声说："定如约。"别后，我入陕，勉斋、粹轩诸同志在豫分头进行革命活动。

陕西东征军与河南革命同志会合

辛亥革命陕西起义胜利后，公推我为秦陇复汉军东征大都督，率队进攻潼关并向豫西挺进，河南革命同志亦在豫西分头联络地方大侠武力，与东征军会合。当时清军重兵集结豫西，阻击东征军。杨勉斋、刘粹轩等同志，闻我率军东征，即化装混入清军中，到阌乡县西塬路上与我见面。相见惊喜若狂，粹轩与勉斋同声曰："来赴约也。"此语当时军中传为佳话。当时会晤地点，是在路边一小庙旁。吾等坐在地头，畅谈别后情况，谈及洛阳之谋今皆实现，三人心情兴奋异常。又谈及豫西各地已发动的武力，正在分头集合，预计5日后，仅宜阳、永宁、嵩县、卢氏4县民众可到2万人，其他各县起义的民众亦可源源而来。

我们三人将豫西情况谈完后，即策马并辔东行到盘豆镇休息。到盘豆继续畅谈无倦意，正所谓"把酒纵论天下事，悬灯夜话到三更"。所谈的中心问题，是河南盟友在各地进行活动的成就。勉斋与我同庚（当时26岁），文章好而言辞拙；粹轩是有名的能言举人。他说："刘积学、张钟端等还在开封各学校中进行活动，准备起义，他们借咨议局中同志的掩护，得以顺利进行。勉斋和我离汴一月，各方详细情况虽不得而知，但从民心倾向革命，各地民间武装多愿与革命取得联系及官方惊惶万状种种形势看来，革命真有一日千里之势。如你能率东征军出虎牢，过鸿沟，则中原局势即可大变。"我听他这一番话，倍觉兴奋，东征之决心与信心更为坚强。当时河南同盟会同志为谋河南革命早得胜利，除杨勉斋、刘粹轩等西来进行活动外，又派刘莪青、李锐五、谢鹏翰等到豫东太康一带联络仁义会和归德王金妮等，以动摇豫东，并策应省城革命活动；刘积学、海廷璧、孙豪、赵伯阶、段厚甫、魏士骏等到叶县，发动汝州、鲁山、郏县、宝丰、密县、襄城一带的绿林和地方武力，以控制西南，与襄樊革命力量联合，并策应省城革命运动；暴式彬、韩立纶、张宗周等在豫北发动地方武力，威胁京汉铁路，迟滞军事运输；阎子固、任芝铭、刘芬佛等在新蔡一带组织地方武力并与淮上军联合。在东京留学的河南同乡，于武昌起义后，纷纷回到上海参加革命工作，不久亦可回到河南。张钟端等同志仍在开封，以中州公学、优级师范、法政学堂和大河书社为基地，进行秘密活动。杜潜因袁世凯派人注意他，到上海进行活动。当时河南郑、汴等重要城市，反动势力强大，在省城举事不易取胜，但各地革命力量和声势日益壮大。我为加强东征军的领导，以刘粹轩任东征军总参议，杨勉斋任秘书长。此二人在东征革命战争中，均贡献甚大。粹轩于 1912 年 1 月，和随从 7 人，被敌军前线总司令赵倜所俘，并送交周符麟，杀害于张茅镇，临刑还大骂清政府丧权辱国。后在其殉难处建立专祠，以表烈士之革命精神。勉斋后任河南省议会议长，积劳病故，年仅 27 岁。此二人早死，是河南革命力量的重大损失。

开封起义失败纪闻

武昌起义后，张钟端由湖北衔黎元洪之命回汴，携黎致协统应云从（名龙翔）的密函，拟劝应在汴起义。张到汴时，应因先谋起义事泄，被豫抚宝棻诱至抚署，禁闭于别室中，下令撤职。应释放后，即离汴他去。汴城革命党人正在群龙无首之际，张钟端回汴，大家共推张为总司令，王庚先为副总司令，以优级师范为秘密组织起义机关，并运动陆军学生和一部分军警，作为起义依靠力量。王天杰、李干公联络一部分人组织敢死队；李古民、王月波联络教育界人士准备响应起义；王庚先、张兆发联络陆军学校学生及一部分军警，准备起义，后张兆发被巡防营稽查张光顺密告于统领柴得贵。当时革命声势甚大，巡抚宝棻时刻准备逃跑。柴得贵有投机革命之意，因此与张钟端、王庚先亦稍有密契。待宝棻走，齐耀琳来任巡抚，倪嗣冲来任藩台，反动阵容加强，柴得贵转头献媚于齐，并向齐告密。齐初到河南，急于为袁世凯立功，以报提拔之恩，即派柴得贵镇压革命。柴密派总稽查张光顺和奸细江玉山、张建周混进革命组织，并指天誓日地表示要为民族立功。12月5日，张钟端在优级师范学校内召集会议，决定于6日凌晨2时举事，并宣布起义行动计划。起义时所需手枪弹药款项亦当场进行分配，所需布告、檄文和通告书均印就数千份。混入革命组织的张光顺、江玉山亦在场，至夜11时，柴得贵即率巡防队将学堂包围，并突入学堂将张钟端等21人逮捕。刘莪青（名荣棠）、李锐五等越墙逃走。所有武器、文件等一齐搜去。又到中州公学、法政学堂等处逮捕数十人，共逮捕50余人解送法庭。兰经咨议局出面反对过多株连，才准保释一部分。张钟端、王天杰、李干公、张兆发、刘凤楼、张得成、崔德聚、李鸿绪、王梦兰、徐振泉、单鹏彦11位同志，于1月7日分别慷慨就义于开封南关和西关，后由同盟会员沈竹白以慈善名义收殓尸体葬于南关义地[①]。

河南省咨议局被解散的经过

咨议局本是预备立宪前的"代表民意"机关，咨议员多半是清朝的进士、举人、拔贡，只有少数是学堂出身。他们原以要求立宪为当务之急，不敢进行革命，但是因要求立宪被清廷拒绝，推延在9年之后，在京请愿的全国代表说是期限太迟，又被清廷申斥，不许在京逗留，激起了他们的

---

①《百年记忆——河南文史资料大系》一书原附注："按此文所记11位遇害者姓名，系据1935年在开封对立的十一烈士碑上的记载，而1912年12月20日开封《自由报》（河南省之国民党机关报）载《河南死义十一烈士传记》，所列名单中无张得成（西安人）、王梦兰（河南考城人），另有张树宝（河南新郑人）与张香尼（河南祥符人），录此备考。1935年，根据当时河南省政府会议决议，将十一烈士遗骨迁葬于一处，立碑纪念。"

愤怒,不知不觉从和缓的立宪立场转而走向激烈的革命途径。咨议局的一些文人开始致电上海赞助革命,派人赴陕鄂联系,更有人去到豫西发动民间武力参加陕西的东征军。在张钟端被捕后曾致电北京同乡呼吁营救,纠举河南营务处商作霖擅杀多人的罪行。又攻击资政院议员为钦选议员,无代表人民的资格。清内阁给河南巡抚齐耀琳的电报曾说:"顷据汴省京官赵大臣秉钧等38人联名函称,汴议局自议长杜严,副议长杨凌阁辞职后,议员多人举止离奇,多方煽惑,致酿成本月之变,其行事尤骇人听闻者:(一)大军汉阳之捷,该局暗助南军,飞电指责内阁,且密电黎元洪泄露消息。(二)陕匪(指东征的民军)残杀,惨无人道,大军进驻潼关保全豫境,该局电诘内阁,指为不应防剿。即如土匪王天纵等30余起,该局竟一一认作民军,不知何故?(三)汴议局系本君宪而立,乃该局密电上海已占领全省,容候北伐。又电内阁誓与朝廷断绝关系,宁死不纳租税等语。按咨议局章程48条,议员所决事件有轻蔑朝廷情形、妨害国家治安者,督抚得奏请解散等语。今该局竟有如许违法情事,不得不据实上陈,恳饬汴抚将该局立即照章解散等因,希即查照办理。内阁效印。"齐耀琳接到内阁效电之后,便将河南咨议局解散。

(1962 年)

张钫与西北辛亥革命

张钫反清革命思想的孕育萌生与加入同盟会

清朝末年，朝廷腐败无能，皇权统治已摇摇欲坠。早在张钫出生之前的 1840 年发生了鸦片战争，西方列强胁迫清政府签订了开放通商不平等条约。其后又发生了许多中国与西方列强的冲突。关于 1851 年发生的洪秀全太平天国起义，以及 1883 年的中法战争等，张钫幼时皆有听闻。张钫出生之后，1894 年又爆发中日甲午战争，1896 年签订《中俄密约》，列强纷纷在华租借港湾，划分势力范围。1898 年戊戌变法失败，1899 年义和团兴起，1900 年英法联军攻陷北京之后，火烧圆明园，慈禧和光绪西逃。一连串的失败、割地、赔款，丧权辱国，这些事件皆为张钫幼时所知所闻，加上张钫所见清末封建统治者对人民的压迫剥削，社会的黑暗污浊，这些都是张钫反清革命思想的孕育萌生的重要先决条件。

张钫于清光绪十二年（丙戌 1886）出生于河南新安县铁门镇。张钫之父张清和（字子温），是清朝光绪丁酉（1897）科拔贡，先后历任陕西省乾州（今乾县）、郇州（今宜县）州判，他的塾师有铁门镇杨耀荣、渑池县东洪阳村杨堃、新安县城孟浩及董沟村王性存等先生。老师除了对他教一些启蒙课本如《弟子规》《三字经》《幼学须知》和儒家典籍四书五经外，也给他讲述当地一些贤臣名将英雄豪杰的故事。同时，他还从老年人口中听到一些有关太平天国的事迹传说。

受河洛文化和崤函古道战争历史人物的影响，张钫幼年时期即倜傥不群，喜好舞枪弄棒。曾有专闻叙说张钫少年时期的逸闻旧事。

张钫的外祖母家王庄村，因清·咸丰年间村人习练武功的人较多而又称王把式庄。这个村子离王乔仙洞很近，他幼时曾在王乔洞洞真观内三清宝殿东侧的两间小房内读书。启蒙老师讲："万般皆下品，唯有读书高，黔首百姓最微小。"张钫自幼聪慧，他认为，黔首百姓力量最大，决不可小看，就写诗反驳曰："帝王终有期，万姓永世存；滴水汇大海，海水浮万轮。"由此可以看出，他在幼年就认识到水可以载舟亦可以覆舟的道理。

张钫在王乔仙洞读了两年书，老师认为他个性强，有棱角，不好教。家长又把他送到铁门东北十余里的云顶村去读书，这时他年龄渐大，好习拳弄棍，骑马耍枪，并爱读辛弃疾、陆游之诗，对私塾老师布置的功课兴趣不大，因此常受老师斥责。老师让他读四书批注，他却读唐诗："十年磨一剑，霜刀未曾试，今日把示君，谁有不平事？"老师骂他屡教不改，罚他站在孔夫子的像前"面壁"，说他不是孔门弟子。张钫在面壁时长叹道："冤哉！冤哉！吾乃真正之孔门弟子也！吾遵循'六艺'之道，不习武怎能奋剑弯弓，不驯马怎能御车？弟子狂乎？老师庸乎？"老师见他巧言善辩，更加生气，第二天就给学生们出了一道作文题《朽木不可雕也》，张钫知道老师与他为难，认为他就是朽木一根，就挥笔写道："雕朽木者，庸匠也！夫木各有其材，材各有其用，宁放朽乎？坚材如钢难雕也，朽木何需动刀乎？"这位老师自讨没趣，就给他的伯父张清阳说："你家学生心高意远，有武将之材，最好让他学武吧！"

清光绪二十八年（1902），十六岁的张钫随母亲到陕西乾州其父任所生活，并在其父亲的督教下，张钫得以博览经史百家，学问日增。

两年后的清光绪三十年（1904），张钫考入陕西武备学堂（后改设为陕西陆军小学堂），陆军小学堂是清末军事教育改革的重要产物，也是中国军事教育体系步入近代化的标志，张钫在陆军小学就读期间，其父命其娴习军旅，报效国家，张钫见识大进，遂生革命报国之心。

清光绪三十三年（1907）九月，张钫陕西陆军小学堂毕业，由陕西省选送保定陆军速成学堂第一期炮科就读。翌年在保定速成学堂加入同盟会。

早在清代中期，清廷赖以起家的八旗兵和入关后建立的绿营兵，已开始腐败。甲午、庚子战败后，清政府知道八旗、绿营无用，湘军、淮军都不能卫国御敌，于是光绪二十一年（1895）起，依照西法，编练新军。光绪三十一年（1905），清廷制定新军军制，计划在全国编成新军三十六镇。那时大省练兵成镇，小省成协。每镇包括步、马、炮、工程、辎重等兵种，设统制率领。镇（师）下分协（旅）、标（团）、营、队（连）、排、棚，分由协统、标统、管带、队官、排长和正、副目率领。陕西算是小省，当时编练一个混成协。

1903 年（光绪二十九年），直隶总督兼北洋大臣袁世凯上奏清廷，提出："体察今日中国情形，参考西洋各国章制，谨将学堂分成二等，曰小学堂，曰中学堂，曰大学堂。"袁世凯的这一奏折提出的建议开启了中国近代军事教育正规学制。

除了编练新军，清政府的陆军教育制度如下：在各省设立陆军小学堂，三年毕业后，再进于全国设立的四所陆军中学堂（即在北京清河的陆军第一中学堂，陕西西安的陆军第二中学堂，湖北武昌的陆军第三中学堂，江苏南京的陆军第四中学堂）。陆军中学堂学习两年毕业后，到陆军部队中入伍受训半年，再送到陆军大学堂（陆军军官学堂）深造。陆军大学堂毕业后分发各省陆军部队中见习半年，然后充当陆军部队中的军官。从小学堂到大学堂毕业，需要九年才能训练出一个排级的军官，当局感到不能等待，乃在陆军部直接领导下，成立陆军速成学堂。

同年，袁世凯奏请在保定设立北洋陆军速成武备学堂，二年毕业。光绪三十二年（1906）八月改为陆军部陆军速成学堂（前称协和学堂），学生来源由北洋各省扩大到全国，计划各年招收学生一千一百四十名，主要招收各省旗未毕业的武备学生及按选验格式考取文理精通的良家子弟。大省保送学生六十名，中省四十名，小省三十名，其各省分配名额如下：京旗八十名；直隶、江苏、湖北、四川、广东各六十名；顺天、奉天、山东、河南、安徽、江西、浙江、福建、湖南、云南各四十名；山西、陕西、甘肃、广西、贵州、新疆、吉林、黑龙江各三十名；江宁、杭州、福州、荆州、成都、广州、绥远城、热河、察哈尔九处驻防各十名；密云、青州、西安三处驻防各八名；宁夏驻防六名；共计一千一百四十名。

学生入学后，分为两班。凡经考试，有普通学科程度者，归第一班，专学军事专科，一年半毕业；如普通学科未学完或完全未学者，归第二班，先学普通学科一年，再学军事专科一年半，共二年半毕业。学生毕业后，均到部队实习三个月，即可与军官学堂毕业班次相衔接，军官人才就可以源源产生。

张钫之父张清和时任陕西武备学堂（位于西安西关贡院）监学，因命张钫考试军校。张钫于光绪三十年（1904）时，以豫籍（客籍）考入了陕西武备学堂。光绪三十二年（1906），奉北京陆军部命令，陕西武备学堂更名陕西陆军小学堂，其宗旨是为陕西编练新军准备各种军事专业初级技术人才。张钫于光绪三十三年（1907）九月毕业，即以成绩优异，擢送保定陆军速成学堂第一期炮科就读。

在新军中秘密建立革命组织

张钫是豫籍学生，但是由陕西省保送，由此原因，他与陕、豫同学都能接近。当时在校所见的革命书报即有《警世钟》《国民必读》《猛回头》《太平天国战史》《二十世纪之支那》《浙江潮》《新湖南》《夏声》等，这些书刊只能秘密阅读，不能公开。加入同盟会者，才能见到《民报》及其他宣传革命的小册子。在保定陆军速成学堂就读之时，张钫受同盟会的好友钱鼎影响，1906年与孙岳、何叙甫、黄实、黄统、吕公望等人组织"陆军同袍社"，秘密从事反清

中国同盟会会员证章

活动，并于1907年秘密加入同盟会，力倡革命救国。

陆军速成学堂军事教育规定严格，对于思想言论及行动限制极严，防范极密，凡政治书籍杂记等皆不许阅读。各省学生分编各科，彼此互相联络者很多，在全校一千一百多名的学员中，能完全接受革命思想，参加同盟会者亦只七十二人，最后毕业陕籍学生二十三人中只有钱鼎、张钫、曹

位康（字建安）、党仲昭（字自新）、张宝麟（字仲仁）五人是同盟会会员。回省学生大都任排连级干部，成为接近士兵之基层军官，这些军官对于士兵，先从精神训练入手，使士兵逐渐知道爱国的方向和孙中山、黄兴革命之精神，并深入扩散部队之中。

清·光绪三十四年（1908）夏，张钫乘暑假回乡之便，到巩县黑石关小学与河南同盟会盟友王伯功、刘镇华、刘履中，还有该校校长张南陔等秘密集会，商议豫陕两省发动革命推翻满清政府有关事宜。此次会议为以后秦豫革命力量的合作奠定了基础。

清·宣统元年（1909）春，张钫由保定陆军速成学堂毕业，于返回陕西新军实习归途中，在洛阳周公庙洛阳中学再次与河南省同盟会盟友密会，当时与会者有杨源懋（兼该校监督）、刘纯仁（字粹轩）、宫砥堂、阎郁文等，商议如何在民间传播三民主义，联络地方武装，为推翻清政权，建立民国而伺机举事。商议要点为：

（一）传播主义；

（二）联络地方武力（指绿林刀客）；

（三）运动新旧军队；

（四）在伏牛山区设势力基地；

（五）全省东西南北铁路已通，郑汴间不易起事，洛阳、南阳西连川陕，地利可凭，应注意在豫陕边区发动革命。

当时同志们都非常赞同此主张。临别时，诸人握手不舍，杨、刘问张钫有何嘱咐，张钫说："西北有事，必有我在，诸公能闻风而来否？"二人答曰："定如约。"

张钫与回陕西的同学，都在督练公所（新军兵丁的招募机构）候差。1909年陕西陆军混成协成立，后按清军统一编制改名为陆军第三十九混成协，协统刘鸿恩，参军官张凤翙。协司令部驻西安西关大营盘。至1910年（宣统二年），混成协的三千士兵募齐后，编为步兵两标，马、炮各一营，工程、辎重各一队。10月3日，张钫与同学共二十三人分到各营充当排长，张钫任陕西陆军第三十九混成协炮营第三排排长，旋升为右队队官（相当于现在的连长）。炮营分左、中、右三队，朱彝铭（字叙五）是左队队官，党仲昭是中队队官，张钫是右队队官。

西安举义

陕西新军混成协成立后，钱鼎（先在新军一标当排长，后升一标三营营副，保定陆军速成学堂陕西同学会会长）和张钫（同学会副会长）、党仲昭等人于1910年夏，在省城南院门设立了名为研究军事学术，实为同盟会秘密机关的"武学社"（或称武学研究社、军事研究社），和同盟会在日本东京派回到陕西宣传孙中山救国主张和中国同盟会纲领的井勿幕取得了联系。新军的下级军官和士兵中，很多都参加帮会，如洪帮、哥老会等。为了联络他们共同反清，钱鼎加入了哥老会，以双重身份进行活动，使哥老会会众接受了孙中山的主张。

张钫与陕西辛亥革命起义诸同志合影

左起：井勿幕、胡景翼、刘述吾、张钫、华孝康、李襄初、井岳秀

1910年，陕西募齐混成协三千新兵，组建新军，张钫与同时从陆军速成学堂毕业的钱鼎等二十余人（其中有十余人为同盟会员）被分派军中任初级军官。在军中，张钫和钱鼎设立"军事研究社"开展革命活动，并和同盟会陕西支部长井勿幕建立联系，又与军中帮会头目"歃血为盟"，扩大

影响，争取力量。当年混成协司令部的参军官是从日本士官学校毕业的张凤翔，张原籍河南，张钫常和张凤翔谈论国家兴亡之责和孙（中山）、黄（兴）倡导革命之意义，取得张凤翔的同情，为陕西辛亥举义奠定了基础。

张钫等革命党人此时亦分别联络教育、新闻、政界及社会人士，在西安小雁塔、"正谊书局"、"又聚楼饭馆"等处聚会，宣传鼓动反清革命。陕西是清末西北革命的策源地，推翻清朝是人心所向，起义前夕，形势已是上弦之箭，一触即发。

西安辛亥革命起义爆发前张钫与其他起义同志曾在大雁塔歃血为盟

1911 年 10 月 22 日，西安辛亥革命起义爆发，西安将军文瑞是蒙古正黄旗人，当时正在咨议局开会，一听到枪响，立即退缩到了满城里，满城异常坚固，八旗兵又死战不退，双方战斗了六七个小时，一度打成相持状态，八旗军组织马队反复冲击，截至下午 3 时，起义军还没有攻下一个城门。这时有人报告，说在大差市有一截满城曾坍塌过，后在原址上盖起房屋，利用房子的后墙来堵塞填补那一段缺口。得知此事起义军即挖开该房后墙，从豁口杀入满城，城破后文瑞率家人投井自杀，只有一个儿子被保姆抱回老家长安县抚养，第二年才被文瑞北京的亲戚接走。

原陕甘总督升允是蒙古镶蓝旗人，光绪二十七年曾任陕西巡抚，光绪三十一年任陕甘总督，因抵制立宪，被罢官赋闲西安家中，当时升允正在西安城北的草滩别墅休养，听闻新军起义，立即渡渭河逃亡甘肃。清政府启用升允为陕西巡抚，进兵平叛，升允以"勤王"为名，妄图攻下西安，迎奉溥仪建立偏安小王朝。升允率甘军数十营人马入陕大战陕西义军，攻克十余城，正当全陕垂定之际，清帝逊位之诏颁下，甘军拒战而退兵。后来升允成为"宗社党"领袖，四处鼓吹复辟，直到1931年才病死。

当时的陕西按察使叫锡桐，在其主持陕西司法期间，考取录用者竟"无一通晓法律之人"，锡桐虽然也是满族八旗出身，但是与西安将军文瑞和陕甘总督升允比起来就差远了。锡桐被捕后，自愿捐银两万两助饷起义军，被军政府暂押后遣送出陕，算是捡了一条命。陕西布政使钱能训，时任陕西巡抚，因恩寿已经奉调安徽，钱能训代理巡抚一职，可谓当时陕西真正的实权派。钱能训并非满族，是地地道道浙江人，这个人在最后混得最好，对陕西起义军危害最大的也是这个人。西安辛亥革命爆发，钱能训藏身于随同副官甜水井家中，被起义军搜出。钱能训直接对自己连开两枪，可惜自杀未遂，被起义军救活，礼送出陕，也捡了一条命。到了北洋政府时期，钱能训竟然混到国务总理，成了真正一人之下万人之上的人物。因为自杀两枪的缘故，钱能训对陕西义军一直耿耿于怀，护法运动时期，曾大力鼓吹陕西靖国军为土匪。五四运动爆发，钱能训引咎辞去国务总理，1924年病逝于北京①。在陕西辛亥革命起义的成功影响下，全国各省纷纷响应，宣统皇帝退位，清朝灭亡。

辛亥革命，结束了清朝276年的统治地位，也结束了中国自秦以来两千余年的封建帝制，使中国逐渐走向共和。

编者

---

① 据《辛亥革命在陕西综述》，陕西党史资料丛书（三）：《辛亥革命在陕西》，中共陕西省委党史资料征集研究委员会编，陕西人民出版社1986年版。

兵火岁月　戎马生涯

··

　　张钫在辛亥革命之后，自 1912 年任陕军第二师师长。1913 年 8 月，率所部由潼关入川，1914 年 3 月，奉袁世凯令，回防陕南，堵剿白朗义军。后因参与反袁护国运动，1916 年曾被袁世凯拘系于狱，袁世凯病死，黎元洪就任大总统，将其释放。1917 年 7 月，出任陕西讨逆军总司令，出师潼关，通电反对张勋复辟，张勋复辟旋即失败，1918 年 7 月在陕西雒南联合樊钟秀部，称陕西靖国军南路司令，并即通电独立。随之与于右任先后到达三原，被胡景翼、曹世英等各路将领公推为副司令，于右任为总司令。1920 年 11 月与于右任暨靖国军诸将领联名宣言，痛述陈树藩、刘镇华祸陕罪行，反对北京政府之统一令，提出"民党成立真正之民治政府"等六项措施。1924 年 2 月，特任为略威将军。11 月，国民二军军长胡景翼奉命督豫。刘镇华、憨玉琨统兵豫西，欲与胡争夺中原，张钫出面对双方进行调解。之后在郑州组织成立河南弭兵会，被推举为理事长，随即发出弭兵电，呼吁弭兵停战。1925 年 8 月，应于右任之邀，赴北京联络冯玉祥反奉，策应广州国民政府北伐。此后又历经国内革命战争、抗日战争和解放战争，直至 1949 年 12 月率部在四川起义，可谓风风雨雨，经历了 40 年的戎马生涯。

民国初年的陕西政局 ①

民元（19˚2年）5月以后陕西党政的情况

民元3月自毅军叛变离陕以后，陕西的党政军才各就职权分头进行。在那时同盟会支部在陕成立，推举张都督凤翔为理事。对党务的进行各党员的意见分为两派：一派的主张遇事请示孙黄与党中央（采）取一致行动，协同进行；一派主张请示必须说明陕西偏处西北，交通困难，将来在党政推行时问题甚多，非订立单独计划不能图存。两派主张可以说都有理由，形成一种各执己见、分别进行的状态。上海党中央的指示却又变化无定。那时陕西的同志于右任、辰宝忠、赵世钰等均在南方，推行党政都以南方同志们的看法为进行的标准。至于新派到北京的代表则以北京看法为标准。党旧日是以推翻满清政权号召全国，共和告成，孙中山因迫于现状而让位于袁世凯，于时本党的主张亦大受影响。旧时党外对本党同情的人，因受袁世凯的拉拢和引诱，很多人都倒了过去，当时除了临时约法以外，所有三民主义、建国方略、建国大纲等书均没有编成由党公布，其他许多党派都在那时组织活动，争夺政权。北洋系军阀的势力掌握了那时候政权的中心，无形中将革命的群众引诱走向做官的道路。从此同盟会的力量，日渐削弱。陕西政府成立，旧官僚首先加入。如宋伯鲁、高少农、黄雨丞、宋聚五、高幼尼等一些前清遗留下的翰林进士，曾经做过知府道台的人，都

---

① 录于《陕西文史资料精编》第一卷《社会政治·上》，陕西人民出版社2010年版。原注："本文摘自张钫1959年给全国政协写的材料（文内的小标题是原有的），标题系本书编者所加。"

钻入了政府，帮同张都督凤翔走向袁世凯的方向。一般宪政人和初毕业的学生都加入了统一党和进步党，进步党就是宪政党的化身。在他们党的中间却又分派系，当时以咸长派为最盛。张凤翔虽是河南人，却是在咸宁县进的学得的秀才，自然与咸长派接近。西安省城分为两县，西城属长安县，东城属咸宁县。咸长两县的人，在国外和国内各大学留学的人很多。旧日在东京和北京的学生与渭北的留学的学生界限分得很清，感情未能融洽。革命的同志渭北占多数，但是咸长人却是近水楼台。革命后各派抢夺政权，咸长派先将陕西四道抢到手中。高幼尼是关中道尹①，谢文卿（长安人）做了陕东道尹，寇西山（咸宁人）做了陕西道尹，崔叠生（长安人）做了陕北道尹，南雪亭（长安人，久住省垣）做了陕南道尹。省议会议席由各党派分别占据，宪政派、渭北派各显身手，于是袁世凯政权高压于上，各资产阶级党派盘踞于下，都骑在人民的头上，外表虽然暂时安定，人民的痛苦虽然经过革命仍然丝毫没有解除，社会上新的矛盾，天天都在滋长。至于帮会的气焰熏天，在人民队伍中仍占上风。

袁政府令军民分治，那时陕西省长高少农②是一个老官僚，只知服从上司命令，决不采纳革命主张，当时的政治成为一个不新不旧不伦不类的局面。同盟会的同志想要把道路修宽，发辫剪完，学校办好，刷新面貌；一般老官僚只说慢慢地来，不要着急，时令到了禾稼自熟。他们忘了外侮内患振作图存的刻不容缓。更有许多人去到袁世凯面前说陕西民党主政须要注意。随后袁世凯便派人到陕西逼迫民党表示态度，要让通电辱骂孙黄。那时陕西孤立于西北，一旦有变则进退维谷，处境日趋险恶。等到二次革命后，白朗拥众西来，陕西的局面不能存在。

---

① 此处作者回忆有误。其时道之官长称观察使不称尹，关中道观察使是宋联奎，1914年观察使改称尹。高幼尼未任过关中道尹。

② 高少农即高增爵，时任陕西省民政长不是省长，1916年民政长改称省长。

1913年二次革命时之陕西

在民国二年二次革命尚未爆发以前，上海党部秘密派遣南京陆军中学学生杨体锐（河南孟津县人，辛亥东征军连长）等三人送信到洛阳给刘镇华，对他有所指示。刘将给他的信藏匿起来，劝告杨体锐等速速离开洛阳。杨体锐等便西行赴陕。刘镇华听说他们要到陕西，急忙派人追赶，追到灵宝县西枣园地方，将杨体锐等三人刺杀。在他们身上搜出了黄克强给陕西党支部的指示及写给各私人的信件。刘镇华把它呈献给袁世凯，借此来邀功。我在旧历七月初一日忽然接到不经过陕西督署，而直接拍给我的一封电报，问我派你任务限二日出发能否做到？嘱即电复云云。我于初二日骑马一天时间跑了二百八十里路到了省垣，当夜即和同志们开会。同志们的意见都说我若不离开陕西，在袁世凯势力压迫之下，恐不能免祸。因为那时二次革命已在江西发动，陕西若不暂将大门开放，袁世凯必不甘心，兵祸必不可免，且兵力不敌，只有复电说可以做到，请示任务。袁世凯复电令我于三日内离开潼关，取道商州安康镇坪过巴山鸡心岭入川，限十八天到达。当时因为没有接到上海党的指示，陕西支部开会决定让我到安康暂停不要急进，察看大局的情势再作定夺。到了安康适逢大雨，达十五昼夜，部队隔阻在途中，汉水高涨十丈，电线冲断，消息隔绝，整整走了四十八天才入川境，中间袁政府由鄂局转来电令十次催促，这时已经耽误了很多日，才到了夔州。那时熊克武已经乘坐日本轮船逃走，胡文澜是四川督军，王陵基是重庆道尹。袁世凯因为四川已经平定无事，给我电令说："该师长沿途迟滞，贻误时机，川事敉平，着即自行开回原省，并派姚宝来前往查办，听候处分"云云。

这时滇黔军在重庆又有新的组织，王陵基电川督："去一熊（克武）而来四虎，应设法驱逐"云云。四虎指的是袁世凯所派的四省援军。四川当时各电报局长都是袁世凯的坐探，凡遇特别消息都秘密向袁报告，因而重

庆客军想要占据川东的计划，袁世凯早已知道。熊克武遗留下的部队卢师谛和刘某两旅，退至万县与滇黔军联络。滇军叶荃、黔军黄毓成又派人到夔府联络。卢师谛继派吕超来夔。吕超由电局电报卢师谛说："秦军力微，鄂军虽到宜昌，尚未前进，可拳击万县，驱逐秦军出川，下川东即可统一"云云。电局将这个消息告我，我才未被袭击。川人逐客之计划失败，滇黔军占据重庆的意志益坚。那时段祺瑞到了湖北，电请袁世凯留援川各军暂不调动。此民国二年9月时事，所以我在川住到民国三年（1914）4月才又将军队开回陕西。

先是民国二年10月袁世凯逼迫陕督张凤翙通电辱骂孙黄表明态度，张凤翙被迫不得已向党提出批评，意在借以敷衍袁世凯的面子。但是袁世凯对他这样表示，不能满意。适逢白朗事发，陕督一日间八次电我返陕。双方电袁要求，始准我由原路开回陕南。我才到汉中，陆建章已入潼关，袁世凯即发布命令将陕督张凤翙撤任，由陆建章接充。这时白朗已入甘肃境内，陕西各部队均尾追白朗开往省西，陆建章趁此时机带贾德耀一旅、冯玉祥一团、陆绍文一团，兼程进至西安。张凤翙在接到电令的第二天便轻装北上，留张云山办理督署交代。从此初见曙光的陕西百二山河，又入暗无天日的境界，一任军阀蹂躏。

陆建章督陕及其来去的悲喜经过

民国三年（1914）4月，陆建章借追剿白朗为名，不去堵击，尾随其后而直奔长安，如同取帅印一样而抢得了陕西督军的地位。白朗自甘肃境内退回，由长安城南二十里韦曲经过，声言将要进攻长安。陆建章便派他的儿子陆承武前去迎战，不到半日时间即被白朗的队伍将他包围在杜曲，经过一日夜断绝消息，把陆建章吓得心胆俱慑，白朗安然度过秦岭，陆承武才狼狈收队回省。那时因为毅军尾随白朗之后，在终南打了一仗，长安城才算脱险。白朗在前，军队追赶在后，这时所有客军均已随之离陕。陆建章才施展其屠户手段（他的外号是陆屠户）生杀予夺，作威作福。先将作战初回的豫籍官兵五千余人全数解散，押送出境，然后结交陕西官吏引为党羽。张云山乃拜陆为义父，陈树藩拜陆为老师。陈树藩以渭北为根据地，因结交陆之左右而能安然出省，且能忽来忽去于长安渭北之间，当时陈树藩因能掩护党的同志于渭北。陆建章相信陈树藩是他的忠实弟子，对他并不怀疑。陆建章在这时保荐吕调元为陕西巡按使（省长改为巡按使），程克为陕南道尹，其他各厅各道都改任外省人。把本省官吏都函荐中央及他省做事，借以削弱陕人势力，恢复前清本省人不做本省官吏的办法，而达到他统治和压迫人民的目的。一面扩充军队，巩固其地位，升任冯玉祥为十六混成旅旅长，进驻距汉中四十里之褒城及沔县，声言冯将军队编好即行入川，我和冯相识于此时。那时宋哲元任连长，韩复榘、孙连仲等任排长，很多后来的统兵大将都是那时的士兵。训操练兵，谈文习武，我和冯玉祥相处半年之久，等到1915年他才由川北入川，李柄之、伍侦祥两旅由长江入川，协同陈宦接任川督。不久，我被袁世凯撤任调京，陈树藩接任陕南镇守使，袁世凯的洪宪帝制适于此时发动，自渭北至陕北各地，人民争起反对。以剿匪为名又调陈树藩为陕北镇守使，陕南镇守使遗职调贾德耀充任，当时陆建章令延绥一带广种烟苗，调第七旅商震往保护，并兼任剿匪的责任（后来商震由陕北入晋脱离陕西的范围），于是陕西密开烟禁，重税苛敛，流毒极深，民怨沸腾，陆乃用高压手段，抑制人民，直到洪宪帝制垂成之时，陈树藩派遣他的参谋长瞿寿褆到北京接洽。我密拟十八条办法函授瞿寿褆面交陈树藩，陈那时遵守党的主张策划起义，反对帝制。我另外一函派丁同声面交刘镇华，做起义准备，不料刘镇华将原信密交河南督军赵倜，电报袁世凯将我押送北京军法处，直到袁世凯死后我才出狱。

陈树藩到渭北后布置驻军三原。那时陆承武驻在富平剿匪，胡景翼便将小陆捉住。正当袁世凯洪宪帝制失败，陆建章气馁，情愿让出陕西督军以交换其子的生命，并且答应将为虎作伥属于他自己私有的武力中坚团缴械，请陈树藩进省接事。不久，袁世凯便死了，陆建章电恳段祺瑞致电陈树藩允许他离开陕西。陈树藩答应了，招集省城官吏到八仙庵给陆建章送

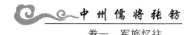

行，见到他运送行李的车辆有一千辆之多，其中都是搜括的民脂民膏，前头行至潼关，人民和军队群起截留陆的赃物。据传说他个人的现金、古董、烟土、字画、皮货、珍宝价值三千万两。随从人员的财物，还不在内。省垣的人民因怀恨将陆的妻女推入阴沟臭泥坑中，借以泄愤。陆建章在饯别的席上听到枪声，紧握陈树藩的手不放，凄然泪下。陈下令禁止无效，当时因怨恨之深，众怒难犯，可以想见。又停留了三天，陈树藩坐在车辕，陆坐车内，亲自将他送出潼关，交给河南军队保护返回北京，才算了事，那时铁路才通观音堂，尚无汽车通行，马车日行百余里，欲快不能。他的眷属行李经过五百里山路崎岖，暴客劫路的很多，他们又花了很多买路钱，才保全了生命。这是旧日统治阶级搜刮民财，悖入悖出一个事实。

陆建章回到北京，要求段祺瑞撤换陈树藩，并予查办。因为安福系在北京政府已经很有势力，陈树藩本来就是段祺瑞的学生，他后来又加入了段系，与徐树铮密切配合，曲同丰、何孟祥等又从中帮忙，所以陆建章的要求无效。陆因恨陈刺骨，曾出数十万巨资运动陕北客民派徐得官到樊钟秀那里让他反陈。徐得官曾经在我那里当过兵，他向我这样报告。陆又分派多人去到长江流域，联络民党反对段氏，更亲到武穴促冯玉祥反段。其初冯玉祥尚与相见，后来以堕马伤足为词，便不再和陆见面，他不得已又由南京到上海，耗费了数十万元，仍是不得要领，只有仍回天津。但他这一行动的声气很大，都知道他要反段。徐树铮便借破坏北洋团体的罪名，将他杀害，陆的一生便就此告终。

（摘自陕西省政协文史资料办公室存稿）

我在反袁护国期间的经历[①]

一、为改编军队进京见袁经过

袁世凯于 1912 年 2 月 15 日由参议院选举为临时大总统后，为了削弱革命军事力量，令起义各省整编军队。陕西编成了两个师和四个旅，计：张云山的西路军编为陕军第一师（下辖两旅）；我统率的东路军编为陕军第二师（下辖两旅）；又将入晋的陈树藩部、西路的万炳南部、陕南的张宝麟部和张凤翙的卫队陈殿清部各编为一个旅。但河南民军张治公、憨玉琨、柴云升、赵忠等部，约十数营人，尚无法编制。这时王天纵已离开部队。这些部队的官兵全是河南人，如勉强编入陕军，颇有问题。我提出把这些部队编给河南，遇事还可统一使用，并已征得河南省议会及地方各界的同意。原拟以薛鸿钧（河南人，东路军的参谋长）为统领，刘镇华为豫西观察使。薛辞不干，才改以刘镇华为统领。但这一办法非经总统许可不能实现，于是我晋京面见袁世凯，说明实际情况及困难，务请批准。

我于 1912 年 7 月 8 日由驻地潼关动身，抵达洛阳之后，乘陇海火车转京汉线车于 7 月 19 日到达北京。沿着当时的习惯，各省官吏到京住会馆，我住在骡马市大街河南会馆的嵩阳别墅。次日即到袁世凯的总统府（那时在东城铁狮子胡同旧陆军部大楼）报到。袁接见我时，表现得很和气，并不先问公事。他让我坐下后先问："你和张都督（指张凤翙）谁是铁门人？"我答："我是铁门人，张都督的老家是怀庆。"他说："我二十岁来往陕西，经过铁门住过两宿，还记得店在路南，街东有河，两山对

---

①选录于《风雨漫漫四十年：张钫回忆录》，中国文史出版社2018年版。

峙，形势和风景都很好。"我当时惊讶他记忆力真不错，说的全对。他接着又谈他幼时经过豫陕时所见到的崤函之固、潼关之险，关中倚山带河的形势，以及周、秦、汉、唐的遗址残迹，甚至知道的比我都详细。他接着又问："令尊是哪一科？是不是与张五先生、王肖庭先生同年？"我答："是的。"他又问："你是保定几期？与世锜（袁的族弟）、奠宇（袁的族侄）同期吗？"我答："同期。"这时我心中暗想，他日理万机，怎么对我家的琐细事都知道得这样清楚！接着他又渐渐谈到河南家乡风俗的淳厚，生活的俭朴，食物的可口以及河南人好友尚义等等。我当时意识到他在同我拉同乡关系。最后他才问道："陕西收成怎样？张都督好么？军事结束情形怎样？有什么困难？"我除回答他提出的问题以外，看已到谈正题的时机，便把来意说明，并把带来的陕西整编军队方案手折当面呈交。他大概看了一下说："把编余的队伍拨一部分编给河南可以考虑。"他又问我洛阳兵变的情形，我报告了他。末了他说："你可以在京多住几天，我还有话给你说。"谈话间，他辞色温和、洒脱，很有魅力。当时虽已经共和统一，但我是革命党人，深知道他老奸巨猾，玩弄权术，很难对付，所以除了向他报告整编军队事比较详细外，其他只听他讲，很少发言。他身长腿短，坐着很显高大，站起来个子并不高。他很显硕壮，仪容丰满，满口河南腔调，虽表面上温和，但眉宇间隐隐露出威严而奸猾的神气。见过袁世凯的第二天，他派人送来银圆五千元，说是"总统送张师长零用的"；跟着派人领永增军服庄的师傅来量尺寸，替我做军大礼服，并带话说："需要什么，随时言语。"

　　不几天，袁世凯又请我吃饭，陪客全是河南人。袁说："不拿你当客待，今天是约你吃咱们河南的家乡饭。"说着特别为我介绍赵秉钧，然后又指着我对赵说："这是咱们河南的青年后进，很有作为，你们要好好关照。"这之后袁又对我说："以后有什么事都可以找他转告我，你们是小同乡（赵秉钧是豫西临汝县人），可以多接近。"赵秉钧很客气地对我说："久仰，久仰。改日奉看。"开宴前，袁又谈了些河南的风土人情，一面谈，一面拿着小刀削高丽参吃。吃饭间，袁不饮酒，只举杯让客而已。对我又不着形迹地问些和说些似乎以乡前辈关怀后进的话。

我回到会馆后，把情形与王子端（我的秘书长）研究。王以为赵秉钧是袁的幕中要角，应先去拜望他，看他如何对待。我次日就去拜望赵秉钧，名片送进后立刻请我进去。赵秉钧已在客厅门口迎接，开口先说："尊驾光临，蓬荜生辉。"落座后，他很随便地问我到京后的情况，又问我的家世和在保定入军校及在陕西发动革命经过。他不断对我夸赞，接着他哈哈大笑地说："我这多半辈子的经过，比起老弟来真是惭愧极了。"他说他十四岁离开河南到张曜军中当小兵，开头伺候一个哨官（连长），以后由陕入甘，与马家回军打仗，左宗棠到西北"平回"，他又随军进入新疆，时年十七岁，以后又打了八九年，才把"回乱"平定。他跟张曜当了戈什哈（随从副官）。随后张曜到山东，升了抚台。他因娶亲未先报告，几乎被张曜杀了头。他说他正在洞房花烛之夕，张曜派人拿着令箭传他（令箭传人多数要正法），他带着新娘子从后门跑掉，到大名府藏了两年，才乘机读了点书，后听说张抚台病死，才偷偷地到天津捐了一个九品巡检，在直隶候补。袁世凯任直隶总督后，他才由办理天津警政取得袁的信任，连次保举直做到清朝的侍郎。他言下对袁有感戴无际之感。他说："若不是总统的提拔，我哪有现在呢！"说到这里，他话锋忽而转到我身上来，他说："像你老弟以革命起家，可算青年得志，并且出身于正式军事学堂，正是军人正途。总统对我说你是咱们河南省后起之秀，真是前途远大，不可限量。总统对老弟很器重，我俩是小同乡，今得结识，真算荣幸。"我俩谈了差不多一个多小时，我说得少，他谈得多。我看他渐有倦意，本打算要辞出，不料他叫当差的拿出许多点心水果让我吃，小声对我说："还请老弟稍坐一坐，我有点嗜好，马上就来，千万莫见怪。"说着他自到套间里去了，过了一会儿才又出来，连说："对不起，对不起。"他似乎又精神焕发了，坐下接着对我郑重地说："清帝逊位，民国建立，列强环伺，国内多故，幸而天佑中华，得南北协和，共同拥出我们总统来，真是国家磐石，我敢说，除了他谁也无力支此危局。总统手下的文武人才确也不少，不过都老一些了，像老弟这样革命出身的人才还不多，所以总统很器重你，又有同乡关系，这次来京真是好机会，万勿辜负总统的好意和期望。"我听话越说越深，心中暗想：我是奉张督之命来办事的，还能做出投靠袁世凯，只求自己前途而出卖革命出卖朋友的事吗？我不敢再继续谈下去，就含含糊糊地向他答谢说："承教，承教，一定遵办。我很年轻，还不很懂事，如有不对之处，希望老乡长多加指教和原谅。"说罢就兴辞而出。我回寓后对王秘书长说："怪不得听人说赵秉钧是袁的智囊，是阴谋家。这家伙真厉害，初次见面就要收我做喽啰。与这家伙来往多了，准得上当。"在我这次留京期间，他又回拜了我，适我外出，以后再没敢和他见面。

后来袁世凯传见，我适外出，有人拿军服在朋友处找到我，到总统府后，由步军统领江朝宗陪我晋见。这次袁接见我，不像前两次表现得轻松温和（也许是赵秉钧收服我不得结果的缘故），也不再谈家常，一开头就问我陕西辛亥起义的经过，接着又问我陕西同盟会同哥老会的情形，又问陕西军队改编后的情形，又问陕西政治情况，又问张凤翔在陕的做法和对陕西的控制力量。我对前几个问题都据实回答了他，对最后的一问，我回答说："张凤翔已将陕西同盟会同哥老会的军事力量统一起来，力量足以控制全省，他的做法是一切服从中央（指袁政府）。"袁对我的回答，尚表满意，连说："很好，很好。"对陕西改编军队方案，他说："陕西改编军队方案，我尊重张都督的意见，就照那样办吧。对一部分军队分拨到河南问题，我写封信交你带着去开封见张都督（张镇芳）商议解决，因须由河南开支军费，我不好直接批准。你转告张都督，说我同意就是了。"正事说完，袁又问我："你今年多大啦？"我答："二十七岁。"袁哈哈大笑说："去年才二十六岁，竟能统率大军，独当方面，总算不容易。"袁沉吟了一下，面色忽变严正，对我说："有三句话你可愿听？"这时江朝宗以目示意，我连忙立起，说："愿受教诲。"他说："一不要急着升官，二不要贪钱，三要多读书。"接着他又对这三句话解释说："二十几岁就做到这样高的军职，对一个青年来说，不算好事，因为学问阅历都不够，容易出乱子。钱多不但害身，而且堕志。多读书可以增学问，是事业根本。"我又起立说："敬谢总统金石之训。"遂即辞去。走到外边，江朝宗笑我说："老弟太老实了，你如果说三十岁，总统一定升你的官。"我笑着说："不会说谎。"

我到北京的第三天，豫军老将姜桂题亲到会馆看我，我适外出未能见面。次日，我到翠花胡同去回拜他。刚一见面，这位老将军就拉着我的手很直爽地说："赵倜给我来电报，说你来到北京，我才去看你。赵倜、丁香玲他们都说你好。他们在陕西把队伍弄变啦，要不是你这孩子好，恐怕他们都出不了潼关。"他一面说着，一面对我上下打量，似大人看待小孩一般，使我很不好意思。接着他让我坐下，又让茶，态度非常客气而诚恳。他又说："听说你的行李路费在洛阳也被周符麟的兵抢啦。我告诉老四（姜与袁世凯的叔父袁保恒是把兄弟，故平常把袁世凯叫老四）赔你的损失，我先送你三千元。"我说："没丢什么，不能受老将军的赐。"他着急地说："你这孩子嫌少吧？是我的心意，多少都得收下。"他又问我到京的任务及赵倜部在河南驻防情形。临辞出时，他又约我来日吃饭。我的身材在常人中算是个高个子了，与姜一比，他高我约一尺。他手掌宽大，似有八寸长，他精神矍铄，声如洪钟。

后来姜桂题请我午餐，来宾皆北洋军高级军官，有江朝宗、陆建章、曹锟、王占元、余大鸿、张怀芝、雷震春、陆锦、米振标、马龙标、徐邦杰等三十多人，都是军服齐整、仪表庄肃。而我呢，却以为主人在家中请客，反而穿了一件蜀罗大褂，手拿折扇；又以在来宾中我最年轻，因而显着我有些特别。而姜老将偏又让我首座，我也只好"见大人则藐之"地稍让即坐。就座后，姜老将介绍说："这孩子叫张钫，别看年轻，是陕西起义的东路大都督，与赵倜、周符麟打了几个月不分胜败。停战后赵倜的队伍在陕西兵变，又亏他给送出来，真是好样的，够朋友，特为你们介绍介绍。"王占元首先与我接谈说："去年我的队伍也到陕州，久仰大名了。"我和其他近座的也都略为接谈。江朝宗与我联座，对我说："饭后跟我走，咱们谈谈心。"

席散后，我辞出。江朝宗拉我坐上他的马车直到前门外，上了泰丰楼饭庄楼上。他又打电话叫来了他的太太和儿子，都介绍了，又摆了茶点水果殷勤招待。我很纳闷，素不相识，这是什么意思呢？坐了半天，江才对我说："去年辛亥陕西光复时，我是汉中的镇台，离汉中途中到处有地方团队盘问，我说是你的把兄弟，沿途打着你的旗号，不但安全而且颇受招待。今天我俩见面了，我要实现咱们真正把兄弟的关系，千万请老弟俯允。"正谈着，王揖唐进来了，江又作了介绍，并对王说："今天咱们桃园结义，叙你为老二，仓促中也没有准备，先行礼，谱帖后补吧！"王揖唐也像凑热闹似的，满口"奉陪奉陪"。我当时很踌躇为难：江、王都是老官僚，而且素不相识，他俩的年岁都比我大得多，这样做是不是不合适？但江又当面一再表示，情面所关，拒之不能，只得谦虚地说："我太年轻了，不敢高攀……"江不等我说完就高声说："忘年之交，古已有之，不必过谦。来呀，摆香案。"他又说："不必叙年龄了，我是老大，揖唐是老二，伯英是老三。"等香案摆好，我再无法推辞，只好随着他俩行礼，次拜大哥二哥，又拜大嫂，还受了江儿的叩拜。虽仓促勉强演完这出滑稽戏，但我心中仍是忐忑不安。

留京期间，我还晋见了陆军总长段祺瑞，见他的目的也是为面报陕西军队整编情形，请他帮忙把镇嵩军编与河南省。他接见我时，谈完了公事之后，问我是保定速成毕业吗？我答是速成一期毕业（当时段是该校的督办）。他笑着说："能干是能干，升得太快了。"他嘱我要在修养上用功夫，切戒看事太容易，又嘱我转告在陕西的同学，不论是何职级，都要脚踏实地一步一步地走，不要好高骛远。

我在京还见了冯国璋、陈宦等，都是应酬性质，不加详述了。

在京公事办毕，我向各方辞行后，于8月10日乘火车赴开封见豫督张镇芳，商洽编制镇嵩军问题。张是袁世凯的表弟，唯袁之命是听，持袁函商洽，自然没有问题。时刘镇华也赶到开封，当面介绍，保他任镇嵩军统领兼豫西道道尹，张镇芳照委。留汴三日，西行返陕向张凤翙报告经过。张凤翙对我笑着说："初出茅庐，还算能顶得住，但也很够危险了。"事毕后，我仍回潼关整军练兵。

二、移防陕南援川和防堵白朗的经过

癸丑（1913 年）之役，孙中山、黄克强对陕西、河南两省，在事前也是有指示的。在 6 月中，孙、黄派杨体锐、于化卿二人（南京陆军中学学生。杨体锐，孟津人。于化卿，宜阳人。辛亥在潼关参加革命东征），到豫陕两省与张凤翙、我和刘镇华送信，指示反袁计划。他俩先到洛阳，把给刘镇华的信当面递交了。刘镇华要他俩住两天，他俩说还是赶到潼关和西安送信。不料刘镇华经过一夜考虑，竟出卖革命，次晨即派人向西追赶二人，追到灵宝西的一个枣园内把二人用枪打死①，并把孙、黄致张凤翙和我的信也搜去献袁报功。因而张凤翙和我并未接到孙、黄二先生的指示。

袁世凯根据刘镇华的密报，先发制人，于 7 月 28 日打电报给我，询问能否于三日内全师出动。我不知是什么用意，就乘快马一日夜由潼关赶到西安，向张凤翙请示怎样电复。张凤翙也猜不透袁的用意所在，指示我复电可以三日内出动。我复后，袁于 8 月 2 日与张凤翙来电，限我三日内整装向安康出发，并限 8 月 20 日前到达具报以待后命。这时我和张凤翙都意识到袁的用意是要把陕西的兵力分散。我们不敢拒绝袁的命令，商议结果，由我带陕西第二师的一个旅（旅长郭锦镛）及第一师的一个旅（旅长马玉贵）前往。因第二师战斗力较强，留一旅在关中，尚可以备万一也。临出发时，我又与张凤翙商定，尽管袁令限期到达安康，我借口出发太急，驮

_____

①据《河南文史资料》第七辑《二次革命前后十余年间的回忆》引杨体锐之侄杨万川所述，杨体锐是交了密信之后顺便回到孟津老家，被刘镇华派兵从家捉走，押到开封杀害的。该文并记载，刘镇华当时还在洛阳逮捕了另一送密信的革命党人阎润沧（河南巩县人），也是解到省会开封杀害。另据《河南文史资料》第十五辑《护法运动中遇害之于化卿》（据于化卿之妹于素平等口述整理）记载，于化卿1913年与杨体锐一同返豫，未遇害；至1917年，于化卿衔广州非常政府之命到北方从事革命活动，被刘镇华部下在灵宝县枪杀。

马和民夫不足，缓缓前进，万一关中有事，我可以随时急行军回到关中。我们对大局方面，民党与袁政府之斗争也谈到，但估计不出将来的发展。

我于8月5日率师由潼关经商雒向安康出发，按预定计划，迟迟其行，于9月1日才到达安康。在由潼关开往安康途中，李烈钧在江西，黄兴在南京，柏文蔚在安徽，相继独立并宣布讨袁，广东、湖南、四川、上海等地也跟着纷纷响应。我电张凤翙询问动向，他复电"兵力分散，不便轻动，看演变再定"。接着即接到袁世凯部署四省援川的命令（除我率陕军一个师进川外，并令湖北派一个旅，贵州、云南各派一个师进川），限我于9月10日到达四川夔府，援川任务为平定以熊克武为首的讨袁军。张凤翙也来电叫我按袁令入川。我不得已而行，但也有个打算，至川后如熊克武能支持下去，我看情况运用张凤翙联合川陕一致讨袁。我于9月28日始到夔府。时熊克武独立讨袁已经失败，我把队伍就分驻于夔府、万县等地。袁世凯认为我进川的行动太慢，贻误戎机，派姚宝来到四川查办，并令我开回陕西。经我向陆军总长段祺瑞及黎元洪（兼参谋总长）申明由安康至夔府行途中遇雨及运输困难情形，经黎、段向袁据情关说，又以重庆道尹王陵基电四川都督胡景伊谓"去一熊而来四虎（指陕、鄂、云、贵援川军），川局恐从此多事"被袁的电局特务截获，袁误认为我留川对他的统治还有好处，始不再追究，并令留驻川东。我由安康出发之时，袁原许至川后任为川东镇守使，至此也不再提了。

当江西、江苏、安徽等省纷纷宣布独立讨袁的时候，陕西都督张凤翙虽以兵力单薄未敢响应，但陕军中不是完全平静无事的。有一部分青年军官曾在三原秘密开会，图谋响应二次革命。8月28日驻凤翔的陕军第一师团长王生岐（河南人）就实际行动起来。后来袁世凯命令解决王团，王生岐就率部自由行动经汉中、安康进入陕豫边境。1913年12月，王生岐单身入川来到夔府。我考虑对生岐实在掩护不了，就让我的团长张建魁转告他，速回掌握部队，以后再看机会。送了王生岐四百元路费，叫他离开。听张建魁说，王生岐走时哭着说："壮士竟无容身之地，只有为绿林一途了。"王生岐回陕豫边区后，不久即与白朗合作。

1914年3月，白朗由河南进入陕西，西北震动，袁世凯除调令陆建章率第七师，赵倜率毅军二十营入陕追剿外，并电调我率陕军第二师迅速由川入陕南会剿，6月任命我为陕南镇守使（驻汉中）。6月初，白朗由甘肃天水进至陕西南境的略阳，我奉命派队防堵，因白朗未入汉中，又掉头北进复入关中，故我虽奉命防堵，却始终未与白朗接触。

袁世凯借口追剿白朗，把北洋军第七师开进了陕西。张凤翙自辛亥革命后虽对袁世凯处处表示服从，仍不为袁所信任，终于6月间令陆建章接替了他的职位，把张凤翙调到北京任将军府扬威将军。陆建章督陕后，陕军第一师师长张云山、旅长陈树藩相继送重礼拜陆为老师。我的幕僚也一再劝我与陆建章送礼敷衍，我坚决不干。陆视我为眼中钉，终于1915年5月呈袁把我免职，调任北京将军府参军。我所遗陕南镇守使缺调陈树藩继任。从此陕西军政权完全为北洋军阀所控制。

三、反袁称帝被捕经过

我于1915年5月由陕到京就任将军府参军职。到京后很久才见了袁世凯一次，这次见面与1912年7月几次见他的情形大不相同，再没有以前表示拉拢或谈家常的辞色，而是淡淡地问了几句关于陕西的情形，略加慰藉而已。这个时期正是袁势盛极和民党势力在国内几乎完全被镇压下去的时候，袁党官僚们无不趾高气扬，对袁歌功颂德，认为今日宇中莫非袁家天下。有一天，我在张镇芳（时已调任参政）家闲谈，张说："现在不少人恭维大总统是中国的华盛顿，中国的拿破仑，依我看总统愿为中国的拿破仑（拿破仑以后称帝了），而不屑为中国的华盛顿。"果然不久袁世凯即帝制自为，粉墨登场了。

我于11月上旬在天津与郭仲隗（字燕生）、暴质夫（都是河南人，民党同志）和韩凤楼（号五峰，河南荥阳人，日本士官学校毕业，为蔡松坡旧部，时亦任将军府参军）等，秘密商议反袁称帝的办法。韩凤楼说："蔡松坡有办法，在云南也有声望。不过袁监视很严，不知能否实现。"我说：

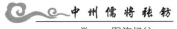

"陕西部队和刘镇华部队中，爱国志士尚多，当可想法子。只是孙中山远在海外，无法联系党的外援和领导。"郭、暴两人说：于右任在上海，我俩愿去上海，通过于右任去找孙先生。于是我们决定：韩凤楼联系蔡松坡；我做豫陕两省讨袁军事发动工作；郭、暴两人去上海找于右任。郭、暴即去上海，我与韩凤楼回京。过了几天，韩凤楼对我说："蔡松坡已经离京，他到津后与袁来信请假治病，袁不放心，授意将军府叫我去天津探望，并劝蔡回京治病。我今晚就要去天津，等回来就可确知松坡的动向了。"过了三天，凤楼由津回京对我说："松坡已于昨日秘密乘日本船去日本，再转道赴云南，嘱我另道去云南。陕豫方面的事，蔡嘱我转告你加紧进行。"韩次日即向将军府报告，说松坡正在治病，稍好即回。接着韩即秘密回河南，嘱我于他走五日后替他向将军府交上预先写好的返里省亲请假条。时蔡松坡离京去日的消息，在社会上微有传闻，将军府知韩凤楼与蔡的旧关系，对韩的返里省亲，自然发生怀疑，又急派岳屺到荥阳调查，找韩回京。岳屺到荥阳韩家时，韩已去开封，又追到开封，韩已到上海乘船赴香港转云南去了。以后在讨袁战争中，韩任蔡松坡讨袁护国军第一军的前敌司令。

蔡、韩走后，袁世凯对民党过去有关的军政人员监视更加严密。我住在宣外大街江西会馆南边一个院子，隔壁木匠铺中就有两个便衣暗中监视我，有时坐在我对门街西探视我院中情况。我一面写信与陈树藩、刘镇华叫派人来商量，一面为减轻袁派人员的注意，便每日到同乡张镇芳（袁的表弟，袁的帝制主持者之一）、袁绍明（袁世凯的家庭总管，帝制大典筹务处的重要负责人）两处，以同乡关系去闲谈或打牌，也从而知道些帝制进行和国内反对帝制的情形。

这时常与我在一块活动反袁称帝的，有《国风报》主笔景梅九、《自由报》主笔王仲刘和袁仲德（袁绍明子），后《国风报》《自由报》均被封，景梅九被捕。袁仲德亦因往总统府放炸弹未成，被其父送押于军政执法处。

1916年2月间，陈树藩派其参谋长瞿湘衡，刘镇华派郭芳五先后来京，问我商量何事。我把袁世凯称帝窃国及全国一致反对和蔡松坡去云南组军讨袁的情形告诉他们，并问陈、刘对时局的意见。他们说，来时陈、刘并没表示什么，只嘱到京来见你，问问时局情况，并看你有什么主意。我把已派郭燕生、暴质夫去上海联络，并拟组织豫陕联军发动讨袁的计划密告他俩，叫他俩回去面告陈、刘迅速联络各方准备起事，然后把准备情形回京告诉我。

他俩去了之后久无消息，直到3月间才又先后回京。瞿湘衡转达陈树藩的意见说，原则上同意我的意见，只是陆建章在陕控制极严，陈正把自己的部队由陕南向关中开动（时陆建章把陈的陕南镇守使调为陕北镇守使），一面正同陕方民党同人进行联系，发动时机可能须晚一点。郭芳五转达刘镇华的意见说，刘认为袁势尚大，不能鲁莽从事，须再看一看时局的发展，但也说刘原则上同意我的意见。我告诉他们，云贵护国军已节节前进，全国震动，袁的内部如段祺瑞、冯国璋也都反对袁的帝制，袁定会失败，叫他俩回去转达我意，并叫赶快准备一切。在他俩分赴豫陕之后，郭燕生由上海来京说，他与暴质夫通过于右任已见到陈其美，陈其美已将豫陕两省反袁军事力量转达东京孙中山先生，并请孙先生委我以中华革命豫陕联军总司令名义。郭燕生又说，孙先生除派陈其美在上海江苏方面策动反袁军事外，还派朱执信在广东、居正在山东负责策动。我把北京情形及与陈树藩、刘镇华接洽情形，也告诉了郭燕生，叫他回上海转达，并说我不久就要设法离京去豫陕举事，约定他与暴质夫在上海得到孙先生的名义和指示后，即直接回河南筹划一切，我们在河南见面。

云南打出护国军旗号讨袁之后，我看时局急转直下，急需设法早日离京。我就想了一个办法，可张镇芳建议，为了使总统家乡河南省能于短时间集合更多武力，以为总统武力对西南的支援，由我返河南去筹办民团。同时豫督赵倜之弟赵杰也在京，我说动了他，他也向张镇芳帮我进说词。结果张镇芳同意了我的建议，由他写信给赵倜交我携带去到开封商量。我遂于4月13日夜闰写好致陕西陈树藩和致河南刘镇华的信，于14日派瞿湘衡（前几天由陕来京）回陕，派丁同声（辛亥时我的标统，与刘镇华是把兄弟）回河南洛阳送信，并面嘱他们转达勿再踌躇即行发动，我即南下。致陈、刘的信大意有以下各点：

（一）袁氏称帝窃国，全国反对，一定失败；

（二）自云、贵、川等省纷纷发动护国讨袁，袁氏调不出兵来应付；

（三）袁的内部，段不合作，冯、张动摇；

（四）孙先生正在沪、苏、鲁、粤及其他省份发动讨袁军事；

（五）孙先生委我以豫陕联军讨袁护国重任；

（六）陕西由柏生（陈树藩字）发动；

（七）河南由雪亚（刘镇华字）发动；

（八）晋南由景豹卿发动，就近由柏生联络指挥；

（九）豫南方面由张希圣在南阳发动，破坏京汉路，截断袁军南北军事运输；

（十）我即去开封与赵倜商办民团，借以掩护；

（十一）陕豫军事发动期间，请两兄互相联系；

（十二）柏生务设法控制西安、潼关间交通；

（十三）雪亚务控制豫西要隘及交通；

（十四）我们要继续辛亥革命精神倒袁，以完成共和大业。

在瞿湘衡、丁同声出京之次日，我带着张镇芳致赵倜的信乘马到长辛店上火车赴开封（怕在京上车被监视人报告扣留）。在郑州车站上恰遇陇海客车到站，我父亲派来找我的阎占彪，正好乘这班火车来到郑州。他看见我，即下车扯住我急促地说："老太爷有信给你，不叫你去开封……"他话还没说完，车上有人叫我，我一看正是刘镇华也在车上。刘叫我赶快上车，我即甩掉阎占彪的手匆匆上车同赴开封。车中因还有别人，对发动讨袁事未能交谈，他只说已收到我的信。车到开封，刘镇华对我说："你先去见赵督，我稍缓即来。"遂暂分手。迎者领我到督署秘书处，毕秘书长觐文（袁派的人）陪坐，说赵督有病正服药，稍缓即接见。我因与赵倜曾换过帖，且交情素厚，也未疑有他。实则此时他正会见刘镇华，刘正向他献信告密也。迟一时许，赵始出见，寒暄后，我就把张镇芳的信面交，并说明我来帮他办民团之目的，又谈了些京中情形。他未正式表示意见。旋以督署参谋长时文卿请我到他寓所吃晚饭的时间已到，即同刘镇华赴宴。宴会到有师长成慎及旅团长十数人，席间谈大局情形，他们对我提出的大办民团均表示赞成。宴毕，刘镇华借词他去，我仍返督署与赵倜继续商谈。至晚九时，赵倜说有要事出去处理一下，让我稍候。适于此时阎占彪托督署熟人把我父亲写给我的信送给我，我拆开看，内容略谓："已晤同声，知你南来，异常惊骇。雪言语吞吐，必有他故。赵之为人外似忠厚，内实狡诈。速北返，万勿去汴。"我看完即用火烧着投痰盂内，适赵倜进来，余烬尚未熄灭。赵问我烧的什么，我说废纸，又继续闲谈。赵问我："有报告说你在河南委了八个旅长。南阳的张希圣已被抓获，这事对老弟很不利，我也很难处置。"我说："绝无此事，必是误会，请再细查。"余话也不甚投机，我即留宿于督署签押房。夜间我静思我父之信和刘镇华到汴后避不见面，再参酌赵倜的态度，知道事已不妙，但事已至此，也无别法，只能镇静处之，看事态如何发展。我当时也不知究竟，后来才知道，原来是郭燕生和暴厉夫已由上海领到孙先生委我为中华革命军陕豫联军总司令的命令，先我来到河南，文人做事不机密，竟随便委了八个旅长。

次晨，赵倜之妻（平素很熟，我叫大嫂）密派其子赵在田私告我说："他们昨夜开会商议，要杀你咧。"我问他："怎样杀我？"他说："已打电给大总统，说你回河南造反有据，请准就地正法，以安中原。"我问他："你父亲态度怎样？"他说："全是毕秘书长和大家的主意，我父亲觉着对不起你，但也无法子，在上房正哭呢。"我要赵在田请他父亲与我一见，他答应了。上午赵倜出来见我，我问他究竟是怎么一回事。赵眼泪汪汪地说："有人告你造反，我也按不下去，只好电报北京请示。但我无害你之心，以后总能明白。你可与京中有力者发电请托解释，我这里极力帮忙。"我就当面写了与张镇芳请托他解释误会的电稿交赵代为拍发。4月19日，袁世凯复电到汴，饬把我押送北京讯办。

事后才知道，张镇芳接我电后即去见袁，说："张钫回河南是我写信给周人（赵倜的字），介绍他帮周人办民团，以扩大我们在家乡的武力。才去了几天，怎么会造反呢？一定是下边闹不同意见，请电复把张钫送京讯

问。"袁世凯采纳了张镇芳的意见，才复电把我解京。袁世凯的复电到后，赵倜又与我见面谈了一次话，表示他对我爱莫能助的歉意。4月20日豫督署派一个军法官、四个武装兵把我押送上火车解往北京。在郑州换京汉车在稽查处候车时，我给京中友好及张镇芳等写了几封信装在身上。车到保定遇见李抱冰（保定同学），我托他把这几封信替我投邮。我到京后，被押于军政执法处。

京中友好接到我的信后，都很关怀，纷纷替我奔走，或向军政执法处处长雷震春重托，尤其江朝宗最为卖力。次日雷震春把我约到他的办公室谈话，问我究竟是怎么一回事，我说我拿张镇芳的信去开封见赵倜商办民团，出京前后共六日，除火车外，其余时间都在河南督署赵倜的签押房，并无其他活动。雷笑问我与什么人写过信否，我说没有。雷又问："4月14日你派人往洛阳送过信否？"我说："有。如果因为这事，请先拿刀来，我挖掉我这不识人的眼睛。"雷说："人各有志，你原是革命党出身，我不怪你。但你的好友卖你，我最恨这种人，我偏要打这个抱不平。你放心，我慢慢想法子。"

原来赵倜呈袁的公文中，已将我写给刘镇华的信也附作证据了。雷震春先拟将原信抽换，但原信都骑缝盖着河南督署的关防，无法抽换。后雷请一执法处的军法老吏商议，老吏建议把赵倜原公文压起，只将在执法处讯问我的口供呈袁，这样便找不着老根了。果然这方法很有效，案子借此就拖延下去。在此期间段骏良向他父亲段祺瑞替我关说；黎元洪也托雷震春设法。这时正是全国反袁，袁进退失据之时，所以也就未再严追。

我在军政执法处被押的第五日，我父亲也从河南赶到北京来执法处探视我。据我父亲说，丁同声到洛阳见刘镇华把信交上，刘阅信后面色陡变。丁假装不知信内内容，问刘信中所言何事，刘说你先吃饭去，晚间再谈。丁即出来先把一切情形告知我父亲，然后就逃往洛宁山中去了。我父亲立即派阎占彪到郑州送信，不料终于闹出事来。我将雷震春出力把案子往下拖延的情形，禀告了父亲，让他放心。

在军政执法处被押的熟人，有袁仲德和景梅九，还有民党二十多人。

梅九、仲德问我："你怎么也进来啦？"我先答以微笑，后来才约略告诉他俩。我们都同押在一个院口。

由于全国反袁声势日益高涨，北洋内部也渐分裂，袁氏已陷于众叛亲离之危局，不得已于3月22日下令撤销帝制。我的案子也就拖延没再追问，直到6月6日袁死去的当日，黎元洪和段祺瑞都打电话给雷震春把我释放。

在我未释放之前，全国反袁声势正壮大时，刘镇华派他的参谋长到北京前来军政执法处探望我，并有函云："王文成困于龙场，安知非福……"他竟以为我还蒙在鼓里，仍在那里耍花头。我被释放之后，有些报馆记者访问我，请我谈谈被捕经过，我只含糊敷衍了他们。1913年及1916年，刘镇华先后干了两次叛变革命、出卖朋友的事。我在讨袁护国运动中，虽因被捕没有什么表现，但陈树藩还是受了我的影响，宣布陕西独立，与袁政府脱离关系，并实行驱逐陆建章。陈树藩、刘镇华二人与我同为辛亥革命时的旧友，我对他们遇事援助，推心置腹，原意我们三人能够坚持革命立场，联秦豫为一家，以侔西北之革命根据地。不意刘镇华两次卖友求荣，叛变革命；陈树藩于1914年屈膝于陆建章，1916年又投靠段祺瑞。当陕西靖国军抗击北洋军阀时，他俩竟与我对战六七年（时陈任陕西督军，刘任陕西省长）。后来刘镇华又与胡景翼战于河南，次年复与岳维峻战于豫西，接着又回师围困西安，与杨虎城、李虎臣对战八月之久。在这几次战役中，都是陕西人和河南人打仗，结果形成深仇大怨，往返报复，直接间接死于战场和战祸者，何止数十万人，经济上的损失更无法统计。

（陈子坚／整理 1963年）

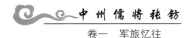

回忆陕西靖国军始末 ①

一、靖国军成立之前的陕西政局

1914 年 1 月，河南白朗骑兵由荆紫关入陕，袁世凯遂以"剿匪"为名派其亲信陆建章率领北洋劲旅陆军第七师，于当年夏季由潼关进入关中，另有江南陆军亦约一师之众由老河口经武关入陕，一时声势颇大，名为"剿匪"，实则另有企图。陆到陕后，袁即授陕西辛亥革命元老张凤翙以扬威将军之职，调京进将军府理事；任陆建章为威武将军，督理陕西军务。陆到任不久，即对陕西辛亥革命时所成立的军队着手裁汰，先将张云山的陆军第一师缩编为第一混成旅；将刘世杰所率之第四旅与陈树藩所率之第六旅合编为一个混成旅，任陈树藩为旅长，驻防大荔。继则逼死张云山，派其亲信贾德耀任旅长。我所领导的陕西陆军第二师，因在二次革命时奉袁之命援川，此时调回陕西驻防汉中，被陆缩编为第二混成旅，仍由我任旅长兼陕南镇守使。不久，陆又派陈树藩接替我的职务，并将我部并入陈部，改为陕西陆军第三混成旅，辖三个团，由陈任旅长。未几，陆又任命陈为陕北镇守使与贾德耀对调，但不令陈到任，将其部队分散驻在汉中、关中、陕北各地，着陈本人驻在蒲城，名为剿除渭北土匪，实则准备裁汰以至消灭。在此情况下，陈树藩一方面对陆表示恭顺，百般逢迎，纳礼拜门，购赠甘肃烟土（鸦片），并同陆的长子陆承武结为兄弟，以坚其信；另一方面仍和民党人士暗中联系，壮大个人力量，以防不测。

护国运动发生后，陈树藩部胡景翼游击营生擒陆建章的儿子陆承武于

①选录于《风雨漫漫四十年：张钫回忆录》，中国文史出版社 2018 年版。

富平，陈遂据以为条件，迫陆离陕，并为欺骗人民和愚弄民党人士，假意在三原宣布独立，树护国军旗帜，自任护国军总司令，升胡景翼为团长，各民军均编制为团、营。这样陈树藩就与西南各省护国军一致讨袁。此时，张凤翙也因北京政变而返回西安。大家都盼望内部巩固，合力向外，携手救国，南连粤、滇，北固秦、晋，西通新、甘，为民党建立西北革命根据地。与此相反，陆建章诱陈亲近皖系军阀段祺瑞，结识徐树铮。

1916 年 6 月 6 日袁世凯死，7 日陈树藩就撕破面皮，宣布取消陕西独立，并颂袁为"中华共戴之尊，民国不祧之祖"。对此，陕西革命志士无不气愤，而段祺瑞却十分宠信他，6 月 10 日任命他为汉武将军，督理陕西军务。从此，陈就背叛民党人士，成为北洋皖系军阀的头目之一。

三原县城于右任故居内的老槐树（摄于 2018 年）

陈树藩窃据陕西军政大权后，排除异己，树党营私，承段祺瑞意旨，压制陕西革命势力，为段氏卖国政策服务。张勋复辟时，革命党人宋向辰等请兵讨逆，陈派郭坚假道山西讨伐，及张勋败，陈又电阎锡山说郭是叛军，请求协助剿灭，并派胡景翼、王飞虎阻击于河上，致宋向辰、樊灵山先后牺牲，郭坚部官兵几乎全部覆没。张勋复辟失败，段氏重新登台，安福系大肆活动，陈又摇摆。内部从此离心离德，民党同人走的走了，留的闭口了。张凤翔酒后与陈大闹一场，也即刻走了。陈的倒行逆施引起民党人士的切齿痛恨，于是引起"反段倒陈"运动。但陈常说胡景翼的官不到旅长不会倒他的戈。郭坚、王飞虎因惧怕胡景翼，未敢公开反陈。

陈最相信的是后起之秀耿直，认为耿直深沉勇毅，表面对胡景翼、郭坚均不赞许，教我对耿多加勉励。郭坚原为西安警备司令，耿直为副司令，郭反陈走后，陈任耿为司令。李根源当省长，陈令郭坚、耿直监视李根源，相处半年，李对耿循循诱导，劝耿站在党人立场，耿对李倾心。耿忠于民党，陈却不知之。陈的聪明奸诈，部下都怕，耿能使陈一点察觉不出，足见此人之才在陈之上。

此时焦子静在上海与孙中山联系，共谋陕西革命大事。焦按孙中山旨意于 1917 年 7 月乘肇和舰去粤，于 9 月返陕，以孙中山给的"护法军陕西招讨使"名义，策划反段讨陈。当时高峻部驻防白水，焦与高有旧，故焦首先至白水与高议事。高任骑兵团长，实力虽小，愿为反段倒陈效力，乃与在凤翔的郭坚（郭由山西败归后驻防凤翔）和在西安的耿直共谋起事。郭、耿驻防之地大道相通，联系方便，经他二人商议，先由耿在西安举事，郭就近支援，以便擒陈。为了分散陈部兵力，又经郭、耿商议，首先由高在白水发难，引陈兵东移，然后由耿直在西安乘虚举事。耿直举事前，曾与陈树藩之弟陈树滋团的骑兵连连长刘锡麟商议如何在西安发难倒陈。刘系白水人，与耿直、高峻关系密切，经常往来，他对陈树藩依附皖系军阀深为不满，因而私下与耿议事，决计倒陈。耿、刘商议，为避免大规模军事冲突，达到快速倒陈目的，选刘部下一排长连安儿对陈行刺。刘部当时驻防渭南，耿召刘到西安议事，决定由连安儿对陈行刺，刘返渭南，打发连安儿进省听候耿直差遣使用。此时，北洋政府运给新疆的枪械一千支、子弹四十万发已运到渭南。刘锡麟决计抢劫这批枪械子弹，以利举事成功。

连安儿进省后，耿按密谋行事。1917 年 12 月 9 日早晨先以电话告陈，谓刘锡麟有密函奉达，请陈亲自接见，陈树藩奸诈，密切注视耿、刘二人的频繁往来，对这种间接投送函件的方式更为怀疑，乃一面令送函人速来，一面自做准备。当连安儿向陈面呈书函经陈拆开阅览时，陈即不时注意连的表情和行动，连儿从衣袋取枪时，陈高声斥责："有失军人礼节，请垂手出去。"陈的卫兵闻声赶至，耿当时在座，见事败露，只得告辞而去。当天下午刘锡麟由渭南押俘陈树滋赶至临潼并劫了军火。

耿直退出督署，愤激万分，适临潼劫械之讯传至省城，只得继续对陈行刺。12月10日早晨，耿打电话对陈说："连安儿昨日确有行刺打算，现已押来，请督军处理。"陈答："送来吧。"耿派三十个精勇士兵押一犯人，绳虚缚着进都督府，拟见陈而刺之。陈的副官汪宏（安徽人）在前院盘查时，一兵向汪腿部打一枪，汪倒地，耿兵闯入，督府惊乱。此时，陈树藩正在督府会见关中道尹陈攴璋，忽听前院枪响，他在对面大镜中看见有持枪士兵向自己影上开枪，急从座后小门逃走。来者碰见陈道尹问："你是何人？"道尹答曰："我姓陈。"对方举枪就射，使陈道尹死于非命。等开枪士兵醒悟，陈树藩已走远。耿直得知陈树藩未被击中消息后，即登市中心之钟楼，列阵至南门与陈对抗，以待郭坚之来援。战三昼夜，陈部胡景翼手下营长陈式玉（福建人）率部进北门，东路陈部大军开到，耿直遂率警备队出南门向西撤退。当时耿军仅有六百余人，而陈军则有三千之众，且枪支齐全，弹药充实。刘锡麟虽于临潼劫得新疆枪弹，而以械多人少，仓促成军，虽来应援，却不耐战，故而耿军失利。

二、靖国军的成立与发展

耿直是在等待郭坚部赶来救援而无音讯的情况下于1917年12月13日拂晓由南门撤退的，耿军退至鄠县境内，郭坚随后率部也来鄠县，两军会合，开往盩厔①。两军驻防盩厔后，随即由耿、郭召集全体官佐开会，通过了"护法靖国，讨段倒陈"通电，决定树靖国军旗帜，于1918年1月12日成立陕西靖国军总司令部，由郭坚任总司令，耿直任副总司令，刘锡麟任总指挥，以郭、耿两人名义发出讨陈和就职通电，并印发布告，在西路

①盩厔：旧地名，在陕西中部，今作周至。

各县张贴，号召群众，共同倒陈。同时，郭、耿又以私人名义致函曹世英、高峻等，请求协同动作，并设法劝说胡景翼早日脱离陈树藩，站到反陈方面来。所有驻在西路各县警备军部队，一律改用靖国军旗号，同时把警备军部队原有的营，一律改编为梯团，以简吉顺、王珏、李夺、张铎等为梯团司令官。在军事部署方面，分渭北、渭南两路：渭北防务由简吉顺负责，驻守兴平；渭南由王珏负责，驻守鄠县；耿直率部分队伍双方策应；郭坚率总司令部的官佐驻凤翔，主持军政大计。

这时候胡景翼部驻防三原，同人劝胡倒陈，胡因陈原来许诺发给他的枪支未到手中，不敢轻举妄动。更因郭坚、高峻部纪律差，恐贻害三秦，当陈令他击耿时，只好应付，明打暗通。胡率部向西压迫耿军，耿只好由退鳌屋守岐山。胡也追至岐山并将县城围定。耿军坚守八昼夜后打算退出岐山，撤退前写信给曹世英，求他劝说胡部不要相逼太甚。曹世英当时驻防耀县，接耿函，派武关石、于鹤九说胡，胡为耿让出一条通道，放其撤退至耀县，与曹世英、高峻（白水发难后即退至耀县依附曹世英）相会。耿、高两军既合，遂攻白水，驻军王飞虎部王永镇营败走，郭、耿进驻白水。

胡景翼有意放过耿直被陈树藩发觉，因此胡虽有克复岐山县城之功，但对胡部的枪械弹药及兵员不予补充。胡追耿过三原后，部下言陈已见疑，陈派其亲信曾继贤旅紧跟，情况紧迫，已到了举事的时候，缓则祸至。党人刘允臣、王诚斋、邓宝珊、吴希真均集三原，怂恿胡部举义，允臣还至蒲城兴市发动岳维峻等。耿直不知胡部将要举义，去攻蒲城，竟被胡景翼部岳维峻打死。胡曰："非不肯讨祸陕误国之陈，但举事与形同土匪者结合，引起大乱，恐救陕而祸陕。"邓宝珊曰："陈已疑你通耿，陈问罪，君何以自免？"胡仍犹豫。接着，胡奉陈命追赶郭、耿至白水、蒲城一带，独留备补营营长张义安率部驻三原。

陈树藩的亲信曾继贤旅及严锡龙团开至三原后，即令张义安开拔富平，合力攻耿。张义安口头答应从命，但暗地却与邓宝珊、董振五等秘密做举事准备，乃向当地征调车辆，并布告商户清结官兵账务，状似开拔，实已做好巷战准备，并将曾、严部兵力部署侦察得清清楚楚，绘制成详图，同时根据自己兵力做好进攻奸敌配备。1918年1月25日雪夜，开始行动，先缴各城门守军枪械，继对曾、严驻地穿墙登屋逐一袭击，把敌人部队间交通全部切断，各个围攻，敌军纷纷缴械投降，曾、严缒城逃走，战斗延至27日晨胜利结束。

张义安三原举事成功后，电函胡景翼、曹世英会聚三原议事。当时胡景翼追击郭坚、耿直驻在富平，接到张的来信后，先派靳伯伦率骑兵驰援，急调驻蒲城之田玉洁营和岳维峻营星夜驰赴三原集结。胡的增援部队未到之前，曹世英已由耀县率部赶到，胡景翼亦接踵而至。胡部张义安、田玉洁、岳维峻等共推胡景翼为靖国军总司令，声讨陈树藩。而曹世英部亦推曹为总司令，三原一时出现胡、曹二总司令的局面。旋经党人调解，以曹世英为左翼总司令，胡景翼为右翼总司令，于1918年2月2日共同传檄讨陈。事后，胡景翼部以三原为据点，委任田玉洁为第一支队司令，张义安为第二支队司令，岳维峻为第三支队司令，邓宝珊为第四支队司令；曹世英部以高陵为据点，委任赵子健、石象仪、刘锡麟、石强斋、杨虎城、张玉山、王起才、李秋轩分别任第一到第八支队司令，任王祥生为骑兵团团长。

胡、曹在三原树靖国旗帜后，决定出师伐陈。经商定，由曹世英、郭坚、高峻等为东路，经渭桥渡渭河向西安进军；胡部为西路，由张义安率师由兴平过渭河合围省垣。左翼军曹世英、郭坚等由高陵出发过渭水驻新筑镇背水西进，攻至灞桥而溃退（第一次退）。张义安攻至城郊，左翼又自先台攻至省北关，复败退渭河北（第二次退）。右翼步步进攻，左翼忽退，陈以重兵对右翼，以一部致左翼。义安英勇，连战皆捷，攻进长安西关之大营房，陈以十倍之兵力，猛烈压迫义安不及千人之兵，张令部下不近不射，战两昼夜，陈军不能进一步。张曰："敌欲以火力取胜，弹耗人伤，其气馁矣！我兵虽寡，机会到矣！"率众越壕，直扑敌垒，陈军纷纷退却，收军入城。义安进占西关陆军小学校，此1918年2月11日之战况也。长安城高池深，陈乃久经战阵之老军棍，义安采塞窦毙鼠之法，西面守卫营房，南面占领大小雁塔、农业学校，遂与左翼联络，为围攻之计。陈与其部将议曰："我不意耿直之后又有一张义安，猛如虎蛇，盘踞在城门之外，不除此敌不安枕也！"他下令先攻小雁塔，断大雁塔与西郊之联络，想各个击破之。守小雁塔为董振五。攻者兵五营，守者三连人，猛攻一昼夜，义安来解围，陈军退入南廓内。左翼军第三次进攻，曹、郭、高各率部渡渭，又加上由绥远来援的卢占魁的骑兵三千人，战线北自草滩，东到临潼，全线长八十里，向西安围攻。曹世英与敌军在灞桥对垒，向东还要堵由临潼、斜口来援之敌。两面作战，曹无战场经验，骑兵在多水地区失去效用，左翼军两次碰壁，第三次又败退了。当靖国军两路攻西安之时，镇嵩军应陈约，于1918年2月上旬到潼关，进省函胡、曹，调解退兵。胡景翼见左路军连遭败仗，义安孤军久屯坚城之下，恐难取胜，对镇嵩军统领刘镇华派来的联系人员，先以礼待，后函义安收军。张义安愤然曰："不料同志诸人不可恃如此。"复胡信曰："我自决定起兵，即置生死于度外，今我战而胜，不胜，以死谢全秦父老，胜觍颜人世不尤多耶！然我必死于附省二十里内，此外无我死所矣！"终不退兵。胡不得已，乃许其不撤兵，促其单人暂回三原一谈，以决大计。义安退居鄠县，轻骑归三原。计事毕，翌晨即返防。陈部与镇嵩军已围攻郡城矣！义安率十余骑破围入城，即带兵出战，士气百倍，大败敌军，督众猛追，不幸中流弹殁于阵。董振五代统其众，乘胜退回三原。对方初不知义安已死，隔日侦悉，已全军过渭北了。从此，咸阳以西无义军。先是1918年3月1日樊钟秀部自省西南鱼化寨、木塔寺揭义旗撤向蓝田，继据洛南一带，渭河以南仅樊部千人打靖国军旗。

1918年3月以后，靖国军胡、曹、郭、高、卢五部，均屯集于泾阳、三原、高陵、耀县、富平、白水、澄城各县及临潼、渭南、蒲城、大荔各半县。陈树藩、刘镇华（镇嵩军以刘字代）两部联合渡渭水，分东西两路攻渭北各县民军。

靖国军自三原起义以来已经半年，占有相当大的区域，形成与敌隔河对峙的局面，然各将领间彼此不相配合，缺乏统一领导。因此，胡景翼、曹世英等将领及民党人士协商结果，派张立乡、王子元为代表迎于右任于上海，迎我于北京。1918年8月中旬，于右任先生和我先后到达三原，即被陕西靖国军各部队推为总司令、副总司令、取消郭、胡、曹、樊、高、卢等不相隶属的各总司令名义，用抽签方式改编郭坚为第一路，樊钟秀为第二路，曹世英为第三路，胡景翼为第四路，高峻为第五路，卢占魁为第六路。总司令部设在三原。从此，陕西靖国军有了统一的组织。

陕西三原县原靖国军司令部旧址 ①

三、靖国军作战经过

靖国军总司令部成立后，便从三原方面出兵到达上涨渡。这时郭坚被围于羌白，分两路突围：一部退省南经濮阳镇与樊钟秀会合，一部由耀县、醴泉进驻兴平。从此靖国军的势力发展到省西各县。

————————

①靖国军司令部设在陕西三原县鲁桥镇东里堡，为唐代卫国公李靖故居，始建于贞观年间，初名"李氏园"，李靖晚年移居长安，故此园历沧桑而渐废。明代黄州知府李彦瑁于其旧址重修"唐园"。清末陕西督学吴大澂为该园题名"半耕园"，寓耕读自娱之意。民国初年，园主家业凋敝，售园于陕西靖国军，总司令部设于此，因称"靖国公园"，俗称"东里花园"。民国九年（1920）于右任与张钫游此，于感怀往事，遂赋《与张伯英出游唐园》一诗云："名园千载今余几，几代名人来看花。老木参天巢鹳鹤，长藤踞地走龙蛇。凄凉百战玄黄马，危急三春子母鸦。菜子花香麦生浪，才知美景在农家。"李靖为隋·韩擒虎之外甥，皆与新安有缘。编者去岁访此，感叹再三，乃留影为记。

　　先是，樊钟秀与陈树藩因逐陆之役发生关系，在1917年胡、郭、曹攻陈紧急的时候，陈调樊增援，进城后住在东门大街。有人说樊不可靠，陈又逼令开驻城南。樊因陈的忽亲忽疑与补给上的歧视，便不愿为陈出力。靖国军张义安对樊围而不攻，表示亲善，双方渐趋妥协，樊遂退出战场，去到蓝田休整，因而打通了由商雒通往河南之路，继而进驻雒南，于1918年3月进攻潼关，夺取武器军实很多，扩展了势力，仍旧退驻雒南。我于当年4月由北京出发到达雒南后，全军移驻商州，从事整训，后又进驻蓝田。这时，樊军耀兵灞桥，转战临潼、渭南之间，与渭北取得联络，截断陈军东路。樊军驻濮阳镇时，距西安城仅三十里，常向省城西郊游击，直达三桥，陈树藩、刘镇华紧闭城门，不敢应战。樊军后为就食又移住大王店、终南镇，继而围攻盩厔县城，陈部守军马耀群开城夜遁，盩厔遂被樊军占领。

　　正当樊军攻打省西二十里之三桥时，第一路自羌白突围后至兴平，守军贾福堂投降。一、二路联合在咸阳以南、以西各县布防。我于7月中旬到三原，在渭北各县整军，同胡景翼、邓宝珊、董振五到相桥视察防地，进下邽与曹世英、许朝庆、王占彪面谈该部起义事。8月14日，我赴关山与五路军焦子静见面。这一天，胡景翼赴渭南固市会见陈部姜宏谟。姜是陈部骑兵团团长，与胡私交很好。姜曾随胡参加过逐陆之役，胡任刘世珑部第二团团长兼骑兵团团长时，姜任团副，后胡又推荐姜任骑兵团团长。这次胡轻骑至固市，原拟说姜倒陈，不料姜拿不定主意，速邀驻蒲城的陈军团长李天佐前来商议，同时告诉陈树藩到固市与胡言和。陈闻讯即偕副官韩绾青由西安驰至固市附近，李天佐与韩绾青引胡见陈，胡遂受骗被囚禁押至西安。岳维峻继任第四路司令。茹欲立、李元鼎、彭仲翔相继逃出西安到三原。此时，我去高陵同第三路司令曹世英会面，曹一见我就说："我真该打，至今追悔不及。在三原开会时，胡景翼主张推您做总司令，是我从中反对，说您和陈（树藩）、刘（镇华）有莫逆之交，您的名声太大，又是河南人，恐不适宜。我推胡担任，他坚决不肯，才推举胡子（指于右任）一人担任军政全责。现在各路司令均认为大敌当前，非另想办法不可，补救还不算迟，大家都要推您做指挥，请您原谅我的苦衷。"我和曹世英会面后同到三原，大家同意卽刻关防连同委托书，于右任亲自送我，我不肯接受。正在这时，井勿幕到了三原，是陈树藩从省城将他放出向靖国军言和的，大家提出和谈要以释放胡景翼为条件。靖国军方面也知道井是借故脱身，井到此绝口不提调和，都说失一胡来一井不减靖国军力量。

当时我提议："井是为莒命而来，应该推他做总指挥，我愿随他同去作战。并且可以将他的老兄井岳秀从榆林调来参加战斗，我们要恢复民国元年的局势，坚持到底，完成陕西革命的任务。"大家都赞同，井勿幕接受了总指挥的职务。随后，我和井同到西路巩固第一、二路的占领区，打通陕南，迎接援军，等到部署妥当，就要大举进攻。井勿幕来后，民军士气大振，决计扫荡西路以连川、滇，集兵兴平、武功、鳌屋、郿县以攻西安。我先赴岐山，向凤翔传檄文（守军皆二师旧部），迎滇军叶荃部自汧阳、陇县来会。井勿幕于9月底至凤翔开会。10月初，一路沿渭河北岸攻兴平，二路沿渭河南岸下鳌、鄠，三、四路集兴平北，叶荃为总预备队，此后战争可分四个战地。一、兴武战场；二、鳌郿战场；三、渭北战场；四、乾县战场。

（一）兴武战场

当时驻兴平的部队是贾福堂，他投降靖国军后又变了，是个障碍，非除掉不可。井勿幕自凤翔东来；三、四、六路队伍西来；一路自陇县，滇军自汧阳均向兴平开拔。二路正在进攻鳌屋时，井君在兴平南仁村被害。三、四路即退回泾河以东。一路和滇军在扶风、武功间应战。对方探悉靖国军大举进攻的计划后，即向北洋政府请援。段祺瑞各处调兵，派奉军许兰洲为援陕总司令，率部一万五千余人，北洋军第四旅张锡元为副司令率部五千余人相继入陕。陈树藩见援军将至，遂大兴讨伐之师，伙同镇嵩军对靖国军发动大规模的攻势。令所属张鸿远部出兴平、武功为中路；白弋人部出醴泉为北路；镇嵩军出鄠县为南路，各路同时并进。与此同时，北洋政府其他援陈部队也相继入陕。晋军一旅约三千人，渡过禹门，守军高峻部下赵树勋未加抵抗退驻澄城，晋军不战而据韩城、郃阳①；甘肃陇东镇

———

① 今陕西合阳县。

守使陆洪涛率一万余众进驻长武、彬县、陇县及凤翔以北地区；段系川军刘存厚率众二万五千余，从川北入陕。占据陕南；陕南镇守北洋军十五旅管金聚让出汉中，率众五千余袭占宝鸡。援陈军许兰洲部入陕参加了兴、武战役，陈部张飞生、白弋人两旅配合作战。张锡元配合陈部刘世珑、王飞虎等到渭北作战，镇嵩军沿渭河、秦岭北向西推进。陈部张飞生到兴平将贾福堂杀害，贾军全部缴械。张飞生部又到杏林村与叶荃部在冰天雪地中打了一个多月。总部两次派三、四路到西路援郭、叶，并解二路之围。四路是董振五、冯毓东、李云龙等。三路是王祥生、杨虎城到扶风、大王店与奉军作战，直进其营垒。奉军惊骇，许兰洲赞董振五为勇将。12月20日，董振五出奇兵绕许军后至大王府时不幸中弹阵亡。六路援滇军时与一路发生误会冲突，影响前线，郭坚、叶荃全军退凤翔。邓宝珊统董振五、郭坚部及各援军退回泾河以东，兴、武战役至此结束。始亡一井，战死一董振五，扶风郡八县之地丧失！民军之大不幸，至今关中人谈及犹叹惜之。

（二）盩厔战场

1918年12月21日二路攻至盩厔县城。盩厔地处终南山以北与渭河以南之要冲。二路攻克盩厔后，我的旧部党佑卿（我任陕西二师师长时，党为我师团长）自佛坪率队来归。党系前清拔贡，辛亥在东征军中多立功，不附陈、刘，集同志于太白山，听说我返陕，千里来投，相会于盩厔城西之马营，后警戒右侧，深得臂助。12月22日后，二路与镇嵩军战争开始，敌以十倍于我之兵力攻各据点，除夕攻至南门外。于总司令因援军遭挫，屡函令弃盩厔城。1919年2月3日，我的幕僚刘承烈率参佐退凤翔，4日党部被迫退盩厔哑柏。西路断，盩厔县北郊水田纵横，堰埂参差，三面急攻，日夜不休。二路司令樊钟秀督战取胜，然士气渐馁，不得已决定在二月11日晚撤退。2月11日下午3时，二路军在东城门楼上吹停战号，呼镇嵩军攻城官兵城下集合听训话。我站在城垛上，镇嵩军张振甲旅长闻是我要训话，将手枪弃于地下，立正敬礼，壕中士兵皆挺身沟外。我站城垛口，他们殷殷致问说，闻公不在此地，云云。我传令镇嵩军柴云升及前线指挥官来谈话。士兵们、乡亲们你兄我弟的互相慰问。是日晚，二路军即退出城北，2月12日拂晓，镇嵩军三面攻入县城，然而却是空城一座，守军亦无一人。2月13日，二路军又战于郿县城关，一路军接应掩护二路军到凤翔。2月18日拂晓，与奉军遭遇于周公庙，刘承烈、暴质夫二人被俘，我的四弟张铮阵亡。面对此情，遂退兵岐山，并函叶、郭、樊速援。我即赴三原，经九成宫、永寿监军镇、昭陵登九峻山，夜过泾河至泾阳县王桥镇，休息于商号热炕上，虱子自袖领中出动，布满枕席间。2月23日中午至三原，2月24日晨我带领第六路骑兵千人，到高陵县阳官寨、临潼县雨金屯、交口、渭南县相桥等战地视察。

（三）渭北战场

1919年2月晋军自禹门口渡黄河，压迫五路于韩城、郃阳。直军张锡元旅及陈部刘世珑旅、王飞虎、缑章保等团攻施家坡、关山、相桥、交口、兴市等据点，均未得逞。靖国军守交口者，三路王祥生、程星五、马青苑、甄士仁等部。灯节前与敌在石川河战三昼夜，敌不能进，接洽休战，互不侵犯。守相桥者蒋世杰，诱伏于路旁林坟中，张锡元的一团行军纵队，中道被击，官长遭受射击，仝团溃散。守关山者李云龙，姜宏谟自下邽攻至界坊，三个月的拉锯战，敌终未到关山而退走。施家坡乃蒲城、富平间一小镇，冯毓东防守，邓宝珊率董振五旧部助之。敌方日以炮击堡墙，并掘隧道于城下，买火药装入椁木内以炸城，冯、邓仓促退出。岳维峻督六路及相桥、关山部队来援，他率骑兵直冲进刘世珑司令部内，刘率士卒而逃。兴市镇是四路两个支队司令康振邦、靳伯伦防守。敌方两团由缑章保、郭秉城率领，攻了两个月无进展，也用炸城法挖地道，守军还挖穿隧道截之，卒不得逞。五路派王茂轩，三路派杨虎城及卢部来援，缑、郭解围而去。渭北战场敌方毫无所获而停。

（四）乾县战场

1919年2月上海和会已开。乾县2月被围，至6月，敌方对渭北停战，对乾县则用重兵围困。守军为一路支队司令王珏、副司令郭英夫。乾县城大而空廓，千余众抗十倍之敌。敌用两吨火药炸城墙，继以奋勇队猛攻。守军等城裂烟焰冲天之际，抛钉板以堵裂隙，抛火球于攀登敌群中，集中火力射击扒城之敌，敌死满壕，攻入不得。敌在强攻无效的情况下，又采取挖掘隧道的办法，企图突袭入城。守军埋缸罐于城隅以听地下挖掘之音，穿戳敌人所挖之隧道，使敌阴谋不能得逞。守城军隐蔽得法，强攻之敌偶然登城瞭望，视则不见守城之兵，但反攻时，则全力以赴，使敌受重创。敌用炮击，则内防巩固；敌炸城则堵御敏捷。守军御敌六个月，兵太劳累，援军数番去救，隔不得达，粮尽弹绝，借炸之缺口，整军出城，攻其弱区，夺取北岭，安全退过泾水。这一战役，声震关中，是靖国军停战前最光荣的一役，总部议升王、郭为七路正、副司令。应当说，这是1919年到1920年，靖国军爆破冷门之战。

上海和会议事，因陕战事不停而停开。后派划界委员监视停战，陕西又打了六个月。滇军自凤翔移驻耀县，郭坚在凤翔被围半载，因凤城坚固，根厚墙高，周环泉水，攻克很难，陈树藩、刘镇华围困无效。靖国军的交通四面堵绝，电报不通，邮政绕路送出，一个消息传到上海，需时一月，川、滇友军的信件要两个月。弹药补给多数取之于敌，粮秣供给依赖五六县之地方。每日伙食分三级，四百、三百、二百文制钱，常至日午发不下来，艰苦之状，就财政一项可以想见！

开和会议停战时，北洋政府诬赖陕西靖国军郭坚、樊钟秀、卢占魁是土匪，把他们的防守地不列入议和区。南方代表反对说："郭是陈的警备司令，樊是陈的营长，若要匪，是陈招收的；卢是绥远的骑兵旅长，是起义的，即是匪也是北洋政府承认的，陕西靖国军是人民反对官僚的集合军，对这些武装是应当保障的。"那时候，北洋政府的总理钱能训，是辛亥革命时陕西的藩台兼护理巡抚，民军将他拿获，优待半年送之出陕，他恨陕西民军，要将民军占领区划为匪区。于右任电和会文有"日照潼关，遂送出亡清不死之名臣，民国非法之总理，陕人固待尔不薄也"等语。划界委员张瑞玑，辛亥革命时，是咸宁县长。陕西辛亥革命前夜他以党人资格参加革命工作，现在受陈树藩、刘镇华重贿，硬说打乾县、凤翔是剿匪，改变原来立场，给陕西人民留下坏的影响而去，在党人中引为憾事。靖国军多打了半年仗，更见得靖国军的坚强，显示出革命精神，对方的末路到尽头了。滇军退到耀县，总部尽力招待，但心有余而力不足，官兵乐与穷朋友相处，客主关系相当不错。这支部队，当年越巴山鸡公岭，经平利、紫阳、石泉，沿秦岭而西至陇南，攻天水不利，转陇州方与陕西靖国军取得联系。叶荃率三四千草履单衣之壮士，山行八千里，大小数十仗，所向奏捷，惜关中同志不能多助饷弹，后继川军皆中途停顿，使这一支百战不惧的队伍，北来南归，真是可惜的一件事。驻防耀县的靖国军六路来自绥远，是三千多名骑兵组成的队伍，官兵多塞外壮士。滇军乃云南勇夫，两方面军队会合若东去横行燕赵，乃是六路所长。但未这样行动，而是由六路司令卢占魁带领全部人马随滇军南去。卢占魁所率骑兵不适宜在山区行军打仗，不时有士兵随坐骑掉入深渊，到随滇军进入川北广元时，三千人的队伍剩下不到三分之一了。卢见大势已去，将部队交于地方，只身去了天津，靖国军第六路就此结束了。

四、靖国军的解体与变质

靖国军之间的矛盾随着战争的失利而产生，在紧要关头人事权的不统一和各将领意见分歧，不能忠诚团结的情况都表现出来了。靖国军总司令对战争的鼓励宣传和联系工作甚有成绩，但指挥调动往往采取会商方式，除各路私谊联合作战外，同舟不共济的次数很多。如在西路的将领叶荃、郭坚、樊钟秀意见抵牾，虽有总部之调解，但过大的利害抉择，仍由各路的主要人决定。一路的参谋长马凌甫，二路的参谋长阎秀峰兄弟，三路王子中、张瑞卿（外号能人），四路刘守中、朱子敏，五路焦子静、杨子廉，六路续西峰、续范亭，都是各路的长衫子①，能左右各路司令，各路的政治、教育、财政、军事、外交，皆要通过这些人。各路对靖国军的主张是一致的，对个人利益互不相让，这是失败的总根源。

直皖战争结束后，皖系倒台。南方桂系失败，滇系内部火并。陈树藩

①指文人、谋士，他们习穿长衫马褂，故俗称"长衫子"。

见局势变化，释放了胡景翼，倡导地方自治，想通过陕人治陕以自固。胡景翼返回三原后，主张从实际出发，对时局要见机行事，不墨守成规，与于右任先生要把靖国军旗子打到底的主张相抵触。但于先生出于对胡的才干的器重，还是委任胡景翼为靖国军的总指挥。就在这时，有人打死了于鹤九，杀害了李春堂。于鹤九是于右任的同宗，和于右任很密切。李春堂是三路的谋士，也常和于接近。这些举动，足以使靖国军内部的局势恶化。于右任曾到耀县游药王山，作诗抒情，隐寓他当时的苦衷。

1921年春，直系派三路兵入陕（内有冯玉祥所率之第十六混成旅），以阎相文代替陈树藩。刘镇华迎阎相文于东门，送陈树藩出西门，刘镇华的省长不动，陈树藩部李纪才等投降靖国军。当时靖国军内部有一种传说："倒陈陈已去，反段段已倒，靖国军的任务已完了。"还有人说："反对北洋军阀要用军阀打军阀（意在拥护吴佩孚），五年苦撑的局面，人民士兵都吃不消。"这时胡景翼暗中指示先断绝接济总司令部每日的伙食（官长钱四百、士兵二百）。在这种咄咄逼人的形势下，于右任不得不离开总司令部，退居三原西关民治小学里。他在那里作了几十首感怀诗，借咏物写景记述他的遭遇和表达内心的悲痛情绪。这时胡景翼虽别有用心，但因革命同志中坚持信仰的还大有人在，胡鉴于环境，不得不对退居的于右任有所敷衍。一天夜晚，胡曾叩于寝门，达一小时之久，于终不应。胡在外连呼先生，并说："我总要对得起您，请向后看着吧！"才涕泣而去。

我在此时深感时势突变，又因父亲亡故要辞职还乡。临行，于右任先生对我说："你要去了，咱们这个烂摊子如何收拾？"我说："如果到不得已时，杨虎城和石象仪（绰号石冷钻，石匠出身）可以保护你的安全。我在此时已无能为力，到外边还可以设法救你。"

胡景翼与我会晤谈话时说，在当前局势下，必须通权达变，并约我同他到兴平收编陈树藩的残部李纪才、王占彪的队伍。在路上胡景翼吐露出他要投靠直系的意思。我劝他要慎重从事。我回到三原的第三天便又离开，返回河南老家为父丧守制。

我走后，胡景翼、曹世英、高峻等接受直系编制，刘镇华面对时局，想讨好各方，扩展个人势力。郭坚也在此时进省。刚刚入陕的冯玉祥以郭坚部纪律不好为借口，将郭坚诱杀在西安。胡景翼等对此早有所闻而先出省，传云刘镇华之所助也。

于右任先生在胡景翼强迫解散总部后，先退居民治小学，接着在三原东里堡刘家花园住了一个时期，后又到方里镇山中居住。三路的支队长石象仪据高陵（曹世英之司令部所在地），拥护于先生，反对胡景翼和曹世英，胡、曹曾出兵于高陵兴师问罪。三路军官马青苑、甄士仁等亦逐其支队长而独立。三路最有力的是杨虎城这一支队，始终为靖国军而不投降。曹世英素日号称党之骨干，部下、学生也很多，他一投降直系，三路就此瓦解了。

于右任故居（编者摄于 2018 年 12 月）

1922 年春，杨虎城移驻武功，使孙维栋迎于总司令于方里镇，曹部下于鸣岗营长率部护送西进，茹卓亭、李子逸诸文人随之而西。郭坚被杀后其部下李夺、麻振武等又树靖国军旗，拥护于先生。于先生委李夺为第一路司令，杨虎城为第三路司令；设靖国军总司令部于凤翔，置行营于武功。杨虎城于乾县铁佛寺截获甘肃的大批械弹。于总司令、杨、李、麻合攻在省西之直军，战于马嵬坡杨贵妃墓旁。李、麻误期竟大败。从此杨部被迫

而北走榆林，李、麻被迫而受编，于先生东山再起之计因而失败，西走天水经阴平，沿白龙江到重庆后赴上海。陕西靖国军五六年的战争，到武功一战算结束了。但靖国军的光荣历史将永载史册。

这时候，胡景翼、曹世英出关助直讨奉，就剩下井勿幕之兄井岳秀在陕北，民党人士尚可依托。所以，杨虎城带着民党的残部到那里去训练了三年多，为陕西民党吐气，做出守西安、北伐、"双十二"各事业。于先生的东山再起时，到1926年冬，真的实现了。当时，冯玉祥五原誓师后，率军入陕，解了西安之围，于右任亦到达五原，成立了国民军驻陕联军，于任总司令。

回顾靖国军，讨叛党者和反对军阀是革命任务，但在革命过程中，不善于观察和分析形势，理论和实践不能很好结合，这是导致靖国军总部解散的主要原因。第二是"先有媳妇后有婆，家事人事难调和"。这是两句俗话，可以概括陕西靖国军总司令部指挥不灵的原因。加以成员复杂，好多人员来自敌方，因此战地不听指挥，各自为政的现象时有发生。但靖国军中的骨干成员还是值得永远纪念的，忠勇如耿（直）、张（义安），党望如井（勿幕），他们先后牺牲了。远援如滇军，穷饿而南归。饷弹无来源。官兵少训练，是以不耐久战。总司令于右任先生诗文字名高一世，但军、政、财非所长，驾驭整个局面确有一定困难。外界志士仁人，出于对孙中山先生革命主张的拥护，也曾同情和赞扬陕西靖国军，但多系言论上声援，缺乏物资上的接济。在这种环境下，靖国军困斗五载，荣获一定胜利，全赖民党人士坚持革命立场，积极参加正义战争。我是陈树藩和刘镇华的朋友，助长于前，不能匡助于后，致操同党之戈，我罪大矣。

（1960年）

靖国军总司令部的组成和一般情况 ①

　　1918 年（民国七年）农历七月中旬，于右任、张钫分别到达三原，即被陕西靖国军各部队推举为总副司令，取消郭、胡、曹、樊、高、卢等不相隶属的各总司令名义，用拈阄方式改编郭坚为第一路，樊钟秀为第二路，曹世英为第三路，胡景翼为第四路，高峻为第五路，卢占魁为第六路。总司令部设在三原。从此陕西靖国军有了统一的组织，对陈树藩、刘镇华发起了声罪致讨。

　　靖国军总司令部成立后，便从三原方面出兵到达上涨渡。这时郭坚被围于羌白，分两路突围；一部退省南经濮阳镇与樊部会合，一部由耀县、醴泉进驻兴平。从此靖国军的势力发展到省西各县。

　　先是，樊钟秀与陈树藩因逐陆之役发生关系，在 1917 年（民国六年）冬天胡、郭、曹攻陈紧急的时候，陈调樊增援，进城后住在东门大街。有人说樊不可靠，陈又逼令开驻城南。樊因陈的忽亲忽疑，与补给上的歧视，便不愿为陈出力。靖国军张义安的部队对樊围而不攻，表示亲善，双方渐趋妥协，樊遂退出战场，去到蓝田休整，因而打通了由商雒通河南之路，继而进驻雒南，于 1918 年（民国七年）3 月进攻潼关，夺获武器军实很多，扩展了实力，仍旧退驻雒南。张钫于当年 4 月中旬到达雒南后，全军移驻商州，从事整训，又进驻蓝田。这时，樊军耀兵灞桥，转战临潼、渭南之间，与渭北取得联络，截断陈军东路。樊军驻濮阳镇时，距长安城仅三十里，常向省城西郊游击，直达三桥，陈、刘紧闭城门，不敢应战。后为就食又移驻大王店、终南镇，继而进围盩厔县城，陈部守军马耀群开城夜遁，盩厔遂被樊部占领。

---

　　① 节选自《关于靖国军的回忆》，《陕西文史资料选辑》（第二辑）。

总司令部成立后，张钫到高陵和第三路司令曹世英见面时，曹对张说："我真该打，至今追悔不及。在三原开会时胡景翼主张推您做总司令，是我从中反对，说您和陈、刘有莫逆之交，您的名声太大，又是河南人，恐不适宜。我推胡担任，他坚决不肯，才推举胡子（指于右任）一人担负军政全责。现在各路司令均认为大敌当前，非另想办法不可，补救还不算迟，大家都要推您做总指挥，请您原谅我的苦衷。"曹和张钫一同到三原，大家同意刊刻关防连同委托书，由于亲自送张，张钫不肯接受。正在这时，井勿幕到了三原，是陈从省城将他放出向靖国军言和的，以释放胡景翼为条件，因胡前被陈诱获现尚拘留在省城。大家知道井是借故脱身，井到此绝口不谈调和，都说失一胡来一井不减靖国军的力量。

当时由张钫提议："井是为革命而来，应该推他做总指挥，我愿随同他去作战。并且可以将他的老兄井岳秀从榆林调来参加战斗，我们要恢复民元的局势，坚持到底，完成陕西革命的任务。"大家都赞成，井勿幕接受了总指挥的职务。井、张同到西路去巩固第一、二路的占领区，打通陕南，迎接援军，等到部署妥当，就要大举进攻。

井到后，靖国军的士气大振，这时驻在泾阳的田润初，他既与陈接近，和胡景翼又是好友，他与陈还通电话，这样消息传过去，陈树藩感觉他的阵营更不稳固，于是便向段系告急请兵。同时靖国军接到了上海和云南、四川的消息，在大好的形势下，三原会议决定全力向西路集中，东取咸阳，南迎川滇援军，夹渭河、泾河之间布成阵势，与三原、泾阳成掎角之势。凤翔城内的陈军，闭城三天，经派人商谈，遂开城投降，表示合作。这时滇军一支队由陕南进入陇南，从天水、陇州向凤翔前进。张钫到城外约三十里的陈村迎接滇军叶荃，和他见了面。叶荃的部队跋涉六千里，驰援陕西，真如飞将军从天而降，就暂驻凤翔养精蓄锐以待出击。井于叶荃到达的第三天也到了凤翔，三、四、五、六各路部队同时纷纷出动向兴平集中。井在那里停留了三天即转赴兴平。张钫这时也出发渡过渭河经郿县到达盩厔，驻在城外十里马营村。辛亥革命老战友党天佐从陕南率领一个支队前来会合。靖国军正在做大战前夕的准备。

陈、刘又在这时派遣河南民党同志杨铭西前来商谈合作停战。杨和刘镇华是河南中州公学的旧同事，张钫约他来陕，他到了商州张已离开，被迫胁到西安，陈、刘要他来做调人，不得不有此一行，在马营住了两天，便要回省复命后出陕转赴上海，行至终南镇即被刘镇华的部下将他杀害，弃尸道旁。这正是靖国军克复盩厔县城的那一天，张钫和惠有光刚刚走到城东门口，听到了杨铭西的凶讯，同时又接到报告说井勿幕在兴平县的南仁村遇害，两人惊愕坐于地上，神昏气沮，移时才又上马进城。

井死后，士气沮丧，三、四、五、六路队伍与敌人作战，败退到渭北，善战的董振五在这次战役阵亡。兴平、武功间正面阵地，由一路及滇军抵御。二路这时又被围于盩厔，两个战场经过两个月的持久战，四川援军终无开到的消息，敌方则援军大至，驰援陈、刘的军队计有张作霖所派的许兰洲一师，段祺瑞所派的张锡元一旅，其他有甘、晋、豫各省援陈敌军尚未入陕境。形势突变，靖国军只得转攻为守，因为战事不利，内部矛盾逐渐发生。

靖国军的解体与变质

矛盾随着战事的失利而产生，在利害关头上事权的不统一和各将领意见纷歧，不能忠实团结的情况都表现出来了。于右任在焦虑的情况下催促张钫速回三原。张在盩厔被围两个月，因援军不至，溃围退至凤翔，在西路的将领叶、郭、樊意见抵牾，局势更趋恶化，渭北亦呈紧张状态。张乃绕道麟游、永寿，淳化，回到三原，时候是 1919 年 2 月 22 日（民国八年正月二十二日）。

当他尚未回三原以前，正月十六日到岐山布防，守军支队司令李夺，催他离开岐山城，因为敌人逼近，李部防御工事做得很好，要做长期固守。张因等待前方消息，借此时间去到岐山西北约十五里的周公庙游览。那天夜里，樊、郭派人向张报告说，对方许兰洲派人到凤翔联系，来人约在岐山以东某地区接洽，请他留在这里等候，以便就近答复。不料，敌人于 18

日早晨，沿岐山山边向西搜索，到达周公庙，在大雾弥漫之中，十步之外不见人马，与张的卫队突然遭遇，因庙在凹地，战后退到西坡上面，检查伤亡，张的四弟张铮和刘承烈、暴质夫等三人失踪。他回到三原，才知道四弟张铮阵亡，刘承烈、暴质夫被俘。

许兰洲接见了刘、暴，知道他们是靖国军的要人，便延为上宾，并且表示他赞成靖国军的主张，愿意停战言和。将暴彬放回三原，留下刘承烈做他的顾问。刘这时说服许兰洲退出陕西，驻军洛阳，与陈、刘为敌而倒向靖国军的方面，樊率所部也随许出陕，驻扎河南，都是刘承烈从中运用的成果。许的动机因为奉命援陕，为助陈、刘。哪知许入陕后，陈、刘对他戒备甚严，由长安经过时不许进城。所以许过了长安，即生异心，孤军深入，志在求友，才与靖国军联系，退驻洛阳。靖国军的危局，暂时得以安定。

1919 年（民国八年）夏天，南北政府在上海召开和会，先令各地停战。和会派遣张瑞玑为代表，到陕西来为双方划界。张不承认西路各县是靖国军的范围，张瑞玑曾说："于右任、张钫不是土匪出身，我是相信的。别的就不敢评价了。"张瑞玑去后，陈又围困凤翔，攻打乾州。当时乾州由第一路的一个支队司令王珏驻守，敌军围攻半年，未能攻克，王珏得友军的援助，全部退回渭北，扩编为第七路军。乾州的固守是靖国军史上一个有价值的战役。敌攻凤翔相持一年。也没有攻下，只有对峙在那里。直到直皖战争结束，陈的靠山倾倒，陈、刘势力已孤，拖延至 1921 年（民国十年），陈才逃往陕南，归于消灭。

胡景翼在陈逃以前，才被释放，回到三原，于右任便委任他为总指挥。便在这时，有人打死了于鹤九，枪杀了李春堂。于鹤九是于右任的同宗，和于右任很密切。李春堂是三路的谋士，也和于接近。这些举动，足以使靖国军内部的情势恶化。于右任曾到耀县去游药王山，作诗抒情，隐寓他当时的苦衷。

当时在靖国军的防区内发生了一种谣传说：倒陈陈已去，反段段已倒，靖国军的任务已完了。反对北洋军阀，要用军阀打军阀（意在拥护吴佩孚），五年苦撑的局面，人民士兵都吃不消。胡景翼暗中指示先断绝接济总司令部每日的伙食（官长钱四百、士兵二百）。在这种咄咄逼人的形势下，于右任不得不离开总司令部，退居西关小学校里。他在那时作了几十首感怀诗，借咏物写景纪述他的遭遇和表达他内心悲痛的情绪。

这时胡景翼虽别有用心，但因革命同志中对于信仰的还大有人在，胡鉴于环境，不得不对退居的于右任有所敷衍。一天夜晚，曾扣于寝门，达一小时之久，于终不应。胡在外连呼先生，并说："我总要对得起您，请向后看着吧。"才涕泣而去。

此后，靖国军便呈解体的状态。当时势力最小而革命性最强的是三路支队司令杨虎城。其他如李虎臣、石象仪，对总副司令仍旧很有信心。因时势突变，张钫又因父亲亡故要辞职还乡。于右任对他说："你要去了，咱们这个烂摊子如何收拾？"张说："如果到不得已时，杨虎城和石老大王（石象仪绰号）可以保护你的安全。我在此已无能为力，到外边还可以设法救你。"

胡景翼与张钫晤谈时说在当前局势下，必须通权达变，并约张钫同他去到兴平收编陈的残部李纪才、王占彪的队伍。在路上胡吐露出他要投靠直系的意思。张曾经劝他慎重从事。张在回到三原的第三天，便离开三原返回家乡去为父丧守制。

1921年（民国十年），靖国军三、四两路均与直军合作，大部分开出陕西。于右任在这时又到西路，联合郭坚残部（郭已死）李夺等与敌军战于兴平武功之间，因众寡悬殊，又遭失败。此后，于右任假道四川入沪，杨虎城率领残部退到陕北，与井岳秀联合，陕西靖国军的名义，便从此消失了。

国民二军与镇嵩军之战①

　　1924 年至 1926 年，驻在河南的国民二军与镇嵩军开战，我曾怀着天真而美好的愿望，居间调解过他们的矛盾，希望促使他们合作，形成一种力量，配合国民革命运动。但不幸，调解终于失败，他们竟而演成战争。随着战争胜败，双方视同仇雠。影响所及，扩及豫陕两省人民，因而循环报复。两年之内，双方直接死伤于战场者不下 20 万人。至于两省人民生命财产之损失，更是无法统计。战争规模虽没有直皖和直奉战争那样大，但死伤之惨重及两省人民所蒙受之灾难实有过之。缅怀往事，常耿耿于怀而不能自己。特将当时情况记录出来，以供史家参考。

二次直奉战后的河南形势

　　1924 年直奉军阀二次战争，由于冯玉祥、胡景翼、孙岳组织国民军反对曹锟、吴佩孚，使直系大败。这时河南的形势如下：

　　吴佩孚率其总部及败残卫队千余人，于 1924 年 10 月仍窜回洛阳老巢（原直鲁豫巡阅使署所在地），企图收容残余重建武力。计划仍以河南为根据，南依鄂（萧耀南）、湘（赵恒惕），西联陕（刘镇华）、甘（陆洪涛），再图恢复旧有局面。

　　胡景翼率国民二军回师豫北，准备渡过黄河，扫荡吴佩孚的残余势力，进而统一河南。同时国民三军的一部（何遂一个旅），亦配合二军由河北进抵兰封。

---

①本文辑自《风雨漫漫四十年》，中国文史出版社 1986 年版。

　　镇嵩军刘镇华（当时刘任陕西督军兼省长，原是吴佩孚的西北长城，与鄂督萧耀南同样为吴所重视）获悉直系失败消息后，即派其三十五师师长憨玉琨率部出关（潼关），进出豫西，企图抢占中原，统一豫陕于自己的掌握下，唯对吴尚未破脸。憨玉琨到洛阳三日，又奉刘镇华命调回潼关，以对付胡景翼留在渭河以北的部队。原胡景翼于1921年受直系编为师长率部出关时，留有部分部队仍驻渭北各县，并托刘镇华予以照料。刘为敷衍直系及胡景翼，几年来尚与所留部队和平相处。但这时这些留陕部队获悉胡景翼建立国民二军，企图出关与胡军会合，故纷纷出动到华阴，致与刘部冲突。刘即调憨玉琨部回师堵截，并杀其代表彭仲翔于华阴。待这些部队受压迫退回渭北后，刘又命憨玉琨率部直趋洛阳。这就使刘、胡斗争表面化了。

　　经过这一周折，时间又过了半月余，吴佩孚已回到洛阳，电刘询派憨师出关用意。刘回复说："为了帮大帅安定河南"。其实这时刘已明了国民军倒吴确已成功，已通电赞成，并接受了段祺瑞的指示派队驱吴。吴多年来久处角逐之场，见惯了翻云覆雨伎俩，当然识透刘镇华的阴谋。唯新败之余，势蹇力穷，阻止既无实力，空喊更不济事，且事机紧迫，深恐刘镇华将他捉去送礼，遂仓促上火车离开洛阳。憨部即尾随进了洛阳，紧接着进至郑州。刘镇华认为完成逐吴任务，中州即可随手而得。但北京政府却任命胡景翼督豫，胡率部已到安阳、新乡一带。刘镇华闻悉之下，大失所望，请我出来调处。

　　另外，还有直系战败残部靳云鹗、田维勤等部窜回豫南。刘镇华前派援直系的张治公师，此时亦由山海关败回，窜据临汝一带，聚众达数千人。

　　据上所述，最初是吴佩孚、胡景翼、刘镇华三人都想独霸河南地盘，自刘镇华进军豫西，吴佩孚窜驻鄂北往依萧耀南后，剩下胡、刘两人，矛盾发展的结果，终于爆发了战争。

　　我受刘镇华的邀请，出来做中间人调解纠纷，从此便奔走于国民二军与镇嵩军之间。为了便于说明我在胡、刘间的身份，这里必须简叙一下我与胡、刘过去的关系。辛亥革命时，我在陕西，是领导起义人之一。陕西

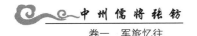
军政府成立后，我任东路大都督，在出潼关东征时将豫西地方武力编组入东征军序列，以扩大革命军力量。1912 年整编军队，将这部分队伍编为镇嵩军，任刘镇华为统领。当时算是陕西革命军事力量的外围部队。1916 年讨袁之役，刘镇华叛变革命拥袁。1917 年护法之役，刘又投靠安福系。安福系失败，刘又投靠直系。由于刘善于投机取巧，竟得以任陕西省长及督军多年，与国民党人为敌。

至于胡景翼与我的关系则较为深厚。陕西靖国军解体后，胡虽受直系编制，但思想上仍接近国民党。二次直奉战役中，胡景翼与冯玉祥、孙岳合作，组织国民军倒直，是其进步表现之一。我和胡始终维持较好的关系。

在胡、刘战争爆发以前，我蛰居河南铁门家乡。胡、刘以旧部老友关系，都邀我出任调解。

胡景翼督豫和我从中调解经过

我于 1924 年（旧历十一月）到郑州。时憨玉琨部在郑正准备阻胡渡河。我对憨玉琨说："雪亚（刘镇华号）已通电反吴及拥护国民军举义。笠僧（胡景翼号）是政府明令特派的河南军务督办，而且吴佩孚又是你赶跑了的。你如果再拒胡渡河，这不是自相矛盾吗？我来调解，应先让胡过河。有什么问题，再另外商谈解决。"憨即将他的部队撤出郑州，布置于荥阳、洛阳地区。这时何遂率国民三军一个旅已由兰封渡河。何遂到郑州与我见面后，即转回新乡向胡报告。我又派王广庆等几个河南人从黄河桥上爬过去迎胡（时黄河桥被吴佩孚破坏正在修复）。

1925 年 1 月初，黄河铁桥修好，首先渡河的是胡的主力部队岳维峻部，过郑直开驻马店。接着，胡景翼即渡河到郑，当晚胡找我长谈，谈到河南现况及刘镇华态度。胡提出他督豫的几点计划：1. 消除旧怨，与刘镇华合作；2. 民政上，治豫多用河南人；3. 邀约民主人士集合开封共策国事；4. 积极准备南征，彻底消灭直吴残余势力。关于南征问题，胡提出由国民二、三军各抽两个师，再加刘部两个师共六个师，以我任总司令，攻占武汉，连接两广。我认为时机尚早，须从长计议，表示不愿担任。胡又变更计划，说由刘镇华任总司令，他自己任副司令，以我任参谋长。刘、胡实际上都离不开陕豫职务，由我代行总司令职权。

至于当前与刘镇华的关系问题，我们商决派杨少荃（开封人，前清侍郎）和杨铭源（陕西人，当过陕西省议会议长，国会议员，与刘镇华是把兄弟，是辛亥革命老战友），前往西安与刘商谈。因他两人与双方都有关系，谈问题无任何顾虑，并且也可代表我向刘说话。

胡景翼到开封就任军民两长职务后，李根源自苏来，但懋辛自川到洛，国会议员亦纷纷莅汴临洛，汴洛间大有冠盖云集之概。

杨少荃、杨铭源到陕后，胡仍顾虑过去与刘镇华意见太深，又一再要我自己再去陕与刘面谈。我于1925年初（旧历腊月十四日）去陕，刘镇华极表欢迎。我在陕盘桓了20天，解释了胡、刘间过去的不少意见，也初步交换了对现存实际问题的意见（如胡部原留陕西渭北各县部队仍留渭北，刘部憨玉琨师仍驻豫西等），也谈到豫陕合作发展问题（如南征问题）。刘对南征问题，认为须先有个时间准备，可从长计议。

我于1925年2月（旧历正月二十四日）由陕回到开封，将赴陕与刘镇华商谈经过对胡景翼详述，双方意见似很接近。时憨玉琨的参谋长吴古岳（与胡交谊颇好，现在南京）适亦在开封，也竭力从中斡旋。我当时便认为双方没有大问题了。不意局势发展竟出意料之外。

当时开封由各省来了不少国民党人士，也来了不少政客和失意军人，他们各就其对时局的见解，议论纷纷，莫衷一是，以致影响胡的决策，此其一。胡内部又提出了豫陕两军防地调动问题，有些人认为不打仗解决不了，此其二。胡部曹世英旅驻防禹县，其团长王祥生因小事酿成与地方上冲突。胡将王祥生枪决，以安地方。憨玉琨及河南人中持主客之见者，认为这是陕西人压迫河南人，从中煽惑。于是刘镇华亦受其影响，并在军事上加以部署：1. 令憨玉琨囤守虎牢关挡胡部西进；2. 严防渭北的胡军留驻部队与河南二军相呼应；3. 秘密联系窜驻豫南的吴佩孚残部靳云鹗、田维勤及窜踞临汝的张治公部，牵制胡的兵力。双方剑拔弩张，形势更紧，

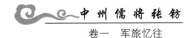
此其三。胡的幕僚人物中,有些人攻击我偏向河南人,也偏向刘镇华,此其四。有此四因,胡景翼乃幡然变计,表面上仍旧与我高谈合作与和平,暗地里却迅速调动部队,对据守荥阳以西的憨玉琨师作迅雷不及掩耳的攻击部署。我从胡的形色和言谈中,也看出了事情有变,但又挽回无力,乃借词仍潜回铁门家乡。

战争的爆发和刘、憨部队豫西之败

我离开封后,胡景翼对刘、憨作战之意志乃益坚。虽然段政府屡有电报劝止,并拟派孙岳来豫调停,胡终未有所改变。胡的作战部署大致如次:1. 以岳维峻、李虎臣所率国民二军主力为正面攻击部队,沿陇海铁路向西攻击据守荥阳以西汜巩山岳地区的憨玉琨师;2. 以樊钟秀部迁回登封,进出偃师县境洛河以南地区,攻击憨玉琨师侧面。这时胡的攻击兵力,约大于憨玉琨防守兵力的两三倍,且在和平合作声中突然进攻,乘敌不备,先声夺人。憨玉琨虽平素也有戒备,却没有料到胡部进攻如此之速,以致处处陷于被动。1925 年 2 月 26 日(旧历二月四日),战事开始,守备荥阳汜水的憨军旅长姜宏谟(陕西人)首先迎战,但不久即溃,顿失虎牢天险。头一回合,胡军先胜了。紧接着,胡军凭战胜余威继续西攻,憨军不支又退,胡军随即占领巩县孝义兵工厂。憨玉琨虽亲冒矢石到前线督战,终未能挽回战局。这大约是旧历二月七八日的事。

战事开始后,刘镇华即飞调驻陕之柴云升、王振等部出关东援。他自己于旧历二月六日乘火车到铁门晤我,说胡失信,并责我置身事外,又坚邀我赴洛阳设法转圜。我不得已而往。在会议席上,刘对他部下表示:"能战才能和,不能战而求和,就是投降。"他一面部署后方陆续开来的援军迅速增加上去,另一面要我和杜潜(国会议员,自汴到洛做调人的),电胡及有关方面呼吁停战息争。刘的这种两面手法,在当时确也有些声色。无如战讯传来,前方节节失利,而援军主力又未到达。张治公虽近在临汝,因与憨有隙,竟坐观虎斗,在电话中反骂憨多事。靳云鹗、田维勤又远处豫南，远水不解近渴。刘镇华在电话中一再婉言恳求，始允参战。时憨在汜巩地区之败讯频传，刘为鼓励士气，乃亲率援军于旧历二月十日进驻黑石关，并约我和杜潜一同前去，还企图寻机谈和。

这时北京政府电我和孙岳做两方面调人的电文一日数至，我又函胡悬崖勒马。刘镇华至黑石关后，憨部已由汜、巩纷纷败退，胡军有力部队已攻占孝义兵工厂，距黑石关仅一洛水之隔（约十里），情势危急。刘一面收容败兵，一面派其弟刘茂恩部及阎旅据守邙山头高地及沿洛河布防，另抽有力部队迂回至孝义以南，由高地上猛扑兵工厂，企图挽回败局。不意防守邙山高地左翼的阎旅，突然投降胡军，致黑石关附近的孙家湾发现敌人，同时黑石关以西的铁路及电话亦被切断。杜潜乘坐这次车西去，因路断被俘。

刘镇华对于阎旅的异动似预有觉察，他于是日下午亲去偃师调袁英旅来加强阎旅的防线，意即在于对阎旅监视。但迟了半日，致胡军由阎旅防地潜入镇嵩军防线的左后方，先切断了铁路，火车行至该处出轨。此处距黑石关车站仅五里，夜静声远，我方在站台散步，闻声知后方有意外，即奔票房要偃师站与刘说电话，要他速定办法，恐怕电话也要快断了。刘说："你同茂恩及诸将领商量决定吧。"说至此，电话果然断了。不料一个缺乏军事常识的贺月德旅长适巧听见我说恐怕电话也快要断了，而电话果然断了，就疑心我有通敌的嫌疑。我叫他去找刘茂恩等将领来商讨办法，他反将他的疑心报告了刘茂恩，因而都不来。

这时危机四伏，千钧一发，我就走出来察看情势。时已夜半，月色西斜，枪声稀疏，显示出将要进行激战前的暂时平静。我判断拂晓前后胡军一定要大举攻取黑石关，我处此危险中，或死或俘，必有一遇。又想调解既未成功，求其次者就是早日结束战局，撤退就是早日结束战局的妙法。我终于在票房后找到了刘茂恩等。他们正在久议未决之际，见我来，问有何办法？我说："如果有力量，就再抽一团人帮南原上的部队包抄兵工厂胡军指挥部；如无力量，就快搭浮桥过洛河西退，拂晓前要办到。"刘茂恩等采取了顺铁路西退的办法，下令乘夜撤退。这时大约是夜间两三点钟了。

但是这时后方忽然发现敌人，各部队长本已惊慌，撤退令一下，便争先西走，拥塞于火车站及向西的大路上，准备在洛河搭浮桥的计划也未实现。西撤部队又被胡军潜入部队在暗中发枪射击，于是秩序大乱，各部队上下间失掉联络，各部队长找不到自己的队伍，以致撤退变成溃退。我目击这种情况，找刘茂恩也找不到了，只好带着几个从人乘马浮过洛河，几经艰险，绕嵩山脚下于17日转回洛阳。镇嵩军分两路西退。憨玉琨率三十五师沿洛河向西南撤退，回至嵩县老家，大骂刘镇华庸夫误事，遂服毒自尽。刘镇华一路向正西渑池撤退。我自回铁门家中。

国民二军获悉刘镇华部后路已被截断消息，即于拂晓攻取黑石关。嗣发现刘部守兵俱已西撤，乃跟踪追击。第一日过洛河占黑石关，第二日到偃师，第三日过白马寺，侦得刘部继续西撤，乃占领洛阳并乘胜西进。

国民二军的师长李虎臣，于旧历二月二十日率部西进，经铁门来见我，说："听说你当了镇嵩军的指挥官啦？"我笑着说："你相信吗？"李说："谣传如此。"他接着又说："西峰（岳维峻字）也快到了，你们好好谈谈善后吧。"就匆匆走了。次日，岳维峻果然到铁门访我，向我询西进作战方略，并劝我到开封襄助胡景翼计划一切。

刘镇华退到渑池后，由陕西增援的柴云升、王振等部主力也已到达。柴、王等自恃生力军尚多，主张继续作战到底，于是便在渑池南陵山东一带布防。刘镇华设指挥部于观音堂。国民二军李虎臣、岳维峻陆续到达，集结兵力后即对镇嵩军阵地猛攻。双方攻防，激战了三日。镇嵩军终于不支败溃，大部分分散携械退往伏牛山及他们的家乡，一部分向陕南安康方向退去。号称十万人马的镇嵩军，半个月内便冰消瓦解。

刘镇华退到陕州，陕西军、政两个长官也不能回任而丢掉了。他由茅津过黄河到太原见阎锡山，后就转往天津租界作寓公去了。这是1925年旧历三月初的事。

国民二军与镇嵩军之战，当时称为"胡憨之战"，实际上是胡、刘之战。盘踞陕西八年的刘镇华，从此还政于陕人。胡景翼暂时统一了豫陕，李虎臣接任陕督。

胡死岳继后的河南局势和岳的做法

胡景翼于旧历三月八日因患疗毒不治病逝，遗嘱令其部下务与冯玉祥、国民党合作到底，并荐岳维峻继任豫督。胡死后，又经冯玉祥电段政府催促，于1925年4月下旬才发表岳维峻督豫命令。

当时河南境内情况极为复杂。镇嵩军虽然战败，但该部官兵十有八九都是豫西各县土著，战败时携械溃散，各奔其家乡老巢。这些官兵不久又集合起来，大部由柴云升、王振等分别统率，盘踞于豫陕边境熊耳山、伏牛山脉一带（以后又进入武关、安康，依附陕南的吴新田），其小股者仍分别窜扰于豫西各县。张治公部在胡、刘战争中损失不大，退据南阳、襄樊一带，与吴佩孚联系。孙殿英、万选才两部在嵩县一带，岳维峻派叶荃军往剿，反为孙、万所逐（以后孙殿英于岳派李纪才攻鲁时，才东窜亳县投张宗昌）。樊钟秀虽然帮国民二军打败了刘镇华，但他的部下是河南人，打着建国豫军的旗号，驻扎亡鲁山、宝丰、郏县一带，算是二军的友军，只保持合作关系。吴佩孚的直系残部田维勤、王为蔚、陈文钊等部，则散布在南五属地区，虽然慑于国民军的威力表示服从，实际上还是貌合神离，与吴佩孚仍是藕断丝连。刘春荣部驻扎豫北，也是表面服从而别具肺腑。豫北的大部地区，则为国民三军驻防。国民二军直接所控制的地方，仅是横贯全省的陇海铁路沿线，和观音堂以西至潼关的交通线，及自郑州南至信阳的京汉铁路线。兵力分别控制于沿陇海、京汉两线之城市，是个点线控制的态势。至于偏远县区，尤其是豫西山地，都在"兵匪不分"的势力和民团、寨主、硬肚、红枪会等，各色各样的封建割据势力统治之下。而这些势力，吴佩孚、刘镇华都在暗中指使着与国民二军持敌视态度。

岳维峻统治河南的办法，在政治上，抛弃了胡景翼多用河南人的做法，这就更加深了河南人对国民二军的敌视。在军事上，岳继承并加强了胡景翼扩编军队的做法，不到半年期间，将国民二军扩编到号称20万之众。他连直系残部田维勤、王为蔚、陈文钊等部，也都收编为师；又将以前胡景翼所留在陕西渭北各县的部队，也都调出加以扩编。由于扩编太快，军队素质很低，加以粮饷不继，就各在驻地筹粮借饷。这就更激起了河南人对国民二军的不满，以至引起公愤。这种公愤与刘镇华镇嵩军的被二军打败联系起来，就变成河南人对陕西人的仇恨。岳维峻的政治识见和做事风度也远非胡比，因而以前胡景翼所延揽的各方人士也逐渐离去。

岳维峻在省内的做法及处境已如上述，兹再略述他周旋于当时直、奉、冯（玉祥）、孙（传芳）间的做法。他虽然没能依胡的遗嘱与国民党合作有积极表现，但对冯玉祥的合作还算是服从的，这是总的情况。为了统一豫陕，他首先以实力使李虎臣取得了陕西军务督办。其次，他感到对河南威胁最大的，是雄踞直隶、山东方面的奉军（那时李景林是直隶督办，张宗昌是山东督办），因为当胡、刘战争未决时，张宗昌曾一度企图派兵侵入豫东，后以刘败胡胜，张才未敢举动。现李虎臣督陕，国民三军是友军驻豫北，西北两面算没有问题，成问题的是东面及南面。岳维峻便与鄂督萧耀南信使往还，商组鄂豫同盟，互不侵犯。7月间，岳、萧两人在鸡公山会见，签订盟约。接着他还不分敌友地通过靳云鹗、田维勤（陕西人）的关系，与寄居岳州的吴佩孚联系，表示推崇。吴正在失意之时，当然也乐于周旋。更失策的是，他对潜伏豫西南山区的刘镇华镇嵩军残部的活动与发展，与对受吴、刘指使的遍地红枪会，都毫无根本办法。他只计划以豫陕为根据地，北取山西，东攻山东。以上诸端，均若影随形地铸成了国民二军次年在河南惨败之因。

1925年10月间，孙传芳发动浙闽苏皖赣五省联军讨奉，事前原与国民军有密约，即徐州以南的沪、苏、皖由孙军攻取，徐州以北的山东、直隶由国民军攻取。冯玉祥将攻鲁任务密嘱岳维峻担任，这恰恰符合了岳的发展心愿，便积极准备，待命动作。

正在岳维峻准备攻鲁的同时，吴佩孚由岳州突然来至武昌，通电宣布接受孙传芳、萧耀南、方本仁、周荫人等将领的公推，出任十四省讨贼联军总司令。这时吴声讨的贼是指奉系张作霖，对冯玉祥系统的国民二军、曾经对他表示过推崇的岳维峻，并没有明白的表示。当时吴的策略是联孙、和冯、反奉。他施展阴谋，以派靳云鹗率军协助孙传芳攻打徐州奉军为名，要求岳维峻假道河南。其实，吴以河南为他过去的根据地，故首拟收回河南。这时岳维峻才大吃一惊，微悟鄂豫同盟靠不住，对吴大帅的联络推崇也靠不住了。经请示冯玉祥，岳维峻于10月28日宣布"保境安民"，拒绝吴的假道要求，同时派蒋士杰师进驻信阳加强豫南防务。

国民二军的战败及豫西缴械经过

岳维峻于拒绝吴佩孚的假道并加强豫南防务后，仍继续实行他的攻鲁计划，于1925年11月中旬分两路进攻山东。他的作战部署是：一路以田维勤、王为蔚、陈文钊等师（均系收编的直系部队），假道徐州附近（此时徐州已由孙传芳军占领）进攻鲁南；另一路以国民二军主力，由归德进攻鲁西（这一路由李纪才任总指挥）。

旬日之间，岳军以优势兵力攻占了临城、曹州、济宁等要地，其前锋且进至泰安附近。鲁督张宗昌一时颇为恐慌。正在此时，吴佩孚对河南之野心不死，前计未成，另施阴谋，派靳云鹗为豫东讨贼军第一路司令，到徐州通过孙传芳的调解，收回田维勤、王为蔚、陈文钊三师归其指挥，以便攻打张宗昌（这三部未经国民二军改编前，原归靳云鹗指挥，所谓通过孙传芳的调解，不过是表面文章）。靳云鹗掌握了这三部的指挥权后，却暗中与张宗昌进行勾结，指使田维勤、王为蔚、陈文钊三部按兵不动。于是张宗昌才能集中兵力反攻李纪才所指挥的国民二军。11月末到12月初这几天，双方战争最为激烈，在泰安以西形成拉锯战。李纪才既失去了田、王、陈等师的协同作战，成为孤军深入，且又无后援，乃退据兖州一带与鲁军相持。至1926年1月又受靳云鹗军（田、王、陈等师）的夹击，腹背受敌，不得已又退据济宁。

与李纪才进攻山东的同时（确实日期回忆不清），岳维峻接受孔庚、续西峰的建议，派樊钟秀部由顺德经峻极关、摩天岭山区小路奇袭山西。曾攻占了辽州，准备向白璧、太谷进出，直取太原。阎锡山派商震军阻击。商用坚壁清野之法，迫使樊部退回。于是攻鲁、攻晋的两路兵都败了。

吴佩孚二次上台后，初以实力尚弱，需要孙传芳五省联军声势替他捧场，故表面上联孙讨奉。实际上，他最恨的是在二次直奉战中倒他的冯玉祥及其所领导的国民军。及国民军进攻直鲁战起（时国民一军进攻直隶李景林），奉、冯关系恶化，吴乃急变方策，改"和冯、反奉"为"联奉、反冯"，于 1926 年 1 月 20 日发出讨冯通电（吴"讨贼"的"贼"又变为冯玉祥了），并出兵三路进攻河南：东路靳云鹗军进攻豫东；南路鄂军寇英杰部进攻豫南；西路刘镇华、张治公分由安康、襄樊率部进攻豫西。另外吴还派人将河南各地的红枪会收编为豫卫军，使他们在省内与国民二军到处捣乱，以收内外夹击之效。

岳维峻接到吴佩孚讨冯通电及攻豫情报后，于郑州召开军事会议。他的部署是：令十一师蒋士杰部在信阳设防备战，并派田生春、杨瑞轩两旅增援豫南；令李纪才率进入山东的部队迅速回师豫东；二军其余主力集结于洛、郑、汴间地区，以应付各方面情况。

当时各方面战况如下：南路方面，蒋士杰缩短战线坚守信阳。寇英杰军屡攻不下。吴又加派刘玉春、宋大霈两部增加。迄 2 月中旬蒋士杰、田生春、杨瑞轩等仍坚守不屈（蒋士杰守信阳计 48 日，至 3 月 13 日经城内教士调停才放下武器。吴佩孚颇嘉其忠勇，对蒋、杨、田三人均予优待）。吴见攻坚不利，于是变更战法，以一部兵力对信阳包围监视，抽出主力绕道北进。吴部于 2 月下旬，势如破竹，先后攻占了确山、驻马店、偃城、漯河、许昌等京汉沿线重要城市。岳部败军退集郑州附近。东路靳云鹗军紧随由鲁西退回之李纪才军进入豫东，于 2 月下旬陆续攻占归德、兰封。李纪才军继续西退。西路方面，刘镇华（刘镇华于去春豫西战败后逃入山西转天津作寓公数月，后又绕道沪汉见吴佩孚后经四川夔州潜赴安康，策划招集旧部重整旗鼓）接到吴佩孚电令后，即率柴云升、王振等部出荆紫关向豫西急进，另知会张治公部由南阳向洛阳以西急进。阎锡山亦陈兵黄河北岸。

　　总之，此时国民二军已处于四面楚歌、三面包围之中，但论其实力除在鲁西、豫东、豫南之伤亡失散外，仍有十余万人马，且均集结于郑洛间地区，如果当时统帅者能决策及时，指挥适当，团结军心，鼓励士气，则无论攻守，胜败之数尚不可必。无如岳维峻惊于东南两路之失利，又惑于河南地方武力、红枪会等遍地蜂起及民众的不合作，以致心惊气馁，举棋莫定。

　　岳维峻于2月26日仓皇退出开封，与李虎臣等高级将领会于郑州，对"北退"（退到豫北与国民一、三军靠拢）与"西退"（退回陕西）问题，就争议莫决者达数日之久。终以李虎臣坚主回陕（他原是陕西军务督办，因援岳才带兵来豫），才仓促决定退陕。高级将领之意志心理如此，影响所及，中下级军官以至士兵，更是人心惶惶莫知所措了。靳云鹗于岳维峻离开开封之次日即进占开封。

　　岳维峻于3月2日放弃郑州西退。靳云鹗与寇英杰两部于3月4日会师郑州，并续向西追击。岳维峻乘火车至洛阳，地方武力竟秘密将其弹药车炸毁，一时秩序大乱，枪声四起，岳又离洛西去。十万大军蜂拥西奔，也如去年镇嵩军败溃情形一样，互失联络，上下失去掌握。可是国民二军比去年镇嵩军更感困难的是，他们沿途到处遭受地方民团和红枪会的狙击扰乱，当地人民又坚壁清野，因而情报闭塞，军食维艰，以致大部溃散，军民仇杀，死伤遍地。此时，刘镇华率镇嵩军进抵灵宝以西的函谷关，据险阻住西去各路口。此时后有追兵，前有强敌，国民二军虽向刘军阵地猛冲，企图夺路过关，无如将有归心，士无斗志，终于被迫在陕（州）、灵（宝）间向镇嵩军缴械7万件，才准让陕籍士兵徒手过关。李虎臣杂于乱兵中混过潼关。岳维峻也与刘镇华去年一样，由陕州茅津过黄河企图逃走，被晋军俘获，押送太原。一年之隔，刘镇华、岳维峻先后同在豫西溃败，且同由茅津渡河逃晋。其不同者，刘为阎锡山之座上客，而岳为阶下囚耳。

北伐期间逐鹿中原的军事混乱局面 ①

1926—1927 年北伐期间，河南成为新旧和南北东西各方面军事势力争夺之焦点，形成了"中原逐鹿"的局面。吴佩孚在武汉战败，率残部退驻河南，犹思作困兽之斗，以保持其所谓中原根据地。张作霖乘机以援吴讨赤为名，派张学良、韩麟春之三、四方面军团侵入豫北，进出河南。张宗昌亦派直鲁联军进占豫东。刘镇华在围攻西安八个月失败之后，退驻豫西。武汉方面之北伐军唐生智部继续北伐，首攻郑、汴。冯玉祥出师潼关，东攻洛、郑。还有靳云鹗对吴怀贰，率其部下三四个师屯驻新郑迄驻马店、汝南间地区。另有河南地方性部队张治公部驻扎洛阳一带，樊钟秀部驻扎鲁山、宝丰、郏县、方城一带，李振亚部驻禹州一带，马文德部驻南阳一带。有的偏僻县份为当地民团、红枪会所控制。嗣张作霖又派赵倜、陈树藩等已经下台的军阀到豫，也思乘此乱局东山再起，发委状，收部队，搞得乌烟瘴气。1927 年，连地方武力在内，河南境内的队伍不下百余万人，全省一百一十二县，几乎无一县无兵，食用所需，皆出于人民身上。

我是河南人，当时正在家乡，目击心伤，唯希望北伐早日成功，以苏民困。因而奔走豫、陕间，促其实现。

吴佩孚的穷途末路

吴佩孚于 1926 年 9 月在武汉被北伐军打败后，仓皇率其所谓讨贼联

---

① 本文选自《风雨漫漫四十年：张钫回忆录》，中国文史出版社 2015 年版。编辑过程中，根据吴锡祺、宋聿修、张宗衡等同志意见订正了若干史实。

军总司令部及卫队旅（旅长娄云鹤）逃回郑州。这时他的残部还有张席珍、阎治堂、田维勤、王文蔚、三维城、陈文钊、高汝桐、阎日仁、徐寿椿、任应岐、李振亚等十余个师，连同魏益三部的三个师，河南军务帮办米振标的一个师，以及河南军务督办寇英杰所辖各镇守使的地方部队，约计尚有十五万至二十万之众。如果再加上豫西的张治公部及由陕退到豫西的刘镇华部，还是不小的一支力量。但由于武汉大败之余，大部兵力尚在鄂豫间地区向北败退奔逃中，秩序极乱，马上掌握不起来；又由于北伐军方面秘密派出人员分别向吴的残部将领进行策动收编工作，而多数将领犹豫不定，对吴渐怀二心。吴此时所能直接掌握者，仅张席珍之第三师、阎治堂之第四师及卫队旅而已，其余均有尾大不掉之势。尤以吴佩孚自败回郑州后，军费军粮及其他军需物资，均毫无办法，各部队往往以粮饷无着为理由，拒受吴之调动。但吴不自量力，对部下仍图颐指气使，因之军心益为涣散。自9月退回河南直到年底，在军事力量上并没有能做有效之整理，在内部人事团结上也没有什么改进，有时酒后骂孙传芳不讲义气（指孙不派兵援助武汉战事），骂张作霖不顾交情（指张派兵接收直隶保定、大名一带原属吴部之防务和税收）。这都表明吴佩孚颓势已成，无可挽回。

吴佩孚9月17日由湖北败到郑州，恰巧在这一天，他的死对头冯玉祥在五原誓师参加国民革命，接着就挥军南下，派孙良诚、马鸿逵等部于11月初旬进入陕境，于下旬击败了刘镇华的镇嵩军，解了西安八个月之围，并积极向东追击刘部，进占潼关。

吴佩孚屡接刘镇华求援电报，12月初旬，刘镇华又亲到郑州见吴求援，也未谈出有效办法。冯军继续东进，已入豫境阌乡（旧县名，今并入灵宝），进逼灵宝。吴认为豫西形势的严重已超过豫南（此时北伐军还未大举北进），不能坐以待毙，才召集靳云鹗、寇英杰以下师长以上的将领在郑州开军事会议，研商对策。会上，吴大骂冯玉祥，历数其破坏直系团体、犯上作乱之罪恶，又指出冯近竟勾连"赤贼"（指北伐军），企图夹击中原之危险，若不先讨冯，我们在中原将无立锥之地。他讲话的用意是想激起诸将领同仇敌忾的义愤，从而收团结一致、击冯图存的效果。不意他大声疾呼了半天，诸将领竟无一人发言捧场，特别是他内心原希望靳云鄂、寇英杰能继他之后有积极表示，但靳、寇静聆大帅讲话后表情冷漠，还是一言不发。这简直使"吴大帅"下不了台。吴不能不点名了。他转过脸来对靳云鹗说："荐青有何良策？"靳云鹤只得站起来说："大帅所说全是对的，尤其豫西问题，确比豫南重要。但作战要知己知彼，我们目前粮饷全无，冬天已到，许多部队还没有棉衣，尤其自武汉作战之后到现在也没补充过子弹，这些自己方面的情况也是要顾虑到的。"靳的这番话，不但没替吴捧场，反泄了吴的气。在这种不利情况下，吴气愤之余，对众表示自己亲带第三师（张席珍）、第四师（阎治堂）去打冯玉祥。众将领看大帅已经生气，这才群起说了些圆场的话，请吴部署讨冯军事。当场吴派田维勤升任讨贼联军副总司令兼援陕总司令，指挥王文蔚、王维城及田自己的部队向西进击冯玉祥军。又当场派靳云鹗负责豫南方面，指挥高汝桐、阎曰仁、徐寿椿、任应岐等师防堵北伐军。这算勉强结束了这次军事会议的尴尬局面。

　　表面终是表面，内里吴与靳的分歧反而愈形加深，其主要原因仍是基于吴和靳对外方针的不同。在国民军还未退出北京之前，靳是力主联冯反奉的，他并与冯部的张之江、鹿钟麟进行了多次协商和联系，而吴则坚决主张联奉讨冯，并且非把冯部彻底消灭不可。因此，吴曾一度免去靳云鹗的副总司令及其兼职。后因在湖北对北伐军作战，不得已才又起用了靳云鹗。但吴、靳心中始终未消除矛盾。现在奉张逼近豫北，冯玉祥进入了豫西，又面临联冯联张的旧问题，自然各怀鬼胎。吴在会后考虑了这个问题，就于次日又开会，当场宣布以靳云鹗在援鄂战争（即与北伐军作战）中逗留不进贻误戎机为借口，免去靳云鹗副总司令及前敌总指挥本兼各职，并以寇英杰接替靳所遗本兼各职，另调田维勤、魏益三为前敌副总指挥，改任王维城为援陕总司令。靳虽表面上遵令解职，实际上仍控制着豫南所指挥的兵力，并且与魏益三暗中拉拢。寇英杰虽受新职，实际上抓不住靳的队伍。王维城之援陕，也因兵力不足和饷弹缺乏，而迟迟未能行动。寇英杰看吴无力控制靳部，就秘密与张作霖联系，预作尔后之靠山。

到了 1927 年 2 月间，奉军荣臻部进驻新乡，鲁军孙殿英部侵入兰封，张作霖夺取中原之志已见者行动。吴电张责问，张复电斥吴："责人则明，责己则暗，毋乃不恕！"接着奉军于 3 月间先后由郑州东西两面之阳武和荥泽渡过黄河，夹击郑州。吴力不能敌，仓皇率总部及卫队逃离郑州，移驻巩县，并急调张席珍、阎治堂两师在把水（旧县名，今属荥阳）虎牢关一带山隘据守，防奉军西运。

这时的吴大帅已是众叛亲离，濒于土崩瓦解之境。他曾写信请我到巩县一谈。我未去，仅复他一信，内容大致是："今日局势，迥非昔比。为公着想，亟宜捐除成见，改玄更张，南联武汉，西和焕章，然后团结内部，回戈北指，共建全国统一大业。俾救人民于火热水深。素仰公为俊杰之首，际此当识时务之机，如蒙采纳，钫当不辞奔走之责，向西、南两方代为折冲。否则，巩、汜非久居之地。望早作善图。"吴对我的信未作答复，以后我即赴陕。约 5 月中旬，奉军向西进攻，吴的第三、四两师兵无斗志，未作激烈抵抗，即缴械溃散。吴又仓皇率卫队及总部人员向南逃走，沿途受到地方民团和红枪会的不断截击。到登封后稍事喘息，又向南阳方面逃窜，途中又受到樊钟秀部的追击，状极狼狈。以后跑到襄樊，得到于学忠的掩护，辗转进入四川。

王维城、陈文钊两师在密县附近受到奉军压迫和地方团队、红枪会的攻击，放下武器，自行溃散。任应岐师则接受武汉政府之委任，编为国民革命军第十二军。

河南军务帮办米振标于奉鲁军进入豫境后，归顺奉军，张作霖任米为安国军十八军军长兼毅军总司令，后随奉军在豫之失败而失败。

河南军务督办寇英杰虽是吴佩孚一手提拔而任豫督，但实力不大。靳云鹤被吴免职，吴派寇接任靳的副总司令兼前敌总指挥，但寇对靳的部队不但指挥不动，而且时感对自己有不利之事发生。因而于 2 月间以送母去津为借口，离豫赴津，面见张作霖，把吴的内部矛盾和贫困情形报告于张，并表示欢迎奉军早日进驻河南，他愿为前驱。张作霖听了寇英杰的话，意外高兴。因为寇是吴的副总司令兼前敌总指挥，张认为收买了他，以后在河南的作用很大，就立即任命寇为安国军第十一军团长。寇也立即帮张说话，电劝吴勿再拒奉军入豫，并应与奉军合作。吴佩孚接寇电后，深为震怒，大骂寇无军人品格，并深悔过去自己抑靳宠寇之过。（1925年吴佩孚在鄂东山再起，北进击败了国民二军，以靳云鹗之力为多。论功行赏，豫督一职自应属靳。乃吴却任寇英杰为豫督，对靳则仅任以豫省长职务。寇任豫督后，不理政务，唯以声色玩乐为事，人言啧啧，但吴仍信之不疑。）寇因而不敢回豫，直到鲁军进占开封，他才回到商丘，把豫东镇守使郭振才部改编为一个师，对河南其他镇守使所属部队虽也派人收编，但因鞭长莫及，并未成功。以后随奉军在豫败而离豫。

靳云鹗组织河南保卫军反奉到底

靳云鹗被吴佩孚免去本兼各职后，表面上服从并离开部队，但与魏益三密切联系。另一面，靳又派人与武汉、蒋介石、冯玉祥三方面取得联系。蒋介石拟委以军长名义，他嫌名义太小，没有接受。是年秋，靳在郑州和我见面，对我说："蒋介石太小气了，想叫我当他的军长，这不是糟蹋人吗！"自寇英杰离豫赴津，靳应高汝桐为首的各师长之请，又回到部队（总部驻漯河）主持一切。吴虽知道，但以奉、鲁进逼日急，寇英杰又投靠了奉张，故亦默默认之，但终未明令复靳职。此时靳仍坚持其始终反奉的主张，派人劝吴下决心反奉。吴刚愎自用惯了，仍不肯明白表示。靳迫不得已，竟脱离吴的系统，于2月底联合魏益三宣布成立河南保卫军，自任总司令，以魏益三为副总司令。把包括田维勤、王文蔚在内的各军师都编为保卫军，号称十万之众，建总司令部于漯河。

3月间，正当奉鲁军大举进入河南，立脚未稳的时候，靳部署了一个急袭进攻，以六个师的兵力分别由尉氏、新郑对开封、中牟、郑州的奉鲁军进行突袭。开封的鲁军孙殿英部和中牟的毅军米振标部俱毫无准备，竟被靳军攻下。郑州是奉军主力所在，虽措手不及，然在荣臻的指挥下尚能顽强抵抗。靳部主力军长高汝桐乘铁甲车亲赴前线指挥督战，已近郑州豫丰纱厂附近，不意高汝桐所乘之铁甲车受奉军之山野炮集中射击被毁，高亦阵亡，致郑州未能攻克。靳云鹗既痛爱将之阵亡，又受到奉鲁军后续优势兵力之反攻，乃又退回新郑以南地区。此役虽未竟全功，但予奉鲁军之打击不小，较吴佩孚的犹疑与无为，终致狼狈逃窜，强之多多矣。事后，靳云鹗为纪念高汝桐之反奉阵亡，在郑州西郊建了一所高公祠。

张作霖恨靳云鹗反奉到底，电张学良、韩麟春加派兵力迅速解决靳部。因而奉军沿京汉路对靳军大举猛攻，首先攻占新郑、许昌。靳又对奉军组织反攻，但终以兵力强弱悬殊，且子弹不继，反攻失败。靳不得已，乃沿京汉路南退，把部队转移到驻马店、汝南、新蔡、项城一带，并与武汉方面联系，促北伐军迅速北上。

是年5月底，武汉北伐军唐生智部与冯玉祥军击败奉军，会师郑州后，武汉军仍撤回武汉，靳云鹗又将其部队移驻漯河、驻马店一带，并派人与冯玉祥联系。冯约靳到郑州面商编制问题，靳到郑之日，适冯去徐州与蒋介石会议（即徐州会议）。我与靳见面，偶提到田维勤在洛阳见冯被杀之事，靳似心有所触，告众友说："你们先玩着，我出去找人，一会儿就回。"靳出去后，即径乘车返漯河去了。后冯回郑州再约靳见面，靳只派代表来洽商而不亲来，冯委靳为第二方面军总指挥。

冯拟调靳部离开河南参加对鲁军之作战，靳以各种借口不见行动。其内幕是靳一面受冯的名义，另一面仍与武汉政府密取联系，也取得一个方面军的名义而未宣布。因此冯对靳很不谅解，于1927年9月下令免去靳的职务，并派孙良诚、孙连仲分路向靳部进攻。靳战败，只身逃去。时武汉政府已不存在，靳走投无路，后仍由乃兄靳云鹏向张作霖关说，回到天津，张作霖还给予相当名义。不过从此靳云鹗再没起来。

田维勤本倾向于吴佩孚，自吴被奉军压迫移驻巩县后，田部驻豫南，只得与靳云鹗靠近。自3月攻打奉军失败，即移驻汝南。时北伐军已经北进，派人与田联系，并委田为国民革命军第四十一军军长，田已接受。北伐军因之不疑，从汝南城墙边通过，城上田军突然密集火力对城下之北伐军射击，北伐军受到很大损伤，仅二十四师之七十一团就伤亡士兵二三百人，团政治指导员汤恩溥以下官长伤亡达十余人。张发奎乃下令对汝南田军攻击，攻克后将其缴械，田维勤逃走，后穷途无归，到洛阳投冯玉祥，被冯活埋。

魏益三本与武汉政府也有直接联系，于攻奉失败后，即宣布就任国民革命军第三十三军军长，脱离了靳云鹗。

李振亚本属豫籍部队，在靳云鹗攻奉失败后，未随靳南移，退往京汉路西禹州一带，以后被冯玉祥军消灭。

河南土著部队的消长

（一）刘镇华与张治公

自 1912 年刘镇华成立镇嵩军以后，张治公师即是镇嵩军的主力部队之一。但自 1924 年第二次直奉战争时，刘镇华派张治公师随吴佩孚作战于山海关一带，张治公就与吴佩孚发生了直接联系。1925 年镇嵩军在豫西帮吴佩孚消灭了国民二军岳维峻部之后，张治公即直接受吴任命为豫西护军使，驻扎洛阳一带，未随刘镇华去陕围攻西安，无形中等于脱离了刘镇华。张在洛阳一带扩编兵力，号称九个旅。

1926 年 11 月，刘镇华围攻西安八个月未克，受到冯玉祥所派孙良诚、马鸿逵等部攻击，败退到豫西灵宝、陕州一带。刘赴郑州面见吴佩孚求援，途中路过我的家乡新安铁门来见我，对我说："悔不该不听尊言，以致挫败如此，现在实在愧见故人。镇嵩军是民国元年你替我编成的，我现在还把队伍带到豫西交给你，如何处理，一听尊便。我个人决计下野出国游历。"我深知刘镇华为人利禄心重，当然不能把他的话信以为真，就对他说："过去的事暂且不谈，现在是新局势，应有新的认识。你究竟作怎样打算，有何困难，站在朋友立场，我仍愿尽力帮你。"他说："围西安八个月，日在战火之中，对国内各方情况也知道的不多，打算到郑州和京津走一趟，看看实际情况，再作决定。但是目前部队还有六七万人，每日给养先是问题。我顾虑我离开部队后发生什么变化，所以想请你出来主持一切，以免发生乱子。我说的话都是出自肺腑，请你不要当为假话。"他说着竟凄然落下泪来。我说："我离开军队已经多年，绝对不能出来替你主持，也无力替你维持；但在你离开期间，可暂托干臣（张治公字）替你招呼一切，他是地方官，于公于私也不能推开不管。"刘镇华同意了我的意见，但他又不愿直接找张治公，仍一再请我去与张治公说。我到了洛阳，把刘镇华委托他招呼部队的话说了，张初不答应，经我一再婉劝，张才答应只替刘部在各县准备给养，其他责任则推柴云升主持。张还非拉着我一道去陕州召集柴云升以下高级军官开会不可。我俩一道到了陕州，召集了军官会，说明在刘镇华离开期间，各部务须安心整顿和积极维持地方秩序，较大事件同柴云升军长商量解决。张治公又把给养问题解决妥当。

我和张治公分手的那天，又谈到局势和前途问题，我劝张治公速与本省国民党地下工作人员联系，并派员直接与武汉方面联络。张很以为然，就派王友梅去武汉接洽，已有成议，待机易帜。

刘镇华到郑州、京、津、太原转了一圈，先后见了吴佩孚、张作霖、阎锡山，忽于1927年2月下旬某日来铁门见我。我问他此行情况如何，他说："玉帅（吴佩孚）关切最深，但心有余而力不足，先后任田维勤、王文蔚援陕阻冯，迄今行动不了，看样子是自顾不暇了。雨帅（张作霖）则是表示大包大揽，给养、子弹都有办法，但要我立刻换奉军旗号并与玉帅割断关系，对冯军随时准备作战，他允许即派奉军入豫援助。"我又问他，阎百川怎样表示，他说："百川这回表示倒很老实，他不愿得罪冯玉祥，也不愿拆玉帅的台，因此对我无能为力；但他教了我三句话的锦囊秘诀：识时务，察环境，求人不如求己。"我问刘现在究竟怎样考虑，他说："我考虑一路了，东边玉帅挡着路，西边冯焕章紧逼着，张雨亭的官再大、钱再多，是与我无缘的，因为我一换奉军的旗，东西两边都会打我，马上就得垮台。根据百川的三句锦囊秘诀，我换了一个字：求人不如求你。"我笑着说："求我做什么呢？"刘郑重地说："辛亥年咱俩都在同盟会的领导下搞革命，后来我走错了路，跟着北洋派混了十几年。现在国民党秉承中山先生遗志，吊民伐罪，救国救民，重建中国，这实在正是我当年之志。回想自己错误，真是惭愧无地，对不起同志，更对不起你。现在把辛亥以后至今的这一段一笔勾销，接着辛亥革命重干。我决心重回国民党，求你做个引见。"我看他大有指天誓日的样子，就拉着他的手安慰他说："雪亚，话既说到这里，过去就算过去了，咱们就研究怎样实现你的心愿吧。我如有一分之力，如不帮你，就不算朋友，你放心！"我和他研究了一夜，决定由我去西安找冯玉祥，接洽就近受冯编制（因为豫西距冯最近，如与武汉方面接洽，更会引起冯的误会而加紧压迫）。

在刘镇华由京未返回之时，我曾与张治公以闲谈的方式试探张是否还可与刘镇华合作。张说："他（刘）投南我就投北，他投北我就投南，以后决不再和他共事。"张治公还更进一步地对我说："辛亥之后，他就背离你，甚至要谋害你，你还管他的事干啥！"

我于3月下旬去陕西与冯玉祥、于右任见面，替刘镇华说项，冯任刘为东路军总指挥，并允在正式点编前对刘部酌予接济。冯还要我转达刘镇华，迅速准备把灵宝、陕州一带让开，刘如不服从，冯还是要打他的。他把这关系拉好后，都转达了刘镇华。刘虽受编，但深怀畏冯之心而不敢与冯见面。俟冯军由阌乡东进，他就把部队开离灵宝、陕州一带，而移驻临汝、伊阳一带，以表示服从冯的命令。

刘虽受冯的名义，但另一面与张作霖的关系仍未断绝，还从张作霖方面骗取了一些接济，直到冯军于5月间大举东进，刘的态度才算明朗化，接受冯的命令，由临汝、伊阳一带东开，参加对奉军作战。

在我离豫赴陕期间，张治公部发生了相反的变化。前已述及，张治公听我建议，与武汉方面接洽已有成议，待机易帜。他虽对我表示他和刘镇华以后南辕北辙，决不再共事，我当时只认为是一时意气之忿，不会影响他和武汉方面接洽之成议。孰料当我离豫赴陕时，陈树藩受张作霖之指使，派潘琴松到洛阳说张治公归奉。张是个眼光短浅的人，于是动摇初衷，在冯军大举东进之时，竟迟疑不决，未作鲜明表示。初以被红枪会之围攻，继感冯军东进之威迫，乃向张作霖输诚请援。张作霖把巩县的吴佩孚驱逐后，即派万福麟部之骑兵一旅来洛阳助张拒冯，布防于龙门一带；张治公之主力则布防于洛西磁涧南北之线。5月间，冯军孙良诚部与郑大章骑兵军向张治公军进攻。磁涧一役，张部主力被击溃，洛阳无力防守，张逃走。其部下各旅原是附近各县的绿林或团队编成，至此也就四散。奉军万福麟的骑兵旅也被打败，退却时沿途遭受红枪会截击，士兵多弃马变装而逃。郑大章部师长席液池俘获军马千余匹，补充了自己的骑乘缺额。

　　冯玉祥军与武汉北伐军两路夹击，打败奉军，会师郑、汴后，武汉北伐军不久仍开回湖北，把河南交与冯玉祥。7月一天，刘镇华来开封见我说："河南局面已定，我与焕章到现在还没见面，这总不是事。我还听说焕章骂我'带的七万兵是七万个爹'，这样隔阂下去不好。"我也认为不见面隔阂不会消除，对刘说："现在正是冯中原获鹿兴高采烈的时候，就趁现在见面最好。"刘托我见冯先容，我答应了。次日我见冯说："雪亚几个月因军事调动和作战，总没机会见你，现在来开封专诚晋谒你，请你赏个脸见他一见，教训他几句。"冯说："我上了你的当啦，听你的话把刘雪亚收下，叫他打仗，他就喊叫兵少，领给养就报七万之多，他又管不了部下，连我的军誉都受影响。"我笑着说："慢慢来，你是全国知名的练兵能手，在你的教练下就会转坏为好，况且打奉军以来，雪亚总算还能服从命令，他既专程来见你领训，请你约个时间吧。"冯约即日下午接见。到时，刘镇华还一定拉着我陪他见冯，刘确是怕冯变脸不认人，发生意外。临去时，刘镇华换上了半旧西北军式的灰布军衣军帽，扎布裹腿，穿皂布鞋，佩戴齐冯军式样的徽章、胸章，经传达后我先进去，刘在室外大声喊："报告！"接着向冯行室内敬礼，立正对冯说："镇华多年错误，并且治军无状，特面谒总司令请罪，求总司令严加处置，镇华无不甘心领受。"刘镇华这一套表演，把个善会做作的冯玉祥也弄得不好意思，赶紧一把拉住刘镇华说："雪亚，你怎么给我来这一套　快坐下谈，咱俩多年不见了，谈谈别情吧！"冯和刘原是老同事（冯任陕西督军时，刘任陕西省长），现刘对冯既表示低头和服从，冯也就消除了对刘的芥蒂。在以后继续北伐时，把刘镇华部正式做一路兵力使用，令其担任由濮阳向大名进攻的任务。但刘镇华对冯终怀戒惧之心。

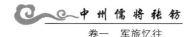

（二）樊钟秀的建国豫军

樊钟秀于 1927 年 1 月亲到武汉，与国民政府联络。当时武汉政府颇重视樊之为人及其在河南地方之军事潜力，拟任以国民革命军军长名义。樊以他的建国豫军总司令名义是当年在广东时孙大元帅（孙中山）所任命，不愿改称，仍坚持用建国豫军名义策应北伐，于是年春回到河南鲁山整理旧部，仍打着建国豫军的旗号。

冯玉祥军由陕入豫后，也视樊为友军，曾派人与樊联系，拟予收编，以便统一指挥。樊仍坚持用建国豫军名义与冯军合作，不愿受其编制。吴佩孚由巩县南逃时，樊曾率部跟踪追击。武汉政府倒台后，蒋介石又派人来豫说樊受蒋之编制，樊认为蒋介石背叛总理，拒绝受蒋的编制。因而樊从任何方面都得不到军饷和武器弹药的补充接济。在政治和人事上也得不到外力的援助。他虽主观上极端忠于孙总理，志在革命，然为环境所限，故在北伐战争中只能局促一隅而无大发展，及冯玉祥与武汉北伐军合作打败了奉军，占领了河南，樊对冯渐生矛盾。1928 年冯军主力深入黄河以北继续北伐时，樊钟秀与李虎臣乃约同分别向洛阳、西安进攻（有说岳维峻亦预此谋者），冯玉祥派石友三军把樊军击败，退豫鄂边境，樊因而下野。

张作霖逐鹿中原失败

1926 年北伐军自广东兴师北伐以后，数月之间在江南各战场连续获得大胜，吴佩孚、孙传芳均大败。雄踞关外的张作霖油然兴兔死狐悲之感与乘风问鼎中原之志，于吴佩孚由武汉败回河南后，一再致电于吴，表示愿派兵入豫，助吴讨赤（指北伐军）。此时吴佩孚虽势穷力蹙，但仍企图独霸中原地盘，徐图恢复，而不愿奉军入豫再分杯羹。尤其吴的副司令兼前敌总指挥靳云鹗一贯反奉，军长魏益三过去从郭松龄反张作霖，更表示坚决反对奉军入豫。因此吴复张电中有"此间将领惑于风传，有假途伐虢之虑，弟如视兄尚有可为，请稍助饷械，听我自谋……"之语。张看吴的反应不好，又顾虑对河南进兵太急，会把这位老仁兄（吴是张的换帖仁兄）逼成他变，乃改采缓进步骤，先指使直隶督办兼省长褚玉璞以统一省政为名，开军接防保定、大名两道地区（原属直军防区，因作战把部队皆调豫鄂，只剩下后方机关和行政、税收人员）。吴虽电张交涉，但奉鲁军开入，造成既成事实，吴又无力抗争，张作霖就达到了初步南进的目的。张作霖南进之第一步既已成功，又计划第二步。

适围攻西安的刘镇华被冯玉祥击败，退回豫西，亲来向张求援，张即计上心来，以援豫阻冯军东进为理由，明令发表第十军军长于珍为援豫总司令率军南进，并电吴佩孚表示助吴阻冯之心意。但吴仍反对奉军进入河南，复张电说："正在部署军队，克日西上讨冯，务请奉军暂停于直隶、河南边境，勿续南开。"张接受吴的意见，令于珍军停止于直、豫边境之磁州待命，然至此，直隶全境已完全归入奉鲁军范围，张作霖的第二步计划又实现了。

1926年12月初，张作霖于天津自任安国军总司令，并派张景惠、许兰洲赴郑州向吴佩孚疏通，希望吴对奉军入豫援鄂援陕有所谅解。吴表示对北京政府的政治问题请张全权主持，本人不再参加意见，唯对奉军入豫事，仍请奉军先驻京汉路北段，必要时再请入豫援助。张景惠、许兰洲在郑州之活动，虽从吴口中未得到完满之结果，但却勾搭上吴部要角寇英杰。寇把吴部内部矛盾秘密说与张、许，并表示自己欢迎奉军入豫。张景惠、许兰洲北返，向张作霖复命后，不久，吴亦免去靳云鹗之本兼各职，而令寇英杰接任，至此吴之内部分化已明朗化。张作霖认为时机已至，乃实行其第三步南部计划，于1927年2月中部署了两路大军入豫，一路由褚玉璞指挥直鲁联军进入豫东，一路由张学良、韩麟春指挥奉军三、四方面军团进入豫北、豫中。其进兵河南的通电说："豫军（指吴军）反攻之望全失，已分饬直鲁联军及三、四方面军团分途前进，誓收武汉，进取湘粤。其豫中将士，但系宗旨相同，即无歧视，其一切名义地位，悉仍其旧。"张还另电吴佩孚及吴部将领，要他们"协同动作，勿生误会，倘有抗阻义师，亦应一致声讨"。这简直是不管他老仁兄同意不同意，都要硬干了。南进命令下达后，东路褚玉璞派孙殿英部为入豫先头部队，于2月中旬先占领了商丘；北路张学良方面派第十军于珍部、第十七军荣臻部及万福麟部次第进入豫北安阳、新乡。驻在豫北之吴军，在奉军突然到达的情况下，并未抵抗，均被缴械。吴佩孚下令把黄河铁桥破坏，阻奉军南渡。到了3月中旬，奉军终于分别于郑州以东以西渡口渡过黄河，占领郑州，迫吴佩孚西逃巩县，驻于孝义镇的兵工厂，直鲁军也占领了开封。

张作霖除了南进的军事行动外，还特派曾任河南督军八年的赵倜为河南宣慰使，帮他做收编部队工作。又派曾任陕西督军的陈树藩也到河南，去做勾结豫西护军使张治公及镇嵩军刘镇华部的工作，并允许如奉军接近陕西，即发表任陈为陕西宣慰使。果然通过赵倜的联系，河南军务帮办米振标宣布投降奉军；通过陈树藩的运用，张治公改变投南原意而投奉。占领郑汴后，于珍以前敌总指挥名义驻扎郑州，开封则由直鲁联军孙殿英部担任警备。至此，张作霖的南进第三步计划又顺利实现。

奉鲁军顺利入豫，吴佩孚是无力抗衡了。不料奉鲁军受到靳云鹗的突然袭击，受损不小，张学良急令荣臻的十七军过河参战，才算保住了郑州，并进而击败了靳云鹗，又先后进占了新郑、许昌、漯河、西平等京汉线要地。

当奉军打败靳云鹗军，长驱次第占领京汉南段各要地时，张作霖对狼狈西退、局促于巩县兵工厂的吴佩孚却又假仁假义地来了一番客气，一再电吴勿生误会，请吴仍回驻郑州，主持大计，所有入豫奉军，均当听吴指挥，吴当然不敢再上这位老仁弟的当。不过经这一周折，张作霖没有马上派兵由郑向西压迫，因而吴佩孚在巩县得以暂时停留。

陈树藩到了新乡之后，即派潘琴松（河南偃师人，曾在镇嵩军任高级幕僚），去洛阳劝豫西护军使张治公弃吴投张。这时冯玉祥军前锋已出潼关，节节东进，张治公屡向吴佩孚求援而得不到吴的实际援助，正在彷徨无依之际，果然听陈树藩的话，派人向张作霖暗通款曲，并向张求援，张作霖慨然答应派兵援助。唯郑、洛之间尚隔着吴佩孚的残余势力，为了派兵西去援张治公，张作霖派万福麟军向汜水一带吴佩孚第三师、第四师进攻。在进兵时，张作霖还特向西进奉军发出命令，如在前线遇见吴上将军仍须加以礼遇。万福麟于解决了吴的第三、四师后，即占领孝义兵工厂，与荥阳张治公部连成一气，又派骑兵一旅进至洛阳，协助张治公设防，阻冯军东进。

奉军于占领河南后，张学良、韩麟春从郑州发出通电，表示愿意停止内争，共御外侮。他们发出这个通电的目的，在于缓和西面的冯玉祥和南面的唐生智对河南的进兵，以保持其既得地盘，但是各方面均无反响。

4月下旬，豫东方面的直鲁联军逐渐转用于津浦线方面作战，河南防务完全由奉军担任，其部署大致如下：以荣臻第十七军为主力的部队担任郑州以南京汉线正面，防御北来的唐生智军；以万福麟军为主力的部队担任由郑州以西陇海线正面，防御东进之冯玉祥军；以于珍军为主力的部队接替豫东开封、商丘一带防务。这个形势，已陷入内线作战的不利态势。由武汉方面北来的唐生智军和由潼关方面东来的冯玉祥军，于5月中旬对奉军正式展开攻击。奉军西守陇海线正面黑石关以东山险，南守西平、上蔡、周口之线。西面凭山险与冯军作战尚能抵抗，南面京汉路方面北伐军攻势凌厉，奉军无险可守，致一再败退。在临颍与北伐军决战失败后，冯军又以一路军队绕出禹州，向京汉路奉军之侧后方夹击，许昌以北遂皆不能坚守。正在奉军作战不利的情况下，山西的阎锡山出兵娘子关，河南奉军后路有被截断危险。张作霖下令奉军放弃郑州、开封，退守黄河北岸，奉军于5月下旬乃纷纷向黄河以北溃退。张作霖逐鹿中原的野心遂告失败。

冯玉祥加入国民党和参加北伐

1925年8月于右任从北京来信，约我到京见面。据于右任谈，他此次系奉国民党中央使命，联络冯玉祥反奉。他和徐季龙（徐谦，当时在京和李石曾、李大钊等同负国民党北方的责任）同冯秘密晤谈过，冯表示与国民党一定合作。于右任劝冯有机会去苏联一游，当可开阔眼界。冯表示愿意去苏联观光，并约于同去。于右任、徐谦以后和冯经常保持联系。

迨1926年4月15日国民军撤离北京退守南口后，直鲁联军即进入北京，对国民军和国民党的人稽查颇严。于右任和我商谈，急需离开北京，但又顾虑被直鲁军查获，正踌躇间，我的随从说在街上遇见孙殿英的副官（时孙殿英任张宗昌的直鲁联军三十五师师长）来京押运军用物品，有铁闷子车三辆附挂来京，即开天津。我派人找到那个副官说妥，当夜同于右任上闷子车，到廊坊时，孙殿英送来路费两千元，谷草两捆，我与于借草而卧，到了天津。

徐谦于国民军退出北京后，为了与冯玉祥保持联系，即西去张家口平地泉找冯，冯于3月下旬赴苏联，但为了观察和不放心国民军的处境，仍滞留库伦。徐谦即赶至库伦与冯见面，劝冯下决心加入国民党，一同游苏。冯于库伦由徐谦作介绍人填表加入了国民党，即同徐谦赴苏联。于右任到天津后，住不多日，也乘船赴沪转海参崴去苏联。

在于右任离天津前，对我谈广东不久即出师北伐，嘱我务要在豫、陕两省做些准备工作，他拉着冯玉祥，让我把河南有关的部队尽可能引导参加革命，并嘱我回豫后对国民党地下党务工作予以支持援助。

我为了了解北方局势发展，又在天津待了几个月。时奉军势力方盛，张作霖与吴佩孚之间，虽因利害之争时起矛盾，但在对付北方的国民军和南方的国民党的态度上还是一致的。陈树藩（时陈在天津做寓公，与奉方时有来往）对我盛赞张作霖之雄才大略，谓张有意向南伸张，劝我预作联系。我以埋头办实业无意作军政活动婉辞。北伐军于7月间誓师北进，我于8月微服返回河南家乡。

我返里后，给正在围攻西安的刘镇华写了一封信，说明北伐军已北进，国内局势将有大变化，西北应建立一个新的军事团结，以应付新的局势，劝他撤围言和，进而谋西北之团结。我并表示，如他同意，我当赴陕向二虎（杨虎城、李虎臣）做工作，从中折冲，以恢复辛亥年陕、豫共同革命之精神。刘镇华回信，强调西安城内军民争食，军心已溃，朝夕就可攻下，拟作最后猛攻，以竟全功；如能劝二虎早日开城迎降，俾化干戈为玉帛，固所愿也。我看刘镇华功利之心太深，政治上没有一点觉悟，只好暂且放下不管。

那时河南国民党人张鸿烈、李敬斋、刘群式、郭燕生、王友梅、刘潇然等都在做地下工作，宣传、组织颇为积极，不时与我联系，他们经济困难时我由观音堂民生煤矿运煤至开封变价接济他们。

冯玉祥到苏联后，与苏联有关领导人作了会谈（听说并未与斯大林见面），并参观游历了不少地方，于 1926 年 8 月 17 日离苏经外蒙回国。苏联接济了不少军用物资（冯带回六汽车军用品，以后苏联又由库伦接济约一个师的装备和其他器材），又派了以乌斯曼诺夫为首的三人顾问团。在苏联的中共党员刘伯坚等亦随冯回国。乌斯曼诺夫由苏联带有无线电收发报机一台，可与广州国民党中央保持通信联系。行至中途，已接到广州任命冯玉祥为国民政府委员之电报。至库伦后，冯请于右任先行赴陕做准备工作。于回至绥远境内，遇乱军，被阻，不能前进，又折回库伦。途中与冯相遇，乃同行南返，于 9 月 15 日到达五原。

这时，冯接到广州方面电报，北伐军已占领汉口，正围攻武昌，吴佩孚战败北逃，江西方面也攻占了赣南赣西之赣州、萍乡、安源、袁州等城市。冯认为应急速在西北形成一个局面，以策应北伐军。并号召团结国民一、二、三军各处部队，故仓促中于 9 月 17 日在五原宣布就任国民联军总司令，誓师参加北伐。宣誓就职时，由于右任代表国民党和国民政府授印、授旗和监督。次日，冯又发表了长篇宣言，表示决心参加国民革命。

冯玉祥于五原誓师后，为了团结和策励国民军各部队，乃宣布任方振武（时方部在五原附近）为国民联军第一路总指挥，任弓富魁（弓部也在绥远境内）为国民联军第二路总指挥，任孙良诚为国民联军第三路总指挥，任马鸿逵（马部在宁夏境内）为国民联军第四路总指挥，任石友三为国民联军第五路指挥，任韩复榘为国民联军第六路总指挥。以后又任命门致中为第七路总指挥。冯玉祥另任于右任为国民联军驻陕总司令。孙良诚、马鸿逵部队于 1926 年 11 月下旬击败了刘镇华军，解了西安八个月之围。于右任于 12 月进西安，以驻陕总司令名义主持陕西一切行政、党务和民众运动事宜。冯率国民联军总司令部于 1927 年 1 月进驻西安。

于右任和冯玉祥先后到陕后，均派人持函来豫促我入陕，商酌一切。

我于三月入陕，他俩热情地接待我，并述及游苏观感。冯对我说："过去我虽有一股革命傻劲，但没有革命的主义和方法，在政治上也拿不出个鲜明的主张来，过去都算瞎干了，游苏后获得不少见识，知道了世界革命的趋势，学了些苏联革命经验，懂得了革命要有一个'主义'和政纲，还必须依靠民众，尤其要依靠工人和农民，不是少数人能干得成功的。"于右任还把他游苏的诗与我写了两幅字，其一，《游苏途中》："鄂毕河前饭，乌拉山下眠。无戈肱作枕，有产舌为田。金鼓劳民橄，冰山债主钱。神州竟何似，怅望一惨然。"其二，《吊列宁诗》："二百余年霸业零，天气吹尽浪花腥。掬来十万劳民泪，彼得湾中吊列宁。"他还书一联赠我，联云："负革命使命，为世界作工。"此可表现当时他俩的思想是比较进步的。

当时在西安，我看见了从未见过的新气象。苏联顾问乌斯曼诺夫为冯参赞军政大计，政治部长刘伯坚为冯主持军队的政治训练和民众运动，部队设有政治部和政工人员（主要的政工人员多为共产党员）。陕西省、县都组织了工会、农民协会、商民协会、妇女协会、学生联合会、教师联合会等民众团体。于右任还成立了陕西省政治保卫部，部长是史可轩，政治保卫部还编设一个旅的武装部队。各民众团体三天两头开群众大会。西安街头巷尾，写着或贴着各样的标语和宣传画，记得那些标语有：拥护国民政府，实行三民主义，实行三大政策，打倒帝国主义，打倒军阀，铲除土豪劣绅，废除苛捐杂税，完成国民革命，完成北伐大业，军民联合起来，各界民众组织起来等等。真是上下一股劲，军民一条心，朝气勃勃，精神百倍。

在我看见陕西革命气象蓬勃发展的同时，也看见冯军艰苦朴素的情形。冯军自1926年4月被奉、直军压迫撤离北京，继又放弃南口转进西北以来，全军经费就没有着落。五原誓师后经甘进陕，全军情绪上固由混乱逐渐转变为安定而奋发，但以甘、宁、青之贫瘠，全军经费仍不能有较大的好转。进陕后，大军集结于关中地区，汉中仍由吴新田部占据，陕北则由井岳秀部占据，关中之凤翔附近数县则由党玉琨部霸占，同州则由麻老九部霸占，均自行派人征粮收税。西安解围后，杨虎城部移驻澄城、白水一带，李虎臣部移驻鏊屋、鄠县一带，卫定一部移驻兴平、武功一带，田玉洁部驻于渭北三原一带，也都就地亻占用军粮。西安城内在八个月被围困之余，食粮毫无，百业凋敝，难民且须赈济。在这种情况下，于右任之财政委员会（薛笃弼任委员长）对于筹粮筹款，真是一筹莫展。财委会在无法之中，派人到山西运城买了些毛头纸，印刷军用流通券，发给各军作菜金、公费之用。虽然流通券上印着"完粮纳税一律通用"字样，但由于不兑现，使用困难。冯对我谈："南口退却之后直到现在，全军都没发过饷。"财委会收入的少数现洋，只能留作补充军需品之用。由于军队长途跋涉，屡次作战，军服军帽均极破烂（很多士兵都用毛巾或布包头），不能不补充些军服军帽及其他必需的军用物品（在西安缝制军帽，因当地无铁丝，于是做成八角式软檐军帽）。官兵生活更是刻苦朴素，由冯玉祥总司令起到士兵都是吃一样的大锅饭菜（官兵菜金数一样），大家当时称为"革命饭"。冯因开会多，常常误了吃饭时间，回来吃冷饭，才由幕僚向冯建议给他设一小厨房，菜金仍一样，但能随时吃热饭。在这种艰苦生活情况下，冯军官兵纪律还是很好的，这与冯一贯的带兵作风和当时的军队政治工作是分不开的。

　　我到西安之初期，冯几乎每日邀我见面，听取我当时所了解的河南直、奉两军的内部情况及研究对河南进兵方略。我与于右任见面的时间更多，多在他公余晚间，有时长谈半夜。在这里我略补叙我和冯、于之过去关系。1912 年至 1914 年，我任陕军第二师师长兼陕南镇守使，驻汉中。1914 年冯随陆建章入陕，编任第一六混成旅旅长，驻褒城，交接往来颇多，校阅训练部队，亦互相观摩，谈起革命，亦颇志趣相同。以后在 1921 年冯随阎相文再度入陕，以及第一、二次直奉战争中，均有过从。与于的关系，始于 1918 年当时与于同奉孙中山先生之命入陕领导陕西靖国军，共同艰苦奋斗四五年之久，以后我的政治关系多受于之影响。不管天南地北人各一方，但总是消息互通，共策前进。这次冯、于到陕，他们都深知我与陕、豫两省之关系，故一再邀我来陕。

　　冯、于到陕之初，在执行孙中山先生三大政策的原则基础上进行国民革命工作的政治主张是很坚定的。他俩的合作团结关系亦极良好，因之到陕后很短时间就能发动民众，掀起了轰轰烈烈的革命高潮。但随着客观环

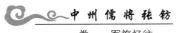

境的发展，他俩之间逐渐发生了矛盾。据我了解，矛盾的原因，第一是对陕籍部队的处理问题。在西安城围未解之前，陕西各部队盼冯军来援确很殷切，不啻大旱之望云霓。及冯军入陕，大军压境，大有宾强主弱之势。冯过去对杂牌部队的做法又有些毒辣，郭坚、宝德全被杀之例，在陕西将领中印象颇深，因之对冯又不无畏惧之感。如坚守西安的主将杨虎城，于城开之后即悄然离开部队他去，谁也找不到他的踪影，当时社会传说，谓"老虎失踪"。经于、冯派人到渭北各县到处打听寻觅，才问着杨的所在。于右任一再写亲笔信派人下乡去请，并对杨作了解释，杨才回部队。于问杨出走原因，杨表示他坚守西安八个月，蒙受了千辛万苦和军民之绝大牺牲，才保住西安，阻止了直系军阀派刘镇华侵入西北，从革命观点说，是有功的；但西安以及附近各县人民蒙受绝大苦难和损失，在长期苦战中军民争食，军队纪律难免有松弛之处，从另一观点说，便成为罪魁了。杨之为人做事，极为机警，且分析力极强，他怕冯对他从另一观点作处置，故出走以避之。其他陕籍将领如李虎臣、卫定一、田玉洁等大体亦同此心理。在此种情况下，于以这些部队全属过去陕西靖国军旧部，有意把他们统一编制一下，置于驻陕总司令部之下指挥，略加整顿，再参加北伐。而冯认为军食困难，且恐这些部队留在陕境或有其他变化，故坚主一律开出陕境，立即参加北伐。这是冯、于矛盾之一。

第二，宁汉分裂后，于主张坚持三大政策，联合武汉，孤立蒋介石。冯则摇摆不定，一面继续与武汉联系，一面又派刘治洲（原陕西省长）去南京与蒋介石联系。蒋介石亦派焦易堂来陕与冯联系，焦系西山会议派人物，劝冯防共反共。接着郭春涛、邓飞黄由南方来，冯任郭春涛为政治部副部长，郭春涛与政治部长刘伯坚不合作，并在冯前说刘伯坚的坏话，又自吹他的革命理论比刘高，说刘懂得太少。从此冯的政治思想颇受焦易堂、郭春涛等的影响。当时民众团体既已组织起来，尤其各县农民对废除苛捐杂税和打倒土豪劣绅的政治口号不但欢迎，而且在行动上实行起来。各县大地主富豪多躲避于县城或西安，因之征粮收税自然受很大影响，财政和军粮就更紧张起来。因而冯对民众运动的看法也有了根本的改变，认为于右任、刘伯坚把民众运动搞得太过火了。他对于右任说："我们是坐在一堆干木材之上，民众运动搞得这样凶，不是等于点火自焚吗？"冯还说："农会就是'脓汇'，只能起破坏作用，我们要对农民运动限制一下。"于说："革命要依靠群众，发动群众，如果限制民众运动，不是自己削弱革命力量吗？"冯说："光发动群众，我们这些军队吃什么呢？财政情况你是知道的。"这一场谈话没有什么结果，但冯、于间从此隔阂更大了。以后又有一次开高级军官会议，有些军官提到军需军粮的困难情形，冯当场把负责财政的薛笃弼大骂了一顿，于右任也极不痛快，甚至有些气愤，会后对我说："他骂薛子良，不是等于骂我吗！这种样子，看起来我干不下去了。"其实冯当场骂薛的目的，一是骂薛以平大家对薛负责财政而无办法的怨气；二是想逼薛从西安富商中想些搞钱的办法（西安富商多系山西人，与薛同乡）。而于却把骂薛拉到自己身上，这表现他与冯的矛盾更加深了。

冯玉祥接受武汉政府的任命，于1927年5月1日在西安红城大操场就任国民革命军第二集团军总司令之职，并决定出师参加北伐。派郑大章、孙良诚、石友三、韩复榘、吉鸿昌、刘汝明等部出潼关东进，又任岳维峻（1926年春在河南战败后逃山西，被阎锡山扣押，冯玉祥到陕后岳被释放回陕）为南路军总司令，把原属国民二军的李虎臣、卫定一、田玉洁等部都编入这一路，由岳率领经商洛出荆紫关进攻南阳和襄樊一带，以打通与武汉政府的交通联络线（武汉政府接济冯军军用物资，因张联升部盘踞襄樊一带不能由汉江北运）。为了压迫南路军迅速出动，冯还派孙连仲部跟南路军之后，出荆紫关、西峡口进出南阳一带。冯军北伐主力是由潼关东进的部队，除上述部队外，还有方振武部、刘镇华部、杨虎城部、马鸿逵部。杨虎城部是陕军中向冯表示参加北伐最积极最坚决者，故冯任命杨虎城为第十路总司令（以后改为第十军）。对于关中不听命令的同州麻老九部和凤翔的党玉琨部，则责成宋哲元等派兵解决之。

冯玉祥于5月初旬由西安进驻潼关，指挥东进军事。首先严令刘镇华部由灵宝、陕州一带经洛宁前进于伊阳、临汝一带，向禹州进兵，攻击许昌奉军之侧背。又令郑大章、孙良诚、马鸿逵等部主力沿灵（宝）洛（阳）

公路东进，攻略洛阳。冯军主力东进，一路颇为顺利，在渑池以西未遇抵抗。再往东，一战于渑池，消灭了张治公部的前进部队；再战于洛阳外围磁涧、延秋亘龙门之线，击溃了张治公部主力和奉军的骑兵部队；三战于黑石关、虎牢关山岳地带（属巩县、汜水），击败了奉军万福麟部。此后即直驱郑州，与北伐军会师。冯军东进时，军纪良好，虽部队军粮也是征自地方，但因官兵和政工人员对待百姓之态度与过去直奉军阀部队迥然不同，人民亦乐于出粮和表示欢迎。

冯军与武汉唐生智部会师郑州后，冯急调韩复榘、庞炳勋等部沿陇海路东进，追击扫荡豫东之奉鲁军残余，相继占领兰封、归德等处。又派孙良诚、石友三、吉鸿昌等军分由孟津之铁谢、巩县之枣树沟及广武之黄河铁桥北渡黄河，向豫北的奉军攻击。这时，善观风色的阎锡山已通电就国民革命军第三集团军总司令职，并出兵石家庄。张作霖怕豫北之奉军被阎军切断归路，乃下令张学良的奉军向北速退，而以直鲁军的孙殿英部接替豫北防务（以后孙殿英部坚守卫辉、滑县很久）。

冯玉祥分兵东进、北进的同时，南路军岳维峻部会同樊钟秀部也占领南阳、邓县、新野、老河口一带，驻襄樊的张联升投冯受编，吴佩孚率残余二三百人逃往川东。在武汉军与冯军夹击河南奉军的同时，蒋介石方面亦派军渡江北进，于5月底攻占徐州，孙传芳和张宗昌的败军趴山东境内。

冯玉祥在其总部进驻潼关时，对陕甘后方事务仍亲自操持，想把他与于右任的关系从感情方面挽回过来。因在潼关城内修一座桥（有一条水由潼关南原上北流入潼关城，再北流入黄河）命名"右任桥"，建成之日，邀于由西安来潼关参加落成典礼。当晚，冯与于又谈对武汉政府和南京政府（这时蒋介石已在南京另成立了国民政府）的态度问题，于仍主张应与武汉国民政府合作到底，坚持国共合作和三大政策，认为蒋介石反共反工农的行为是违背总理遗教的，是反革命的。冯主张对武汉和南京双方取不偏不倚的态度，居间作有力之调停，以便统一力量，继续完成北伐。他认为，最要紧的是乘胜彻底消灭奉系军阀势力。因而这一晚的谈话，冯、于都感到不甚愉快。事后于对我说："冯先生变了。"

随东进军事之发展，冯进驻洛阳。直系军长田维勤失败后，来洛见冯，似有所图谋。冯恨田过去破坏保定会议直冯合作共同反奉之议，把田活埋了。（1925年春国民军方面鹿钟麟派代表与直军方面靳云鹗在保定密商合作反奉，时田维勤亦在保定，表面上也赞成，暗中却向吴佩孚密报。吴到保定免去了靳云鹗本兼各职，因之合作反奉未能实现。）

冯军与武汉北伐军会师郑州后，武汉国民政府的诸要角汪精卫、谭延闿、孙科、徐谦、顾孟余、邓演达、唐生智等联名电约冯玉祥、于右任到郑州举行会议，其目的在更进一步与冯结合，共同反蒋。武汉诸人于6月8日先到郑州，冯玉祥、于右任9日到郑州，在会议上武汉方面诸人对冯加入国民党参加北伐，表示极为推崇，愿以后更加团结，在党内共同反对蒋介石之背叛总理实行军事独裁行为，并合作继续北伐，彻底打倒军阀统治，完成国民革命，实行三民主义。冯玉祥发言很谨慎，对蒋介石反党行为，无只字表示谴责，仅笼统地表示希望党内同志破除成见，共同团结，以免分散革命力量。因而在会议上未达成关于反蒋或讨蒋的任何协议，只决定了于冯有利的下列几件事：1. 成立开封政治分会，由冯玉祥任主席；2. 成立河南省政府，由冯兼任主席；3. 武汉北伐军撤回武汉（因当时两湖地区防务空虚）；4. 豫东、豫北对奉鲁军之作战，由冯军担任。郑州会议的结果，武汉诸人有些失望，因他们并未获得对冯预期之希望。而在冯玉祥方面，却从会议中得到中原获鹿的结果。11日晚，于右任秘密对我说："此间待不成了，我要离开。"我认为于又是一时气话，未甚注意。迨武汉方面诸人离郑南返时，冯、于都到车站送行。列车开离站台的一刹那，于右任竟跳上专车，对冯说："我随车到武汉看看。"冯很愤怒，大声喊："不要去，你快下来！"汪精卫从窗口对冯说："于先生准回来，我作保。"说话间专车已飞驰南去。郑州以南之京汉路，是在武汉军的控制下，冯也再无法阻于。冯和于从此分道扬镳。

在郑州会议上，冯玉祥不对蒋介石表示任何反对或谴责，是他为保留与蒋介石搞买卖的本钱。果然，在郑州会议后仅仅一星期，6月19日冯又应蒋介石之约，去徐州举行会议。蒋介石预先到徐州候冯；南京政府的胡

汉民、吴稚晖、李宗仁等也到徐州参加了会议。在徐州会议上，冯和蒋介石达成了反共清共和取消武汉国民政府、归并南京政府的协议，自然蒋也答应冯共同出兵继续北伐、彻底消灭奉系的要求。会后冯和蒋还换帖结拜为兄弟，蒋叫冯为大哥。冯向蒋表示困难，蒋立即拨交冯硬币五十万元。冯把五十万现洋带回郑州，即叫参谋处长吴锡祺计算嫡系部队人数，发放一年来从未发过的兵饷，每个兵可发到六块现洋。至此，冯玉祥的政治面貌明朗化了。这时，冯玉祥拥有豫、陕、甘三省地盘和三十万大军（嫡系部队十万，杂牌部队二十万），并且新添了一个有钱有力的盟弟，正是"时来风送滕王阁"的时候。他由徐州回到郑州后，第一件事即向武汉政府发电，主张反共清共，并劝汪、谭、孙、徐等撤销武汉国民政府，前往南京，实现宁汉统一；其次他立即在第二集团军部队范围内和豫、陕、甘党政机关内实行清党，并把苏籍顾问解职，令其回国。

冯玉祥为了继续扩张他的地盘，在继续北伐的名义下，于郑州又重新调整了他的战斗序列，任命孙良诚为第一方面军总指挥，收编靳云鹗部，任靳为第二方面军总指挥（到9月间冯免靳职，并打垮了靳部，改任孙连仲为第二方面军总指挥），任命方振武为第三方面军总指挥，宋哲元为第四方面军总指挥，岳维峻为第五方面军总指挥，石敬亭为第六方面军总指挥，刘郁芬为第七方面军总指挥，刘镇华为第八方面军总指挥。

武汉国民革命军入豫北伐

由蒋介石公然叛变革命，在南京另行成立政府后，武汉国民政府所能控制的省份，实际上只有两湖和江西的一部分。又受到帝国主义和蒋介石集团在长江下游的经济封锁，因而财政颇感困难。再加上奉系军阀势力入豫后日渐向南扩张，如不予以遏止，将渐威胁鄂北，因而决定继续北伐。并任命冯玉祥为第二集团军总司令，阎锡山为第三集团军总司令，借收合作和夹击奉系军阀之效。

武汉北伐军以第四集团军总司令唐生智所部及第二方面军张发奎所部

为主力，计有黄琪翔的第四军（时黄任副军长，代理军长），陈铭枢的第十一军（实际出发参战的有第十师和二十四师的一部），李品仙的第八军，何键的三十五军，刘兴的三十六军和贺龙的独立第十五师等部队，总兵力约在十万人以上。另外还组织被奉军击败的靳云鹗部、田维勤部和新收编的魏益三部、任应岐部以及樊钟秀部等原在河南的部队加以配合，声势颇为壮大。

1927年4月中旬，北伐军之先头部队第四军首先由汉口北进，到达驻马店后，即派有力部队警戒驻马店以北，汝河南岸，与遂平一带之奉军对峙，等待北伐军主力输送和集中。此时靳云鹗还驻在驻马店，黄琪翔前往拜会，借以了解奉军情况。黄看见靳云鹗的司令部虽然戒备森严，靳云鹗却特别客气，亲迎入室，门帘启处，顿闻一股刺鼻的鸦片烟味，似靳正在吞云吐雾，闻报客至才仓促收拾者。时黄才是而立之年的少壮革命将领，自然看不惯这种腐化的北洋军阀生活习气，勉强与靳周旋了一阵而别。但也从靳的谈话中得悉遂平、上蔡之线的奉军是二十一军的富双英部，并配属不少炮兵部队，是一股强硬的敌人。

第四军在驻马店停驻约一个月时间。在这期间，除在军事上进行侦察和准备工作外，并开展了对地方民众的政治宣传和组织工作。当时是国共合作的，各级部队均设有政治工作机构和政工人员（第四军政治部主任廖乾五是共产党员），军队所到之处，公买公卖，四民不惊，老百姓都称赞是民国成立以来从没见过的队伍，因之军民关系极好。这种情况很快传到奉军占领地区，老百姓都盼望北伐军早些到来。这对后来与奉军作战很有利。以后无论前方的侦察情报工作或后方的交通运输工作，均深获地方人民的积极援助。

北伐军主力陆续到达，于5月上旬开进战略位置，其部署大致如下：张发奎指挥第四军、第十一军、独立第十三师，开进驻马店、汝南之线；唐生智部的三个军（第八、第三十五、第三十六军）担任京汉铁路以西，开进驻马店、臧集、沙河南岸之线。另外唐生智还令靳云鹗部、田维勤部配合张发奎军作战。

驻汝南之田维勤部猝然袭击北伐军事件中，北伐军第二十四师七十一团政治指导员汤恩溥拟向城上田军解释，勿生误会，结果被打伤。

5月中旬，北伐军以凌厉新锐气势，开始对奉军全线攻击，很快就渡过汝河，迫奉军退据遂平、上蔡之线。唐军攻占遂平，富双英军退据上蔡坚守，经第四军围攻，富双英不支，全部投降，收编为第四军的一个师。这是北伐军入豫后的第一个战役。

北伐军不给奉军喘息机会，继续北进，连续攻占了西平、漯河、郾城、周口、北舞渡等要地，打得奉军溃不成军。

奉军鉴于京汉路南段作战之连续失利，集中三、四方面军团主力于许昌、临颍地区，凭颍水上游之障碍，防守于西华、逍遥镇、小商桥、繁城之线，阵地后方配置了大量炮兵，以支援其第一线之作战。而北伐军炮兵很少，全凭步兵之旺盛士气，因之蒙受损失极大。经三四昼夜的连续猛攻，终将奉军击败。临颍这一战役是北伐军入豫后对奉军的决战之役，北伐军的官兵伤亡极众，仅张发奎的部队就伤亡万余人。

奉军在临颍与北伐军决战失败后，分向许昌、鄢陵溃退。适冯玉祥第二集团军的主力在陇海路黑石关方面连续获胜，节节东进；其另一路已到达禹州，分向许昌、长葛前进，威胁许昌奉军侧背，奉军乃不敢再守许昌，接着退向郑州、开封。北伐军的唐生智军向郑州追击，张发奎军向开封追击，分别于5月底占领郑州和开封。奉军渡过黄河，退往豫北。

郑州会议后不久，北伐军即由铁路输送开回湖北。（本节有些资料是听黄琪翔先生所谈。）

中原军事纷乱期间的社会状况

1926—1927年由于军队调动频繁和战争影响，河南人民陷于动荡不安和水深火热之中，尤其是农民所受的损失最大。当吴佩孚直军在武汉被北伐军打败向河南溃退的时候，首先遭到灾祸的是鄂北豫南沿京汉路一带的人民。虽然京汉路还通着车，可是败军部队纷纷自动占用车辆，扣用机车，不听路局和各站的调度，因而各站兵车拥塞，不能通行。还有的部队向路局要不着车，竟把旅客驱逐下车，占作己用。货运更等于停止。吴佩孚带着他的总部和卫队，于1926年9月7日逃离汉口，车到武胜关一带也被兵车拥塞得无法通行，几经严令车站和部队疏通，直到9月17日才算开到郑州。有在部队开车到某站被拥塞得不能通行，害怕被北伐军追及，就迫不及待地下车北退，就地向老百姓要车要粮要民夫要牲口，民夫、牲口都得自备口粮和草料，民夫较机警的还可以转路逃回家中，车辆和牲口大多数则被军队扣用或变卖。

吴佩孚的直军退回河南后，虽然战斗力锐减，但在数目上还号称二十万人。过去直军的经费来源是由武汉、湖北、河南、直隶的保定、大名两道以及扣用京汉、陇海两铁路的收入供给的，而现在吴佩孚的势力所能及者仅河南一省而已（湖北和武汉被北伐军占领，直隶保定、大名两道被奉鲁军夺去，京汉陇海两路也只余河南境内部分），而且河南境内的驻军（包括靳云鹗所指挥的直军）又都就地征粮扣留税款，因而吴佩孚回到河南后，在财政上一筹莫展，只有严令各地借摊。吴才回到郑州，就向商会勒借了十几万元。另外的办法就是大批印发军用券发给部队，强迫人民使用。

刘镇华的军队由陕西退到豫西后，吃的用的完全从老百姓身上出。另外刘镇华的军队由陕退豫西时，恰好赶上豫西各县收割鸦片季节，他在这方面是老内行，自然不会放过，就派军队在陕州、灵宝、卢氏、洛宁等县向农民征收鸦片税。洛阳附近各县张治公防区，也由张治公向百姓收鸦片税。其他部队李振亚在禹州一带，樊钟秀在鲁山、宝丰、方城一带，也各征收鸦片税。以后刘镇华军东开至禹州，李振亚刚收完了鸦片税，李怕刘军势大，送给刘镇华十万元，双方才平安无事。

及奉军进入豫北，鲁军进入豫东，他们的军纪之坏，比起直军更是有过之而无不及。不但要粮要车要牲口要民夫，还向地方富户借故勒索罚款。军官带家属的，还要县衙门、区公所预备公馆和家具。奉鲁军所到之处，县衙门成了临时兵站（办理供应），商会成了筹款局。最使百姓和商民头痛的是，奉军使用奉票，鲁军使用山东军用券，强迫人民当现洋价值使

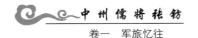

用，但是不兑现。这些票子到老百姓手中，互相间便不能使用或打折扣使用。奉、鲁军调走之后，这些票子便立刻变成废纸。奉、鲁军对待人民的态度，更是蛮横之极，动辄打骂，开口便是"妈啦巴子"或"×你奶奶"，一遇战事，更是纪律荡然，抢掠奸淫，无所不为。

据我记忆，河南省政府在1928年不完全的调查，河南七十五个县（河南共一百一十二县），在1926、1927年战争期间，民间车辆损失在一万二千辆以上，各种牲口在六万头以上，粮食的损失是无法计算的。

除了驻军之外，河南各县人民对本县民团的供应，也是个沉重的负担。河南各县几乎无县没有民团，少者四五百人，多者千余人。如南阳、内乡一带别廷芳所办的民团，淅川吴清典所办的民团，那就人数更多了。各县民团均由本地豪绅土劣担任团、队长，或指挥权操在他们手里，平时为县长的爪牙、豪绅地主的武装，对劳动人民进行压迫剥削，但其办团经费和服装、给养、饷项等等，无一不是从老百姓身上摊派来的。

无论直军、奉军或鲁军，他们所到之处经常打着旗子就地招兵，补充缺额。由于他们对士兵的非人待遇，他们的部队逃亡风盛，缺额极多。除了流氓、地痞、兵混子外，很少青壮年自动应募当兵。他们就变招兵为拉兵抓兵。他们向地方所要的民夫，年轻些的大部分被扣留当兵，也有由地方跑腿而介绍收编的零股土匪。

由于驻军包庇，各地的鸦片、毒品，完全公开，贻害人民极大。

行政系统也极紊乱，各县县长以及税捐机构，多随驻军的进退而更换，因之朝令夕改，使人民无所适从。

河南人民不堪忍受这些军阀的压迫剥削和扰乱，纷纷成立红枪会（亦称"红学"）一类的民众武装，用以自卫和反抗。以豫西和豫北红枪会的人数最多，声势最大。在1921年就有"硬肚"的组织，以后改称红枪会、黄枪会、大刀会、扇子会、天门会等不同名目。

红枪会最初的倡导者，多为地方之豪绅地主。他们为了减少他们自己对军队摊派的供应负担，便宁愿先出一笔款子请"老师"传授气功和打制刀枪武器。因之各地红枪会的指挥权多把持在豪绅地主之手，而实际红枪会的参加者和作战牺牲者则是比较贫苦的农民，地主豪绅和他们的子弟直接参加排练和打仗者很少。

地主豪绅利用和"红学老师"的紧密勾结把持红枪会。

红枪会的老师对会众传授"法术"和排练刀枪，都是以封建迷信为基础，各会都供养一个"神"的牌位，"神"的名称不同，多数是供奉"祖师"，也有供《封神演义》中的姜太公的，也有供《西游记》中的齐天大圣为"神"的。入会的规矩不像帮会那样繁难，只在册子上写个名字，经老师领到"神"前跪拜行礼，并向老师叩个头，就算会众了。入会后就要每天夜间参加在老师指导下的"法术"排练。排练前先由老师领着上香敬"神"，然后老师在"神"前捏诀念咒，最后每人喝一道"神符"，这才开始排练。初步练排砖，即各人拿砖向自己身上排打；有了基础之后再排刀，即以大刀背向自己腹部、腿部、臂部排砍；老师认为有了功夫之后再排枪，排枪之前，暗地把火药大部取出，留下的火药，以能把弹头推出枪筒并使人听到响声为限度，这样子弹就不会打死人。无论哪种排练，都要脱光上身衣服（冬天也如此），每排一下，口中发出"哈"声。这三种排练过程完后，便算"功果完满"，老师说可以"刀枪不入"了，遇事便驱令参加作战。他们所使用的武器不尽相同，红枪会使用一丈二尺长的红缨枪，枪头一尺二寸长，好钢打成，锋利无比；黄枪会则使用黄缨枪，尺寸与红缨枪同；大刀会则使用大砍刀，刃长二尺多；扇子会则一手拿一把折扇，另一手使刀；天门会则刀枪并使。上阵打仗时，因人数众多，并不散开，密排而上，手持枪刀，横眉竖目，口中"哈、哈"直叫，那个样子确也叫人害怕。虽然如此，当出去打仗时，老师仍旧叫会众尽量使用现代武器——手枪、步枪甚至机枪。过境军队或失败的军队往往被红枪会缴枪的原因，主要是红枪会熟悉地形，人多势众。平时排练时，会众白天照旧做自己的农业生产劳动，各吃自己的饭。如出动打匪或截军队，那就所到之处向百姓派饭吃了。

北伐期间，豫西的红枪会开始组织于伊阳，由邓文奎发起，以自卫为号召，一呼百应。不数月间，洛阳周围临汝、登封、密县、巩县、汜水、偃师、新安、渑池、洛宁、户氏等县乡村，均相继组织，且发展极快，人数众多。吴佩孚受奉军压迫离开巩县兵工厂南逃时，沿途曾受到红枪会截击，并扬言要吴佩孚清算连年派粮派款及发行军用券坑害百姓的老账。吴带卫队不敢和红枪会对抗，钻隙鼠窜南逃，状极狼狈，昔年大帅威风，扫地无余。密县附近的王维城、陈文钊等部受奉军压迫失败时，也被红枪会收缴枪支不少。

在豫北，京汉铁路以东清丰、南乐、濮阳、滑县、长垣、延津等县乡村，在奉军入豫前后，都有红枪会和大刀会的组织，会众之多，声势之大，不亚于豫西。会众时常与奉军为敌，因之奉军的军事行动，颇受红枪会之阻滞，使奉军小部队不敢单独行动。奉军于珍部进入豫北时，安阳西北乡的红枪会竟将漳河桥炸断，迫使奉军一度由新乡退回安阳。滑县的红枪会曾一度收缴道口奉军枪支一营，并占领道口，还几次攻打滑县县城。豫北各县的大刀会与红枪会组织不和，有时互相攻打。豫北铁路以西乡村有天门会的组织，声势也不小。

豫西豫北各县的红枪会、大刀会、天门会等直到冯玉祥统一占据了河南，才用劝、打兼施的办法压迫解散。同时，冯由河南省政府派出许多民团指挥，统一了各县民团组织。

许昌以南沿京汉路各县，由于直军来回几次过境，粮食车辆供应浩繁更超过其他各县，有的乡下农民真的连粮食都没有了。闻曾发生贫民抢粮暴动事件多次。这也反映当时河南人民被压迫剥削得不能活下去，才不得不铤而走险。

1926 年，河南人民在军阀和地方团队的压迫剥削下，民不聊生，豫西民间编唱有这样的民谣："民团枪会保地方，蒸馍炒蛋甜面汤，来了军队更遭殃，车马粮食一扫光。"豫南民谣有"贼拉富家票，官军啥都要，不管富与贫，逼得齐上吊"。郑州、开封一带民谣有"吴大帅、张大帅，带的队伍一样坏，吴走张来一般样，吃光拿光不算账"。此亦足反映当时的社会状况了。

（陈子坚／整理　1964 年）

第二十路军始末回忆 [1]

一、二十路军的渊源

二十路军的前身是豫西的绿林、民团和杂军。在清咸丰、同治年间，豫西就有所谓"刀客"出现。他们身藏攮刀，闯荡江湖。当时张士耿、张黑子（即张治公的叔父）等在刀客中尤著声名。庚子前，义和拳之组织传到豫西各县，各村镇纷纷请师学艺。慈禧和光绪西逃后下旨严禁，多数义和拳组织解体，少数为地方豪绅地主所利用，改为地方自卫组织，为民团之始。卢氏县劫皇杠之宁官兴即为自卫组织中一小头目。1902年（光绪二十八年）开始，王天纵在伏牛山中占山为王，结拜绿林好汉与清军对抗达十来年。从此时至民初，八百里伏牛山中大小山头寨主不下数十，如王修己、李胜奎、杜其宾、秦椒红等都拥众数百至千余。他们携新式快枪，各有其所谓保护区域（即征发粮草区域）。辛亥前，同盟会河南支部曾密委王天纵为丁部大将军。迨辛亥革命爆发，王天纵及丁同升、张治公、柴云升、憨玉琨等参加我所领导的秦陇豫复汉东征军。但未参与革命的寨主仍在一半以上，分据山中过绿林生活。

迨南北议和后，共和告成，王天纵受袁世凯之邀约，被羁縻于北京。张治公、柴云升、憨玉琨等部编为镇嵩全军，由东征军参议刘镇华统领。他们才算由绿林编成了军队。刘镇华的镇嵩军驻扎豫西，以兵力不足，继续收编山中土匪以充实力量，手下有数十人即当连长，有百余人即委当营长。这就开始了想当官必先当匪的新途径。社会上讥之为"嵩山大学毕业"（以河南绿林人物多出于嵩山地区）。

---

[1] 选自《风雨漫漫四十年：张钫回忆录》，中国文史出版社2018年版。

　　1913 至 1914 年，白朗义军囊括了豫西镇嵩军系统以外的地方各色武装，反袁远征，但不幸失败，除一部投入镇嵩军外，大部又分股散处豫西各县，以各种形式继续存在。

　　旋刘镇华投靠北洋军阀，于 1917 年率镇嵩军离开豫西进陕，帮陈树藩打我所领导的陕西靖国军，并继续在豫西各县收编土匪，以扩大其实力，不数年间，由三个团的五千人扩编为四个师的五万人。刘亦以此为资本兼任了陕西督军和省长。

　　1923 年"老洋人"张庆拉杆崛起于豫西。时吴佩孚驻扎洛阳，"老洋人"竟把洛阳东关中学学生拉走数十人，与吴佩孚以极大的难堪，才惹起直系动员数师兵力追剿。"老洋人"死后，这些匪众又散回豫西各县，分股窜扰。

　　1919 年，陕西靖国军西路战况变化，原任陕西靖国军第二路司令的樊钟秀受许兰洲师之编，开驻豫西，樊原系豫西宝丰县人，部下又都是豫西籍，从此也在豫西扎下了根。1923 年樊钟秀部调赴江西。后孙中山先生委樊为建国豫军总司令。1925 年樊由广东回到河南。

　　"老洋人"死后，崔二旦、王泰、老戴正又相继拉起了杆子，窜扰于豫鄂川陕边区一带，一时声势很大。

　　孙殿英虽是豫东永城人，但自幼即在豫西闯荡，以制毒贩毒和发展庙道起家，1924 年由豫西镇守使署的一个连长一跃而为所谓司令，大肆收编土匪，成为兵匪不分的集团，纵横华北各省达二十余年。

　　1925 年胡憨之战，刘镇华的镇嵩军一败涂地，除张治公、柴云升各率一部残余窜入陕南外，其大部则分小股散处豫西各县，留下祸根，从而形成了王老五（王振）、张得胜、姜明玉等亦军亦匪的武装集团，次年又参加了刘镇华的镇嵩军，卷土重来。

　　1926 年，刘镇华的镇嵩军助吴佩孚东山再起，把岳维峻的国民二军阻击于陕州、灵宝一带，国民二军放下各项枪支约七万件，徒手回陕。这批武器为豫西杂军、土匪所得。

　　1927 年，吴佩孚残部阎曰仁等两三个师在豫西失败，枪支武器也留在民间。张作霖的骑兵同年在洛阳龙门失败，也遗弃了不少武器在民间。

豫西各县的红枪会从 1925 年就发展起来，声势极大。在解决国民二军和吴佩孚的残部时，他们遍地开花，到处袭击，从而得了不少武器。1928 年豫西红枪会在邓文魁的率领下，曾打败豫西护军使张治公驻在各县的部队，并把张治公围困在洛阳，后虽经人调和，但张治公的实力大部分已被红枪会解决。

以上所述，都是自清末至国民革命军北伐期间三十年间豫西的实况。在这种混乱复杂的情况下，谁有人有枪谁就是老大；谁有胆敢蹚、敢闯、敢拼、敢干，就能出来混一气；拉杆子当土匪成了升官发财的捷径；当了官在外边搞垮了再回家乡拉杆子。这些亦军亦匪的头子们今天有利就可以合作称兄道弟，明日有害就枪炮相见，互为冤仇。到 1930 年中原大战开始时，从豫西地方武装发展出来的军队，计有刘镇华部约五万人，时刘镇华出国，由乃弟刘茂恩和万选才率领，驻在豫东商丘、睢县一带；樊钟秀部三万余人，驻在许昌一带；孙殿英部约三万人，驻豫东鹿邑、柘城一带。以上三部都归阎、冯联军方面。还有王振部一万余人，驻平汉路以东鄢陵、扶沟一带；张治公部二万余人，驻洛阳以南宜阳、临汝一带。以上二部归冯玉祥指挥。另有戴民权（即老戴正）部约万人，归蒋介石方面。以上除张治公部还未离开豫西外，其余都已变为军队名义，离开豫西多年。没有离开豫西的地方武装，除土匪外，多以民团名义活动和发展（那时红枪会组织已经消灭）。这些杂军和民团力量，当时是阎、冯和蒋介石争取的对象。第二十路军就是在中原大战中我帮蒋介石争取他们过程中所编成的。

二、中原大战中二十路军编成经过

在中原大战中，蒋介石允任命我为河南省政府代主席，次要我去亳州劝降孙殿英。从亳州回来后，蒋又要我去瓦解冯军和收编杂军。蒋并允许我在瓦解和收编工作中有权委官、拨款和批发子弹，只要需要，用多少款和弹药都随时接济。为了收编杂军便利，蒋任命我兼任第二十路军总指挥。

1934 年时任二十路军上将总指挥兼民政厅厅长张钫与河南省政府人员合影

前排左起：张静愚、刘峙、张钫、李文治（浩）；

后排左起：齐真如、万舞、李培基、刘耀扬

　　我于 1930 年 8 月下旬乘飞机到漯河（蒋军第三军团总指挥何成濬驻此），表面上挂着河南省政府驻漯河办事处的牌子，秘密分别派人进行瓦解收编工作。经过月余时间的往返接洽，计收编了驻柘城的王殿阁师、驻伊阳[①]的王凌云师、驻临汝的范龙章师、驻自由县[②]的赵冠英师、驻许昌附近的宋天才军（两个师，师长为韩文英、史克勤）、驻许昌的李万林师、驻鄢陵的王振军的两个师、驻登封的李万如师和驻灵宝的李学正团。共是三个军（连张治公军在内）十个师一个独立团。这些部队都是用第二十路军总指挥名义收编的。

　　宋天才原是当时阎、冯联军方面所任命的河南省政府主席万选才部的军长，过去属于刘镇华的镇嵩军。自万选才被刘茂恩诱扣送与蒋介石后，

---

　　①伊阳，旧县名，在豫西，1959 年改名为汝阳县。

　　②1927 年冯玉祥主豫时，由洛阳、登封、临汝、伊阳等县析置自由、平等两县，至 1932 年（时刘峙任河南省政府主席），合并改称伊川县。当年自由县治所在今伊川县白沙镇，平等县治所在今伊川县平等镇。

宋天才便率部下韩文英、史克勤两师退到许昌附近。我派人接洽，宋天才以释放万选才为受编条件，我答应了，并电蒋请释放万选才。及我事完了，我带宋天才在开封见蒋介石，蒋先让别人告诉我万选才已在南京被何应钦枪决，及传见宋天才，宋向蒋鞠躬叩谢，要他保全万选才的性命，蒋只哼哼了几声，用其他奖勉宋天才的官话敷衍过去。退出后，宋问我："万主席完了吧？怎么我谢他他只哼哼而不明白答复呢？"我当时为了安定宋的情绪，也只说："大概蒋在前方，对万在南京的情形还不十分明了。"以后才把真情告诉了他。宋天才和师长韩文英都是嵩县人，另一师长史克勤是宜阳人，过去是行伍出身，我当时委宋天才为三十二军军长，韩文英、史克勤分任师长。

李万如、范龙章、赵冠英三个师当时都归冯玉祥委任的豫西剿匪司令张治公所辖（归宋哲元指挥），李师驻嵩县，范师驻临汝，赵师驻自由县。接洽时，原说仍归张治公带领并委张治公为二十九军军长，下辖李、范、赵三个师，后张治公向我表示他干了多年队伍也没搞出成绩，不愿再干，这三个师便由我直接收编了。李万如是邓县人，蹚将出身，曾投入镇嵩军当过团长，北伐时又脱离刘镇华投张宗昌的直鲁军当过军长，直鲁军失败后，李又回豫西受张治公编为师长。范龙章是伊阳人，蹚将出身，后编入刘镇华的镇嵩军为旅长，北伐前后又脱离刘镇华回到豫西受张治公编为师长。赵冠英是湖北人，土匪出身，外号赵老末，窜扰于豫、鄂间，后为张治公收编为师长；我收编后，曾令他配合杨虎城军作战，但中原战争完结后，赵冠英又把队伍拉到湖北投何成濬去了，故以后正式整编时赵冠英师并不在内。

李万林原是樊钟秀部下的师长，与樊钟秀同是宝丰人，随樊很久。中原大战时，樊钟秀被蒋军飞机炸死于许昌，樊部群龙无首，李万林接受我的收编为师长。

王殿阁原是孙殿英部下的师长，中原大战中在亳州退出后，王单独活动，驻在柘城，接受我的收编为师长。王是宜阳人，蹚将出身，过去也干过镇嵩军。

王凌云当时是临汝、伊阳、平等、自由四县的剿匪司令,他是伊阳人,办民团起家,有人枪五六千,过去打土匪颇著声名。受我编为师长后,我即令他带队配合向洛阳挺进的十七路军杨虎城部攻打龙门,围攻洛阳,截断陇海铁路。

李学正是灵宝人,在县办民团,有人枪千余,受我编为独立团。

除了以上各部外,还收编了驻鄢陵的王振一部万余人,委王振为二十七军军长。王振原由刘镇华部脱离出来,中原大战时为冯的外围部队,蒋军徐源泉部沿平汉路北进时不知王部已受我收编,把王振打死,把王的部队也解决了。

以上各部官兵除了赵冠英部外,完全是豫西各县人。过去他们不论是军队名义或民团名义,吃用都是仰给于地方,连人枪补充也是靠收编小股土匪而来,这不啻是豫西地方的永远祸害。自经我收编后陆续调出来,离开了豫西,我并严令他们再不准招收股匪,从而基本上结束了以往三十年豫西兵匪不分的祸乱世界。不知真相者,说我是河南的老山大王,其实我真没干过这一行,当了山大王的上司却是真的。第一次是辛亥革命东征时,我收编了豫西绿林寨主王天纵、赵忠、张敬业、张平等部编为十个标,把他们从当山大王引上了民族革命的道路;第二次是在陕西把樊钟秀编为陕西靖国军第二路司令,把他们引上了反北洋军阀统治的道路;这一回收编,是第三次了,基本上结束了豫西的纷乱祸源。

各部收编工作接洽妥帖后,对蒋军分数路由南向陇海线挺进截断冯军归路起了不小作用。如宋天才、李万林两部都避开了平汉路正面,让徐源泉、上官云相两部北进无阻;范龙章部也让开了洛阳以南外围,使杨虎城军直取洛阳;又如王凌云、赵冠英部还直接配合杨虎城军攻下龙门,围攻洛阳,截断陇海线。

迨阎、冯失败,蒋获胜利,他就马上过河拆桥,叫邵力子征求我的意见,把河南省政府主席职务让与刘峙,任我为民政厅长。又叫何应钦传达命令,把二十路所收编的各军师缩编为两个师(每师三个旅),并限我急速集中整编训练。我当时对让出河南主席慨然答应,我深知这个太平年月的主席不是我干的，但对马上缩编部队一事却是有些挠头，因我深知这一伙久逛江湖的军师长们不易对付，王振部被解决已使他们受很大影响，赵冠英部往湖北一跑更使他们疑心百出。"限期集中缩编训练"这句话说是容易，做起来并不简单，万一搞不好，就会来个鸡飞蛋打狗上墙。我为此倒真操了些心。

中原战争结束后，在开封编组第二十路总指挥部，以党自新（我的保定速成同学，辛亥起义同事）为参谋长，并招集宋天才等各军、师长到开封开会。这次开会并没有宣布蒋介石的缩编命令，只叫他们返防后准备点验，一再交代他们先就现有人枪加以整理应点，决不准为应点而再私收土匪或地方其他武力。另外告诫他们在未调防之前，一定要维持好与地方人民的关系，只准往好处学，不能再往坏处做。随着就派员到各部防地切实点验其人枪实力和查看军容风纪。在点验完毕后就发饷、发粮、发军衣。在稳定了各部军心之后，才又召集军师长们开会，宣布缩编命令。我对他们说："经过点验，知道各部人枪实力都不够，与其徒有空架子而无战斗力，还不如实事求是核实整编。整编不是坏事而是好事。也许有人顾虑编余官长不好安插，请不要顾虑，我保险都有妥当安排。"接着几经研究整编的办法，决定如下的方案：1. 以宋天才的两个师和王凌云的一个师整编为陆军七十五师，以宋天才为师长，韩文英、史克勤、王凌云分任旅长，把李学正的独立团和王凌云部合编，李仍任团长。2. 以王殿阁、李万林、范龙章、李万如的四个师整编为陆军第七十六师，由我兼任师长，王殿阁任副师长，以李万林、范龙章、李万如分任旅长。把王殿阁部与李万如部合编为一个旅。这个整编方案，除了王殿阁外，大家均没什么意见。我对王殿阁说："现在让你当师长，怕你控制不住他们，暂且我顶师长的名，实际上你来负责。"这样一解说，王殿阁也就没意见了。旅长以上人选确定后，又分别与他们研究团、营长的人选，我大部分都依照了他们的意见。至于编余的团、营、连长们，则尽量安排为各级副职。这次会议算是打下了实施整编的基础。

1930 年 12 月开始实施整编，命令宋天才部两个师移驻汝南，王凌云师和李学正团移驻禹县，李万林、范龙章、李万如、王殿阁四个师集中移

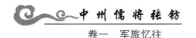

驻孟津，依照蒋总部所发的编制表分别整编。在整编期间，我依次到各部与官兵见面讲话，并解决临时发生的困难问题。到1931年1月算大体上整编完毕，编余的官兵另编了两个补充营（每师一个）。编好的部队番号和部队长姓名是：陆军第七十五师师长宋天才，二二三旅旅长韩文英，二二四旅旅长史克勤，二二五旅旅长王凌云。陆军第七十六师师长由总指挥张钫兼，副师长王殿阁，二二七旅旅长李万林，二二八旅旅长范龙章，二二九旅旅长李万如[①]。

整编完毕后即奉命把七十五师移驻南阳、方城、邓县一带，把七十六师移驻许昌、禹县一带，开始训练。我不时到许昌督训七十六师，并在这里召集七十五师的军官开会，指示训练办法。除了一般的军事训练外，针对各部的缺点，特别着重军纪教育。最后蒋总部还派校阅委员校阅了一回。从此就算把这一伙豫西的地方杂军纳入了国民党正规军轨道。

三、豫鄂边区"剿共"

我虽任二十路总指挥，但仍兼任河南民政厅厅长。我在开封曾办过行政人员训练班，各县县长非得在行政训练班毕业不能任用。因此，河南省政府主席刘峙想介绍个县长我都不接受。又以我带二十路的队伍都是河南人，刘峙时时怕我夺他的主席，因而暗中与我的矛盾极大，总想把我赶出河南。

1931年冬，邝继勋、徐向前、张国焘等在豫鄂边区领导的红军大为发展。蒋介石派汤恩伯的第二师、曾万钟的第十二师、郜子举的暂编二十师、戴民权的第二十五师、李耀汉的第五十师进入光山、潢川、固始、商城一带"围剿"，但都屡战失利。岳维峻师且在广水被红军歼灭，岳维峻被

---

① 《河南文史资料》第二辑载原二十路旅长范龙章、王凌云、史克勤所撰《张钫与二十路》一文记述的二十路军编制，无二二九旅，有二二六旅，旅长亦为李万如。

俘。败讯传来，刘峙大为着慌，就找刘镇华和我共同商讨对策（时刘镇华部驻豫北汲县一带）。刘镇华也是河南人，刘峙也想赶他出河南。我俩心里明白，开会时谁也说不出个办法，商议几回都无结果。刘峙看我不表示意见，就单独约刘镇华密谈。刘镇华向刘峙建议"以毒攻毒，以匪打匪"的办法。他说我带的二十路都是老土匪，去打"共匪"绰有余裕，并且说我在河南具有党、政、军、绅、商、学的六样资格，条件具备，到南五属去"剿共"，可以把当地的党、政、军、绅、商、学一齐动员起来，可收事半功倍之效。刘峙听了刘镇华的建议，正中下怀，认为是既可"剿共"又可把我赶离开封的一举两得的妙策，就照刘镇华的建议给蒋介石发电。不几天，我就接到蒋介石的电令，着我亲率七十五、七十六两师集中信阳进入豫鄂边区接替汤恩伯、曾万钟两师防务，并指挥原在该地区的郜子举、戴民权、李耀汉三个师进行"剿共"。当时我还觉得事出突然，有些莫名其妙，不久就知道是二刘在暗中捣鬼，当时我的参谋长说笑话，说我是"命犯卯金"（"卯金"为繁体刘字的左半边，指刘峙和刘镇华）。

我见命令已到，无法再推，只得下令两师向信阳集中。七十六师由许昌乘火车先到信阳。七十五师由南阳徒步行军向信阳集中，且辎重行李俱用大车运输，走得很慢。还没等七十五师到达，蒋介石又来电说汤恩伯师在潢川、商城间被红军袭攻告急求援，催我火速派队救援。我派七十六师范龙章旅为先遣部队去援救汤恩伯，范龙章到后，掩护汤恩伯收容队伍西开。

我率二十路军主力于1932年2月7日，冒大雪由信阳向东出发，道路极难行走，当日晚宿营罗山，第二日赶到潢川。汤恩伯和曾万钟两师还没等我的部队完全到达，即向信阳方向开走。

我同红军没有作过战，只听过关于红军战法的传说，听说红军凶似猛虎，善如绵羊，聚则有雷霆万钧之力，散则能各自为战，尤其善处民众，消息灵通。我对这些传说当时并不全信，但看国民党的将军们或战败或被俘，一个个败下阵来，又对这些传说不敢不信。加上二十路这两个师编成后只训练几个月，我又从未带他们作过战，因而自信心也不强。根据以上情况，我到潢川后的部署是集中兵力确保点线为主，等待情况弄清楚和有了些作战经验，再相机发动攻势。我下令部署如下：1．光山的郜子举师、固始的戴民权师和商城的李耀汉师仍确保原守点线，相机截击游窜之敌；2．宋天才的七十五师（王凌云旅）主力控制潢川以东地区（师部驻潢川南城）；3．七十六师之范龙章旅接替汤恩伯师防地，驻潢川城南的双柳树，李万如旅驻潢川东南的潘店，李万林旅驻商城、潢川间的白雀原，七十六师师部和二十路总指挥部驻潢川北城；4．王凌云旅暂担任信阳、潢川间交通线之维护。

潢川县长某对我说，城内潜伏红军地下工作人员很多，请严加查看，以免在内部扰乱。我认为随便查看，会使城内秩序更乱。于部署防务后即在潢川城召开大会，当众宣布："凡为红军作地下工作者，统限三日内离开，三日内决不查拿，如过期仍不离开，就要查追了，咱们先礼后兵，我决不骗人。"后据守城门官兵报告，三日内出城者有数百人。

我率部刚到潢川时，附近红军很少活动。以后才知道红军集中主力向皖境挺进，把陈调元的部队打垮后，又回到了新集休整。我乘此时期，运来了大量美麦赈济灾民，以争取民心。另外，与商城民团顾敬之部、光山民团易本应部取得联系，利用他们搜取情报和监视红军主力动向。

约在1932年四五月间，某日6时接到光山暂二十师师长郜子举的电话报告说："泼皮河（光山东南）附近忽发现红军大部队，沿潢水南岸向东北前进，有钻隙直攻潢川模样。"潢水是由西南向东北流入淮河的一条支流，经过潢川南北两城之间。城东南的卜塔集，扼潢水之阳，是个重要地点。我除电话告郜子举派队侧击北进之敌外，即仓促由两师各调一个团占领卜塔集，准备阻击北进之敌。次日拂晓，红军即猛攻卜塔集。自早至午后二时，红军连续猛攻五六次，这两个团据险死守。迨至下午5点左右，正面攻势减弱，不意其有力之一部由左侧翼迂回冲入，把临时指挥官李亚光（七十五师参谋长）打死。正面的团长殷开山阵亡，又一团长亦负伤。天黑时，双方都伤亡很重，同时向后撤退。检查收容人数，两团人只剩了三百余人。这是第一次与红军交绥的情况[①]。

事后得知，进攻卜塔集的红军主动后撤，是为了与由新集北来的另一部红军从南北两方面夹击驻白雀原、双柳树的七十六师李万林旅和范龙章旅。当卜塔集被猛攻竟日危急不支之时，我去电飞调驻白雀原的李万林旅绕东边小路乘夜北来拊攻卜塔集敌之背后，借收夹击之效。不意李万林认为小路远难走，竟沿公路北来，正中红军南北夹击之计，李万林旅长被打死[②]，该旅一个团被消灭，一个团溃归潢川；范龙章旅长被俘（两日后逃回），该旅一个团被消灭，一个团损失较小。这是第二次与红军交绥的情况。迨弄清李万林、范龙章两个旅被夹击失利的情况后，判断红军不肯就此罢手，必乘胜再攻潢川。而此时二十路两个师的兵力已损失约四个团，七十五师的韩文英旅尚远在潢川以东八十里外，王凌云旅则在信阳、罗山一线护路，而且该师师长宋天才正在病中，该师另一旅长史克勤请假未在，城内只有两师直属特种兵及补充营约十个营的兵力，城外潘寨是个要点，只有七十六师李万如旅据守。我除飞调韩文英、王凌云两个旅急行军来潢川增援外，乃部署以李万如旅和其余三个旅的残余部队略加整编，据守潢川外围点，以两师直属的各营坚守潢川南城。另外还电刘峙速派兵来援。

在第二次交绥后的第三日上午8时，红军果然调集优势兵力数万人来攻潢川，其主攻方向先在城东南的潘店，被李万如旅凭借工事阻击，未得前进。红军乃以四五千人的兵力继续对李旅攻击，以主力转用于潢川东十里头的高地，在运动中适与由东调回的七十五师韩文英旅遭遇，展开激战，三小时内韩旅伤亡达八百余人。我令韩旅撤退到潢川南城外略加休整。红军主力尾韩旅之后进至南城以东四里许之苇塘涝地的桥东被阻，其后边部队从高地上纷纷向西展开攻击，企图接近城垣。是时我两营山野炮和重迫击炮向东高地上下之敌猛轰，城外守兵据工事射击，与来攻的红军从上午

①范龙章等所撰《张钫与二十路》叙述二十路军同红军作战情况，与本文有出入。——原注

②《张钫与二十路》一文说李万林系被红军俘虏。——原注

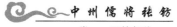
8时对打到下午4时。我在北城指挥，身边只剩了两连步兵没有使用，城内商民惊慌异常，都怕支持不到明天城就要被攻破。此时王凌云旅虽已到寨里铺，但距城尚有六十里，不能救燃眉之急；刘峙所派援兵李思愬师到罗山东的竹竿铺后，迟迟不进。在此呼吸胜败之际，宋天才带病在南城东门城楼上指挥，与我电话说："死守等于守死，恐熬不过今夜，不如乘入暮后由正面反攻，给敌人来个冷不防，或可转危为安。"我考虑了一下，对他说："东面是敌主攻方面，兵力太大，如由正面反攻，万一不成功，那就会把据守的阵地工事都丢了，光靠城墙是守不住的。不如正面据守的兵力不动，暗派韩文英旅（该旅在东城壕休整已半日）顺城壕向北运动，沿潢水南岸迂回攻击十里头之红军侧背，再以炮兵集中火力远射支援，这样较为稳妥。"宋天才同意了我的意见，就指挥韩旅按此计划行动，炮兵也集中火力延伸射击支援，阵地守兵也密集射击，表示要出击的样子。天入暮后，红军全线后撤，向白雀原一带退去。据韩旅长回报，该旅的迂回动作，似已被敌发觉，被阻于十里头北端，未能发挥预期的迂回威力，也许是敌主动撤退。这次守城战，二十路伤亡约一千五百人（包括韩旅伤亡人数），红军伤亡略相等或略大些。这是与红军第三次交绥的情况。

红军退到白雀原一带休整了两日夜之后，忽然化整为零，在潢川以西、光山以北、信阳以东、淮河以南的广大地区活动起来。信阳、罗山、潢川间的交通也被截断了，沿线驻军小股被吃掉了，大部队也是一夕数惊。这一地区所报来的情报都说当地出现红军活动，也弄不清人数多少与活动企图，附近各县都紧张起来，蒋介石和刘峙都一日数电查询情况并严令我派队"追剿"。我在接连三次与红军作战遭受惨重伤亡之余，又一时弄不清真正情况，确实不敢再分散主力远离潢川。但是迫于命令又不能不应付。我一面向蒋介石、刘峙电陈在几次战役中兵力伤亡过大，请增派援兵，一面作如下的部署：1.派七十五师史克勤旅占领潢川西六十里的寨可铺，以此为根据地派队向周围游击零散红军。2.令驻光山的郜子举师派两支有力部队向北游击。3.令七十五、七十六两师各抽编一个游击支队，分别由淮河南岸向西南游击，"清剿"该地区内小股红军。以上这个部署，除了在河铺和路寨（寨河铺南）与红军有所接触外，其余都是空转了几个圈子。不几天，刘峙调马鸿逵的步骑兵各一师由信阳东进应援，红军就又聚零为整，安全退回新集去了。二十路军单独在豫鄂边区与红军作战到此告一段落。

四、豫鄂皖三省"会剿"时二十路的任务

我指挥二十路两个师和郜子举、戴民权、李耀汉三个师在豫鄂边区"剿共"，先后搞了半年，除了二十路两师伤亡惨重外，李耀汉师在商城还失守过一次，被红军打得丢盔弃甲，被调出去了。一言以蔽之，没有完成任务。

蒋介石于1932年4月成立豫鄂皖三省"剿匪"总司令部于汉口，亲任豫鄂皖三省"剿匪"总司令，9月间重新调配大军亲自督率各路"会剿"，其部署概略如下：

1．卫立煌指挥七个师，由湖北的罗田、麻城向北搜追扫荡，以金家寨为主要目标。

2．陈继承指挥四个师，由湖北的广水、黄安向东北搜追扫荡，以新集为主要目标。

3．刘峙指挥马鸿逵两个师、李思愬师、郜子举师，由罗山向东南搜追扫荡，以新集为主要目标。

4．徐庭瑶（指挥几个师记不清了）由安徽六安、霍山向西南搜追扫荡，以金家寨为主要目标。

5．二十路担任光山、商城一线之防堵任务，堵击红军北进。

我奉令后，部署如下：1．以七十六师进驻光山，接替郜子举防务，并派一个旅进驻泼皮河（光山南），防堵新集红军北进，二十路总部亦移驻光山。2．以七十五师主力驻潢川，该师韩文英旅驻白雀原、商城间地区，防堵金家寨红军北犯。3．七一六师驻泼皮河部队与七十五师驻白雀原部队密取联系，互相支援。

这次"会剿"中，红军除有小部队北来袭扰外，并无大部队北来，因

而与二十路也没发生较大的战事。

陈继承率领四个师由广水、黄安"进剿",沿途搜索警戒,煞有介事,但走了一星期,直到光山县的泼皮河以南同我会面,并没找到大部队的红军。见面时他还向我大吹了一套什么"剿共战术",我问他一路打了几仗,他说共军侦知他来,大股早避开了,所以只打了几个小仗。其实当时陈继承由南向北进时,红军主力就在他的范围内钻隙转移到湖北西北去了。事后被蒋介石查知,认为陈继承放走红军主力,没有完成预期的歼灭战,把陈继承撤职摘印。当时军队中有句笑话,说陈继承"追剿"红军是"肥牛追马,望尘莫及"。

但不管怎样,刘峙所指挥的部队总算收复了红军根据地新集,卫立煌指挥的部队也算收复了红军另一根据地金家寨。蒋介石为了奖其"剿共"之功,就把新集改名为经扶(刘峙的字)县,把金家寨改名为立煌县。

五、淮南省的筹划与二十路军被分割

豫鄂皖三省"会剿"收复了新集和金家寨之后,杨永泰(豫鄂皖三省"剿匪"总司令部秘书长)向蒋介石建议说,豫鄂皖边区久为共军盘踞,主力虽被消灭,零星小股仍然潜伏不少,尤其这一地区人民赤化程度过深,敌视政府法令,若仍由三省分治,不但事权不能统一,且皆感边远,难收速效,如再延误,死灰有复燃之可能,岂不前功尽弃?建议将此边区划设淮南省,俾资统一治理,永除"赤祸"根源云云。杨永泰的这一建议,正中蒋介石的心意,当予批准,并交杨永泰筹划。

杨永泰又向蒋介石建议说,建省事大,不能草率划设,拟先派一个专员驻在潢川,一面统一边区军事政治,一面规划建省;他力保和他私交极厚、才被撤去军职的陈继承为潢川专员,也被蒋介石批准了。杨永泰对陈继承说,你才受处分,现保任淮南省主席,骤不易成功,现虽是个专员名义,可是有规划新省的职责,将来规划好了,省主席还是你的。

陈继承于1932年11月带领大批人员到潢川设立专员公署,与我同住

在一个城里。刚到时还对我很表示客气，不久即和我渐有矛盾，主要是他要统一区内政治、军事大权于他一人手里。政治上我自然不管，但军事上我决不会听他的指挥，他也不敢指挥我。他认为我在潢川是他的障碍。他暗中运用杨永泰和刘峙向蒋介石进言，说边区红军残余已经不多，期内定可肃清红军残余。这个说法正投合蒋介石分解杂牌队伍的心理和做法，就下令调我带七十六师开驻洛阳补充训练，留七十五师归陈继承指挥。1932年12月我率七十六师开离潢川，移驻洛阳。在驻洛阳期间，曾一再借整补为题，电蒋介石把七十五师调出，归还建制，但都没有邀准。

我离开潢川后，陈继承便大刀阔斧地乱干起来，把原来的县长一下就免职了八个，换成了他的夹袋中人，又成立一些组织，进行"清乡"、编查、建党（国民党）等工作。不到半年，边区红军又由原留下的两三千人发展到两万多人，红旗又招展于光山、潢川、固始、商城各县。杨永泰害怕红军继续闹大、他有荐人不当之责，不敢积极主张划设淮南省了。在此期间，陈继承还曾经拉拢七十五师师长宋天才，希望他脱离我。宋天才是蹚将出身，很讲义气，不受他的挑拨，因而和陈继承的关系也搞得不好。他一再要求我把他调出来，由于杨永泰和刘峙从中捣鬼，没能实现。

1933年8月，蒋介石电召我到南昌见面（当时同召者还有朱绍良，蒋拟派他到甘肃去任主席），蒋要我带七十六师再回潢川。蒋说陈继承在那里搞得很糟，如不增加兵力，恐怕有几个县城都保不住，其他部队一时抽不出来，叫我在南昌即与洛阳七十六师发电报，令其即先开漯河，等我回去即率领开赴潢川，以后部署再待后命。我只好照办。及我经南京回开封，七十六师已开到漯河。不料在这四天之中，情况又有变化。原来杨永泰知道蒋介石叫我带七十六师回潢川的消息后，即先电知陈继承，陈继承怕我去了对他不利，就立即假用地方绅商名义向蒋介石、刘峙打电报反对。我到开封即接到蒋介石电令，命军行所至，就地停止，再待后命。我一时摸不清内情，只好赶到漯河，把七十六师停止在那里。适杨虎城、刘镇华从南昌见蒋回来，同车过漯河，刘镇华只对我说他去许昌，再未言他事。杨虎城趁刘镇华会见另一人时，小声对我说："事有变化，陈继承反对你去潢川，杨永泰从中运用，保雪亚（刘镇华字）接任安徽省政府主席兼指挥豫鄂边区军事，不要你去了。"我说："不要我去潢川最好，只要把七十五师归还我的建制。"虎城说："这要看你的本事了。说老实话，咱们都不会走杨畅卿的门路，雪亚就不同了。"不日，果又接到蒋介石电令，着七十五师改归刘镇华指挥，着我率七十六师移驻南阳。一直到 1934 年夏调二十路军入江西，七十五师才归还建制。

六、调防赣闽

1934 年 4 月 2 日，蒋介石电召我到南昌见面，面告我要把二十路军调江西使用，叫我赶快准备。我说："七十五师已分割建制一年多了，现仍被刘雪亚扣住不放，委员长下命令归还建制，怕一有人说话，又会收回成命。"蒋说："这次一定调出归还建制。"我回河南后即接到蒋介石的电令：1. 七十五师即归还二十路军建制，潢川防务由刘镇华另抽兵力接防。2. 第二十路军即分由南阳、潢川向信阳集中，经平汉铁路到汉口转长江船运移防江西南昌。我接电后，即分令七十五、七十六两师向信阳集中，但刘镇华接到蒋的电令后，曾连与杨永泰和张群打了七八个电报，托他们在蒋介石面前进言让七十五师缓开江西。后来我严电七十五师师长宋天才及各旅长不必等待接防即行开动，这样才把七十五师硬要回来。杨永泰、张群都很不愿意，说我太不顾交情。

这样一拖延，开到南昌已是 4 月末了。这时蒋介石所部署的五次"围剿"开始。蒋令二十路军归北路军总司令顾祝同指挥，担任临川、南城一带维护交通及后方警备。我率部由南昌徒步行军至临川，总指挥部即驻临川，以七十五师驻黎城、南丰、泰宁一带，以七十六师驻临川、南城、资溪、光泽一带。10 月间，红军主力突围远征，陈诚所部于所谓"肃清苏区残余"后于 1935 年 6 月回驻南城、南丰、临川、进贤一带，二十路的两师乃奉令移驻福建省光泽、邵武、建阳、建瓯一带整训，总部仍驻临川未动，奉令每师由三个旅缩编为两个旅。整编后，七十五师师长仍为宋天才，该师二二三旅旅长为韩文英，团长是水清浚、焦克功；二三五旅旅长为史克勤，团长为段金亭、金绍文。七十六师师长仍由我兼任，该师二二七旅旅长为王凌云，团长是李堃、李学正；二三八旅旅长为王殿阁，团长是王澧、李群峨。每师直属有炮兵、工兵各一营，骑兵、辎重、特务各一连。在这一地区，一直驻防到1938年。

七、抗日战争中二十路被分割和取消

1937年春，二十路的七十五师奉令临时移驻福建漳州，但不久又移驻潮州，从此建制又被分割。8月上海抗战，蒋介石令我率七十六师参加，我一直请求把七十五师调回，统一参加抗战，但以时间紧迫，未能如愿，我只得率七十六师经浙赣、沪杭铁路开到苏州，旋即开上海闸北参加对日作战。

约在10月间，蒋介石叫我到南京去，对我说："平汉北段战事，退得太快，中原震动，已严令刘峙确保黄河以北，不得再退。刘峙来电报给我，叫兄回河南帮他维持后方人心和编练后备军事力量，他一日之内与敬之（何应钦字）、慕尹（钱大钧字）来了几次电话催促。我也觉着兄是河南人，人地熟悉，拟调兄回河南任第一战区预备军司令，主要任务为招训新兵，从速编成军队，并帮助经夫维持后方。"我向他要求把二十路两个师都调回带到河南去，他说："七十五师远在闽南，海防需要，调不回来，七十六师正在火线上，也不可能随便抽下来，请你另保一个师长，以便指挥作战。"我听了之后，心中暗想：这预备军总司令不成了光杆司令了吗？因此愣了一下，没有回答他。蒋介石接着又解释说："国难当头，抗战第一，只要能为抗战尽力，你的队伍谁指挥都是一样。况且兄新的任务更为重要，可将二十路总指挥部改为预备军总司令部带到河南区。"就这样，二十路的番号被撤销。我即保了王凌云接任七十六师师长，该师即拨归陈诚指挥。七十五师于1939年调至厦门担任守备，拨归刘建绪指挥。该师师长宋天才因病辞职，由旅长韩文英兼任师长，在坚守厦门受日寇海陆空军围攻下伤亡殆尽，最后韩文英率残部突出，仍转战于闽、赣，韩文英死后，由薛岳把这一师改编了。

七十六师于抗战中在王凌云指挥下屡立战功，受到蒋介石的赏识，改编为驻印度远征军。抗战胜利后辗转改编，1949 年陈克非在四川郫县起义，其中很多干部还是七十六师的旧人。

（陈子坚／整理　1964 年）

卷二

志酬千唐

点石成金　金石无价

········· ···················

　　《神仙传》是东晋道教著名人物葛洪所著的一部古代中国志怪小说集，其中记载有这样一则传说："许逊，南昌人。晋初为旌阳令，点石化金，以足逋赋。"其意思为：晋朝初年旌阳县曾有过一个道术高深的县令，名叫许逊，南昌人。他能施符作法，为人驱鬼治病，如神似仙人一样神。有一年，由于灾荒年成不好，农民缴不起赋税。许逊便叫大家把石头挑来，然后施展法术，用手指一点，石头便都变成了金子。他用这些金子补缴了百姓们拖欠的赋税。成语的"点石成金"即据此而来。在中州河南，清末民初，有三种被人视为无用且晦气不吉利的东西，任人抛弃，后经收集利用，其价无比，这就是墓志石刻、甲骨文和作茅坑（厕所粪池）墙石的三体石经。同时，这三样瑰宝，也都与张钫的"点石成金"有些关系。

张钫与千唐志斋藏志

墓志的收存和千唐志斋的修建

民国初年，洛阳邙山一带大量的古代墓葬被盗，许多记载墓主人生平事迹的石刻墓志却为人们遗弃，因为这些墓志石刻在一般人看来，是一种既无用又不吉利的物品。直到 1933 年，时任河南省代理主席的张钫却对墓志视若珍宝，用心地让人购运回来，存放在蛰庐内，建拱券式砖窑十五孔，将墓志石刻镶嵌于墙壁上。因为这批墓志唐代较多，有千余方以上，当时张钫根据新安名士王广庆提议，遂取名为"千唐志斋"，并由国学大师章太炎先生题署斋名。

千唐志斋藏石窑洞之一

张钫酷爱金石字画，与于右任、章炳麟、康有为、王广庆交往较密。在他们的影响下，尤其是在于右任的鼓励下，于 1931 年斥资托郭玉堂[①]代

---

① 郭玉堂（1888—1957），字翰臣，居号"十石经斋"，铺号"墨景堂"。河南孟津县刘坡村人，近代洛阳著名金石学者和拓片收藏家。20 世纪 20 年代受聘为北平图书馆名誉调查员、故宫博物院考古采访员。新中国成立后先后在河南省文管会、省文史馆工作。

办，开始广泛搜罗墓志石刻，兼及碑碣、石雕，陆续运至其故里铁门镇。
1933 年前后在其"蛰庐"西隅，辟地建斋，将罗致而来的大部分志石镶嵌
于十五孔窑洞和三大天井及一道走廊的里外墙壁间。其未镶嵌部分，除于
抗日战争时期运陕捐赠陕西博物馆数百块外，历经变乱，散失不少。

千唐志斋南门

马衡题署《千唐志斋藏石目录》

马衡题署《千唐志斋藏石目录》版权页

千唐志斋所藏志石，据 1935 年上海西泠印社发行，马衡题署的《千唐
志斋藏石目录》编目记载，共 1578 件，后迭经变乱，散失不少，今存各类
藏石 1419 件，计唐志 1191 件，西晋 1 件，北魏 2 件，隋 2 件，五代 22 件，
宋 88 件，明 30 件，元 1 件，清 2 件，民国 7 件。此外，还有墓志盖 19 件，

其他各类造像、经幢、碑碣及书法、绘画石刻54件。千唐志斋石刻是研究中国古代史尤其是唐史的重要资料。斋内的石刻均有拓片，中国很多学术机构都有收藏，并已整理出版《千唐志斋藏志》一书，共收墓志1360方。

新安县千唐志斋博物馆是已故国民党起义将领张钫先生所营园林"蛰庐"的一部分，为我国现存墓志石刻的集中地之一，以珍藏自西晋、魏及隋唐以来历代墓志石刻近2000件而闻名。其中尤以唐志最为丰富，多达1191件。章炳麟曾用古篆为之题额"千唐志斋"，并在尾部缀有跋语："新安张伯英，得唐人墓志千片，因以名斋，属章炳麟书之。"斋名由来，盖缘于此。

千唐志斋所藏志石大多为洛阳北邙所出。洛阳为九朝古都，城北邙山雄浑逶迤，土厚水低，

千唐志斋内之"听香读书之室"

自周以降，历代达官贵人，富户巨贾，视城北邙山为风水宝地，无论终老何方，大多嘱其后人还葬北邙，故古有"生游苏杭，死葬北邙"之谚语。唐·王建《北邙行》诗谓："北邙山头少闲土，尽是洛阳人旧墓。旧墓人家归葬多，堆着黄金无买处。"于此可见，自唐以降，邙山即为人死归宿之所，以致"北邙墓冢高嵯峨"，几至"无卧牛之地"。古人厚葬，诱致盗墓之风盛行，北邙上下，自帝王将相及名门望族，其墓地历遭浩劫，十室九空，多不能幸免。清末修毙海铁路，取线邙山脚下，又挖掉一些坟墓，加上陵谷变迁，水土改易，凡开掘墓葬，殉葬品都被洗劫一空，而沉重的志石却流散、弃置于民间田舍，多做洗衣捶布、井沿踏脚和修桥铺路石料之用。张钫先生酷爱金石书画，20世纪30年代初他即留意于此，在王广庆

和郭玉堂二位先生协助下，在全国各地广泛搜求墓志石刻，运回故里铁门，在蛰庐西隅，辟地建斋，镶嵌保存。我们今天所见之斋室，即其原貌。斋内所藏唐志，自武德、贞观起，经盛、中、晚唐，历代年号，无不尽备。志主身份纷繁驳杂，既有相国太尉、皇亲国戚，又有藩镇大吏、刺史太守；既有贤士名流、真人洞主，又有郡主夫人、宫娥才女。他们的人生际遇，都可能系连着历史上的重大事件，显示出唐王朝的文治武功与社会百态，堪可证史、纠史、补史之阙误，为研究中国古代史不可缺少之物。千唐志斋同时还是书法发展史的展示窗口，除了唐人多种多样墓志书法，还可以

张钫编著《千石斋藏志目录》

张钫为《千石斋藏志目录》所作的说明

《千石斋藏志目录》第一页

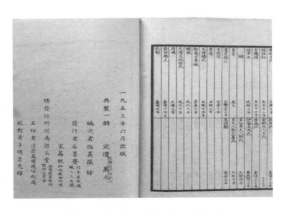

《千石斋藏志目录》书末版权页

见到宋米芾所书对联，明清之际神笔王铎所书的大幅中轴，清代王弘撰、刘墉、陈鸿寿、邵瑛、韩东篱等人所书的屏扇、对联，以及近人康有为、章炳麟、于右任、李根源、靳志、戴传贤所书的对联、单条石刻等。

铁门镇千堂志斋暨张钫故居鸟瞰图

洛阳墓葬与石志

王广庆

远古浑噩，人死不知瘗埋，墓葬起源，乃社会进化以后之事。孟子所谓"上世尝有不葬其亲者。其亲死，则举而委之于壑。他日过之，狐狸食之，蝇蚋姑嘬之。其颡有泚，睨而不视。夫泚也，非为人泚，中心达于面目。盖归反虆梩而掩之"是也。盖游牧生活，靡有定居，室家制度未立，族姓离合不常。及奠土适居，代以农耕，衣食足以自营，祖先基业可享，骨肉之情，油然而起，生死离合之际，即悲欢哀乐之所存。亲殁不可复见，追念无能忘怀，于是饰终之典，墓葬之制，与宗庙享祀之礼，同时起矣。夫报本返始，原乎天性；因物达情，出于血诚。衾、棺、椁、兆域之营治，不惜任何牺牲，人类为情感动物，此亦其表见之一端。故古者丧葬之礼，自天子至于庶人，尽有竭公私财力以为之者。且踵事增华，有进无已，慎终之典不足，于是有追违先德。永孝思于无既者，则丰碑幽石之镌铭又起矣。

夫碑者，原为宗庙丽牲之具，亦为悬棺下窆之植，今日所见汉碑，上有圆孔，且有在字里行间者，即其遗制之沿变者。其刻词纪行，肇自后汉，造文书丹及镌刻，类由当时能者为之，拓本流传，并为后世治经史小学及临池家之所宝贵。其后门生故吏，颂扬府主，因缘情私，并无特殊行谊者，循俗踵行，品流溢滥。魏武帝曹操以天下凋敝，下令不得厚葬，又禁立碑，故甘露二年，大将军参军太原王伦卒，伦兄俊作表德论，述伦遗美，有"祗畏王典不得为铭"之语。晋世亦命葬者不得作祠堂石兽。晋武帝咸宁四年诏曰："此石兽碑表，既私褒美，兴长虚伪，伤财害人，莫大于此，一禁断之。"然至元帝大兴元年，有司奏为顾荣立碑，诏特听立。故碑禁虽严，述德纪行之俗未革。今所见铭幽之石，始于晋代，圆首方趾，形制不大，题记之外，上部多有晕纹，尚存棺悬绎绕之遗。文体简质，亦在碑志之间，其所以纳于圹中，不以蠹立墓外，殆为避时忌耳。李富孙《汉魏六朝墓志纂例》序云："古之葬者，有丰碑以窆，臣子追述君父之功，以书其上，历秦及汉，有墓阙，有神道，题姓名而已。其为文而传后者，昉于《东都谒者君墓表》，厥后伐石刻铭，盛极一时，是皆悬绎下窆之石，葬后刻文于其上。至晋代，始有墓志，以蕴诸幽室。按阙为门阙，汉人墓前，率造双阙，画像刻铭于其上，中为神道，死者名字官谥可观焉。此外，有神诰、灵表、哀赞、冢中记、神座诸体，俱书刻于石，不外记姓名亡年而已。"此则述碑志演变之概略也。

铭志之文，记叙死者姓名、世系、行谊、历官，与碑表同，而加以配偶嗣息，卒葬时地之类。其型制变化，备于六朝，自元魏后，石形用方，兼弆石盖。盖上篆记朝代职官姓氏，其周边亦有作种种图案花纹者。近年出土之志，以洛阳为独多。正书精刻，文词典丽，骈四俪六，官阶满纸，隋代及初唐之作，犹沿此本，韩昌黎文起八代之衰，碑志始有用散文者。其字迹则胎息汉晋，风骨峭劲，省减点画，以取姿致。亦有略依篆隶，体符六书，彷佛章草之作，所谓"解散隶体麤（粗）书之"者。麤与草声近，魏隋诸史所谓人擅草隶书者，亦即省减隶书笔画，粗存涯略者也。前此习六朝书者，多喜洛阳城南二十五里之龙门二十品，即《伊阙造象记》选粹之品，北魏胡太后及其臣子佞佛祈愿之所为也。其字险劲有力，锋棱毕露，魏志笔迹，多与相司。以之互较，尚可审知有同出一手者，亦有未经书丹剜刻诡涩之体，奇姿异形，不可方物。

自清季专制政体为世厌弃，自由潮流，奔腾澎湃，科举时代之馆阁体书，不能满人意，临池家别习六朝人书，竞相搜购，以资临摩，以博收藏。近年三原于氏所得魏志尤多，有鸳鸯七志斋石章以纪之，今存西安碑林。即以文论，依据石志，尚可雠王史之异同，资摘词之采获也。隋志及唐初诸志文字并茂，开元天宝以后，志刻既滥，其文率乡贡进士之流所为，且自唐太宗崇尚二王之书，扇为风气，唐世书法，重慕稿草，字迹庸近，下同宋明，良由作者少习篆隶，风骨全非，观其志盖篆文，较汉碑碑首之书，

187

真有自桧以下之感。近来洛阳唐志出土者，为数极多，虽有文无取者，然所存地名官名，大裨益于治史且为修地方志者所必需。当时此为人遗弃，散置乡村槽枥庭阶之间，每方直银币只三元，不及新石每方尚须工料八元之直，余促邑友张氏蛰庐斥资托郭君玉堂从广收以存史料，数及七八百方时，又名其嵌镶之室曰千唐志斋，民国二十三年至吴，请余杭章太炎先生为之篆额，其后续得，几七八百石，郭玉堂有拓本行世，蔚为古今巨观。又洛阳碑志石材其精者取之伊洛南岸万安山，质细无瑕，与陕西平青瑶相埒，其粗者取之伊阙附近，多斑驳纹，唐志多用之。

尝谓二王书法，冠绝古今，其师承，远及秦篆汉隶，近法卫夫人、浑锺元常，圆融潭穆，精诣流美，而北魏诸贤，既出晋后，书法反异其趣。就中如王诵、元妊妻两志等，尚有圆润闲理之致，自余字迹，不无骨瘦蹶张，雄拔犷悍者。如与《兰亭》《乐毅》诸帖相质，形神不类，何也？盖两汉魏晋，奠都在北，铭纪石镌，蔚然独多。江南卑湿，石质粗劣，不任镌刻寿世。传世汉魏之碑，稀如星凤，观摩无从，风趣亦异。右军精诣，虽因北行见洛阳石经，然存世手迹，其风范不出《宣示》《力命》诸表，及《急就章》《出师颂》诸作，此种南帖，北朝稀得见之。魏志虽晚出，书手多北方之强，其目睹心赏，尽有两汉石刻及许下上尊号、受禅表，洛都王基断碑，辟维行礼一类。就中方严峭险之品，间亦有师中郎夏承碑，作古今杂形者。故其书恣肆倔谲有余，异于南朝藁草之妍美。可见南北见闻，俗尚不同，艺事随之，碑帖之分，亦为自然之势。夫拓跋氏以朔漠民族，入主中土，宗室诸贤，醉心中邦文化，欣赏之趣，不减清初诸帝，孝文力排群议，举国徙洛，且诏"凡南迁者，死不得还，即葬洛阳"。自帝后诸王，将相宫嫔，卒必有志。推其用意，或自以外族统治中土，人心终难翕服，易世以后，如有樵苏不禁，殃及枯骨者，尚可赖刻石之记，证知某葬处，不至湮灭无征。其撰刻之役，当时似有专人主之。宫嫔志文，更复陈陈相因，讫今发掘出土魏志，无虑二百余方，多属魏之宗室，继此发现，且未已也。

洛阳形势，清时西郭外周公庙右，驿道排栅上，揭书"背邙面洛，涧东瀍西，九朝都会，十省通衢"四语尽之。洛水自卢氏洛宁宜阳东来，至城西南，涧水自西工营房之西迤南来会，至东关，瀍水亦自邙陵谷中东南流入之。瀍水极小，荥泽伏流，时断时见。涧水古名谷水，自渑池新安东注，流量亦不大。周公营洛邑，卜涧水东瀍水西，惟洛食，见于《尚书·洛诰》，营洛规制，如今之陪都，四方朝会，道里惟均，国有大事，周公以时莅止焉。

邙山起于崤陕马头山，逶迤河洛之间，至吾家新安东境，已趋平夷，迄巩县河洛相会处而止。曰芒阜，曰邙山，义皆起于莽荡无垠，其间黄壤赤埴，土厚水深。抗战时期，即在城内掘地下室，十余丈下，尚不及泉。南北狭处，自洛及河，不逾三十里。其上爽垲旷朗，墓葬不虞崩蚀，由此北瞻河朔太行，南望伊阙洛汭，遥瞩东南嵩高少室，虽不及长安局势之宏远，然佳气葱茏，沁人心目，俯仰今古，可以开拓万古胸怀，东汉西晋北魏诸朝，于焉宅京，隋唐继续营治，亦为政治重心，文物会萃，称极盛焉。故芒阜南北自光武、明、章诸帝而下，历代达官贵人，妥灵归骨于此，其区位南距洛阳新旧二城，远者不过四十里，积年累久，比次重叠，乡俗至有"邙山无卧牛之地"一说，亦有毁裂汉碑，为墓门者。乘陇海火车者，经偃师义井铺站，穿洛阳垝城遗址至白马寺站，即可擎见古冢累累，历落矗立于阪麓之间，不知为某代某氏牛眠佳地也。

魏志出土处，不皆有冢陵，往往由耕田掘土，或雨后冲蚀得之者，世远年湮，农人或夷其丘陇，以利耕作，赖有石志，尚可断知某人葬地。其墓次位置，每一朝代诸帝陵，亦不一其处，复有宗亲会葬，排列丛集，如今之公墓者。惟祖父子孙士次，系自下而及上，与今制祖父子孙墓次由上而下者异。发掘之法，系于冢之上部，凿穴直下，穴仅容身，以节抔土。因盗掘之工，须一夜而就，非精于此技者不能。其无冢墓穴，亦可用探寻古物之法，以马蹄形长镵，刺探土质松硬，而知其处。洛俗圹穴底部，由上面平进，凿室容棺名为聿瑶，往往甃砖？甓之，成穹窿形，以御土崩覆棺，然而邙阜土质坚致，且无水患，与西北诸省之黄土层，同为世界各国所稀有，即绵历岁祀，稀见崩毁，故魏志石质，甚少剥泐，书丹朱色，有可见者。镌凿痕迹，及字口棱愕，亦有如新发于硎者。此外洛都近数十里内，地下时时有铜玉古器物出现，即墓中除石志外，亦有铜玉陶俑明器之类，津沪古董商，趋购恐后，价值千万不等。

汉时嗣皇继统，即营寝宫，土木之役，倾国家府库为之。余所见洛阳城外之金村，即古金墉城塞外东北，有古墓一区，圹穴为方形，大及半亩。据闻其圹中卫棺防腐之设备，用江南经尺杉木，长十七八尺者，密排于下，木质尚多完好。其上平铺石子木炭砂粒，层层相间，亦有掺杂朱砂者。所出明器等甚多，日本重金收购打印巨册，著录传世。村人张君子美，示一铜质兽头照片，形制奇古，似牛非牛，论其作风，不类汉魏后物，闻估客以十八万元购去，余至墓时，检得小骨片一，上有绿色侵注，殆为铜器逼近之故，此等墓掘不一而足。闻其墓下尚有最大铜鼎，盗掘者昏夜仓促，力不能出。亦有墓穴两隅，丛积人骨马骨者，似当时尚有殉葬殉马之俗。至其他东汉墓中，多有掘出青石者，方广三二尺不等，上划某年月日某地某官洽治字样，此石工殆由当时地方分任之，永、建年者最多，笔迹为汉隶，似出工人之手，此殆古时黄肠题凑之遗制，不用柏木而用石也。按《汉书·霍光传》"赐便房黄肠题凑各一具，注：'以柏木黄心致累棺外，故曰黄肠，木头皆内向，故曰题凑。'"又闻尚有墓门设置弩机，无人敢进者，则未目睹。中国历史悠久，伦理念重，故其慎终制度，表现于墓葬者如此。

民国九年，余归自三原，识洛阳刘家坡郭君玉堂，郭家在邙阳，收藏碑志拓本出售为生，为述洛阳古物，北邙石志出土情形甚悉。余谓墓志原以志葬，邙陵土宜墓葬，名迹甚多，古冢累累，已见魏晋歌咏。只器片石，即为史材，影拓流传，可为治文史之资需，供艺林之赏玩。然志石离墓，辇载他去，千百年后，兆域无征，访求无从，古迹泯没，方志何以记载。如能遍事访求，一一记其出土时地，掘售经过，异日当代为写定，以成信史，与洛阳《伽蓝》《名园记》并传，视他人据典籍考古者，必较正确。或有宏达多力之士，加以封树，列石表记，亦盛事也。郭君于是继续走访，垂廿载，但有耳闻，必以目遇，拓得石志样本，趣味醰醰，久之文体字迹，入目能辨，海内嗜古之士，往来函询，历年不绝。十年后，所记录者已成四册。比次年月，别录副本贻余，并手写魏隋唐宋诸志文六十册藏之于家。余时滥竽南都，未能为之理董。民国廿七年河南大学因抗战由镇平再迁嵩县，山中无警报，即依郭君集记之稿，校录成帙，以为洛阳近年出土石志实录，惜人事匆匆，未能依据各志拓本，参稽正史，为之考证，郭君恐因战事散佚，仓促付印，未为精本，冀以分存而已。其所记关于古物发掘方法经过之部亦多珍贵资料，避地南来，原册交还，至今未能为之整理也。

1950 年 1 月

忆千唐志斋的始建 ①

——简述张伯英与康有为、吴佩孚的一段交往

王契刚

新安铁门镇的千唐志斋，现已成为河南文物方面的观光重点之一。谨就个人记忆的筹建经过，加以陈述，提供给对金石史有兴趣者参考，以免真相湮灭。

民国7年（1918），于公右任返陕总领陕西靖国军，张伯英先生任副总司令，约先叔宏先公广庆参与戎幕。公余时，先叔对金石研究非常着力，搜集不少有关资料（如《金石索》《金石萃编》等），经常放在手边阅览，终于成为这方面的专家②。

民国9年靖国军解体，于公走上海，张公也返回原籍河南新安县铁门镇。先叔离陕到洛阳，认识一向做古董中介的洛阳人郭玉堂君，承告北邙山麓农民耕作时常发现墓石或古萱，多被外国人收买去，惟唐墓志却少人问津，因而不少被磨去做新志石或其他用途。先叔以为这些都是历史文化的遗产、国家珍贵的文物，研究国史极有价值的资料，任其散失太可惜。稍后因事去铁门，与伯英先生谈起此事，建议如果能力许可，不妨购集存储，以保全国宝。伯英先生以保存国家文物责无旁贷，欣然同意，当面嘱进行收购。民国10年，先叔就任新安官磺局（局址设在洛阳城内吴家街）局长，即托郭玉堂开始收购。

---

① 录于《百年记忆·河南文史资料大系·文化卷》，毛德富主编，中州古籍出版社，2014年9月第1版。

② 抗战前，先叔宏先公在南京监察院任委员时，多次有人对名迹拓本究系原拓抑翻刻本难以辨别时，来向先叔请教。先叔常是看后很快判定，指出证点，来者都无话可说。20世纪40年代台湾铁路局出版的《畅流》月刊，曾有专篇介绍过。

民国12年，吴佩孚在洛阳过五十大寿。吴当时正鹰扬华北，虎视华南，因而中外冠盖云集，祝寿场面极为盛大。我家新安磁涧①，距洛阳仅40华里，先叔遂先期迎先祖母到洛参观。笔者出生8个月时即丧母，由祖父母躬亲抚养，常和祖母寸步不离，所以祖母也带我到洛，住在磺局内。我时年9岁，清楚记得局用房屋有三进，走廊很长，廊两边、屋檐下放的尽是一块块大大小小的碑石。我觉得这些碑石既不好看又占地方，感到奇怪，便问先叔："这些石碑做什么用的？"答说："这是替你张大伯（指伯英先生，一向如此称呼）买的。"当时已收集了好几百方，其中以唐志较多，其余则是曹魏以后各朝代的。

民国13年，先叔离于洛阳，收购碑石的工作由伯英先生另托他人办理（是什么人，已无印象），即由郭玉堂直接和新指定的人接洽。其后收购数量虽有所增加，但为数并不太多。所收碑石陆续抵铁门，暂存张家花园中。园中有窑洞多孔，名叫蛰庐。伯英先生即命人将碑石镶嵌在窑洞壁上，既便保存，更便寻查阅览。

民国16年，磁涧家乡闹土匪，乡人无法安居，纷纷逃避。承伯英先生派人交涉，陇海铁路拨一节火车，接我们全家30口到铁门张府避难。我曾多次到张家花园玩耍，经常进入蛰庐。当时志石镶嵌工作已完成小部分，其余仍在继续进行中。

民国20年春天，先叔自南京监察院返里省亲。据郭玉堂告知，散落在民间的碑石仍不少。先叔在晤及伯英先生时，再次提及此事。张嘱先叔转告郭玉堂，凡出土者尽量收购。于是数量迅速增加，居然达到一千多方，仍以唐志占多数，其中并且有太宗名将屈突通、玄宗时名书家李邕墓石。便中先叔问伯英先生："碑石庋藏处已命名否？"答说："尚未考虑好。"先叔当即云："已收碑石中，以唐志最多；为有代表性，叫千唐志斋如何？"英公极表赞同。先叔又建议请章太炎先生篆额，更无异议。迨先叔回京，即乘间请章先生挥毫。先生和先叔有师生之谊，先叔常去请益。时先生尚

---

①作者老家在新安县磁涧镇以北之掌礼沟村。

住沪上，1932年上海"一·二八"之役发生，方移住苏州。此一篆额，即现在嵌在千唐志斋入口上方的横额。

来台后，偶问起先叔在洛阳矿局时事，先叔顺便将千唐志斋筹建经过一一示知。后面伯英先生和吴佩孚的一段掌故，也是同时提到。但时间相隔太久，且手边资料缺乏，仅凭记忆加以陈述，难免有舛误之处，很希望先进、高明有所匡正，以免史实失真。

吴佩孚驻洛阳时，伯英先生遭封翁子温清和先生[1]去世之忧，又忙于陕县观音堂民生煤矿筹建工作，却承吴玉帅（当时人们对吴的尊称，吴佩孚字子玉）几次邀约相见。

民国12年4月，吴五十寿日，戊戌变法灵魂人物、一代文宗的康有为氏，亲书寿联："牧野鹰扬，百岁勋名才半纪；洛阳虎视，八方风雨会中州"致贺。吴见联极为高兴。由于当时人们认为此联的人、时、地都很恰切，故风传一时。二人一向缘少谋面，因吴寿，遂通函札，互吐倾慕之意。康并表示有机会将造访洛阳，吴当即复函欢迎。

6月，康氏到洛。第一次宴会，吴邀伯英先生作陪，并希望康氏在洛期间，均请伯英先生相伴。康留洛约两周，先后游赏关庙、龙门石刻、北邙古迹以及周、汉遗址等名胜，统由伯英先生陪伴。他二人每日纵谈古今，博涉时论。康氏对伯英先生才华甚为赞扬，誉为中原俊秀，颇有相见恨晚之感。

康氏去洛、西游陕西前，向吴氏辞行。吴氏提出盼为物色人才。康答："你身边就有人才，不予延揽，还要我推荐？"吴问什么人，康答："张伯英知识广博，思虑周敏，见解超越，是位难得的人才。"康将西行，伯英先生乘间请过铁门张府小住。康氏欣然允诺，便在伯英先生伴导和先叔陪同下到铁门，寓居张家花园蛰庐中，停留三天，然后入陕西。

---

[1] 封翁子温清和先生：旧时子孙贵显，其父或祖受封典者称封君，亦称封翁。此处盖属敬称，张钫之父名清和，字子温，清末曾任陕西省鄜州（今富县）、乾州（今乾县）州判。

康有为氏著述丰赡，还是书法大家，逗留洛阳期间求字的人接踵不断；在铁门曾给蛰庐留下墨迹，后刻嵌在千唐志斋中。先叔当时也求得一幅整张宣纸的中堂，悬挂在原籍家中客厅，民国16年匪乱时被人盗去。康先生曾对先叔说："我写字是用写篆书的方法写楷书。"其笔力雄健，人所难及。

康氏离洛后，吴佩孚即再邀伯英先生到洛晤叙。伯英先生到洛，下榻新安磺局内，和先叔谈起这次去而又来，是因康有为的推介。先叔认为：前此虽和吴数有接触，但谈不上深切了解；这次性质和以往不同，不可不谨慎，建议"由我（先叔自称）代表先行谒吴，看状况再决定进止"。

先叔当即去见吴。进入会客室，只见座上已有三位求谒的人，其中有位某校校长。吴入座后，先请客人说明来意；一闻先叔是伯英先生代表，即问伯英何以未来？先叔答："多日陪伴康有为先生，过于劳累，身体感到不适。特命我先向玉帅致意并道谢，一俟身体恢复，当亲来面谒。"继而三位求谒的人分别报告本单位问题，请示解决办法。吴未等他们报告完，即说："你们为什么不种树哇！"然后讲种树造林之利，说罢即离去，而所说与各人请示的问题毫不相干，三人面面相觑，只得怅然离去。

先叔回后，即向伯英先生报告谒见情形，并表示："吴子玉是当今赫赫有名的人物，大家仰望之所寄，条理却如此；且很可能由于他的事功日正天中，志骄意满，目中无人。似此，恐难以持久。建议暂不必去见，观察一段再说，似可先复函致射即可。"伯英先生遂返回铁门。不意吴果有翌年（民国13年）第二次直奉战争之败。这是张、吴两位的一段小掌故。

此后，中原纷扰不休。吴虽一度短暂回驻洛阳，却被刘镇华部憨玉琨所逼，出走湖北，以后终未能成大气候，自也少有和伯英先生见面的机会。迨汀泗桥一败，吴氏入川，先依杨森，后依刘存厚，晚年卜居北平。抗战期间，吴氏拒绝日本军阀诱迫其出面组织伪组织，传因牙疾经日本军医治疗中毒而死。

吴氏出身秀才，服膺儒家传统道德，治军重视纪律。得意之时，以不借外债、不住租界、不娶姨太太自矢。然用人以顺不以才，思想缺乏时代观念，虽烜赫一时，却未能对国家起匡时救弊的作用。而他晚节坚守民族大义①，在旧军阀中不失为一位佼佼者。

2001 年 10 月

（本文作者王契刚，河南省新安县人，1915 年 8 月 25 日生。早年有志从事文史研究，因 1937 年抗日战起而投笔从戎。尝受军事基础教育、炮兵专科教育以及陆军大学等深造教育，历任师级及其以下各级军职与高级机关幕僚多年。）

---

① 民国 30 年，笔者去滇西，过四川隆昌少停。适先叔到重庆，相去不远，遂去拜省。恰遇父执王幼侨先生来晤先叔，承告："七七"抗战之前，日本军阀力谋分裂我国，推动华北自治，诱使山东省主席韩复榘到北平怂恿吴佩孚出面领导。韩到时，吴正和一友人弈棋。人报韩主席请见，友人即要避开，吴拉他坐下同候韩进去。韩见有他人在，感到局促，未多谈即辞去。友人对吴说："我看韩向方（韩复榘的字）此来，似同你有重要话要说。"吴答："他还不是受日本人唆使，来要我当汉奸。我怎肯做祸国殃民的事！所以不让你离开，叫他不好开口。"此事承吴的这位友人亲口道出。——作者原注

张钫与安阳殷墟发掘

甲骨文在未被发现以前，曾被冒充中药作为动物的化石龙骨而入药。1899 年，金石学家王懿荣在北京达仁堂中药铺购得治疗疟疾的中药。在其中的龙骨上，他意外地认出上面有陌生的古代文字，这就是中国最古老的文字——甲骨文。

他意识到这是很珍贵的文物，于是开始重金收购，此为甲骨文发现之肇始。殷墟甲骨文也是他第一个认识并作为珍贵文物购藏的。进而他认为这些"甲骨文"是"殷人刀笔文字"。从而把汉字的历史推到公元前 1700 多年的殷商时代，1900 年八国联军侵占北京，王懿荣殉节投井自尽而死，甲骨转归刘鹗所有。古董商贩为了谋利，封锁了甲骨的来源消息。后来经罗振玉等学者多方探询，得知甲骨采自河南安阳小屯村，于是多次派人去那里收购甲骨，并对其上文字作了一些考释，认为小屯就是文献上所说的殷墟。其后，王国维对这些甲骨文上的资料进行了考据，进一步证实这里就是盘庚迁都的都城。殷墟是中国商代晚期都城遗址，年代约为公元前 14 世纪末至前 11 世纪中叶，位于河南安阳市西北殷都区小屯村，殷墟是中国历史上第一个有文献可考，并为考古学和甲骨文所证实的都城遗址。1908 年罗振玉据甲骨文探悉真相，考定了小屯就是沉寂了 3000 多年的商代帝都——殷墟。

甲骨文拓片

1928 年，在中央研究院历史语言研究所所长傅斯年大力支持下，董作宾与临时工作人员组成考古队，开始对殷墟进行第一次为期十八天的试掘，总共出土八百余片有字甲骨以及铜器、陶器、骨器等多种文物。从 1928 年到 1937 年春，前中央研究院历史语言研究所的考古工作者对殷墟进行了 15 次大规模的科学发掘。

自殷墟发现以来，先后出土有字甲骨约十五万片。由于盗掘贩卖，甲骨流散世界各地。从这些带有刻辞的甲骨中已经辨认出五千多个单字，能够认出来的字大约二千个，甲骨文中所记载的资料，将中国有文字记载的可信历史提前到了商朝，现代的汉字就是从甲骨文中演变而来的。

傅斯年写的《本所发掘安阳殷墟之经过》提及了当时国立中央研究院历史语言研究所于安阳殷墟之发掘及研究工作。1928 年 11 月，派董作宾前往试掘，其后河南图书馆馆长何日章向河南省政府要求，将所掘龟骨器物陈列于开封。1929 年春，国立中央研究院复委托李济为考古组主任，再赴安阳发掘。5 月间，军事突变，驻军忽不知去向，县长亦逃，土匪并起，考古组乃以所掘各物，并董作宾前存安阳高中之物，取出一部分，及十一中学所存之一小部分带来北平国立中央研究院历史语言研究所内，继续编录整理。然而河南人士对此文物发掘一事及出土物之存置两事是非常在意的。

是年之秋，国立中央研究院正在工作之际，河南图书一馆馆长兼民族博物院院长（亦兼河南古物保存所）何日章据称奉河南省政府与安阳县命令，禁止中央研究院在此进行发掘工作，一面设法自行开掘，因而产生纠葛及摩擦。于是傅斯年致函河南省政府，省政府于 1929 年 11 月 29 日政务会议中讨论，同时亦讨论何日章的提议三点：一、依照研究院养电，将安阳掘得古物陈列省垣博物院；二、将去冬今春所运去之古物限期运回开封，妥适保存；三、在省垣设立古迹古物研究所，其组织方法由中央研究院河南考古学会及中山大学史地学系会商妥定。即由会中派定省府委员张钫、张鸿烈（字幼山）、李敬斋会同傅斯年妥拟办法，于是傅斯年来开封讨论，即由李敬斋起草，傅斯年与何日章有争持之处，由张鸿烈调剂之，拟成《解决安阳殷墟办法五条》如下，持请张钫斟酌，张钫完全同意。解决安阳殷墟办法五条如下：

一、为谋中央学术机关与地方政府之合作起见，河南省政府教育厅遴选学者一人至二人，参加匡立中央研究院安阳殷墟发掘团。

二、发掘工作暨所获古物，均由安阳殷墟发掘团缮具清册，每月函送河南教育厅存查。

三、安阳殷墟发掘团为研究便利起见，得将所掘古物移运适当地点，但须函知河南教育厅备查。

四、殷墟古物除重复考外，均于每批研究完结后，暂放开封陈列，以便地方人士参观。

五、俟全部发掘完竣，研究结束后，再由中央研究院与河南省政府会商分配陈列办法。

何日章提出数条之经磋商更改，第一条"至二人"改为"至三人"；第四条去"暂"字，第五条去"分配"二字；并决意于第四条"开封"之后加入"民族博物院"。傅斯年不能同意古物放在民族博物院，故争执依旧，何日章终不见谅，于是此事又停顿矣。

一日傅斯年与张钫、张鸿烈谈及此事，询问可以由省政府解决否，两先生谓可。皆以当时本由省政府会议中指定张钫、张鸿烈、李敬斋三人与傅斯年接洽，今李敬斋委员去，由黄际遇（字任初）暂为兼代，最后结果由张钫、张鸿烈、黄际遇三位据原案决定呈省政府批准，自于手续为合。张钫、张鸿烈本原拟办法之人，黄际遇亦极同意。经若干日后，省府发来公文如下，于是三个月之纠葛得以解决。

河南省政府公函（第三八九七号）

敬启者：

关于发掘安阳殷墟古物一案，前经傅所长斯年来汴接洽，当即推定本府委员张鸿烈、张钫、李敬斋会同傅所长妥拟发掘办法在案。嗣据委员张钫、张鸿烈、兼代教育厅长黄际遇呈拟解决发掘安阳殷墟办法五条，并拟派关百益等三人参加安阳殷墟发掘团等情到府。除指令应准如拟办理，并令饬何日章遵照外，相应抄送原拟办法及参加人名单，函达查照为荷。

此致

国立中央研究院

计抄原拟解决发掘安阳殷墟办法及名单一纸

中华民国十八年十二月二十八日

解决安阳殷墟发掘办法

一、为谋中央学术机关与地方政府之合作起见，河南省政府教育厅遴选学者一人至三人，参加国立中央研究院安阳殷墟发掘团。

二、发掘工作暨所获古物，均由安阳殷墟发掘团缮具清册，每月函送河南教育厅存查。

三、安阳殷墟发掘团为研究便利起见，得将所掘古物移运适当地点，但须函知河南教育厅备查。

四、殷墟古物除重复者外，均于每批研究完结后，在开封碑林陈列，以便地方人士参观。

五、俟全部发掘完竣研究结束后，再由中央研究院与河南省政府会商陈列办法。

张　钫　黄际遇　张鸿烈

拟派参加国立中央研究院安阳殷墟发掘团三人。

关百益、王纮先、许敬参

据 1930 年 1 月 13 日《大公报》报载："何日章与傅斯年意见，经调人迭次商榷，已渐接近，惟陈列地点一项，傅斯年坚持不在河南民族博物院，须陈之河南中山大学，何日章坚持，几至决裂。经建设厅长张钫出为调停，既不归民族博物院陈列，亦不置之中山大学，由古物保存会特建房屋于城东北隅之铁塔附近，将已掘出及将来掘出之龟甲文，全部陈列于内，以便中央研究院派人指导及中山大学史地国文系学生，从事研究，一场风波始告平静。"于是国立中央研究院历史语言研究所得以恢复工作，并得与地方政府解决悬案。

傅斯年于1930年1月6日返抵北平，14日即写信致张钫，感谢主持道义，内容如下：

1930年1月14日傅斯年致张钫函[①]

伯英先生左右：

行役大梁，获交长者，此生之幸，为乐何极，比维兴居百福为祷。斯年自辞别后，道行八日，始至北平（1月6日至）。车行至缓，途中奇寒，遂感小疾，一卧数日，笺候迟迟，幸讫谅宥。此次斯年不虚一行，皆承先生同情我等工作，主持道义之效，此间同人闻之无不感荷。昨日函报蔡子民先生及政府中关心此事者，如谭组庵先生诸公，必同感佩也。李济之兄已先斯年返平，道及此季工作颇有成绩，地层已探清楚，此实工作中最要问题，既有把握，以后更易着手。房基一事，现仍未得确切断定，须待下季。所出品物有意想不及者数事，如刻人形之残砝片，其花纹俨然铜器上者，而肢体意致颇疑类于南岛艺术，此物必为世界文化史上一大问题无疑也。（此器尚未出完，下季应续求之。照片印就后奉上。）又有大鹿头，其上刻字，亦前所未闻，此真使吾等精神飞扬，必发愤工作十年，以为中国古史学开一生面，亦以报诸先生同情之匹耳。斯年此次在汴，似已将吾等观点解释明白，中央研究院对河南人士只有诚心合作，绝无争执之可言，力所能及，无不赞助，深信以后必能得地方贤士之谅解。若过去何君行动，事属无中生有，此等个人事，敝院正不置之胸怀，虽小屯史迹已有三分之一因无地层之记载而掘乱，然吾等不为之扫兴也。现在此项工作可多致一人，已请南阳郭子衡（宝钧）君惠然

---

①收录于《傅斯年遗札》第一卷，台湾"中央研究院历史语言研究所"2011年10月出版。档案原件为台湾"中央研究院历史语言研究所"藏品。

加入，益以绥先①先生诸位之助，下季工作必更有可观耳。报告书第一册因制珂罗版之难，为京华印书局一压四月，尚未印出，然旧历新年当可装就，便以求正。碑林内红房整理事，另函绥先先生。关于博物馆建筑及陈设之书籍，已函英、德友人求致，下周当晤此间建筑北平图书馆之工师，便以尊计商之。此类事如有所命，自当竭力奉赞。先此奉白，余容续达。敬颂。道安，不一。

弟傅敬殷
一月十四日

　　傅斯年并于1930年1月20日写《本所发掘安阳殷墟之经过》一文致谢政府主持及学术团体之赞助，其书谓在此波折中，政府及学界同人同情者甚多，尤应感谢者，在河南省政府方面者为张钫、张鸿烈、黄际遇。

　　不料时至2月，傅斯年接开封来信，知何日章又呈请省府发掘安阳、辉县、洛阳各处遗址，殷墟事件又有变化，于是再速向张钫及张鸿烈发函及电，请求阻止何日章率领的河南民族博物院对殷墟开挖。

1930年2月11日傅斯年致张钫、张鸿烈函②

伯英、幼山两先生左右：

　　久未笺候，比想兴居百福为祝、为祝为祝。斯年抵平之后，接连小病，恨何如之。日内连接开封友人函，知殷墟事件又有变化，大意谓："何日章先生呈请省府发掘安阳、辉县、洛阳各处，同时并举，其殷墟方面并拨驻军一旅助之，照准之令已于本月四日接到，何君整装待发。"云云，读之不胜诧异。查殷墟发掘去秋平空生波，成两方对掘之势，省府解决此事本以对掘为不然，故于会议中决定不分掘，而议成原则交两先生及静斋与斯年

---

　　①绥先，即新安人王广庆别字。
　　②收录于《傅斯年遗札》第一卷，台湾"中央研究院历史语言研究所"2011年10月出版。档案原件为台湾"中央研究院历史语言研究所"藏品。

接洽，其后来之"解决办法"第一条，即谓一为谋中央学术机关与地方政府合作起见，由教育厅遴选学者一人至三人参加国立中央研究院安阳殷墟发掘团。今案已解决，又曰敝院呈请国府备案。别有此举，势等推翻，不特前功尽弃，而两先生及任初先生赞扶学术事业之苦心亦废之一旦。发掘事业本无争执之可言，惟敝所工作此事经由长期之准备，乃一整个的计画。去年工作，诸处小心，故地层问题得以解决，而房基、墟址等问题，尚待今年满意全部成功。报告书出，不特吾等艰辛得其结果，即诸先生雅善亦得实现，而河南文物更得光明，非一人之幸也。今又波折，非诸先生之望而谁望？意者，何君呈请省府必将安阳、洛阳、辉县笼统言之，省府未经意，总为批准，一时忘却安阳一部分原有解决，非有成见也。此时如两先生特将此点提出，向省府说明事经解决，不便更改，补给何君一令，指出安阳发掘原已解决，应行除外，勿再前往，则波折顿息，扶持功成，非特弟等个人拜赐也。若事件并非如此，别有曲折，亦乞妥为维护，消于无形。斯年近将赴汴一行，一切面谢。目下何君出马在即，乞早为了结，为幸何极！匆匆具陈，伫候电命。敬颂道安。任初先生处并候。

弟傅斯年敬上
二月十一日

1930 年 2 月 12 日傅斯年致张钫、张鸿烈电 [①]

开封建设厅张伯英先生并转幼山先生道鉴：

据汴函，知此次波折，系由某方泛请发掘殷墟、洛阳、辉县各地。省府泛准令下，已束装待发。案安阳一部分事解决在前，似可由两先生请省政府令行某方据成案将安阳殷墟除外，勿庸前往。如是可竟吾等详密工作之功，亦河南史迹之幸。幸亟图之，至感！盼复，斯年。文。

---

①此电文收录于《傅斯年遗札》第一卷，台湾"中央研究院历史语言研究所"2011 年 10 月出版。档案原件为"中央研究院历史语言研究所"藏品。

1930年2月18日傅斯年致张钫、张鸿烈函 [1]

伯英、幼山先生道鉴：

　　两电一函，计均达鉴。久未奉覆，今晨复上一电。弟觉安阳事之再起波折，至为奇异，此事经过本由先生赞助，方得去年十二月之解决，满意以后工作可以顺利，吾等凡可以赞助河南人士者，当无不为力是视，例如训练学生、陈列开封等事，均愿效其黾勉之劳。果再将前之解决办法推翻，学术前途且不论，如省政府之威信何？如诸先生成全此事之善意何？先生于此事为经手之人（教育厅为主管之机关），挽回东流非先生之望而谁望？敢乞设法维持原案，并明示一切，至为感激。敬颂道安。

弟斯年二月十八日

1930年2月24日张钫致傅斯年电报 [2]

北海公园中央研究院历史语言研究所傅孟真先生鉴：

　　豫省灾重款绌，拟将所存金石古物，运沪开会展览，藉集赈款，贵所前坻（抵）安阳掘获殷墟甲骨，可提出若干，请开单示知，以便统筹运沪陈列，希电复是盼。

河南省赈务会张钫叩敬

　　另有一封张钫致傅斯年电报，年月不详，由内容推测，应与古物运沪展览有关，刊如后。

---

　　①收录于《傅斯年遗札》第一卷，台湾"中央研究院历史语言研究所"2011年10月出版。档案原件为台湾"中央研究院历史语言研究所"藏品。

　　②档案原件为台湾"中央研究院历史语言研究所"藏品。注：敬日为24日。1930年2月为依各报纸关于古物运沪展览筹备新闻推测之年月。

张钫致傅斯年电报 [①]

北海公园中央研究院历史语言研究所傅孟真先生鉴：

矣（编者按：电报码误）电诵悉。热心赞助，并捐书品，嘉惠灾黎，无任感佩。除派敝会王从侅代表赴平，请赐指导外，特电肃谢，诸希亮察。

河南省赈务会张钫叩敬

1930 年 12 月 2 日傅斯年致张钫函 [②]

伯英先生总指挥节下：

别后经年，久竦笺候。比想兴居健福，为祝为祝。年来中原离乱，涂炭生民，先生以北方物望之归，作河洛诸邦之障，定功桑梓，怀柔千里，道远闻之，敢不拜服。斯年等役役朴学，一如向往，只缘战争不已，田野之工作中辍。兹值元恶贯盈，大局底定，遂于十月之末，重在山东开始工作。惟殷墟之功废于中途，就国家学术、中州文献计，皆至可惜，颇思明春续成其事，不特碑林建设当偿夙愿，即发掘事项亦望先生指导行之，不有高山之望，安成弘隆之业。吾等伹愿研究之便，更无他求，中央研究院决无与地方争执事。前此不幸，皆何日章一人快意之举也，一切情形敬托敝院总干事杨杏佛先生面达。杏佛先生追随总理，从事革命事业者十余年，今弃官建学，豪杰之士。河南筹赈诸事，亦请与面谈。前谈展览筹赈等事，敝院可以赞助者，中虽经战事而停顿，后有机会，当即践约。专此奉白，敬颂勋安。

弟傅斯年谨上十九年十二月二日

[①] 档案原件为台湾"中央研究院历史语言研究所"藏品。

[②] 收录于《傅斯年遗札》第一卷，台湾"中央研究院历史语言研究所"2011 年 10 月出版。档案原件为台湾"中央研究院历史语言研究所"藏品。

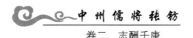

1930 年 12 月 18 日张钫致傅斯年函 [①]

斯年仁兄大鉴：

日前在沪，杏佛兄带到华翰，如对故人，奖饰逾恒，感惭交集。承示拟于明春续成碑林及发掘事项一节，前在沪已与蔡先生及诸同志详谈，必有函告，兹不赘述。专复，顺颂台绥。

弟张钫拜复
中华民国十九年十二月十八日

1931 年 2 月 18 日张钫致傅斯年函 [②]

孟真仁兄雅鉴：

顷奉华函，敬悉种切。安阳发掘之事，本与国家学术、中州文物，在在有关。吾兄经营擘画，定期开工，毅力热忱，曷胜钦佩。绂先兄既奉宠约，自当前往参加，弟届时察看情形，或可一行，以观其盛也。专此奉复，敬颂春祺。

弟张钫拜启
二十年二月十八日

---

①档案原件为台湾"中央研究院历史语言研究所"藏品。张钫于1930年12月9日由南京到上海，1930年12月11日，为道谢沪上对于豫灾之慷慨输资，假座天后宫桥市商会大礼堂宴请各界，与杨杏佛见面。蔡先生，指蔡元培，字子民，当日亦有与蔡元培见面。此信用纸为"国民革命军讨逆军第二十路总指挥部用笺"。

②档案原件为台湾"中央研究院历史语言研究所"藏品。注：王广庆，字宏先，又字绂先。1929年12月，除解决发掘安阳殷墟办法五条，河南省政府并拟派参加国立中央研究院安阳殷墟发掘团三人，关百益、王绂先、许敬参。

　　河南博物院大事记中查知，1930 年 2 月至 4 月，河南民族博物院继续在安阳殷墟进行发掘，两次发掘获字甲二六七三片，字骨九八三片，以及铜、陶残物。其后，河南省政府取消古物保存所，改组为河南古物保存委员会，归并于河南民族博物院，又将河南民族博物院改组为河南博物馆。1931 年 1 月 6 日。河南博物馆馆长关百益到馆任职，先办接收河南古物保存委员会事宜，次办接收河南民族博物院事宜。于后数年，河南省政府准国立中央研究院继续进行殷墟发掘，河南博物馆馆长关百益等，亦曾参与发掘。

1931 年 9 月 24 日张钫致傅斯年电报[①]

历史语言研究所傅所长斯年先生：

　　尊电敬悉。承嘱李济之先生莅汴，即为面洽一切一节，自当遵办。知念，特复。

张钫叩敬

1931 年 9 月 26 日张钫致傅斯年电报[②]

急。北海静心斋傅孟真先生鉴：

　　来电奉悉。李君济之，自当如嘱接洽。特复。

弟张钫印宥

　　1928 年至 1937 年之间，傅斯年领导中央研究院历史语言研究所，对安阳殷墟共进行了十五次大规模的考古发掘，找到大批甲骨文和殷商文物，安阳殷墟发掘之经过，在此期间张钫曾给予了大力支持和帮助。

---

　　①②档案原件为台湾"中央研究院历史语言研究所"藏品。

张钫与正始三体石经

石经是我国古代官刻的儒家经典七部。这七部经典是《易经》《诗经》《仪礼》《尚书》《春秋》《公羊传》《论语》七经，有文字可考的大规模官刻石经共有七种，依次为东汉《熹平石经》、三国曹魏《正始石经》、唐《开成石经》、后蜀《广政石经》、北宋《嘉祐石经》、南宋《绍兴石经》和清《乾隆石经》。

其中《正始石经》，是继东汉《熹平石经》后刻立的第二部石经。《熹平石经》刻成后，被放在洛阳太学前，供师生抄录、学习。但是，东汉末年，董卓一把大火烧了洛阳，《熹平石经》也遭到损毁。曹魏在洛阳立国后，太学再度繁荣起来。曹芳继承皇位后，决心整理《熹平石经》刻石，因刻

于右任原藏三体未裂正始三体石经拓本

经石作为补充。于是就有了正始二年刻制的《正始石经》。

　　《正始石经》刻立于三国魏少帝曹芳正始二年（241），以古文、篆书（小篆）与隶书（汉隶）三种字体刻写《尚书》《春秋》《左传》三部经书，也称为《三体石经》或《三字石经》《魏石经》，书石者无法确定，非一人所书。在历代由官方刊刻的石经中，这是唯一同时使用多种字体刻写的石经。原立于魏都洛阳太学，后经晋永嘉之乱（310）战火殃及，刘聪遣刘曜、王弥攻入洛阳，太学亦被焚烧，石经焚毁过半。北魏冯熙、常伯夫相继为洛州（今洛阳）刺史（471—475），竟将石经毁弃他用，以建浮图精舍。东魏武定四年（546），移运洛阳的石经至邺（今河北省临漳县），恰遇河岸崩塌，大半沉没于水。北周宣帝大象元年（579），洛阳复兴，宣帝遂下诏徙运邺城之经归于洛阳。隋文帝开皇六年（586），石经又被迁往长安，经过数次迁徙，文字磨灭，欲以补刻，未及而乱作，营造之司遂又用作柱础。唐朝魏徵曾收集石经残石，十不存一，武后以后，安史之乱及藩镇割据，石经就不再见于史籍记载。

　　历代史料对《正始石经》的记载较少，这是因为东汉《熹平石经》和曹魏《正始石经》，刻制时间仅相隔六十余年，又曾同时立在太学前，故史料中多将其统称为《汉魏石经》，并不分开表述。

　　《三体石经》在每一碑面刻有纵横线条为界格，格式是每行二十字，每字有三体，直下排列，各碑行数不尽相同。

　　1895年，洛阳龙虎滩曾发现三体石经《尚书·君奭》篇残石。其后，1922年（民国十一年）12月2日，洛阳东南碑楼庄朱家圪塔村民挖括蒌根时，又发掘出表刻《尚书·无逸》《尚书·君奭》，里刻《春秋·僖公》《春秋·文公》残石一方，最初经王广庆、张钫、于右任等发表后，在文化学术界曾引起轰动，章太炎《新出三体石经考》、罗振玉《魏三字石经〈尚书〉残石跋》、王国维《魏石经考》、王广庆《洛阳先后出土正始三体石经记》等对此都有记述。章太炎之《章氏丛书续编》之六《新出三体石经考》中提到："……民国十年，友人腾冲李根源以长安肆中所得石本《君奭》古文篆隶一百有十字赠余，独出《隶续》外，余甚奇之，恨已剪截成册，无由识碑石形状。久之，知其石出洛阳龙虎滩民家，尝以系牛，印师刘克明始识之，卒归黄县丁氏，后得摄影本，于是识其行列部伍也。"此第二次出土之情况也。

三体石经出土之后，张钫曾移置于千唐志斋内，这在《千唐志斋藏石目录》和《新安县志》均有记载，为能显现三体石经出土经过及其后情况，这里选录章太炎、王广庆等人书信及著述以见详情。

章太炎与于右任书 [①]

右任我兄足下：

前示胡君朴安论三体石经书，以事多未理。其云每面至少当三十行者是也。仆前得拓本时，以綋先 [②] 述之不详，未知其直断，后始发觉，故于《新出三体石经考》中已为更正。大致以每面三十三行，以百六十余碑容《尚书》《春秋》经传，与朴安说不甚异。然朴安以《水经注》四十八碑之说，疑其相差过巨，因谓传文刻至桓公而止，此则不然。按唐叔手文曰虞，见《左氏昭公传》，而传首孔疏引此石经字，则知唐时尚见石经昭公《传》也。《水经注》谓碑四十八枚，戴延之在郦氏前，乃云三十五枚，

千唐志斋原藏三体石经拓片（局部一）

---

①据《华国月刊》第一卷第四期。

②綋先，即新安人王广庆，字宏先，又字綋先。精于金石文字。

以时代古今相校，不应若是，则知戴、郦皆有少误，有不可执以相稽者矣。

　　石经非邯郸原笔，《书势》已有其文。然既云"转失淳法"，则明其追本于淳，若绝不相系者，又何失法之有？《书势》之作，所以穷究篆法，而非辨章六书，篆书用笔不如淳，则以为转失淳法，故其下言"因科斗之名，遂效其形"，言笔势微伤于锐也，岂谓形体点画之间有所讹误乎？观《魏·江式传》可知。朴安图是疑三体石经文字不正，失邯郸、许氏字旨之素，则未寻《书势》大旨也。淳之年寿，吾尝以《魏略》考知，黄初初为博士，据《艺文类聚》录淳所作《受命述》及《上受命述表》，是淳存于黄初时甚明，其年且九十矣，下逮正始之中，亦才二十余年，其弟子逮事淳者，是时尚众，得据淳所写古文经典，因以逐书上石。汉魏间无钩摹之术，刻石必先书丹，故真本虽在，不能直以上石也。是故江式直称石经为淳所建，明文字指授所自也。朴安据胡氏《通鉴注》谓淳不得至正始，诚亦近理。然胡氏徒以《会稽典录》知淳弱冠之年，而不审淳至黄初尚在。朴安因疑淳去正始年代隔绝，竟似石经与淳绝不相涉者，斯又失其卫氏《书势》之义矣。

　　《说文》与三体石经同为小学大宗，自江式已甄明之，传及隋唐至宋初郭忠恕等，盖无异词。朴安谓祗足以增《汗简》之价值，不敢谓于文字有所发明，斯亦轻于论古矣。古文之录在《说文》者，形体已多诡变，叔重亦不敢以六书强说。盖自周室之衰，而文字渐多不正，虽孔氏亦不能尽改也。然其二三可说者，往往出于秦汉篆文之表，《说文》所不能尽者，更于石经见之。仆前函偶举□□□字为例，非不见《集韵》诸书也。以彼所录古文，真赝参半，不得石经原文，则终不能保任耳。朴安疑□□□之与□□□，不迁由简稍异，未思□□□□□□下体相似，而上体绝殊。□□□字形云不可知，□□□字形声可知，断不得并为一字。石经古文，或出《说文》外者，如《左氏传》疏所引□□□字，及今所见变字作□□□，宁字作□□□之类，《说文》皆绝无其形，岂专鲦简相变而已乎？前因事冗，未及作复。今稍暇，故作此以报，望转示朴安也。

章太炎与张钫书（一）[1]

伯英我兄左右：

宏先来，得手书并荠布六品、秦汉印十六事、汉瓦当四事、石经拓本五道。天球大训，陈于蓬荜之门，照耀几案，光景为新，感谢！感谢！

石经之出，不知者以为碑版常玩；吾辈读之，觉其裨益经义，在西汉传注以上。盖传注传本，已将文字展转变易，石经则真本也。

拙著《新出三体石经考》，数经笔削始定，考出异字一百四十，已付之宏先，属其转致矣。惟据宏先所述，原坑

千唐志斋原藏三体石经拓片（局部二）

尚有碑一版，土人知之，恐为官吏攫夺，不敢骤发。仆谓当与洛令商定，掘得一碑，发与官价若干，其石归官。所发官价，要取优厚，令工资之外，尚有赢余可得，则无不乐从者。逆计发掘一碑，亦不过酬以三五十千大钱耳。宏先则谓官吏亦未必肯为，盖开获古物之费，非一县所能任也。仆更筹思，当由吾辈出资雇掘，其碑石仍归官有，而拓片则先让吾辈得之。转卖拓片，仍可还得原资，则于吾辈不为糜费也；石仍归官，则与地方古物不为损失也；雇者得利，则于其自身不为徒劳也。如野有寇盗，则当由洛

---

①据《文献》1991年第二期。

令派警监护，想必不吝此矣。兹先寄去百圆，望为试办，但举事之始，须告洛令，使免客商窃发之疑。果能再得一碑，则沾丐经儒，流泽甚广，视彼《华山》《礼器》祇供赏玩者，为益不可以道里计矣。书此，敬问兴居清吉。百圆附上。

章炳麟顿首

十二年（1923年）十二月四日

章太炎与张钫书（二）[①]

伯英吾兄左右：

世兄来，知剿匪事已告一段落，从此军容整暇，正轻裘缓带时也。

近得上海碑估来言，洛阳又发现三体石经一块，其石较十一年出土者颇小，而较黄县丁氏所得者则大，《尚书》《春秋》，两面皆具。据碑估言，此石在山西人白某手，携至上海，欲图贩卖。弟观其拓，文字审正，知非伪造，但不知出土以后，何以入白某之手。若任彼贩卖，必落日本人手。鄙意洛阳绅士，宜设法购归，大约至多二三千圆足矣。兄军事未了，或不暇与白交涉。宏先在京，似可助理斯事，但事须稍速，迟则必不及矣。手肃，即颂春祉。不具。

章炳麟顿首

二十五年（1936年）四月六日

章太炎与王宏先书（八通其一）[②]

正作复书，又得第二书。

未出石经，既在黄霜九中，正应设法。彼既不敢发掘，应厚与工赀。

---

① 据《文献》1991年第三期。

② 据《文献》1991年第二期。

如其未餍，宜将原地照时价二三倍买得，则发掘之权，亦在己矣。凡此似不宜惜小费也。

千唐志斋原藏三体石经拓片（局部三）

章太炎与王宏先书（八通其二）①

宏先我兄足下：

叔冶来，惠致手书并丁氏所得石经摹本及三体鼎足书各件。

丁氏本甚佳，向来未得原型，今始获之，欣喜之至。鼎足书者，恐出后人伪造，观其篆法拙滞，唐人尚不作此体，梦英、张有时带此种笔法，然亦不尽尔

所致黄河崩岸磬形铜片拓本，未知何物。观其铭云"作虏虎"，亦不知虎是何器，然可知为非磬也。古磬以石为之，此既用铜，且形小，亦非乐器。又自洛令求书一纸，即交上，烦察寄。又前所付掘碑工资百圆，亦望速寄洛令，工资虽不需此数，而椎拓则有待此。若不寄与，未肯垫筹也。此问宏先兄起居。

章炳麟顿首
十二年（1923年）十二月二十一日

千唐志斋原藏三体石经拓片（局部四）

① 据《文献》1991年第二期。

也。若非土人炫三体石经之奇，赝作欺人，则必金元人书，适与正始石经同沉地窟耳。

去岁得石经，未有少许与土人作酬劳奖掖之用，致土人尽起戒心，此一误也。然村农耕作，所求当不甚厚，如渔父得珠，自当以钱币酬之，而不必尽如珠价，大抵计工论值以二三倍酬之，当无不足。至云畏惮土匪，恐非实情。土匪利于轻赍易售者，若笨重之石，难售之货，未必为土匪所利；即利之，以警丁护视亦可矣。望与伯英熟商，更筹良策。如能更有所得，则宝藏尽出，非徒以勾美观，实于经学有无穷之益；所谓一字千金者，并非虚语。如其难得，来书所谓已出土者尚有八千余字，望设法摹得之。唯篆法工拙，即为真赝之准（石经笔法娟秀，易于识别）。若体势与前六纸无异者，总可信为真物也。书此鸣谢，即希大鉴。

章炳麟顿首

十三年（1924 年）三月二十四日

章太炎与王宏先书（八通其三）[①]

宏先仁弟足下：

前惠心可出示手书，知石经有购成之望，但所谓五石者，果纯是石经耶？抑别有他石耶？又闻右任乙疑是赝物，是否实见破绽，抑为缩价起见，不得不以此对付前途。若果有破绽，仆亦愿闻其略也。

章炳麟顿首□□年（1924 年）□月□日

千唐志斋原藏三体石经拓片（局部五）

---

　①据《文献》1991 年第三期。

章太炎与王宏先书（八通其四）①

宏先吾兄鉴：

接手示并熹平石经四纸、《授堂遗书》一帙，感慰无既。熹平经用蝉翼轻揭，虽字迹微黯，亦颇存雅致。授堂为河洛学者巨子，非徒其书足重，其风力亦堪千古，今欲求此等人，不可得矣。

地产事至今未了，大抵求田问舍，为事最小，而繁冗最多。吾辈平素于此等事不甚精详，亦素未与一二小吏为缘，蜂虿有毒，受其放刺而不知，怅恨何极！伯英兄已返防地，赤党想告肃清矣。书复，敬问起居康胜。

章炳麟顿首

二十三年（1934 年）十二月十一日

章太炎与王宏先书（八通其五）②

宏先兄鉴：

钻燧又移，衰年只觉时去之速，而强盛者，正可精进也。③

惠君洪事，素承关注，闻司法行政部会议未与通过，可否径下委任，望与太蕤商之。如欲其入京面诣，当为转知。鄙人祇以名贤之后，愿其上遂，非苟为陈乞也。特肃，敬候春祺，不具。

章炳麟顿首

二十四年（1935 年）二月八日

---

①据《文献》1991年第三期。

②据《文献》1991年第三期。

③此通与下一通书信及第八通书信内容似与石经无关，然为考索起见，且附于此，以见当时两人交往情谊非比一般。

千唐志斋原藏三体石经拓片（局部六）

章太炎与王宏先书（八通其六）①

宏先仁弟足下：

舍后建筑纠纷，得足下与一峰为之斡旋，近已完全解决。仆前本欲赴南都讲演，而协和、觉生诸公，猝欲以高等顾问相推毂，心有未安，已嘱印泉婉辞。亦会鼻菌作衄，不能成行。前月杪，丁君鼎丞又来，致中央问疾之意，且以医药见意，此既都下故人之情，有异官禄，故亦不复强辞；然无功受贶，终有不安。因去腊已在此闲发起讲习会，即以此款移用，庶几人己两适耳。龚君哲甫嘱作一联，已为写好，今嘱心可带致，即希转交。仆来京日期尚未定，因天气又暴寒也。书此，即问起居多福。

章炳麟顿首

二十四年（1935 年）四月五日

---

①据《章太炎政论选集》，又《文献》1991 年第三期。

章太炎与王宏先书（八通其七）①

宏先仁弟足下：

前惠心可来，交到熹平石经丛拓，未及作复，身已羸病，近体气稍舒矣。平、津事状如此，不过二年，金陵王气亦收耳。当局尚禁人议论外交，挑拨恶感，何哉？岂谓南宋诸公为之未工，而欲以后来居上耶？事败后，宦囊饱者不过向欧、美一溜；吾辈窭人，坐作亡国奴矣。迩来讲学，仍自竭力，非曰好为迂阔，自靖

千唐志斋原藏三体石经拓片（局部七）

自献，舍此莫由。吾辈本无权藉，幸无以陆秀夫见诮也。寄致星期讲演稿五册，并正式讲习会简章四册，望察收。鼎丞、楚伦、觉生处，前已寄致《讲稿》，其《简章》望各分致也。此问起居清胜。

章炳麟顿首

二十四年（1935 年）六月十九日

章太炎与王宏先书（八通其八）②

宏先仁弟足下：

修史之说，前不过偶尔及之，亦知人才难聚，经费不足，非有可成之理。

---

①据《章太炎政论选集》，又《文献》1991 年第三期。

②据《文献》1991 年第三期。

　　来书述右任意，谓当改定《明祖本纪》。鄙意《明史》大致尚佳，《太祖纪》不须改定。乃其当有讨论者，则三王自当立本纪，而不可厕之宗室诸王传中也。满清起自建州，其本末自归清史；而南关北关两部，当时实与满清对峙，不可不为补传也。明末诸将帅，如李定国、郑成功、张煌言，战绩赫然，又不应无传也。怀抱此志已数十年，然果依此为之，则《明史》又当重定，恐亦无此暇日也。其《清史》至今尚未宣布，修之亦颇费力。然而建州世系，明人笔记所载，反较清人自言者为实，盖一则本之《明实录》，一则世券已毁故也。前此史馆诸君，既不敢信清人所传为实，又不欲以明人记载证之，崖略只附《王果传》中，乃使努儿哈赤之起，宛与草泽英雄无异，此可谓疏谬之至矣。宜仿《金史》，于《太祖本纪》前，先列《世纪》一卷，尽取明人记载，从实编次，以为首卷，然后不失清人来历耳。

　　鄙人所欲论者何限，而来日苦短，襄助又鲜其材，唯有垂之空言，以俟后贤而已。书复，敬问起居多福。

章炳麟顿首

二十五年（1936 年）五月十七日

民国初年于唐志斋藏三体石经凿裂拓本

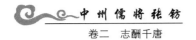

民国《新安县志》关于三体石经的记载

民国二十八年（1939）《新安县志》卷十四《金石》记载：

三体石经残碑，存古、篆、隶三体，石在铁门张氏。

右三体石经残碑，民国十一年，洛阳碑楼庄朱姓掘土所得，转鬻城内谢某，以石重，不便秘载，且历史宝贵遗物，分售尤堪居奇，命工人剖而二之。越明年，事闻开封当轴，派员提取，洛中士绅因与今二十路总指挥张伯英协议，以一半留置洛阳，一半辇致铁门张氏蛰庐保存。古迹石两面书，与《伽蓝记》所云表里刻之者适相符合。正面《尚书·君奭》篇十六行，三体书共五百十一字。就中三体均笔画不全而泐者六字：古体泐者三字，篆体泐者二字，隶体泐者三字。古篆全而隶体缺者三字，篆隶全而古体缺者三字，古体全而篆隶缺者八字，古隶全一而篆体缺者一字。背面《春秋·僖公》二十八年至三十年，十五行，三体书共三百八十八字，古体泐者五字、篆体泐者三字、隶体泐者九字。又古今文师法不同，石刻与木板亦自有异，碑中文字有与现行版本异者数处，《春秋》碑与板无所不同。《尚书·君奭》篇有文异而字同者三：我不敢知曰二句，两“不”字，碑俱作“弗”；两“知”字，碑俱作“智”。“大弗克恭之恭”，碑作“龏”；“率惟兹有陈”之“率”，碑作衞之异体字。有文异义同，而音节响沉，词意浅深之不同者三：其终山于不祥之“终”，碑作“崇”；我道惟宁，王德延之“道”，碑作“廸”；乃其坠命之“坠”，碑作“隧”。有今本有而碑无者二：在今予小子旦之“旦”字，碑无；公《君奭》之“奭”字，碑无。录之以存古今经本文字传变之迹至此。碑之为汉、为魏，论者不一。渑池故孝廉杨堃《静慎斋集》《三体石经复出洛阳考》，引《伽蓝记》：“堂前有三种字石经二十五碑，表里刻之，与《尚书》《春秋》，作篆、隶、科斗三种字，汉左中郎蔡邕之遗迹。”古今石经考辨家从无言及表里书之者。今得此碑，表里书写，则其为汉碑也无疑。现任中央监察院委员，县人王广庆氏《洛阳先后出土正始三体石经记》

称时贤章太炎先生出其得扪李印泉所赠已装本，质对《尚书·君奭》篇文犹自衔接，作考语五千言，断为邯郸淳书，而以为魏正始年间物。两家之论，各有所本，均不得谓为非是然。试确询其为汉，为魏，则又苦无切实不易之证据，未能遽下一肯定语，姑两存其说，以俟博雅君子。

章太炎《新出三体石经考》

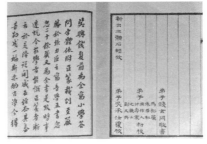

章太炎《新出三体石经考》书影

　　《章氏丛书续编》之六章太炎作《新出三体石经考》中提道：……十二年，新安张钫又属三原于右任以石经拓本六纸未装者赠余，读其文，则《尚书》多士、无逸、君奭，《春秋》僖公经，文公经，悉所未见者，以书问所从来，钫答曰："民国十一年十二月二日，洛阳东南碑楼庄下朱圪塔村民斸药，得石经于土中，为巨石一，其文表里刻之，以其重，断为二，他碎石亦一散于公私，手摹者锗也。"余视诸石上下不完，此表刻《无逸》《君奭》者为上段，丁氏所得《君奭》石乃其下段不全者，其里则《春秋·僖公》文经也，本以一石解析为二，表里分摹，故为四纸，行列不坏，每面三十二行。其碎石所拓二纸，为《多士》篇一，《文公》经一，则行列亦泯焉。以是六纸与丁本并，古文、篆、隶凡千八百字……

王广庆对三体石经的论述

近年，外人购藏中国古物资以治学，一器之值，动逾万金。洛阳为九朝都会，先民遗迹随处皆是，地下宝藏不知既极，官府既无力维护，民间遂资为利薮。前朝陵墓，横被发掘，甚至世家新阡有不能幸免者。然洛阳盗墓之风，不自今始也。曩者，富平刘君允臣，以书问近代洛阳盗墓之法，并录示明万历间王士性《广志绎》记云：洛阳水土

王广庆《洛阳访古记》手稿首页与郭玉堂（翰臣）的信

深厚，葬者四五丈而不及泉，辘轳汲绠，有长十丈者。然葬虽如许，盗者尚能以铁锥入而嗅之，有金银铜铁之气则发。时秦汉王侯将相，多葬北邙。然古者大隧道、有长至里余者，□□□用金银铜铁。今三吴所尚骨董，皆出于洛阳。然大冢□□□掘发，发者其差小焉耳。古器惟镜最多。秦图平面最小，汉□□□□、葡萄、飞燕，稍大；唐图多车轮，其缘边乃如剑脊。古者殓用水银，此镜以掩心，久之尸蚀而水银不坏，则镜收之。故朱砂、翡翠，以年代久远为差。瓦羽觞不知其何始，冢大者得百千只，以蜡色而香者为佳，若气带泥，微青而渗酒者皆赝为之耳。郭公砖长数尺，空其中亦以赞冢壁、能千载不还于土。俗传其女能之、遂杀女以秘其法。今吴越称以琴砖宝之，而洛阳巨绅家墙址无不有也。

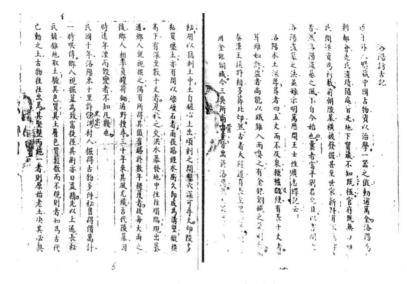

王广庆《洛阳访古记》手稿

按：所谓以铁锥入地嗅之有金银铜铁之气则发者，曩者吾乡传述，亦有此说，证之事实，殊不尽然。近日掘古物用器名为瓦铲，重七八斤，铲端铁刃为筒，瓦形，略如打纸钱之圆凿，围经约三寸而缺一口。后施柲，用以猛刺土中，土自铲心上出；顷刻之间凿穴深可寻丈。邙陵多黏壤土；亦有间以砾礓石者。雨后路经水冲久，即成为沟壑，纵横高下，有深至数十丈者。夏秋之交，洪水暴发，地中往往塌陷，现出墓道。乡人就视掘之，偶有所得，其值有胜于数千耕获者。故每大雨之后，乡人相率负镬荷锄，遍野搜寻。三十年来，其风尤炽，古代陵墓，因时远年湮而毁变者、不知凡几也……

刻石铭，述功美，肇自后汉，名迹流传，并为治经史小学及临池家之瑰宝。其后踵事增华，品亦益滥，魏武禁立墓碑，晋世亦令诸葬者，不得作祠堂碑、石兽。今所见晋代墓石，似碑似志，纳于圹中，殆为避时忌耳。李富孙《汉魏六朝墓铭纂例序》云："古之葬者有壹碑以窆，臣子追述君父之功，以书其上。历秦及汉有墓阙，有神道，题记姓名而已，其有文而传于后者，放（仿）于东都谒者景君墓表，厥后伐石刊铭，盛于一时。是皆系悬绋下窆之石，葬后刻文于其上，至晋代始有墓志，以埋诸幽室。"按阙为门阙，汉人墓前率造双阙，画像刻铭于其上，神道为表墓而设，一书名字，一书官谥。此外又有神诰、灵表，哀赞、冢中记，诸体俱书刻于石，不外记姓名亡年而已。

王广庆《洛阳出土石刻时地记序二》

《洛阳出土石刻时地记》书影

墓志文体渊源，汉碑记叙姓名、世系、行谊、历官、卒葬时地、配偶嗣具，而缀以铭词，其形制滥觞。晋室备于元魏，而洛阳出土者独多，正书精刻，文辞典丽，顾其体制，则陈陈相因，官阶满纸，韩退之文，起八代之衰，始变其骈俪为散体，字迹则遒劲之中，饶有逸趣，极富艺术神味。清末以还，临池家重之，至隋与初唐之刻，犹自矜重，开元、天宝以后，其数益多，等诸自桧以下矣。尝谓二王书法，冠绝古今，北魏在晋后，诸志字迹，作圆劲体者，王诵、元妪妻略得其似，他志多不类也。盖二王书法，出于钟、卫，《宣示》《力命》诸表，开其规迹，而魏志则师承汉。魏晋诸碑版中，即夏承碑，为其鼻祖，辟雍、王基、荀岳诸刻皆其高曾，一为应世，宜于研润，一为传世，乃尚凝重。风俗为此，亦碑帖所由分也。夫拓跋氏以异族入主中土，帝室诸彦慕中邦文化，不减清代诸帝。据《通志·氏族略》："孝文诏，南迁，死不得还，即葬洛阳。"其宗室诸王子弟卒必有志，彼时似有专官主其撰刻之役者。今之所睹无虑二百余石，继此发现且未已也。度此，或恐易世而后，必有恶其种姓，樵采不禁者，故墓必有志，以备毁掘，后之识认，匪仅以备陵谷变迁而已。魏室诸志，何以近出独多，则以古之葬者，多以金石玩好，诸明器殉亡人。昔人慑于鬼灵，无敢损及丘垄。自科学昌明，幽明显应之说无征不信。异域治古史者，喜得中邦古器物，以资考镜。洋场赀郎，亦乐以备陈玩，重金罗致，辈载者多，一器之直，动逾千金。乡人初不过假名治地锄药，私自刨取，嗣遂集会结侣，从事盗发。鬻金傫分，岁利倍蓰，官府之力，无能禁绝。且缣素之书，寿命不永。志石文字，珍同真迹，考校著录，有功学术，临摹师承，亦可蜚声艺林，则中土耆硕，邻邦俊彦，无不以先睹为快。需此者殷，发掘者亦众，前此未尝有也。

东京文物炳蔚，碑刻应亦不少。而今存汉碑，稀为晨星，殆由魏晋以后之制，禁毁弃而已。王基碑刻未成中辍，墓阙存者，嵩高有三，此外亦寥寥也。近出甘陵相、皇女诸残碑，皆魏晋之间折为墓门。即汉魏石经，亦因时历兵荒，刻立未几，即遇推毁。故熹平、正始经石之出，学者视为球图之宝，片石只字，价逾千金也。民国九年，余归自三原，识洛阳郭翰臣君玉堂，以拓售碑志为生，而嗜古异于恒众，耳有所闻，必以目遇，为述北邙魏志，故城残石，出土时地甚备。余以墓志所以志墓，邙陵土质坚厚，风宜墓葬，"古冢何垒垒"，见于魏晋歌咏。抔土片石，不知存史迹几许。其拓本流传，虽可雠正史之异同，供艺林之玩赏，然千百年后，兆域无征，邑乘无考，古迹湮没，治史地者将何所据依乎？如于访览之余，记其发掘时地原委，异日助君写定，必可成为信史，视他人据册籍以考古者，其正误必有间。如有嗜古之士，依各志墓所，复加封树，刊石表记，其功亦伟矣！越十年，翰臣治金石之术益进，赏鉴之趣醇醇，所录已成四册，比次年月，别录副本。余滥竽都下，无暇为理董也。去年回里后，首都沦陷，今岁八月，立河南大学于镇平，泾漳兼旬，宾朋鲜至，驰书翰臣，欲就其集钞之稿，略为整理。十月钞寄余，以所访记汉晋石刻及魏隋志出土之部，乃以旬月之力，依为校录，拟即署曰《洛阳出土石刻时地记》，比而观之，可以知石刻之演变，墓葬之遗迹也。翌年河大复迁嵩县，初稿草创，诸未惬心，往复质校，又逾数月，篋中拓本不具，他亦无可据正。国难未已，恐并此亦有散失之虑，乃商以稿本先付手民，寄友好分存，且是正焉。

　　王广庆除了他编著《洛阳访古记》和《洛阳出土石刻时地记》谈到三体石经之外，尚编著有《三体石经未裂本》《景（影）印洛阳出土三体石经未裂本》《洛阳先后出土正始三体石经记》对三体石经进行详细论述。

《三体石经未裂本》两种书影

千唐志斋所藏三体石经残碑始末 ①

范天平　张宗子

民国二十七年（1938）《新安县志·金石》记载："三体石经残碑，存古、篆、隶三体，石在铁门张氏。"铁门张氏即指张钫先生，时任二十路军总指挥，曾搜集历代墓志碑刻建"千唐志斋"。斋内藏石至今依然完好，但却不见"三体石经"残碑。这一国宝来自何方？归向何处？内容如何？笔者查阅有关资料，走访有关人士，将这一疑案补述如后。

一、三体石经残碑之来历

据王广庆先生《洛阳先后出土正始三体石经记》载："民国十一年十二月，乡人朱姓等取蒌根制药，掘地四五尺，得巨石，修广约三尺许；又一小石则尺许，表里刻《尚书》《春秋》文，惊为异物。闻者走相告，为土豪黄某所知，讽朱等以五百金为寿，不者，将加祸。朱等恐，醵资与之。经石发现地在碑楼庄朱家圪塔大桥之间，北临洛水，与龙虎滩隔岸约二三里，亦古洛阳附郭地也。嘱郭转告石主，勿令售之外人，必设法为筹代价，妥为保存。时适因事赴沪，即以之函同邑张伯英钫，俾玉成此举。时石尚未断，未几，为城内谢荣章购去，石重，不便秘载，且以分售之可居奇也，令石主白姓乘夜凿为二。《尚书》毁《君奭》篇目三体共六字，《春秋》毁'年春取济西田公子遂'三体共二十五字，就中'田'字空格无古文，下部'遂'字有古篆无隶书也。事问（闻）于省，大吏檄洛令并委员提取。时伯英已赴洛，与孙经武、刘维屏、董天章、李肯堂等协议，金以石出洛阳，

---

①此文撰于1998年，当时曾发表于《三门峡市文史资料》。

不宜为他私人有，拟建亭于城西北隅关岳庙拦护之。款绌，未果。而其石则自谢荣章处移出，安置洛阳县署及余吴家街寓所之新安官矿局。"其后，遂以一半留置洛阳，一半用车运往铁门张钫蛰庐保存。这就是《新安县志》所谓"石在铁门张氏"一说之由来。

三体石经刚出土，王广庆先生曾将张钫所拓石经拓印纸六本转致国学大师章太炎先生。章以其藏光绪时出土的三体石经拓本相对照，写了一篇五千字的考证文章，在《华国月刊》上登载，并赋诗一首为之感慨云："正始传经石，人间久不窥。洛符无故发，孔笔到今垂。八体追秦刻，千金笑华碑。中原文武尽，麟出竟何为。"

二、三体石经残碑之内容及其镌刻年代

关于三体石经之内容，民国《新安县志》编者依据当时存放在张钫蛰庐内的三体石经残碑，作了如下记述："石两面书，与《伽蓝记》所云表里刻之者适相符合。正面《尚书·君奭》篇十六行三体书共五百十一字，就中三体均笔画不全而泐者六字，古体泐者三字，篆体泐者二字，隶体泐者三字；云篆全而隶体缺者三字，篆隶全而古体缺者三字，古体全而篆隶缺者八字，古隶全

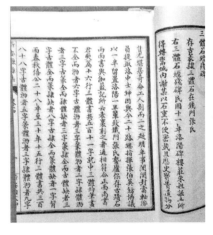

民国二十八年《新安县志·金石》书影

而篆体缺者一字。背面《春秋》僖公二十八年至三十年十五行，三体书共三百八十八字，古体泐者五字，篆体泐者三字，隶体泐者九字。又古今文师法不同，石刻与木刻亦自有异，碑中文字有与现行版本异者数处。《春秋》碑与版本无所不同，《尚书·君奭》篇有文异而字同者三：我不敢知曰二句，两'不'字碑俱作'弗'；两'知'字碑俱作'智'；大弗克恭之'恭'，碑

作'龚'；率惟兹有陈之'率'，碑作'衛'。有文异义同而音节响沉、词意浅深之不同者三：其终出于不祥之'终'，碑作'崇'；我道维宁王德延之'道'，碑作'迪'；乃其坠命之'坠'，碑作'隧'。有今本有而碑无者二：在今予小子旦之'旦'字，碑无；公曰：君奭之'奭'字，碑无。"

关于这块三体石经的镌刻年代，《洛阳先后出土正始三体石经记》谓："四月杪，伯英以拓本来，并加工拓二份，分赠章太炎、于右任两先生。太炎先生出其得自李印泉所赠已装本质对，《尚书·君奭》篇文犹自衔接，珠联璧合，什袭藏之。除作考语五千余言，断为邯郸淳书。"认为是三国正始年间物。渑池光绪庚子科举人杨堃，曾作《三体石经复出洛阳考》引《洛阳伽蓝记》云："堂前有三种字石经二十五碑，表里刻之，写《尚书》《春秋》，作篆、隶、科斗三种字，汉右中郎蔡邕之遗迹也。"并认为："古今石经考辨家从无言及表里书之者，今得此碑表里书写则其为汉碑也无疑。"一云东汉，一云三国，仅就两家文字所见，录记于此，以供博雅者之考证。[①]

三、三体石经之下落

1944 年日军侵陷豫西，张钫虑及三体石经放在千唐志斋不安全，于是派人夜间用牛车运往渑池县洪阳石窟村（距铁门 15 华里）其佃户孟兆永家保存。孟将三体石经和另外两块墓志，垒在耕地堰边的乱石层中。日军投降后，解放战争开始，所以这块石经未能再运回千唐志斋。1950 年土改时，孟兆永（因租种张钫家在石窟村的土地 110 亩，又雇人耕种，而被定为富农成分）在坦白时将张钫存放在他家的东西如数说出，引起渑池县政府对三体石经的重视。1950 年底，石窟村农会派裴鉴堂（1930 年生，现健在，1998 年调查）、郭景娃、孟兆云三人，将三体石经和司马光撰、范纯仁书的王尚恭墓志及魏始平王墓志，用被子裹上，分装三辆牛车，由两个民兵

[①] 此文为 22 年前旧作，今据民国时期诸家考证，当为三国、魏时正始三体石经。

护送到渑池县政府。时任县长李一民（新安县石井乡人）负责接收，并批条给运送者每人 60 斤小米。

渑池县政府接收后，当即派县教育科科长刘曰白乘火车将三体石经残碑运送开封，交给文博部门。最后被珍藏于故宫博物院内，王尚恭墓志及北魏始平王墓志，则被留于开封。

洛阳先后出土正始三体石经记

王广庆

光绪乙未三月初七日。洛阳白马寺人刘克明。为村南龙虎滩黄占鳌刻名章。携有六书通。黄披视。谓"字形奇古。余牛舍瓦砾中有残石一角。刻文与此相类"。偕刘往质。刘知石为异物。取黄子耀坤习字纸。以淡墨摹之。粗识者谓系蔡中郎遗迹也。龙虎滩在今洛阳城东二十里，位伊洛会流处之北岸。洛水未北徙以前。当系古开阳门附近地。去汉时太学故址不远。此石必先自残佚。魏齐未及移徙者。由是拓本流传，邑人知有三体石经矣，惟黄氏不自矜惜，未几即以四十金售之古玩商党廉，闻党系山东黄县丁树桢资遣来收古物者。归遗丁，丁色然喜，向所与八百金，不复与校。越数年，石又归他人，今为合肥周季木所有矣。民国十年春，余归自陕，有事于洛阳，间亦搜罗金石文字。同学赵汉臣，以三体石经相告。谓石之始出，系黄耀坤之父雨后见自厕牏壁上[①]，经某广文审为汉物。石虽售出，摹本尚可得。因辗转自黄索一纸，则《尚书·君奭》篇遗文。原石背面，应尚有《春秋》经文，但石缺半面，不复可见矣。

十二年二月，又闻洛阳碑贾郭玉堂言石经出土事。传系十一年十二月，乡人朱姓等取萎根制药，掘地四五尺，得巨石，修广约三尺许。又一小石，则尺许，表里刻《尚书》《春秋》文，惊为异物。闻者走相告，为土豪黄某所知，讽朱等以五百金为寿，不者，将加祸。朱等恐，醵资与之。经石发见地，在碑楼庄朱家坑疙瘩大桥之间。北临洛水，与龙虎滩隔岸约二三里，

---

① 厕牏壁上，清代段玉裁《说文解字注》："《史记》《汉书》万石君传：'石建取亲中裙厕牏。身自浣涤。'苏林曰：'牏音投。'贾逵解《周官》云。牏、行清也。孟康曰厕、行清。牏、行清中受粪函者也。东南人谓凿木空中如槽谓之牏。依苏、孟说则史、汉之牏即窬之假借字。穴部曰。窬、空中也。徐广谓读牏为窦。是也。"

亦古洛阳附郭地也。以此为历史遗物，属郭转告石主，勿命售之外人，必设法为筹代价，妥为保存。时适因事赴沪，即以之函同邑张伯英钫，俾玉成此举。时石尚未断也。未几，为城内谢荣章购去。石重，不便秘载，且以分售之可居奇也，命石工白姓乘夜凿为二。《尚书》毁《君奭》篇目三体共六字，《春秋》毁"年春秋济西田公子遂"三体共二十五字。就中田字空格无古文，下部途字，有古篆无隶书也。事闻于省。大吏檄洛命并委员提取。时伯英已赴洛，与孙绳武、刘维屏、董天章、李肯堂等协议。金以石出洛阳，不宜为私人有，拟建亭于城西北隅关岳庙栏护之。款绌，未果，而其石则自谢荣章处移出，分置洛阳县署及余吴家街寓所之新安官矿局。四月杪，伯英以拓本来，并加工拓二份分赠章太炎、于右任两先生。太炎先生出其得自李印泉所赠已装本质对，《尚书》《君奭》篇文犹自衔接。珠联璧合，什袭藏之，除作考语五千余言断为邯郸淳书及诠释百余字外，并赋五律一章。有"八体追秦刻，千金笑华碑"之句。惟时余滞沪未归。此石如何出土。未能详以奉旨。故先生致易寅村书，有得之洛阳厕壁云云。及6月回洛，询悉原委，谛视初拓本，《尚书》文字，有漫漶处。7月3日，就寓中存石抚视之，非渤损，乃土锈未除也。锈色如石灰，坚等于石，以刃划之，《尚书》"厥基永孚"永之隶书，"弗永远念天威"弗之篆书，"迪惟前人光"惟之篆书，"宁王德延"德之古文篆书，"成汤既受命汤"既之古文，篆隶共五字。"有若保衡"若之隶书，保之古文，"礼陟配天"礼之古文隶书，"罔不秉德"罔之古文篆书，"用乂厥辟"用之古文篆隶书及《君奭》"天寿平格"一行各字，皆次第清晰可识。惜手滑，剜出各字，精神不完。斯时索阅者多，椎拓无艺，"非克有正"有字隶书之下半及《春秋》第二行"晋侯齐师"齐之篆书左撇末笔已渤矣。其他半石及尺许小石现存洛阳县署。亦似有未剜之字。而拓本则更滥。日前商之洛命于廷鉴。拟由自治经费项下挪款建亭，为期或不远也。

民国十二年十二月新安王广庆记

沅芷澧兰　蛰庐奇葩
·····································

　　张钫早年酷爱书法，在他的蛰庐内，除了收集历代石刻墓志之外，还收集一些名人的书法墨迹。为了使这些书法墨迹能长期保存流传，他将有些书法墨迹勾描刻石，可以拓印，以传久远。这里选录的书法作品，除了张钫早年收集的藏品之外，还收集一些近年由台湾名人赠书的与张钫或千唐志斋有关的书法墨迹。

　　战国时期楚国诗人屈原，在《楚辞·九歌·湘夫人》中，有"沅有芷兮澧有兰"来比喻人品的高洁，东汉王逸为其作注说："言沅水之中有盛茂之芷，澧水之内有芬芳之兰，异于众草。"后人遂予以引申，在称颂人品的同时，兼及事物。这里借喻张钫先生在蛰庐中精心雕琢的书法石刻，亦犹如楚国的芷兰，绽放着清幽的芳香。

宋·米芾书联

释文

崇宁元年夏五月

瘦影在窗梅得月，凉云满地竹笼烟。

襄阳米芾

书者简介

米芾（1051—1107），北宋丹徒（今江苏镇江）人，世居太原（今属山西），后徙襄阳（今属湖北）。一名黻，字符章，号鹿门居士、襄阳漫士、海岳外史，人称米南宫。历知雍丘县、涟水军，以太常博士出知无为军。召为书画学博士，擢礼部员外郎，出知淮阳军。举止怪异，世称"米颠"。能诗文，精鉴别，擅书画。书法得王献之笔意，尤工行、草，

宋·米芾书联拓本

与蔡襄、苏轼、黄庭坚合称"宋四家"。喜蓄金石古器，尤嗜奇石。著作有《宝晋英光集》《画史》《书只》《宝章待访录》等。

明·董其昌书三国魏·曹植《典论·论文》

明·董其昌书曹植《典论·论文》

释文

　　文人相轻，自古而然。傅毅之于班固，伯仲之间耳，而固小之。与弟超书曰："武仲以能属文为兰台令史，下笔不能自休。"夫人善不（于）自见，而文非一体，鲜能备善。是以各以所长，相轻所短，里语曰："家有敝帚，享之千金。"斯不自见之患也。

　　今之文人，鲁国孔融文举，广陵陈琳孔璋，山阳王粲仲宣，北海徐干伟长，陈留阮瑀元瑜，汝南应玚德琏，东平刘桢公干，斯七子者，于学无所遗，于辞无所假，咸自以骋骥騄于千里，仰齐足而并驰。以此相服，亦良难矣。盖君子审己以度人，故能免于斯累，而作论文。

　　王粲长于辞赋，徐干时有齐气，然粲之匹也。如粲之《初征》《登楼赋》《槐赋》《征思》，干之《玄猿》《漏卮》《圆扇》《桥赋》，虽张、蔡不过也。然于他文未能称是。琳、瑀之章表书记，今之隽也。应玚和而不壮，刘桢壮丽不密。孔融体气高妙，有过人者；然不能持论，理不胜词，至于杂以嘲戏。及其所善，扬、班俦也。

壬子季冬董其昌书

　　此册旧存行箧中，神采奕奕，识者定为文敏真迹，爰付手民，以公海内。

民国丙寅新安张钫识

书者简介

　　董其昌（1555—1636），字玄宰，号思白，别号香光居士，松江华亭（今上海市）人。万历十七年中进士，授翰林院编修，官至南京礼部尚书。

崇祯九年卒，赐谥"文敏"。董其昌擅画山水，师法董源、巨然、黄公望、倪瓒，笔致清秀中和，恬静疏旷；用墨明洁隽朗，温敦淡荡；青绿设色，古朴典雅。以佛家禅宗喻画，倡"南北宗"论，为"华亭画派"杰出代表，兼有"颜骨赵姿"之美。书法出入晋唐，自成一格，能诗文。其画及画论对明末清初画坛影响甚大。传世作品有《岩居图》《秋兴八景图册》《画锦堂图》《白居易琵琶行》《苣书诗册》《烟江叠嶂图跋》等。著有《画禅室随笔》《容台文集》《戏鸿堂帖》等。

清·王铎书"柳条"诗

王铎书"柳条"诗刻石　　　　王铎书"柳条"诗拓本

释文

柳条圆沚畔，一亩类村居。

喜得山晴后，初当兵退余。

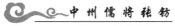

冬催松鬣健，风冷药坛疏。

丘壑无遗恨，非唯数著书。

坐飡胜亭之作，辛卯鞠秋书，王铎

清·王铎书"柳花"诗

王铎书"柳花"诗刻石

王铎书"柳花"诗拓本

释文

柳花来曲径，沙碛复长征。

远忆双亲念，能禁游子情？

穷乡征老戍，匹马向孤城。

佗傺怜吾志，居诸豢此生。

乙酉秋雨书，王铎

书者简介

王铎（1592—1652），字觉斯，一字觉之，号十樵、嵩樵，又号痴庵、痴仙道人，别署烟潭渔叟，河南孟津人。明末清初书画家。他的书法与董其昌齐名，有"南董北王"之称。明天启二年（1622）中进士，受考官袁可立提携，入翰林院庶吉士，累擢礼部尚书。崇祯十六年（1643），王铎为东阁大学士。崇祯十七年（清世祖顺治元年，1644）清军入关降清后被授予礼部尚书、官弘文院学士，加太子少保，于清顺治九年（1652）病逝故里。享年六十一岁，谥文安。书法作品有《拟山园帖》和《琅华馆帖》等，其绘画作品有《雪景竹石图》等。

清·陈鸿寿书联

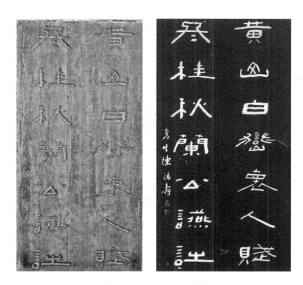

清·陈鸿寿书联刻石及拓本

释文

黄山白岳怀人赋，冬栏秋兰公讌（宴）诗。

曼生陈鸿寿

书者简介

陈鸿寿（1768—1822），字子恭，号曼生，浙江钱塘人。清·乾隆三十三年生，道光二年卒。嘉庆时拔贡，官江南海防同知。宜兴素产砂壶，制作精巧，鸿寿更为辨别砂质，创制新样，并自制铭镌句。人因称为曼生壶。鸿寿博学工诗，与陈文述、陈甫并称为"武林三陈"。又善古录，长于绘画、铁笔。著有《种榆山馆诗集》。

清·邵瑛书"林下风霜少"

清·邵瑛书"林下风霜少"刻石

释文

林下风霜少，天边雨露多。

晓云飞彩凤，秋水浴金鹅。

邵瑛

书者简介

邵瑛（1739—1818），字桐南，号瑶圃，亦称姚圃。浙江余姚人。乾隆四十九年（1784）甲辰科进士第二（榜眼），邵瑛进士及第后，官授翰林院编修。嘉庆三年，邵瑛以内阁中书出任湖北乡试副考官。历任翰林院的玉牒馆协修、国史馆纂修，文渊阁检阅等。嘉庆七年，他又出任礼部会试同考官。邵瑛告假乞归后，后不复出。终年 80 岁。邵瑛自年幼时就秉承其父所学，在他父亲邵升陛的教育下，由浅入深，精于朴学。后又致力于训诂，尤其为研究《说文解字》竭尽全部精力。邵瑛到了 70 来岁，闭门不出，潜心著述，孜孜不倦。虽已暮年，但是他伏枥之志不衰。当时，他创作了《黄叶著书图》，聊以自慰，以铭其意。邵瑛擅长书法。有《间架结构摘要九十二法》传于世，除了以中心笔画为准，便于书写之外的间架结构外，他对其他字形的构成也进行了分析、研究。主要著作有《说文群经正字》《间架结构摘要九十二法》等。

清·刘墉书"仲穆用龙眠法写药王像"

清·刘墉书"仲穆用龙眠法写药王像"拓本

释文

仲穆用龙眠法写药王像，坐藤竹床，手执葫芦，在芭蕉林中，喻是身之非坚也；脚下靡靡细草，俯瞰之，喻大地皆药草也。

嘉庆甲子（1804）冬日，久安室雪窗录，刘墉

书者简介

刘墉（1720—1805），清山东诸城人，字崇如，号石庵。刘统勋子。乾隆进士。乾隆二十七年（1762）授太原知府，后擢冀宁道。三十一年因失

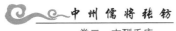

察发往军台，旋以父荫授江宁知府，又迁陕西按察使。四十一年署内阁学士，在南书房行走。四十三年疏奏举人徐述夔所著《一柱楼诗集》有悖逆句，铸文字狱。曾任湖南巡抚，有政绩。四十七年仍值南书房，充三通馆总裁。历工、吏部尚书。嘉庆二年（1797）晋体仁阁大学士，疏请宽浚黄河下游。后卒于京。以书法知名，著有《石庵诗集》。

王弘撰书苏东坡诗

王弘撰书苏东坡诗

释文

竹篱茅屋趁溪斜，春入山村处处花。

无象太平还有象，孤烟起处是人家。

山翁王弘撰

书者简介

王弘撰（1622—1696），字文修，一字无异，号山史、待庵、山翁、鹿马山人、天山老人等，陕西华阴人，明末诸生。少时博雅能文，尤深于《易》。明亡隐居华山下，筑读易庐居之。明末清初之际，关中之士耻笑章句，皆以通经博古为尚。王弘撰精金石之学，善鉴别法书、名画，又深研易学、图象之说。他的学问与当时的"三李"（即陕西周至的李颙，字中孚；眉县的李柏，字雪木；富平的李因笃，字天生）以及朝邑的李楷（字叔则，又称河滨先生）齐名天下，凡碑版铭志，非"三李"则弘撰，而又因王弘撰工书法，故求王者远多于"三李"。王弘撰一生虚心好学，交游遍天下。1644 年明亡后，他又奔走结识了大学者顾炎武，在华山脚下为其筑斋安舍，并在华山云台同建文公祠，两人治学著述数年，成为非常要好的朋友。一生博学多识，在理学、史学、易学研究和诗文词赋等方面都取得了令人瞩目的成就。此外，他喜好金石书画、精于鉴赏，在明末清初对当时金石书画界影响甚巨。

清·郑燮"昨夜春雷平地起"诗画

郑燮书《昨夜春雷平地起》醒竹诗画

释文

昨夜春雷平地起，儿孙都领上青云。

板桥郑燮

清·郑燮风、雨、阴、晴诗书画

雨竹、风竹刻石

雨竹、风竹拓本

阴竹、晴竹刻石

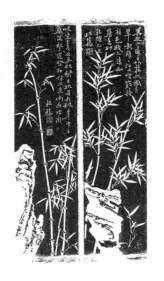

阴竹、晴竹拓本

释文

幽篁一夜雪。疏影失青绿。莫被风吹散，玲珑碎寒玉。（风）

郑燮

疏疏密密复亭亭，小院幽篁一片青。最是晚风藤榻主，满身凉露一天星。（雨）

板桥

晨起江边看竹枝，一团青翠影离离。牡丹芍药夸颜色，我亦清和得意时。（阴）

乾隆乙丑，板桥

咬定青山不放松，立根原在破岩中。千磨万击还坚劲，任尔东南西北风。（晴）

板桥

书者简介

郑燮（1693—1765），清江苏兴化人，字克柔，号板桥、板桥道人。乾隆进士，选山东范县知县。后调知潍县，遇岁饥，救灾不遗余力。又为民请赈，因而忤大吏，罢官。归扬州，以卖画为生，声名大著。工诗词，善书画，尤擅兰竹。书法隶楷参半，别成一体，自称六分半书。作诗不拘体格，兴至则成，在扬州，日事诗酒，时写丛墨兰竹石于酒肆僧壁，随手题诗。人以诗书画"三绝"称之。著有《板桥全集》。

清·王纯谦书画《无根指兰》

清·王纯谦书画《无根指兰》

蓬岛隐居不计年，仙姿绰约伴云烟。

芬芳遍馥三田地，品格当留一洞天。

春雨春风洗妙颜，灵根流转到人间。

而今落落无知己，辞去尘寰更入山。

者香王纯谦指画

书者简介

　　王纯谦，号者香，清光绪丁酉科（1897）拔贡，因与张钫之父张子温同科，故清室倾覆后，偕太监二人，浪迹民间，后投奔张家，寓居铁门镇，充当食客。王氏多才多艺，诗、书、画俱佳，且常以医道活人，平时喜以书画自遣。曾以手指濡墨画兰以赠张钫，张非常珍爱，遂命工镌石镶于壁上。王纯谦此幅指画兰草，将根裸露无余，全无凭依，且作倒悬状，寓意至为明显。恰如南宋遗民郑思肖，在元人南下时更名所南，居坐面南，永不北向，画兰不沾土石，置根于外，人问其故，答曰："我已无土可依。"王氏在指画兰草上亦寓此意，并题词谓"灵根流转到人间"，"而今落落无知己"。亡国之思，显露无遗。

清·韩东篱书唐人诗句

韩东篱书唐人诗句拓本（一）

韩东篱书唐人诗句拓本（二）

释文

雷雨湘江起卧龙，武陵樵客蹑仙踪。

十年楚水枫林下，今夜初闻长乐钟。（刘禹锡）

曾随织女渡天河，记得云间第一歌。

休唱贞元供奉曲，当时朝士已无多。（刘禹锡）

凤林关里水东流，白草黄榆六十秋。

边将皆承主恩泽，无人解道取凉州。（张　籍）

洛阳城里见秋风，欲作家书意万重。

复恐匆匆说不尽，行人临发又开封。（张　籍）

十二峰头月欲低，空聆滩上子规啼。

孤舟一夜东归客，泣向东风忆建溪。（李　涉）

方城汉水旧城池，陵谷依然世自移。

歇马独来寻故事，逢人唯说岘山碑。（李　涉）

远别秦城万里游，乱山高下入商州，

关门不锁寒溪水，一夜潺湲送客愁。（李　涉）

　　　　　　壬寅（1842）秋，初雨中检书唐句，晓林韩东篱

书者简介

　　韩东篱，号晓林，清道光二十二年（1842）岁贡生，河南新安人，擅长书法，师承邑人韩崇孟，尤善行草。既寓柳公权之遒劲，又兼李北海之萧散，疏朗俊俏，瘦骨崚嶒。这可能与他本人的情操风格有关。署名下方钤有二印，一曰"竹谿道士"，一曰"家私只有书"，这就说明了他的生活情趣和处世哲学。从第一枚印章旦，我们可以联想到赵雪松的"自写肖像"。在这幅名画中，体会明·宋濂所题书的那种"乌巾鹤氅，云履霜筇，或容与于沤波水竹之际"那副悠闲潇洒神态。从第二枚印章中，我们更不难理解晓林先生是嗜书成癖，笔耕为乐的风雅儒士。

蛰庐珍藏名人联二十四副刻石

蛰庐珍藏名人书联二十四副拓本

释文

题品云山归画卷，收笔风月到诗篇。

万卷图书天禄上，九亘钟漏紫霄间。

柳阴分绿笼琴岳，花片飞红点砚池。

言念君子，温其如玉；夫惟大雅，卓尔不群。

荀氏诸郎皆俊伟，河东小凤最风流。

花气欲浮金翡翠，墨香常护玉蟾蜍。

梅花爱种屋西偏，桥路恰随亭左折。

近缘乔木得琴材，旧为爱茶添水器。

雪芽为我求阳羡，乳水君应饷惠山。

清声一径竹铿尔，妙馥满林花翳如。

烟月时应极兴会，史书长得开心颜。

骨气乃有老松格，神妙直到秋毫颠。

句从月胁天心得，笔与冰瓯雪碗清。

捧日思驰仙掌外，擎天心向凤池中。

汲古得修绠，吐论驾秋涛。

微雨池塘见，好风襟袖知。

琴言清若水，诗梦暖于春。

冷风送余善，和泽周三春。

琴心妙清远，谷性多温纯。

夕来秋兴满，朝坐落花间。

明月满尊开上阁，古香半榻检藏书。

园中认药分灵草，石上题诗扫绿苔。

百年世德看乔木，万卷家藏有赐书。

扫地焚香得清福，粗茶澹饭足平安。

蛰庐珍藏名人联二十四副原作

一、包世臣"题品云山归画卷，收罗风月到诗篇"

书者简介

　　包世臣（1775—1855），安徽泾县人。字诚伯，号慎伯，一作慎白，亦作眘伯（眘，同慎），又号慎斋、嘉禾等，室名白门倦游阁、小倦游阁、南山草堂。嘉庆十三年（1808）举人，以游幕著述为事。道光十五年大挑，试令江西，摄新喻年余，罢官居江宁。鸦片战争之前，三张禁烟，并预言英国必将入侵，要求早作防范。战争爆发后，力主抵抗，反对投降。英军进犯江宁，曾表示愿督导民夫，登城防守。为学好兵家言，长于经济之学。工词章古文，尤工书法。为邓石如弟子，得邓派真传，书法篆刻，名重一时。中年之后，凡颜、欧、苏、董以及北魏，无一不入，晚习二王，遂成绝业。著有《中衢一勺》《三案始末》《齐民四术》《两渊》《艺舟双楫》《安吴论书》《管情三义》《浊泉编》等。

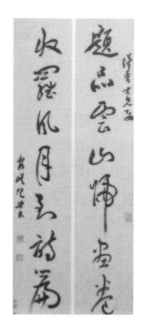

二、李文田书"万卷图书天禄上，九重钟漏紫霄间"

书者简介

李文田（1834—1895），广东顺德人。字仲约，号
若农，一作芍农、药农，别号畲光、双溪醉隐、一痴
道人，谥号文诚（见其子渊源撰《李文诚公行状》），
影射名黎殿文，字石农（见曾朴《孽海花》），室名泰
华楼、泰华山堂、五千卷室、赐书楼。史地学家。咸
丰九年进士，授编修。放苏、浙、川主考，提督江西、
顺天学政。官至礼部右侍郎。学问渊博，于金元故实、
西北水地靡不精通。著有《元秘史》《元史地名考》《元
圣武亲征录》《朔方备乘札记》《黑鞑事略札记》《撼龙
经注》《和林金石录》及《宗伯诗文集》等。

三、王文治书"柳阴分绿笼琴岳，花片飞红点砚池"

书者简介

王文治（1730—1802），清江苏丹徒人，字禹卿，
号梦楼。乾隆探花，官至翰林院侍讲，出为云南姚安知
府。王擅书法，与梁同书齐名，世称"梁王"。时刘墉
书法为当世所重，刘墉专讲魄力，文治专注风神，因有
"浓墨宰相，淡墨探花"之论。间亦作画，擅墨梅。有
《梦楼集》。

四、王文治书"言念君子，温其如玉；夫惟大雅，卓尔不群"

书者简介

王文治（1730—1802），字禹卿，号梦楼，江苏丹徒人。乾隆二十五年进士，授编修，擢侍读，官至云南临安知府。罢归，自此无意仕进。不到五十岁，即究心佛学。工书法，以风韵胜。有《梦楼诗集》《快雨堂题跋》等传世。

五、陈鸿寿书"荀氏诸郎皆俊伟，河东小凤最风流"

书者简介

见前"清·陈鸿寿书联"。

六、刘墉书"花气欲浮金翡翠，墨香常护玉蟾蜍"

书者简介

见前"清·刘墉书仲穆用龙眠法写药王像"。

七、何绍基书"梅花爱种屋西偏，桥路恰随亭左折"①

①此幅作品为拓本，暂无原作可寻，书者缺如，对照原作对联笔迹，当为何绍基书。又，此联原刻石上下联语位置颠倒，当为刻工刀误，下副对联同此情况。

八、何绍基书"旧为爱茶添水器，近缘乔木得琴材"①

九、何绍基书"雪芽为我求阳羡，乳水君应饷惠山"

---

①此联与上联相近，但非一副。且存于此，以证上联为何绍基所书。

十、吴锡麒"清声一径竹铿尔，妙馥满林花翳如"

书者简介

吴锡麒（1746—1818），字圣征，号谷人。浙江钱塘（今杭州）人。乾隆四十年进士，改翰林院庶吉士，散馆，授编修。后两度充会试同考官，擢右赞善大夫，入直上书房，转侍讲侍读，升国子监祭酒。能诗，诗意清淡秀丽，古体诗藻采丰润，著述有《正味斋集》七十三卷，《读放翁集》；曲有《渔家傲》传奇、《双忠祠》《凤凰山怀古》《观夜潮》等传于世。

十一、清·钱沣书"烟月时应极兴会，史书长得开心颜"

书者简介

钱沣（1740—1795），字东注，号南园，云南昆明人。乾隆三十六年进士，授检讨，官至监察御史、湖南学政、江南道监察御史、通政司参议加太子太保、吏部尚书、协办大学士。工楷书，初学颜真卿，又参以欧阳询、褚遂良，笔力雄强，气格宏大，行书参米南宫笔意，峻拔多恣。后之学颜者，往往以他为宗，如清末翁同龢、近代谭延闿、谭泽闿兄弟等都是学钱沣而卓然成家者。钱沣又擅画马，神俊形肖，世争宝之。其诗文苍郁劲厚，生气益然，著有《南园先生遗集》。

十二、祁寯藻书"骨气乃有老松格，神妙直到秋毫颠"

书者简介

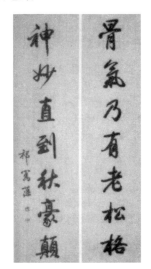

祁寯藻（1793—1866），字颖叔、淳浦，号观斋、息翁，山西寿阳县平舒村人。户部郎中祁韵士之子。嘉庆十九年进士。历官至军机大臣，左都御史，兵、户、工、礼诸部尚书，体仁阁大学士。晚清著名政治家、书法家，著有《勤学斋笔记》《馆课存稿》等传世。

十三、石庵（刘墉）书"句从月胁天心得，笔与冰瓯雪碗清"

书者简介

石庵，为刘墉别号，简介见前。

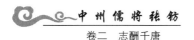
十四、翁同龢书"汲古得修绠，吐论驾秋涛"

书者简介

　　翁同龢（1830—1904），字叔平，号松禅，别署均斋、瓶笙、瓶庐居士、并眉居士等，别号天放闲人，晚号瓶庵居士，江苏常熟人，中国近代史上著名政治家、书法艺术家。体仁阁大学士翁心存第三子，咸丰六年（1856）状元，历任户部、工部尚书、军机大臣兼总理各国事务衙门大臣。先后担任清同治、光绪两代帝师。卒后追谥文恭。翁同龢工诗，间作画，尤以书法名世。幼学欧阳询、褚遂良，后学董其昌、米芾，中年后由钱沣上追颜真卿，又不受颜字束缚，结体宽博开张，笔画刚劲有力，风格苍浑遒劲，朴茂雍容，著有《翁文恭公日记》《瓶庐诗文稿》等。

十五、何绍基书"微雨池塘见，好风襟袖知"

书者简介

　　何绍基（1799—1873），字子真，号东洲，一号蝯叟，清湖南道州人。嘉庆四年生，同治十二年卒。道光十六年进士，改翰林院庶吉士，散馆，授编修，历充广东乡试副考官。咸丰二年，提督四川学政。能诗，工书法，深于经学。著有《东洲草堂诗钞》三十卷。

十六、陈寿鸿书"琴言清若水，诗梦暖于春"

书者简介

陈鸿寿见前"荀氏诸郎皆俊伟，河东小凤最风流"联。

十七、戴熙书"冷风送余善，和泽周三春"

书者简介

戴熙（1801—1860），字醇士，号鹤墅、又号仲乙、鹿床、榆庵、松屏、莼溪、井东居士等，浙江钱塘（今杭州）人。咸丰翰林，官至兵部右侍郎，辞官归里后主持崇文书院。擅画山水，学王翚笔墨，兼师宋元诸家，尤善花卉及竹石小品，能治印，著有《汲斋剩稿》《陶渊明集注》《庄子内篇顺文》《音分古义》《习苦斋集》《题画偶录》等。

十八、梁章钜书"琴心妙清远，榖性多温纯"

书者简介

梁章钜（1775—1849），字闳中，又字茝林，号茝邻，晚号退庵，祖籍福建福州府长乐县，生于福州府城。其先祖于清初迁居福州。梁章钜 15 岁中举人，嘉庆七年（1802）成进士，授翰林院庶吉士。嘉庆十年任礼部主事。秋，因病回福州。嘉庆二十一年考充军机章京，入直军机。道光二年（1822）授湖北荆州知府，曾兼代荆宜施道；三年升任淮海河务兵备道。道光四年，调署江苏按察使、江苏布政使、甘肃布政使、广西巡抚、江苏巡抚等职。上疏主张重治鸦片囤贩之地，强调"行法必自官始"，并积极配合林则徐严禁鸦片，是坚定的抗英禁烟派人物。也是第一个向朝廷提出以"收香港为首务"的督抚。梁章钜在楹联创作、研究方面的贡献颇多，为楹联学开山之祖。亦工诗，精鉴赏，富收藏，喜欢研究金石文字，考订史料。勤于读书，学识渊博，生平著述极多，约 70 余种，较著名者有《文选旁证》《浪迹丛谈》《称谓录》《归田琐记》《三国志旁证》《南省公余录》《退庵随笔》《枢桓纪略》等。

十九、翁同龢书"夕来秋兴满，朝坐落花间"

二十、钱沣书"明月满尊开上阁，古香半榻检藏书"

二十一、申兆定"园中认药分灵草，石上题诗扫绿苔"

书者简介

申兆定，字圆南，号铁蟾，山西阳曲人。乾隆二十七年（1762）举人，官定边知县。工八分书，遇有汉魏碑碣，必于鬫缺寻其点画，凡偏旁波磔反复考证，临摹数十过乃已。所撰涵真阁汉碑文字，如浦阁颂、张寿、泉君诸碑跋，皆精深详密，以订隶释、隶辨、金石图之异同，故当自成一书。（见清·王昶《湖海诗传》）

二十二、朱珉书"百年世德看乔木，万卷家藏有赐书"

书者简介

朱岷，字仑仲，一字导江，号客亭，清江苏武进人，籍山东历城（一作天津或寿春）。画山水得米芾法。兼善指画，初客天津查氏之水西庄，万柘坡尝作《指头画歌》赠之。行楷法苏、王，精隶书。康熙六十年尝作隶书轴。著有《画传编韵》《清画家诗史》《山东金石书画民纪略》传世。

二十三、赵之谦书"扫地焚香得清福，粗茶澹饭足平安"

书者简介

赵之谦（1829—1884），浙江会稽（今绍兴）人。初字益甫，号冷君；后改字㧑叔，号悲庵、梅庵、无闷等。赵之谦早年致力于经学、文字训诂和金石考据之学，尤精于书画、篆刻。为"海上画派"之先驱，其以书、印入画所开创的"金石画风"，对近代写意花卉的发展产生了巨大的影响；在书法上，他是清代碑学理论的最有力实践者，其魏碑体书风的形成，使得碑派技法体系进一步趋向完善，从而成为有清一代第一位在正、行、篆、隶诸体上真正全面学碑的典范；在篆刻上，他在前人的基础上广为取法，融会贯道，以"印外求印"的手段创造性地继承了邓石如以来"印从书出"的创作模式，开辟了一个前所未有的新境界。其篆刻对后世影响深远。近代的吴昌硕、齐白石等画家都从他处受惠良多。著有《六朝别字记》《悲庵居士文存》等，又有篆刻《二金蝶堂印存》。

二十四、朱文震书"捧日思驰仙掌外，擎天心向凤池中"

书者简介

朱文震，字青雷，号去羡，又号平陵外史、玄羡道人。清代济南历城人。少孤贫，以太学生充方略馆誊录，授西隆州同知，有政声。授詹事府主簿，会开四库全书馆，充篆、隶校对官。善治印,《续印人传》有载。朱文震好学不倦,尤肆力于六书八分。独游曲阜时,遍观孔庙秦、汉碑刻,连续数月布毯坐卧于碑刻间。后临摹太学《石鼓》。又到京师饱览古人书画,眼界遂宽,并从师于书画名家"紫琼岩主人"爱新觉罗·允禧(康熙帝二十一子),故自号"紫琼弟子"。喜搜集石印,工篆刻,曾为袁枚镌小印20余方,人惊其神速,文震笑曰:"以铁画石,何所不赡?凡迟迟云者,皆故作身份耳。"亦擅画,初学写意花鸟,师事郑板桥,后专精山水,几夺王原祁之席。曾仿吴伟业作《画中十哲歌》一篇,为时人所称道。朱文震卒年60岁。著有《雪堂诗稿》。

康有为题书"蛰庐"①

康有为题赠"蛰庐"拓本

① 据《康有为年谱》载,民国十二年癸亥(1923),康有为六十六岁,"九月,重过洛阳。先是,三月初七日为吴子玉(佩孚)将军五十岁生日,先生曾亲至洛阳祝寿,并赠联语云:'牧野鹰扬,百岁勋名才半纪;洛阳虎视,八方风雨会中州'。为一时传诵之作,后经子玉专函介绍于陕西督军兼省长刘雪亚(镇华),刘氏深慕先生,因邀作入秦之游。遂重过洛阳,由玉帅(佩孚)于九月十六日派员护送入陕。十七日游烂柯山王乔洞,观吕祖画,纸已裂,传为吴道子画非也。然神气超逸,可与西湖吕祖像比。"而此书所载之"康有为游烂柯山王乔洞,观吕祖画一事",当与此三幅题赠书迹同时。见《康有为年谱》,吴天任著,广东人民出版社2018年10月第1版。

释文

> 伯英仁兄属
>
> 蛰庐
>
> 　　　　　　　　　　　　　康有为

题书者简介

　　康有为（1858—1927），广东南海（今广州）人，原名祖诒，字广厦，号长素，又号更生、更牲。清光绪进士。光绪十四年（1888）上书光绪帝，要求变成法、通下情、慎左右，受到阻厄。十六年晤廖平，援"三统"及"三世"衍成据乱、升平、太平说。讲学于广州万木草堂，致力变法理论著述，撰成《新学伪经考》《孔子改制考》等，提出改制、三世进化、大同学说。二十一年会试，闻《马关条约》签订，四月初八（公历5月2日）与会试的一千三百多名举人上书，要求拒约、迁都、练兵、变法。旋与梁启超办《万国公报》（后改名《中外纪闻》），与陈炽等组织北京强学会，后在上海设分会，出版《强学报》。二十三年德国强占胶州湾，他又两次上书，建议大誓群臣以定国是，设对策以征贤才，开制度局以完宪法。次年立保国会，旨在保国、保种、保教。由徐致靖密荐，受光绪帝召见，任总理衙门章京上行走，特许专折言事。上疏数十次，促成"百日维新"。于是诏定科举新章、立京师大学堂、译书局、兴农学、奖新书新器、改各省书院为学堂、许士民上书言事、论变法。戊戌政变时，遭通缉，亡命海外。在加拿大组织保皇会。民国成立后，主编《不忍杂志》诋毁共和，保护国粹。任孔教会会长。1917年与张勋策划清帝复辟，旋即失败。后逝世于青岛。另著有《礼运注》《春秋氏学》《中庸注》《日本变政考》《戊戌奏稿》《大同书》《康南海文集》《康南海先生诗集》等。在书法方面提倡"尊碑"之说，著有书论《广艺舟双楫》。

康有为题赠张钫蛰庐
书房联拓本

康有为题赠张钫蛰庐书房联

释文

张将军伯英隐铁门，营园林曰蛰庐，吾来游题之。

丸泥欲封，紫气犹存关令尹；

凿坏（坯）可乐，霸亭谁识故将军。

癸亥九月，南海康有为

康有为题赠张钫《宿铁门》诗

康有为题赠张钫《宿铁门》诗拓本

释文

宿铁门

张将军伯英蛰庐，赠伯英将军兄

窟室徘徊亦自安，月移花影上阑干。

英雄种菜寻常事，云雨蛰龙犹自蟠。

函谷东来紫气清，铁门关尹远相迎。

骑牛过去化胡否，扶杖看山落日明。

有为

康有为"产碑"题跋

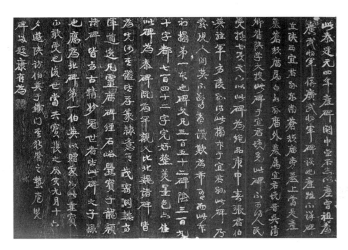

康有为"产碑"题跋石刻

释文

此秦建元四年"产碑"。关中金石志以产曾祖为广武将军称广武将军碑，误也。产姓不详，碑在陕西宜君县东南仓颉庙旁墓上，当是产墓。仓颉庙属白水县，庙外墓属宜君境，昔吴清卿督陕学，大搜此碑于宜君境，觅此碑不可得，人民受扰甚矣。天下以此碑为绝品。庚申春，张君伯英驻军高陵县，得此拓本于宜君县，此碑乃发现，人间莫不惊奇，赞叹为稀有。而此本初拓先第一本也。碑文凡三百五十二，碑阴三百九十字，都七百四十二字，完好整美，墨色亦佳。此碑为秦碑，既为罕觏，又比北魏诸碑皆为先河，其体皆存篆隶意，其茂密渊懿，高浑逍逸，凡灵庙碑、经石峪、爨宝子、龙颜诸碑，皆高古精妙冠世者，皆此碑之子孙也，应为北碑第一。伯英以赠我如此重宝，不敢受也，后世当共宝护之。癸亥九月十六夕，游陕访伯英于铁门其新营之蛰庐，览碑留题。

康有为

章炳麟题赠张钫联

章炳麟题赠张钫联刻石

章炳麟题赠张钫联拓本

释文

伯英我兄同志鉴

宁与凤凰比翼，

不随鸡鹜争鸣。

民国廿四年三月　章炳麟

书者简介

　　章炳麟（1869—1936），浙江余杭人，一名绛，字枚叔，号太炎。早年从俞樾习经史。清光绪二十一年（1895）列名强学会。二十三年任《时务报》撰述，宣传变法。二十五年编辑《訄书》，以尊君改良为旨。二十六年参加唐才常发起的"张园国会"，倡言革命排满。二十八年在日本发起"支那亡国二百四十二周年纪念会"。次年任上海爱国学社教员。为邹容《革命军》作序，发表《驳康有为论革命书》。"苏报案"发，被捕入狱，被判监禁三年。三十年在狱中研究佛学，参与策划组织光复会，增修《訄书》，鼓吹革命光复主义。三十二年出狱，东渡日本，入同盟会，主编《民报》，与改良派论战。武昌起义后返国，散布"革命军走，革命党消"言论，要求解散同盟会。1912年1月在上海组织中华民国联合会，任会长。旋改名统一党，任理事。5月与民社等合并成立共和党，拥护袁世凯。充袁氏总统府高等顾问，冬改任东三省筹边使。1913年因"宋案"事离任南返，策动讨袁。1917年参加护法军政府，任秘书长。五四运动后反对新文化运动，鼓吹尊孔读经。1931年主张抗日救国。1934年迁居苏州。次年设立国学讲习会，出版《制言》杂志。一二·九运动时，曾致电宋哲元，反对镇压学生运动。对文字学、声韵学、经学、诸子学等都有精深研究，世称国学大师。著作多收入《章氏丛书》。

章炳麟题书"千唐志斋"

释文

千唐志斋

新安张伯英，得唐人墓志千片。因以名斋，属章炳麟书之。

张霁村题，王维屏书"游铁门西原　赠伯英将军"诗

张霁村题，王维屏书"游铁门西原　赠伯英将军"诗

释文

游铁门西原赠伯英将军

张霁村

弍架冈陵弍段田，田高田下各流泉。

青秧簇簇秋鸦雨，紫雾霏霏暮蝶天。

细碎芬香虫诉别，徘徊人影月增圆。

离惊七载今欢会，此去云山尤几年。

同伯英游铁门西岭

张霁村

绿水浇田石攒峰，万科桑叶两三松。

回看岭外云深处，伸爪昂头有卧龙。

癸亥（民国十二年1923）冬月书于蛰庐，王维屏

题赠者简介

张蔚蓝（1869—1926），字霁村。清长葛人。光绪二十三年（1897）拔贡，朝考第一，官任朝中官员俸禄发放之职。恃才傲世，耿介不阿。民国成立后归里，与地方官吏不谐，险遭暗算。后被迫离乡，为陕军张钫幕友。钫慕其才，且念世交，以长辈相待。后随陕军入蜀。1919年当选为参议院候补议员，次年赴京补缺，为巡阅使吴佩孚召任秘书，典册巨文，多出其手。后因顾及地方疾苦，结怨军阀。1926年，由陕返乡，于和尚桥被军阀马及第拘捕，翌年正月，在许昌勒毙。著有《惊畹集》《新乐府诗》《援川日记》《由江回豫日记》《潼关稿》《汉中稿》《夔门稿》《洛阳稿》等。

王维屏（1884—1958），字觐侯，新安县孙都人。少年就读私塾，光绪三十年（1904）中秀才。宣统元年（1908）入湖北政法学校学习。辛亥革命后，王维屏曾在山西、河南、湖南一带任县教育科员、税务文牍、教员等职。1930年先后在张钫主办的观音堂煤矿、河南省民政厅、二十路军军部担任秘书职务。1941年，在陕县茅津、渑池南村等处任黄河渡口检查所所长。公余常以书法自娱，其作品颇有名气。1944年5月，新安沦陷，日本侵略者为物色县维持会长人选，先后找到许文田和邵修德，均遭拒绝。最后找到王维屏，王初也曾拒绝，但日本兵逮捕了王的侄子，并以杀头相威胁，王维屏被迫就范，出任新安县维持会长。日本投降后，王维屏为掩其劣迹，曾避居江苏吴江县。新中国成立后又畏罪潜逃，先后在陕西铜川、南京和西安灞桥等地隐身。1958年被抓获归案，经新安县人民法院审理，判处无期徒刑，同年病死狱中。

关葆谦题听香读画之室

听香读画之室拓本

释文

癸亥春三月

听香读画之室

　　　　　　　　　　　　　　关葆谦书

题赠者简介

关葆谦（1882—1956），河南开封人，满族。字百益，以字行，号益斋（有《益斋金石文存》），室名审美堂（有《审美堂藏石录》）。清末举人，毕业于京师大学堂师范科。历任京师第三中学堂、第一中学堂、八旗高等学堂、河南省第一师范、第三师范等校校长。抗战前任河南省博物馆馆长，为考古学社社员。擅长金石书画，工山水，1934年作《樊楼灯火图》。著有《伊阙魏刻百品》《石墨撷英》《伊阙石刻图表》《老君洞石墨撷英》《石窟寺石墨撷英》《方城币罗》《泉影》《东亚民族国币举要》《义州盟刀谱》《汉石经残字谱》《新郑古器图录》《河南金石志图》等。

宋伯鲁题赠张钫联

释文

伯英世大兄先生属书

逸兴寄河滨，十亩芳塘涵德水；

高怀拟绿墅，满园花木绣春风。

秦（七）十八翁宋伯鲁题

题赠者简介

宋伯鲁（1854—1932），陕西醴泉人。字芝栋，又字子纯，亦署子钝、芝纯、芝洞、芝桐、子顿、芝友，号芝田（一作字）、钵庵，又署竹心。室名海棠仙馆，有《海棠仙馆诗集》、心心太平轩。曾易姓赵（戊戌政变后避逃上海易姓）。光绪十一年中举，翌年连中进士。累迁山东道监察御史。中日甲午战后，上疏条陈时政。1898年与杨深秀等在京发起关西学会，与康有为、梁启超交往。百日维新期间，与杨深秀合疏弹劾许应骙阻挠新政，并奏改《时务报》为《时务官报》。戊戌政变后避居上海，1902年返里。后应伊犁将军长庚之请随往，至迪化又为王树枏挽留，纂修新疆省志。民国后，应邀主持陕西通志馆馆务。后以微疾卒。能书画，山水专攻王时敏，书法参合柳公权、赵孟頫。编撰有《新疆建置志》《续修陕西省通志稿》《知唐桑艾录》等。

宋伯鲁题赠张钫联拓本

张人杰题赠张钫联

释文

伯英先生属

　　松柏有本性，

　　园林无俗情。

张人杰

书者简介

张人杰题赠张钫联拓本

张人杰（1877—1950），浙江吴兴人（祖籍安徽徽州，今歙县）。谱名增澄，又名人杰，字静江（与名并行），别署饮光、卧禅，早年纳资捐道台，以江苏候补道衔，随孙宝琦出使法国，为商务随员。途中结识孙中山，并提供白银三万两作为革命经费。曾在巴黎办通运公司，经营古玩，茶叶、丝绸等，并在美国纽约设立分公司，为同盟会提供活动经费。又与李石曾、吴稚晖创办世界社，刊行《新世纪》杂志。并加入同盟会。武昌起义后回国，二次革命失败后，又往东京、巴黎，支持孙中山改组国民党为中华革命党，任财政部长。1914年蒋介石加入中华革命党，张为监誓人。后回国开办上海证券物品交易所。1923年协助孙中山改组国民党。次年国民党第一次代表大会被选为中央委员，又当选为中央监委。与蔡元培、吴稚晖、李石曾并称国民党四大元老。孙中山逝世后参加西山会议。1926年被选为中执委常委主席，代理国民政府主席。"四一二"政变后，任浙江省政府主席，后改任国民政府建设委员会委员长，前后九年。抗战爆发后出国。1939年赴美，寓居纽约，以迄去世。善书画，精鉴赏。作画取法石涛，字师赵孟頫。

李根源题赠张钫联

释文

伯英如弟总指挥雅鉴：

　　大翼垂天九万里，

　　长松拔地三千年。

　　　　　　　　　　　　　　　　如小兄李根源

书者简介

　　李根源（1879—1965），云南腾冲人。初字养溪（谿），后字印泉，一字雪生。室名曲石寄庐，亦作曲石庐（有《曲石庐藏书目、藏碑目》）、曲石精庐，又室名景邃堂、霜镜东斋、阙园。清末赴日学军事，其间加入同盟会，组织创办《云南》杂志，倡设云南独立会。任云南陆军讲武堂总办。武昌起义后，与蔡锷成立大汉军政府，任军政总长等职。二次革命后逃往日本，与黄兴等成立欧事研究会。后反袁称帝，参加护法斗争。先后曾任陕西省省长，北洋政府农商总长与代总理。"一·二八"淞沪战起，在苏州募义勇军。抗日战争爆发后，倡组老子军，主张抗日。曾任云贵监察使。新中国成立后，任西南军政委员会委员、全国政协委员等职。著有《永昌府文征》《腾冲战役记事诗》《滇粹》《吴郡西山访古记》等。

李根源题赠张钫联拓本

许震题赠张钫诗

释文

> 拥节在中州，安危系虎头。
>
> 何时抒国难？神略补金瓯。
>
> 敬赋短章一绝，奉赠伯英仁兄将军法家两正
>
> 　　　　　　壬申（1932）仲夏，钱丰
>
> 　　　　　　　　　弟许震于北都

书赠者简介

许震，近代上海人，工大小篆，善治印，摹秦汉刀法入古。有作品铁线篆《朱子家训》《集峄山碑》等传世。

许震题赠张钫诗拓本

戴传贤题赠张钫联

释文

伯英先生雅教：

> 量敌而后进，虑胜而后会；
>
> 好学近乎智，力行近乎仁。
>
> 　　　　民国二十三年元日传贤集书四书句

书赠者简介

戴传贤（1890—1949），字季陶，又字选堂，学名良弼，晚号孝园，法名不空、不动（1921年信佛教后取名），浙江吴兴人（生于四川广汉）。1910年任《天铎报》编辑、总编辑，因撰文鼓吹革命，被清廷通令搜捕，亡命至槟榔屿，任《光华报》编辑，并加入同

戴传贤题赠联拓本

盟会。辛亥革命后，在上海与人刨办《民权报》，任主笔。又任孙中山秘书。1917年任护法政府法制委员会委员长，兼大元帅府秘书长，外交部长，又随孙中山到上海。1920年曾和陈独秀等发起上海共产主义小组（不久退出）。1924年参加国民党第一次代表大会，任中央常委、政治局委员，兼中宣部部长及大本营法制委员会委员长，黄埔军校政治部主任，刨办中央通讯社。孙中山逝世后，反对三大政策，进行反共。后任中山大学校长、广东省政府委员。1928年后任国民政府委员兼考试院院长，直到1948年。1949年在广州因服过量安眠药去世，葬于成都。

齐白石、王雪涛合赠张钫寿桃仙蝶图 [①]

书画者简介

齐白石（1864—1957），中国书画家、篆刻家。名璜，字濒生，号白石，湖南湘潭人。早年为木匠。27岁拜当地文人为师，学诗书画印。57岁后定居北京，卖画治印。60岁后，"衰年变法"重视创造，融传统写意画和民间绘画技法于一炉。所画花鸟虫鱼虾蟹，笔墨纵横雄健，造型简练质朴，色彩鲜明热烈；阔笔写意花卉与微毫毕现的草虫巧妙结合，神态活现。尝论画谓："妙在似与不似之间，太似为媚俗，不似

齐白石、王雪涛寿桃仙蝶图

---

①1950年，张钫应中共中央统战部之邀请，迁居北京。参加统战部举办的学习班后，曾任中央文史馆副馆长之职。在此期间，与当时身为文史馆馆员的齐白石等文化艺术界人士多有交往。1952年，齐白石与王雪涛师徒合作一幅寿桃画作为赠张钫以祝生日的礼品。桃为齐白石所绘，设色清丽脱俗，极为赏心悦目。桃下复有齐白石高足王雪涛勾画蝴蝶一双，整幅画面气势更为灵动，妙趣别具。边跋："壬辰（1952）六月十有六日，雪涛写仙蝶。"钤印："齐白石""人长寿"。款识："多寿，伯英先生寿，九十二白石。"

为欺世。"篆刻布局奇特有力。能诗文。曾任中国美协主席。1953年文化部授予"人民艺术家"称号。

王雪涛（1903—1982），河北成安人，原名庭钧，字晓封，号迟园，中国现代著名小写意花鸟画家。历任北京画院院长、中国美术家协会理事、美协北京分会副主席、北京市第七届人大代表、北京市第五届政协常委、中国农工民主党中央联络委员会委员及北京市委委员。著有《王雪涛画集》《王雪涛画辑》《王雪涛画谱》《王雪涛的花鸟画》等。

克兴额等赠张钫题词手迹

释文

（蒙文不辨）

伯英先生

克兴额

仍来茗坐暮春天，独抚遗尘一惘然。除却清凉山色外，金陵何物尚从前。

扫叶楼茗坐。

伯英先生两正

树人

穆然悠思

铭枢

两腋习习清风生。

卢仝语录应伯英先生。

礼锡

君子之德

于右任

养吾浩然之气

伯英先生

觉慧

客有可人期不来

伯英先生

文蔚

心静自凉

伯英先生正

楚伦

奉扬仁风

伯英先生正篆

敬恒

题书者简介

　　克兴额（1889—1950），汉名包存智，字明远，号柏园，蒙古族。哲里木盟科左前旗人。肄业于奉天（沈阳）蒙文高等学堂，通蒙、汉、满、藏文。民国初期，在本旗主持创办公立蒙汉两等小学堂。曾任北京政府众议院议员。1926 年，在沈阳创办东蒙书局，出版文史类蒙文图书，广泛搜集蒙、满、藏文旧籍和蒙古民间文学作品。1929 年，与郭道甫等成立蒙古文化促进会，任秘书主持日常会务，并兼任东北蒙旗师范学校教员。日伪时期，在长春从事蒙文教科书编审工作，后来至王爷庙（今内蒙古乌兰浩特市）主持创办了蒙文编译馆。1947 年内蒙古自治政府成立后，任教育部参事。著有诗文集《四十年日记》《柏园随笔》，审订、编译教科书、词典、古典文学作品约几十种。

陈树人（1884—1948），号葭外渔子、二山山樵、得安老人。广东政治活动家、岭南画派创始人之一。自幼喜爱美术，师事著名岭南画派大师居廉。早年留学日本毕业于西京美术学校和东京立教大学，并追随孙中山从事民主革命，历任要职。后在香港的《广东日报》《有所谓报》《时事画报》任主笔，其作品和中兴会办的《中国日报》共同宣传革命，反对康、梁的君主立宪。曾在广东优级师范学校、广东高等师范学校任教。1922年在香港策划讨伐陈炯明。1923年参与中国国民党改组工作，拥护孙中山"联俄、联共、扶助农工"政策。1924年任中国国民党中央工人部部长、广州国民政府秘书长、广东省代省长等职。1928年后历任中国国民党中央执委、国民政府中央侨委会委员长、中国国民党中央海外部长等职。1947年辞职，定居广州，专心画艺，与高剑父、高奇峰同为岭南画派三杰。其画风清新、恬淡、空灵，独树一帜。1948年10月4日，陈树人因胃溃疡不治，在广州逝世。

陈铭枢（1889—1965），字真如，广东合浦曲樟（今属广西）客家人，1889出生于山清水秀的曲樟乡璋嘉村。一度担任代理国民政府行政院代院长，国民政府行政院副院长，国民政府交通部长，国民革命军第十一军军长，国民革命军总政治部主任，国民党中央执行委员，广东省政府主席，京沪卫戍总司令官，兼代理淞沪警备司令，国民革命军右翼集团军总司令，一手创办十九路军，任十九路军司令。民主革命家、北伐将领。从军而信佛。任民国政府军事委员、广东省政府主席、代理行政院院长，新中国成立后任全国人大常委会委员。

王礼锡（1901—1939），原名王庶三，字庶三，一字丽明，笔名王庶三、王博今。江西省安福县人，为中国现代史上的爱国诗人、社会活动家，病故在抗日前线。1929年在上海组织神州国光社。这一时期写了许多诗，后结集为《市声草》。1930年去日本，开始编印《读书杂志》。1931年回沪，神州国光社倡导展开中国社会史的讨论，轰动一时。论文后结集为《中国社会史的论战》出版。1933年去伦敦、巴黎等地考察、学习，写了许多散文和诗，收入《海外杂笔》《海外二笔》及《去国草》等专集。抗战爆发后，

在英参加组织全英援华会，任副会长。1938年回国。次年重庆"文协"派出作家战地访问团，任团长。写了许多日记，报道战地访问团的情况，后收入《作家战地访问团史料选编》一书。北上时，病故于洛阳。

于右任（1879—1964），陕西三原人，祖籍泾阳斗口于村，原名伯循，字诱人，尔后以"诱人"谐音"右任"为名；别署"骚心""髯翁"，晚年自号"太平老人"。曾用名刘学裕、原春雨。自称"右衽"，"衽"即衣襟，"任"由"衽"的谐音而来，中原地区的人往往以"左衽"为受异族统治的代词，而于右任为自己起的字"右衽"就是和"左衽"反其道而行之。笔名"神州旧主"、别署"骚心"，号"髯翁"，因其三十多岁时就黑髯飘胸，其后文化界同人多有"髯翁""右老"之称，民间亦称曰"于大胡子"。与张钫为志同道合的密友。于右任早年是同盟会成员，长年在国民政府担任高级官员，同时也是中国近代书法家，是复旦大学、上海大学、国立西北农林专科学校（今西北农林科技大学）的创办人和复旦大学、私立南通大学的校董等。也是中国近现代高等教育奠基人之一，中国近现代政治家、书法家，被誉为"当代草圣"，诗人，教育家。

方觉慧（1886—1958），字子樵。湖北蕲春人。清末毕业于日本早稻田大学。辛亥革命后，跟随孙中山，加入国民政府，任广东大本营宣传处新闻主任、都督署参议兼《中华民国公报》编辑、《震旦报》经理兼总编辑。

柏文蔚（1876—1947），字烈武，安徽省凤阳府寿州人。1912年1月15日中华民国临时政府授予陆军左将军加大将军衔，继孙毓筠署理安徽都督兼民政长、安徽都督。曾参与护法战争、和冯玉祥主张国共合作对日抗战。

叶楚伧（1887—1946），原名宗源，字卓书，别字小凤，江苏省昆山市周庄镇人。辛亥革命人物、国民党元老、报人、作家，教育家。曾担任上海《民国日报》主编，国民党中央执委会常委兼秘书长。

吴敬恒（1865—1953），字稚晖，中国近代资产阶级思想家、政治家、教育家、书法家，中央研究院院士，联合国"世界百年文化学术伟人"荣誉称号获得者。江苏武进人，1902年加入上海爱国学社，曾参与《苏报》工作。1905年在法国参加中国同盟会。1924年起任国民党中央监察委员、

国民政府委员等职。1927 年曾支持蒋介石反共清党活动，1953 年卒于台湾。（参见《山川毓秀，忠孝传家》卷内）

刘劭襄题赠"咏马""风尘三侠"诗

刘劭襄题赠"咏马""风尘三侠"诗

释文

> 曾经伯乐识长鸣，不似龙行不敢行。
> 金埒未登嘶若是，盐车犹驾瘦何惊。
> 难逢王济知音癖，欲就燕昭买骏名。
> 早晚飞黄引同皂，碧云天上作鸾鸣。
>
> 宝马传奇出未央，雕鞍照耀紫金装。
> 春草初生驰上苑，秋风欲动戏长杨。
> 鸣珂屡度章台侧，细蹀经向濯龙傍。
> 徒令汉将连年去，宛城今已献明王。

> 辛酉，秋高马肥，录杨师道咏马诗
> 刘昷公

> 长控青骡万里行，虬髯碧眼气纵横。
> 等闲然诺千金重，大好头颅一掷轻。
> 狗盗羞为门下客，龙泉时句匣中鸣。

风尘杯酒匆匆别，未许人间识姓名。

辛酉秋九月，录遁民题风尘三侠诗。

弘毅^①仁弟鉴

　　　　　　　　　　　　　　　　　　　　昷公

刘君劭襄，名承烈，湖南湘阴人。多年交好，一别三秋，刻其墨宝，以志道义。

　　　　　　　　　　　　　　　　　　　癸亥秋，蛰庐主人记

　　　　　　　　　　　　　　　　　　　马尚志镌字

刘劭襄题赠"岐山之役"诗^②

刘劭襄题赠"岐山之役"诗拓本

----

① 张钫因其父张子温号毅斋，故别号宏毅或弘毅。

② 此诗嵌于千唐志斋壁间，1923年12月7日，张钫葬张铮于水源村祖茔，襄事期间，缅怀故旧，将刘承烈手书倩工勒石，公之于世，以使后人见之吟咏感怀。

释文

　　弘弟感伤民国八年正月岐山之役，以五古寄余，即以原韵以七古答之：

　　君歌且休听我歌，我歌嘈杂人莫作。

　　回首八年十八日，旗鼓沙场震如昨。

　　卷阿之水清涓涓，当日偕行为寻乐。

　　乐极生悲理有常，三人捷足独无脚。

　　上天无路地无门，惟见孤亭庙前阁。

　　四弟弥留当转眸，瞬惊暴子同就缚。

　　呜呼！

　　血流四海鲸未屠，空悴同俦死沟壑。

　　平乱有责相周旋，暂别何遽伤离索。

　　果同匣剑作龙吟，岂真莫舍古鼎爵。现余写大篆，求之周鼎商爵。

　　论文慷慨俱无猜，羞食同甘鸳中鹤。

　　但期并马策驰驱，不管瓜熟与蒂落。

　　君不见来忠武定中原，匹马短衣岂忘洛。岳忠武有先收河南群盗，后定中原之语。

蛊公匆匆答稿

书赠者简介

　　刘承烈（1883—1952），字绍襄，湖南益阳人。生于1883年（清光绪九年）。早年留学日本，在早稻田大学学习法政，并加入了中国同盟会。毕业后回国在粤、湘、鄂、豫等省从事反清革命活动。1911年春响应广州起义。1912年12月26日任湖南省实业司司长，1913年12月29日被免职。后任中华革命党筹备委员会委员。大革命失败后，从事反蒋斗争。抗日战争时期，在天津成立华北人民自卫委员会，与中国共产党合作进行抗日救亡运动。新中国成立后任政务院参事室参事。1952年病逝。千唐志斋刻石末尾张钫题记谓："刘君绍襄，名承烈，湖南湘阴人。多年交好，一别三秋，刻其墨宝，以志道义。"所书唐诗两首，其一为初唐诗人杨师道《咏马诗》，其二为唐穆宗时韩琮的《风尘三侠诗》。

吕佛庭书《晋书·陶侃传》

释文

　　侃性聪敏，勤于吏职，恭而近礼，爱好人伦。终日敛膝危坐，阃外多事，千绪万端，罔有遗漏。远近疏书，莫不手答，笔翰如流，未尝壅滞。引接疏远，门无停客。尝语人曰："大禹圣者，乃惜寸阴，至于众人，当惜分阴，岂可逸游荒醉？生无益于时，死无闻于后，是自弃也。"

　　　　　　　壬申初秋录《晋书·陶侃传》
　　　　　　　　　于台中东山草堂

书赠者简介

　　吕佛庭（1911—2005），河南泌阳人。擅水墨、专攻山水。1965 年获第一届中山文艺奖，

吕佛庭书《晋书·陶侃传》

1988 年获文艺基金会文化建设特别贡献奖。著有《中国书画源流》《中国画史评传》等书。号半僧，别号南阳山人，幼名天赐。画家。8 岁初习花鸟，20 岁游学于北平美专，学山水、人物。1934 年毕业，1936 年秋，往西净慈寺出家，未果。抗日战争时期在西安、成都、重庆等地举办画展。1948年由西安去台湾，曾任台中师专、文化学院艺术研究所、国立师范大学及艺专教授。曾以四年多时间，完成《长城万里图》《长江万里图》及《横贯公路》三幅长卷，先后在台北及美国等地展出。著有《石涛大师评传》《中国书画源流》《中国画史评传》《蜀道万里记》《文字画研究》等。吕佛庭术学兼治，诗、书、琴、画皆精。其诗作不下三千余首，在书法方面，书风介于楷、隶之间，糅合了钟（繇）、王（羲之）、褚（遂良）、欧（阳询）之风格，端正古拙挺秀，自具面貌。

吕佛庭书《怀张公伯英》

释文

怀张公伯英

忆昔长安拜蛰龙，不求闻达真英雄。击楫独感风云变，对麈同嗟筹策穷。

千石唐碑传国宝，几支秃管扬华风。音容久渺典型在，北望铁门怀放翁。

迁翁吕佛庭

吕佛庭书《怀张公伯英》

张泽溥书唐·杜甫《瀼西寒望》诗

释文

水色涵（含）群动，朝光切太虚。

年侵频怅望，兴远一萧疏。

猿挂时相学，鸥行炯自如。

瞿唐春欲至，定卜瀼西居。

壬申夏月泽溥书 ①

---

①此为唐·杜甫《瀼西寒望》诗，"涵"为含字之误笔。书联下有印章为"张泽溥印"四字。张泽溥，书此书时居住台湾，其他事迹不详。

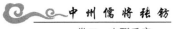

侯传勋书《千唐志斋颂》

释文

千唐志斋颂

千唐志斋位豫铁门。碑碣林立，蛰庐藏存。中原物望，震古烁今。文衡千秋，书画艺林。

岁次壬申夏，古杞侯传勋于台北

题书者简介

侯传勋（1918—1993），河南省杞县人，1918年生。国立河南大学文学士。工诗文、善书法，以临池为乐。教授大专，弟子众多。为四维书画会长，国立河南大学书画会会长。著有《侯传勋先生书法集》。

侯传勋书《千唐志斋颂》

侯传勋书赠张广平

释文

广平先生方家雅正

时贤作原道，平子写归田。

辛未仲秋石鼓字，侯传勋

侯传勋书赠张广平

韦德懋书题张广仁"伯英先生千唐志斋藏石"诗

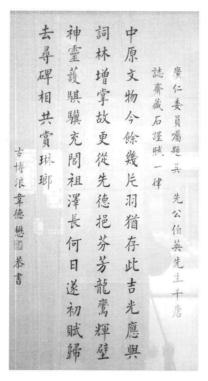

韦德懋书题张广仁伯英先生千唐志斋藏石诗

释文

广仁委员嘱题其先公伯英先生千唐志斋藏石，谨赋一律。

中原文物今余几，片羽犹存此吉光。应与词林增掌故，更从先德挹芬
芳。龙鸾辉壁神灵护，骐骥充闾祖泽长。何日《遂初》赋《归去》，寻碑相
共赏琳琅。

古博浪韦德懋恭书

题书者简介

韦德懋（1914—1996），字勉斋，河南阳武（今原阳县）人。中央政治学校毕业。中央训练团党政班结业。曾任陆军大学参谋班西北班政治教官，陕西省永寿、邠县（今彬县）、蒲城等县县长，河南省民政厅主任秘书，1948年当选第一届"国民大会"代表，并任宪政督导委员会委员。1949年去台。

卷三

书文兼工

著作诗文　宏博典雅

　　张钫在辛亥革命西安起事中率义勇之众，攻克满城，掎角武昌，推翻帝制，建功树勋，在人们的心目中，应该是一个只会掂刀执枪的赳赳武夫，然而现实中的张钫，却又有着"寄身于翰墨，见意于篇籍①"的另一面。张钫一生勤奋好学，孜孜不倦，固然与其家庭书香传承有关，然而新安古为洛阳京畿之地，又为东西两京通衢要道，关山巍峨险峻，关城壁垒森严，人文地理，钟灵毓秀，贤士俊才，代有所出，这也是孕育张钫"援毫飞凤藻，发匣吼龙泉②"，允文允武，功立业显的另一个条件。

---

①三国魏·曹丕《典论·论文》。
②唐·杨夔《送张相公出征》诗。

著作介绍

选编《历代军事分类诗选》

张钫于民国八年（1919年）在任职陕西靖国军副司令时，于戎马倥偬之暇，开始了《历代军事分类诗选》的选编。在这本书中，张钫选编三代至唐之军事诗歌1717首，按古寺、五古、七古、五绝、七绝、五律、七律之分厘为八卷。又在每卷中依次分为从军、送从军、出师、行军、军中、破阵、凯歌、咏将、旋军、悼挽、幕宾、赠答、豪侠、咏马、武器、征怨、伤乱等一十八类，辑选所据之书以《诗经》《诗纪》《全唐诗》为干，选《古逸》《古今风谣》《乐府》《艺文类聚》等各家专集以及声歌、童谣、里谚等按类编入。

《历代军事分类诗选》封面

张钫编选《历代军事分类诗选》，并非鼓吹战争，倡导穷兵黩武，而是"止戈为武①"，制止战争。张钫在《历代军事分类诗选序》中说："夫诗言志，道性情，葩经三百，贞俗咸存。而

---

①止戈为武：戈，古代一种兵器。《左传·宣公十二年》："潘党曰：'臣闻克敌，必示子孙，以无忘武功'。楚庄王曰：'非尔所知也，夫文，止戈为武。'"这句话的意思是说，潘党（楚国大夫）认为楚庄王战胜了敌国，应该让后代都知道，不要忘了楚国的威风。而楚庄王告诉潘党："武"字是由"止"和"戈"两字合成的，真正的消灭暴乱，是永远停止动用武器，这才是真正的武功。

予此编，独选关于军事者，或谓启世人黩武之思？非也。盖祸变基于干戈，流离生于戎马，虽治乱之源，政潮是视；而兴弭之渐，风化攸关。若军人识正谊，知爱国，纵边烽有警，草泽称雄，又何难仗义执言，消患未萌。"这段文字，正是张钫内心世界民族意识，家国情怀的映现，也是对编选《历代军事分类诗选》一书的说明。

《历代军事分类诗选》，初印本有张钫自序，叙述选辑经过甚为详尽，其民族意识，家国情怀，荡漾于序文之间，其文曰：

"予少懒于学，古诗歌能记诵者甚鲜。年稍长，值国家多故，驰驱戎马间，凡古今要塞，通都巨邑，名山大川，颓垣废垒，或匆促一过，或于焉宵憩，或陈师对垒，或战胜追逐，烈日之下，雨雪之中，清风明月之间，离合悲欢之际，恒思敲镫以咏，对景兴怀，藉解劳顿而述情事。顾心长学短，遗憾时形。每拟于往籍中，摘其于吾心所想，躬亲所历，有翕合者，分类择书，庶便讽诵而资警励，徒以碌碌行伍，有志未逮。己未春，南北言和，军事稍暇，因搜集自三代至唐末各诗集、各选本、各丛书，分十八类，陆续选集。因抄录之艰，迄辛酉夏，始粗具端倪。夫诗言志，道性情，《葩经》三百，贞俗咸存。而予此编，独选关于军事者，或谓启世人黩武之思？非也。盖祸变基于干戈，流离生于戎马，虽治乱之源，政潮是视；而兴弭之渐，风化攸关。若军人识正谊，知爱国，纵边烽有警，草泽称雄，又何难仗义执言，消患未萌。所惜者，不由其道耳！是集之选，举凡战事之是非，将士之勇怯，祸乱之原委，兵民之苦乐，长歌短咏，绝律残句，有关世道人心，罔不搜罗采取，次第成编，使千百年前之诗，移诸百世后之身。历其境者，可歌可泣，可讽可规。而随时随地，足以激发人之性天，活泼人之精神，陶镕刚健中正之武风，则亿兆生灵，得所托命，是岂徒中国之幸也欤！予不敏，窃本斯旨，非敢强前贤巨制，以附己见，而骛选诗之名也。述而不作，戒勉昭然，博雅君子，或有取焉。至分类名义，另详于后，而撮其大略于此。民国九年季夏新安张钫志于池阳军次。"

据此书序，本书编选始于民国己未（1919）成书于民国辛酉（1921），其时为张钫就任陕西靖国军副总司令第四年。池阳即今陕西三原县，陕西靖国军司令部即设于此，1918年8月，张钫曾率部与依附段祺瑞政府的皖系军阀陈树藩（陕西督军兼省长）作战，后北京政府命奉军许兰洲部入陕，指挥甘、川、晋军围剿靖国军，靖国军血战连年，力竭势蹙，郭坚、樊钟秀部为保存实力，先后被许兰洲部收编，余部趋向解体。时值南北议和，战事稍歇，遂于战阵之暇编定此书。

《历代军事分类诗选》有多种刊本，各种版本书名书序不一，河南图书馆所藏版本封面书名为《军事诗选》，书名下署"民国廿三年（1934年）百益署"，由抚州日生铅石印刷局代印，1935年出版发行。同时还有一种封面名为《军事诗选》版本，书名之下有张钫题署的"民国廿四年伯英署"字样。该版本由于此书版刻时间不同，故其书序也有数种，今按时间先后胪列于下。

1931年（民国二十年）蔡元培 [①]《序》

新安张伯英先生，久绾戎机，雅好吟事，以为涵养性情，莫如诗，激扬士气，尤莫如军事之诗。羽檄稍暇，手自校录，人以代系，事以类分，积日既久，所得遂富，名曰《军事诗选》，欲与当世人士共欣赏之。夫诗以言志，笼摄心虑，故乐夷旷之境者其语窈，抱豪放之思者其声吰，曲折相肖，如影与形。说者谓我国民天性和易，善写绚烂之景物、绵邈之情绪，而于激昂战斗杀敌致果之作较少，国势积弱，此其缺点，不知战阵无勇列于非孝，戈矛所指著乎同仇。长城饮马之歌，从军鼓吹之曲，流唱遍于魏晋，乃至擐甲十年，木兰奏其异绩；东方千骑，夫埒在于上头。女子幽娴，犹慕奋发；风气所播，谁曰恇屗？唐代诗歌，亦多伉厉，系单于之颈，斩楼兰之头，情见乎词，不一而足。其有忧时念乱，恻隐僭怛，咏新丰之折

---

① 蔡元培（1868—1940），字鹤卿，又字仲申、民友、孑民，并曾化名蔡振、周子余，浙江绍兴府山阴县（今浙江绍兴）人。原籍浙江诸暨，教育家、革命家、政治家。民主进步人士，国民党中央执委、国民政府委员兼监察院院长，中华民国首任教育总长。

臂，悲无定之征魂，则又意主讽谏，所谓苟能制侵陵，岂在多杀伤？者乃和平之极，则非怯弱之象征也。观伯英先生之所选，有以知吾国民族尚武而不黩武，用兵而善戢兵，雅歌所寄，美德流露。昔之散见于各篇简者，今乃裒而集之，甫迄唐末，已得千数百余首，是皆激昂战斗之作，宁得谓之尚少耶？振囡魂而御外侮，将于是书消息之，选诗之意在此，还质伯英先生其亦鞭然首肯矣乎。

中华民国二十年五月蔡元培

1931年（民国二十年）马福祥《序》

《车辖》《驷铁》述秦人尚武之精神也。福祥陇人，自束发受书，颇喜讲武，盖囿于习俗使然也。自陇以西，皆前代用兵之地，荒城古戍，战迹留遗，恒足动人爱国御侮之深心。及读汉魏以来，蒲梢天马之歌，沧海碣石之作，又未尝不慷慨悲歌，思追踪前人，以立功异域。自昔治军青海、贺兰、云中、河套各地，蒙务番恃纷至沓来，虽磨盾之余，尚思吟咏，然究不能日对古人，一享其安闲之岁月，年来解甲从政，公退之暇，辄取夙昔所读诗卷以温习之，恒欲裒集有关世道人心者，手抄一编，借以自励，顾为案牍所羁，有志未逮。张君伯英，庭承诗礼，家学渊源，以文武兼资之才，革命念载，迩者百战归来，尝好韵语，兹由梁园寄来所选历代军事分类诗见示，并属为序弁首，披读一遍，实获我心。中以《三百篇》及《诗纪》《全唐诗》为干，而副之以《古逸》《古今风谣》《乐府诗集》《艺文类粹（聚）》《文选》各家专集分类以次，采入古人军事诸作，搜罗靡遗，诚大观也。《毛诗序》曰："诗者，志之所至也，在心为志，发言为诗。"述古人之言，即以见古人之志，而一代征夫之苦乐，民心之向背，与夫劫灰烽火、山川形胜、得失兴亡，胥于是乎在，吾愿手此一编者，作往古军事史观可也。

民国辛未（民国二十年）夏陇右马福祥撰

1934 年（民国二十三年）张钫《军事诗选》后序

　　诗选多矣，或集一代之英，或拔一家之萃，大抵以诗为主。若就一事为主题，收合历代名作，自成一系统者，求之前贤，尚无此例。惟余曩于三原靖国军次，所辑军事诗选，差为近之，体裁当否，向未敢信。问世以来，重印三次数千部，今书无存，而索者犹相踵。兹当四次付印之时，乃复详加删订，正其讹误，序次未妥者，又为移置。区区微意，对于分类次第之间，固有不能已于言者。余维军事者，一国安全之保障，而民族独立精神之表现也。当边徼多事，或内乱突发之时，壮士荷戈以前驱，书生投笔而从戎，慷慨激昂，气壮山岳，而赠策祖道，买马送剑，益足坚其敌忾之志，虽有稚子牵裾，少妇饮泣，卒抑家庭之情，以尽报国之义，斯诚美风致足多也，故先选从军之诗，继之以送从军，奉命出征，跋涉关山，旌旗逶迤，雨雪载途，宿则露幕。行必成列，或衔枚而疾走，时缓辔以徐前，为国贤劳，虽苦犹乐，故次之以行军之诗。仓促遇敌，咄嗟应战，鼙鼓雷动，笳声震耳，所以发扬杀敌致果之气，而坚一冲锋陷阵之心者也，故破阵之乐次之。更有边防无事，职在守戍，训兵简卒，军中日长，读塞上塞下陇头关月边城塞外各诗，可知军人生活之风味焉，三军虽众，命悬一将之心，帷幄得人，胜决千里之外，故咏将各诗又次之。英烈之士，没于国事，浩然之气，蔚为国魂，悼诗挽歌，一字一泪，故追悼之诗又次之。洎乎寇平事定，将军班师，凯旋之歌起于行阵，欢呼之声闻于闾阎，兵器纳于武库，战士返乎陇亩，此正转乱为治之兆。古人播之管弦，撰为国歌，所以纪武功而餍人心也，试读述入塞形势各诗，可知异域绝塞，悉入版图，国运之隆，于斯为盛，故凯旋之诗又次之。行人赠答，纸短情长，风义相规，发人深省，故又次之。若夫人事不齐，千古同慨，一军之中，苦乐岂能平均，征徭既繁，劳逸难期至公，或久戍而其代，或功多而不封，望月思家，闻笳堕泪，寒风刺骨，白雪没胫：衣食不给，死亡枕藉，怨气积胸，发之为诗，虽诗人忠厚，怨而不怒，然使穷兵黩武者，读之亦当为之恻然也，故又选征怨之诗，所谓言者无罪，闻者足戒，余之微意盖在于此。他如千金一诺，壮士轻生，名马宝刀，军家所贵，即驽马铅刀之咏，莫不寓有深意，故以豪侠咏马咏兵器诸诗殿之。又原选有《伤乱》一门，专收乱离之诗，盖见夫烽燧频惊，生灵涂炭，处斯世者，但知遭乱之可悲，而希望速定，不知定乱之可悲，尤甚于乱，定乱以武，人孰不知，而抑知军兴之前，战争之际，实人类最苦最痛之时，生命既无保障，财产难免征发，加以贪官酷吏，土豪劣绅，假定乱为名，横施敲剥，欲哭则无泪可挥，欲言则有祸是惧，其苦为何，如乎不幸，而在匪军强敌炮火之下，战场之中，其凄惨更不待言，如斯种种乱离诗中，无不备具，虽时异世殊，读之犹能令人戚奋悲泣，油然发生仁慈之心而不自知，此诚由乱转治之一大关捩也。前曾摘出，加以评语，另订单本，易名《变诗选》，盖宗风雅之旨，取乎变咏之意也。兹仍附入，俾读者知本选次第之循环，而区区苦心，庶可共谅矣。抑更有言者，古人之作，亦各就所经之事，抒其所怀耳，而余选而辑之，联贯于一题之下，若千百年前之诗，不啻分咏此一事也者，余亦惟自抒所见，非敢牵附前人，以就已意，知我罪我，不暇计也，是为序。

民国二十三年春张钫志于许昌军次 [1]

---

[1]民国二十三年，张钫在河南许昌驻军，时为二十路军总指挥。

编次《千石斋藏志目录》

千石斋是张钫对他自己蛰庐内千唐志斋的另一称谓，因为千唐志斋以志命名，仅限于唐代墓志，这一名称对于蛰庐藏石来说，未免有点名不副实。于是张钫先生于 1951 年移居北京之后，根据蛰庐内所藏墓志石刻对千唐志斋重新命名并重新编订《千石斋藏志目录》一书。该书前后无序言跋语，唯于首页前有张钫所作的简单说明，其文谓：

《千石斋藏志目录》封面

《千石斋藏志目录》，原为《千唐志斋藏石目录》，继因历代石均集，改今名。

旧目续编印而未行，又三续。今按纪元自唐起（唐前明后另编）至明止汇编为一册，附史目志史有关系者。选目文字优长者。

《千石斋藏志目录》虽为 1953 年印行，但此书已不多见，这里所录是据高红涛同志所藏原河南省文化厅资料室藏本。从所录墓志来看，《千石斋藏志目录》已与郭玉堂编次的《千唐志斋藏石目录》所录有所不同。在第一页中，已无魏三体石经和北魏始平王元子正墓志。

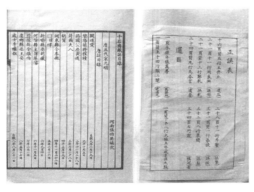

《千石斋藏志目录》正文首页（一）

《千唐志斋藏石目录》正文首页（二）

两次主修《新安县志》

　　《新安县志》存世最早者有明·嘉靖四十一年（1562）、万历三十七年（1609）刊印本，清·康熙、乾隆年间亦有新版，百数十年后，新安县县长曾炳章于1914年石印清乾隆三十一年（1766）邱志旧本，新安县是张钫的故乡，据记载，《新安县志》的编修最早始于明代。明嘉靖四十一年（1562）、万历三十七年（1609）曾两次修志成书，但都没有流传下来。清·顺治十三年（1656）、顺治十八年（1661）、康熙三十年（1691）、康熙三十三年（1694）、乾隆三十一年（1766）曾五次修志，但仅有康熙三十三年和乾隆三十一年编修的两种版本传世。自乾隆之后一百多年间，《新安县志》未曾再编，直到民国三年（1914），新安县长曾炳章才又石印清乾隆三十一年（1766）邱峩志旧本。此后续者阙如，再无新编。直到民国年间才有两次续修，皆与张钫先生有关。

　　第一次续修《新安县志》是在1923年前后，其时张钫之父张子温去世，张钫卸任靖国军副总司令由陕西回家守制，捐资筹办修志馆于铁门蛰庐内，在此期间他召集清光绪辛卯科举人并曾任祥符县儒学教谕的渑池洪阳村人杨埜（字子方），及新安县人侯慈舫（字海涛）在铁门镇设修志馆，由张钫督修，新安县知事葛邦炳监修，杨埜总纂修，阅岁（1924）成书，旋遭时变，未及付梓，而稿半佚失，后称《新安县志稿》。此书共十五卷，佚去一、五、六、七、十、十一卷。所存为：卷二舆地（沿革、山系、水系、古迹、陵墓、庙寺、坊表），卷三财赋（丁地、户口、税课、地租、差徭、盐政、公债、赈恤、解支、仓储、附财政机关沿革），卷四职官（职官表、宦绩），卷八教育（儒学、书院、义学、教育行政、学校教育），卷九社会（民族、宗教、礼俗、组织、生活、方言、歌谣），卷十二人物下（民国），卷十三艺文，卷十四金石，卷十五杂记（祥异、轶事、杂著）。该手稿本署为张钫修，杨埜纂。

第二次续修为1933年，始于当年9月，终于1935年4月，历时一年半。当年的新安县县长李庚白在民国廿八年（1939）《新安县志》序中对此有详细记述："癸酉（1933）八月，庚白奉令调长新安，访地方耆绅谈悉，本县县志纂至清乾隆丙戌，民国甲子经渑池杨君子方及邑人侯君慈舫在铁门续修，存稿未刻。适河南清乡督办张公伯英回铁门原籍，庚白因事趋谒，偕许君经畬、刘君洽民等同往，申述续修邑志事，张公历述前次资助续修未竣之经过及续稿散存各处，愿再捐资以助，嘱余君镜涵肩其事。"不久，县修志馆成立，除部分地方拨款外，大部分开支均为张钫资助。参与编纂者毕正纪曾有序言曰："是役也，经费最不易筹，县中公财未裕，十五出自邑人张伯英钫捐资。"编纂期间，得到王广庆、余镜涵、郭重宣等人极力维持，奔走斡旋，斯志得以竣工。

1939年，河南新安同文印刷所石印出版、席秉章题署的《新安县志》书影

之后，因助资告罄，未能付梓，仅录志稿两部，分藏张钫、许经畬家，三年之后，始得以刊印。席秉章所撰序言说："戊寅（1938）首夏，正值寇入日深，军书旁午（军事繁忙），抽暇借阅志稿，不禁有功亏一篑之叹。"随后，即召集邑绅商讨，并组织编纂委员会，依原稿校正，不一月而就，由许经畬定印三百部。该刊本共八册十五卷，署为张钫主修，李庚白兼修，李希白总编纂，基本依据并保留了张钫主修的民国第一稿体例及内容。

上述两次编修《新安县志》，张钫均出资出力，使《新安县志》最终编成面世。

张钫与《河南通志》

河南之有志，始于宋·宋敏求之编纂《河南志》，然当时仅地域限于河南府（洛阳）。其后有明成化二十二年（1486）编纂的《河南总志》，明嘉靖三十四年（1555）编纂的《河南通志》，清顺治十七年（1660）、清康熙九年（1670）及康熙三十四年（1695）、清雍正八年（1730）、清雍正十三年（1735）都曾对《河南通志》进行修订重刻；清乾隆三十二年（1767）编订有《续河南通志》，并于民国三年（1914）重印。

民国十年（1921）河南省通志局成立，其时拟定了重修《河南通志》简目二十六门。1923 年，改通志局为重修河南通志局，减少志书篇目，由原来的二十六门改为十九门。1927 年，将重修河南通志局和金石志编纂处合并，改组为河南省政府教育厅重修河南通志处。1929 年张钫任河南建设厅长期间，河南省成立"河南新志编纂处"，张钫则为兼修人之一。1929 年 11 月，重修河南通志处为纂修河南省志，特将修志人员分为四组担任编纂，期以二年内成书。省政府主席韩复榘兼任总监修，由省府遴聘省行政长官及乡望素著者充任监修，张钫为监修之一。1930 年依国民政府通令成立河南通志馆续修省志，直隶河南省政府，总监修为河南省主席刘峙，监修共 12 人，张钫是其中之一。

时至 1934 年，续修《河南通志》已历时十余年，迭经延期，未能编竣，河南通志馆期满，张钫时为河南省政府委员，亦为河南通志监修，于 1 月 30 日提出善后办法六项，省府决议，结束改组，2 月 1 日省政府派员前往接收。

1934 年 2 月 1 日《河南民国日报》载："省府派员今日接收河南通志馆，全书未完成尚待续编，张钫提善后办法六项"。张钫所提办法原文为："河南通志馆期满结束，省府特派第二科科长董兆麟、秘书刘邃真、科员董在环三人，定明日前往接收。省府委员张钫，所拟具之河南通志馆结束善后办法六项，亦于前日三百二十次省府会议通过。"张钫所提办法原文如次：

案查河南通志馆，截至卅年一月，展限期间，又已届满，业经奉令准予结束，并派员接收在案。查续修通志，历时已十余年之久，糜款至数十万之多，迭经展期，迄未成书，办理不善，无可讳言。然其重大原因，实以政局迭变，职员屡更，及督率不得其人，以致成绩殊鲜。近三年来，加紧工作，效率颇增，所有全书各门，已成稿件，约有十分之九，若令其从此终结，束之高阁，则为山九仞，功亏一篑，全书既无观成之日，殊失政府设馆续修之本旨。兹拟具善后办法六项：

（一）确定善后机关。查此次续修通志，既不能因逾限未成，速行停止，自应有一机关，以董其事，其办法有三：一、通志馆暂不裁撤，酌留相当人员，维续成书。二、交图书馆办理，由图书馆长负责遴选职员，督促进行。三、由省政府主席，以总监修名义，在省府另设一办公处，监督指挥，各职员每日按时到处编纂，勿得延误。以上三项，应择其一。

（二）完成初稿。查此次续修通志，拟定项目，全书共七百二十九卷，现在已编成者，共六百二十九卷，已编而未成者，共七十七卷，未编成者，共二十三卷。拟将已编而未成者，仍由原编人员，负责续编。尚未编者，或由原有担任人员，或另聘妥员，着手分编，以期完成七百二十九卷原定项目。

（三）综核审定。查通志各门，原由各纂协修分别担任，虽已陆续脱稿，但其间详略繁简，格式伍例，未必尽能一律，其有待于修正润色者，当复不少，卷帙浩繁，断非一二人所能胜任，应聘总纂修一人，以总其成，并酌留该馆原有协修若干人，或另聘邃于史学，洞明现代学术者若干人，分别考订笔削，以成完璧。

（四）分部付印。查通志告成，自以刻版为佳，唯时间需费，均不经济，拟用聚珍铅字排印，以期简捷，凡经审核确定之稿，一部分告竣，即付印一部分，俟全书告成，即全部印竣，似此审核印刷，同时并举，庶免旷废时日。

（五）酌拨经费。查该馆原支经费，每月四千余元，现既酌留或另聘，并缮校各员自不能责其一律全尽义务，似应酌给薪津，唯未完之稿，既属无多，应用人员，亦应慎选无滥，若照原支经费，酌减半数，似亦敷用，其余半数，仍令财政厅另款存储，专作印书经费，不得移作他用。

（六）严定限期。查通志为地方史，此等著作，所关甚巨，非力求翔实完美，又何以传信后世，藉供考征？所以完未成之稿，审核已成之稿，自非仓皇补苴所能藏事，然不预定限期，又恐迁延时日，复蹈已往之弊，拟定限期十个月，将全书一律完成。以上办法如能切实进行，当可如期成书，是再费最少数之物，即可收十余年未竟之功，而政府设馆续修之本意旨，可毫无遗憾。若惜此区区经费，失此不图，原稿一经散佚，搜集更成困难，成书恐将无日矣。各职员应支薪津若干，及需用杂费若干，应另编紧缩预算，呈请核定拨给，所拟是否有当，敬请公决。

　　1934 年冬，"河南通志馆"改附设于河南大学，总监修为河南省主席刘峙兼任，馆长由当时河南大学代理校长杜俊（字秀生）兼任。1937 年底完成了《河南通志稿》[①]，日军侵略战火于 1938 年夏危及开封，总纂胡汝麟（字石青）依中央命令将志稿送往四川，不久胡汝麟在四川病故，抗战胜利后，志稿已不完整，由王幼侨负责将志稿与河南省博物馆的一些文物由四川运回河南。

---

　　①参考引据《河南文史资料》第十三辑，政协河南省文史委编，1984 年 11 月出版发行，《民国年间河南通志馆始末》一文，作者王守忠。

张钫与《河南新志》

1929 年 4 月 6 日，河南省政府主席韩复榘下令于开封成立《河南新志》编纂处，任命刘景向（字遽真）为总纂，编纂工作人员六人。其不隶属于重修河南通志处，是独立于重修河南通志处之外的另一组织。《河南新志》编纂处监督为河南省政府主席韩复榘，监定五人，河南省建设厅厅长张钫是其中之一。《河南新志》编纂原则是"大体详于今而略于古"，着重记载民国以来的一些历史。利用重修河南通志处的资料。编纂工作从 1929 年 4 月到 9 月，仅半年时间《河南新志》完稿，但当时并没有付印，一直存于 1930 年成立的河南通志馆内，原稿虽历经兵燹，但保

《河南新志》（1988 年 7 月
第一版）书影

存了下来。1949 年以后，《河南新志稿》由省文史研究馆收藏，1960 年后移交河南省档案馆保管。

1988 年 7 月，由河南省地方史志编纂委员会整理重印，由该委员会书刊发行部发行《河南新志》上册，于 1990 年 1 月与河南省档案馆共同整理，中州古籍出版社出版发行《河南新志》中、下册。重新刊印的《河南新志》中有韩复榘序一，李树春序二，张钫序三，张绍堂序四，刘景向序五。现将张钫《河南新志》序三转录于下：

《河南新志》序三 [①]

　　民国十有八年九月,《河南新志》纂修既成，主任刘君邃真，以书抵予，而属序其端，或非漫为諈诿也。窃考夫志书之作，昉自《周礼·春官》："小史掌邦国之志"。汉班氏叙《汉书》分为十志。洎宋郑渔仲作《通志》，而有略二十。厥后袭用志体者，不一其人。而别史记载中之某国志、某地志，更不一其端。古人谓志者，宪章之所系，非老于掌故者不能为。其大原盖出于《尔雅》，其信然欤。而详于浮言，略于事实者何其多也？新志之作，力袪此弊，以最精且确之方法，深究而归于实用，分部二十：曰舆地、户口、礼俗、物产、实业、赋税、教育、选举、救恤、市政、河务、水利、交通、兵制、司法、职官、人物、艺文、古迹，而以大事记殿之。体大思精，言简而意赅，洵戛戛乎其独造也。河南居中国中部，嵩高耸峙，大河蜿蜒，燕、赵、秦、晋、齐、楚环其四方，虎牢、河阳、辗辕为之心腹，其遗迹形胜与夫人才之茁茂，学术之昌明，鼎彝碑铭一切文物之收藏，又甲于国中。凡此纷繁见于载籍史乘者，已昭昭在人耳目矣。今者饥馑荐臻，祸乱频仍，于斯时也，犹能广搜博采，艰难缔造，于六阅月中成此巨制，是尤可贵而不能视为无关宏旨者也。况当此训政时期，凡百事业亟待建设，倘无适应时代之著作，借资考鉴焉，于行政亦不免遗憾。钫以乡人备员省府，窃慕当轴于枕戈待旦之顷，不忘文献以畀刘君。而刘君主编是志，其体例之严，搜辑之勤，成帙之速，而且于实用，愈以彰政府措施之非迂远也。故叙其微意如此。

　　　　　　　　　　　　　　　　　　　　　　　　新安张钫

---

　　① 录自（民国十八年）《河南新志》上册，河南省地方史志编纂委员会整理重印，1988年7月河南省地方史志编纂委员会书刊发行部发行。

撰写回忆录——《风雨漫漫四十年》

张钫先生一生经历了近代史上云谲波诡、错综复杂的年代。他历任高官要职，参与过许多重大的政治活动，接触过许多时代人物、社会名流，有着丰富的社会阅历。1959年周恩来总理号召老年人把亲身经历写成回忆录，作为文史资料传之后世，教育青年。张钫先生积极响应周总理号召，不顾年高体弱，于20世纪60年代集中精力撰写回忆录。他原计划把他在辛亥前后的革命活动及以后的风云变幻、军政经历和他亲闻亲见事件与社会现象综合地写

中国文史出版社1986年11月第一版
《风雨漫漫四十年》书影

成《我的六十年》。在撰写之初，他感到年老手颤，书写困难，又因各时期背景材料查实不易，恐有差错。乃商请全国政协文史专员陈子坚先生笔录整理，张钫先生回忆口述，按事按人分题写出，最后由张钫先生审阅定稿。陈子坚先生在《回忆张伯英先生》一文中说："他虽年事已高，但记忆能力很强，几十年前之事，谈起来生动具体，如在目前。他的文字根底很好，对我整理的记录，辄加润色，故文章虽由我代写，实际上格调词句仍是他的写法本色。一直写到他病重入院为止。除了他办实业，办教育，在老家经营建筑千唐志斋及在陕赈济安置逃陕的河南灾民学生等事未及细谈记录外，他在四川起义详情也未及谈。其余他的经历回忆都写得差不多了。"这就是张钫回忆录——《风雨漫漫四十年》的编著大致经过情况。

《风雨漫漫四十年》经全国政协文史资料研究委员会、河南省政协文史资料研究委员会、陕西省政协文史资料研究委员会、西安市政协文史资料

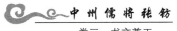

研究委员会联合组成的《风雨漫漫四十年：张钫回忆录》编辑组编辑审定后于 1986 年 11 月由中国文史出版社出版发行，该书收录了张钫先生撰写的二十九篇回忆文章。2018 年 1 月，《风雨漫漫四十年》作为《百年中国记忆·文史资料百部经典文库》由全国政协文史和学习委员会编，中国文史出版社再次新版印刷发行。这次出版，除原书的二十九篇回忆文章之外，又新增张钫原来所撰写的回忆文章《清末教育见闻》《清两宫回銮之一斑》《烟毒见闻回忆》《辛亥前后嵩华河洛间的绿林豪杰》四篇，并将《慧卿张夫人碑记》放入原《参加陕西辛亥革命的唯一女性卢慧卿》一文之中，增补了由李鸣修改订正的《张钫先生大事年表》及姜亮夫撰文的《全国政协委员前陆军上将张君墓志铭》。

中国文史出版社 2018 年版《风雨漫漫
四十年：张钫回忆录》书影

诗文选录

辛亥革命一周年书怀[①]

张　钫

　　秦中起义，于今一载。最可惨而不能忘者友人刘粹轩、钱定三，与故于病之杨勉斋，亡于乱军之入伍生，以及将士李长胜、辛建忠、严飞龙、戴凌云诸人，而万家岭旁之诸队官，从予战于潼之西、潼之南、潼之东、盘头、灵宝、英壕、观音堂、硖石之诸士卒，皆磊落光明，有死无降。至今想其人，临其地，不禁涔涔泪下也。念义气之结合，恨未得死所以从其后。睹民国之阽危，恨不能手定以慰亡魂。时日不再，风涛愈迫，悠悠岁月催人老，磊磊功名何处求！止乎？行乎？静吾心，养吾气，建（健）吾体，练吾神，审时乘势，与当世英雄豪杰再做一番事业，以造福于万姓而慰已死之友与诸将士于地下，吾无憾矣，吾陶然矣。

　　壬子秋，自京归秦，适值纪念疮痍新复，欢呼共和，回忆往事，不禁恻然。谨志[②]。

---

　　①原件存陕西省潼关县政协，末尾钤有阴文篆刻"张钫"印。又见于1989年《新安县志》，篇名为《悼东往阵亡将士文》。录于《河南文史资料》第十八辑，中国人民政治协商会议河南省委员会文史资料研究委员会编，1986年5月第1版。

　　②录于李鸣、张桓编著《豫陕名人张钫》一书，参阅《西北辛亥革命事略》及《西北革命史征稿》一书。

慧卿张夫人碑记 ①

　　慧卿卢氏，长安人，幼丧父，侍母以居，性聪颖，貌秀雅，眉宇间有奇气，一见即知为红线之流亚也。民国纪元前二年，适吾友张君聚亭，斯时革命潮流日剧烈，钫与同志诸人潜行号召，时假其室为秘密集议之所，每值同人谈论之际，慧卿辄慷慨激昂相与促成，几忘其为女子身也。以故寄语留密，皆赖慧卿周旋之力，得免官吏之督察焉。嗣聚亭被人倾陷，禁锢长安狱中，慧卿典质衣饰竭力营救，始获免。武昌首难，各省震动，陕中同志处满清老吏之下，势若累卵，屡濒于险，慧卿爰移居省垣西门外僻巷中，藉避耳目。破屋数椽，杂丐丏居，大府遂不之防，由是阖人始有集合之所，得以规画进行，及举事期前，或劝其迁徙乡曲，以避锋镝，慧卿慨然曰：君等视我为何如人乎？我固远慕梁媛，近羡秋士，思得当以增女界光，岂戎马之是惧行矣！勉之。君等努力前程，届时当为诸君作前探，少效微劳，我以一弱女子，人不我防，容有济乎？成壮而义之。九月一二日间，同人誓师起事省垣，城内多炮声隆隆，尸骸遍地，慧卿束发奔走，维持地方，人多称之，大局稍定，劝聚亭曰：大丈夫当舍身为国，迅扫北氛，休以室家萦怀，致累风云之气，盖深以古名将相期勖也。先是聚亭前室蒋夫人遗丈夫子一，名人定，时方八龄，慧抚如己出，无少间言，迨聚亭充东路筹饷大使，每归来则举室雍睦，笑言哑哑，以故聚亭得专心尽职，鲜内顾忧，休沐之余，必详询阵前情形如何，偶发一言动中核要，曰："我不幸为女中弱质，弗克共赴前卫冲锋致果，所冀同志诸君，奋勇当前，以偿宿志，不负数年来之苦心，则慧与有荣焉。"斯时钫方转战吾豫灵宝县城，两军相持三日夜，马上接读此书，倍觉气为之壮。

---

　　①录自李鸣、张桓编著《豫陕名人张钫》，参阅《西北革命史征稿》《西北辛亥革命事略》两书。

　　共和告成，慧复谓聚亭曰："凤愿既偿，宇内一家，念同袍同泽之义，我辈其追踪冯阳夏乎？无令作滕薛齿冷也。"见钫即告曰："此役君良苦，今得复见，亦云幸矣。临难毋苟免，成功身不居，此非前贤明哲保身之语乎？况君等密谋斗室，中华徯脱专制，改国体，今政治一新，尚复何求？"斯时矫矫桓检麇集如林，或怀自卫之心，闻其言而胥甘退让，受其调停者不一而足。一言兴邦，其慧卿之谓欤？钫驻军潼关，阅十月有余，始克卒伍就绪，劳来安集，乃率眷贳寓，会垣转徙兵间既久，一无长物，商之于慧，咄嗟立办。凡应用之物，纤细必具，衣屦被褥不足者，即以聚亭所有分惠焉。曰："弟至今仍穷学生时样耶？我为弟略备之。"钫于聚亭为同姓，而交尤挚，每相集，辄谊如家人，无丝毫彼此之分。及钫纳次室，移新居，种种设备，慧卿实指示之，钫固无容心也。至聚亭家庭事，间有不能解决时，则邀翔初、伯生及钫者人来评之，无不了者。以吾侪与聚亭皆患难相共，心性相通，故无不可与语者也。暇辄攻书，手不释卷，如《孝经》《列女传》诸书，皆能口诵心惟。复喜驰马，恒来往于长安市上，见之者莫不识其为有功革命巾帼英雄，咸啧啧称道弗衰。

　　四年（1915）冬，慧卿莅都，手持裘衣两袭，一赠翔初，一赠钫，曰："故旧凋零，妾夫妇幸免，得与二公重相见，讵非天幸。"追述往事，悲喜交集，适聚亭寓居津门，耗费不赀，慧返陕变产助资，以作聚亭及其小星日用之需，而慧以历年劳苦，参赞戎机，隐疾渐伏，至是，时患不适，然以气体素强，未尝少进参苓也。

　　五年（1916）春，南中抗义师起，警报正急时，陕中同志知慧义问聿昭，兼善机变，多与之诔，而慧不动声色，隐为之力，日出入于军署中，酬酢征逐，嬉如常人，朝夕亢右，遂不之疑。同志赖以保全者指不胜屈，此其才尤足多者也。聚亭不善治生，得金辄挥去，因之祖业荡然。慧至是为之纲纪家政，教育子息，部署井井，得以小康，微慧之力，何克臻此？今春聚亭书来，谓慧卿病甚剧，方谓天相吉人，当可汤延续命，稍享安闲之乐，藉酬数年来臂助同人之艰辛。何期尘封玉镜，天不假年，讵尺素南至，云于二月二日撒手西归，念音容之宛在，弥怆然而泪下。盖慧之为人，于夫为义妇，对于朋友为益友，其宅心涉世，乐善不倦，则又类古任侠之所为，其性情伉爽，见义勇为，虽须眉不及也。诗曰：温温恭人，维德之基。又曰：庆既令居，韩坫燕誉，慧卿有焉。爰泚笔而为之记。

知止亭记

汴城东北隅有废寺，曰上方，其地上沃而泉甘，旷无居人，古佛而外，惟浮图岿然，俗谓之铁塔云。民国十七年（1928），余长建设，度兹广袤，于造林为宜，乃植树数万株。会豫西大饥，复以工赈，浚池修涂，杂艺华木，为都人士游憩之所。十九年（1930）军兴，余去汴，战后归来，转长民政，于时大难初平，疮痍满目，惟拊循劳来是亟，凡事之稍近劳费者，壹是罢除。今年夏，民气少苏，又曩所经营，工犹未竟，爰事兴作，复建斯亭。既落成，思所以名之，或曰斯亭所在，宋艮岳遗址也，艮之方为东北，其义为止。易曰："艮，止也，止其所也。"《戴记》曰："知止而后有定。"又曰："于止，知其所止。"然则即以"知止"名亭可乎？余曰："艮岳，宋之宸游地耳，祸国病民，凛为世戒，且沧桑屡变，片石无存。又汴城建自李唐，今之城则宋为京城也，虽基址未迁，而式廓已隘，必谓此即艮岳所在，亦刻舟之见矣。虽然，吾窃有戚于知止之言也，夫民生憔悴，至今日而极矣，遍野哀鸿，靡所底止，为民牧者，不思还定安集，而惟汲

开封铁塔公园知止亭

315

汲于簿书期会之末，则虽日召民以游憩之所，有望而却步已耳。《芟楚》之歌，《苕华》之怨，所由作也。然则睹斯亭也，当益扩万石之困仓，谋万间之广厦，以食息吾民，夫而后人怀安土之心，户无乐郊之羡。知止有定，理有固然，此则吾心所大愿，而一亭之休止，犹其小焉者也。"闻者唯唯而退，余乃取以名吾亭，而并为之记焉。

新安张钫

驻兵夔府登白帝城得句（四首）

野草青萦白帝城，玲珑滟滪厄江横。
滩声夜夜穿巴峡，八月秋涛气未平。

巍峨南貌树参天，蜀汉君臣像宛然；
忆昔托孤空洒泪，仇吴灭魏恨难填。

英风豪气薄山云，鼎峙三雄各一分。
走马孤城看落日，猿声不断客中闻。

阴霾扫靖蜀山青，匣隐龙泉古刹行；
不向瞿塘说天险，还期湖海共澄清。

新安张钫伯英甫稿[1]

---

[1] 此诗为张钫所作，张朝镛书。白帝城位于长江上游北岸，瞿塘峡口，距重庆市奉节县城东六公里处，乃蜀人为纪念东汉初年公孙述，在城中建起一座白帝庙。1919年，靖国联军豫军第一路司令李魁元驻军奉节，司命部设于白帝庙内。李魁元系于同乡之情，因其旧制，续修白楼，终将白楼续建完成。并由少校参谋白云峰撰写了《重修白帝城新楼碑记》，其中记载了此楼为秦军师长张伯英所建，以为纪念。此碑现存白帝庙西碑林。

陆军学会《军事月报》第六期刊登张钫诗四首 ①

（1914 年 1 月）

抵巡检司有感

一山二水会街头，风声河声战不休。

野老庥炬遮道接，苦要使君半日留。

杂陈野蔬与茶酒，殷殷情意若山丘。

抵石家坡住辛亥冬之白寓有感

入舍皆仍旧，相见犹若新。

焉之未三载，重履君之门。

去冬曾进火，意气恐别离。

今秋又投瓜，以慰长相思。

明日赋征歌，又别三千里。

由庙沟铺赴安康途中遇雨

（一）

冒雨趋安康，云雾满羊肠。

路皆九十度，水逐石簸扬。

---

① 录于李鸣、张桓编著《豫陕名人张钫》一书。

登山身前倾，下山面上仰。

水冲腿足软，腹饥气升降。

（二）

行走黄土坡，攀藤踏石窝。

不惜真可惜，肉与沙石磨。

沿江赴安康有感

舟避山湾处，含水登陆垄。

计途二百里，指日诣大营。

足著不惜履，身依木马行。

手挽龙须草，步趋学猱升。

英雄无劳苦，大江空奔腾。

挽王天纵 [①]

英雄出草莽，崛起河岳间。独力反清虏，叱咤十余年。

幼本农家子，曾受饥与寒。卖犊买长剑，习射发其端。

百发皆百中，名以神枪传。作客倚长铳，当蒙国士看。

结交托生死，为义遂揭竿。侠名遍中州，称王伏牛山。

辛亥革命起，跃马函谷关。都门五年羁，常戚髀肉添。

辫贼闹复辟，奋起举义幡。为达靖国志，脱笼走四川。

夔门训劲旅，立待摧凶顽。忽报将星落，风悲鼓角残。

军阀方肆虐，神州正骚然。倚马为国痛，涕泪湿征衫。

---

① 录于《风雨漫漫四十年》，中国文史出版社1986年版。

悼李紫恒 ①（1912 年初）

事与伶官传不同，衣冠优孟出英雄。
潼关千古留芳冢，碧血青山吊小红。

挽卢慧卿夫人 ②（七律四首）

三辅从戎事国防，风尘邂逅识夷光。
聪明早许传泰简，誓托良媒属雁行。
赢得英雄归物色，也参帷幄话衷肠。
同袍喜赋同心结，出水芙蕖别有香。

鸾胶何幸续吾宗，偏是须眉让阿侬。
侠义合追秋瑾后，戎行每拟木兰从。
爵金香出卢家系，借箸勋酬虢国庸。
陇上凄凉余古馆，那堪回首旧游踪。

人世茫茫等逝波，黄公垆下怕重过。
绨袍宛在伊谁赠，环佩归来可若何，
争奈衣裳劳想象，空余堂构仰嵯峨，
遗经秉媪郭丹母，御众能知大体多。

伤春无雨怨东风，锦瑟年华一梦同。

---

① 录于《风雨漫漫四十年》，中国文史出版社1986年版。
② 卢惠卿夫人其事迳见本卷前文。

遗挂香飘金粉烬，大罗仙杳玉楼空。

多才那管天公忌，轶事应传野史中。

芳草萋萋归路渺，西方彼美是英雄。

挽卢慧卿夫人联①

世变感沧桑，缅怀帷幄功多，吾曹建树资名淑；

芳徽光陇表，消受衣冠会葬，若个男儿让美人。

挽李梦九先生联②

梦九老伯灵右

镕经铸史，才名早满东都；课余书成，竞传洛阳纸贵；

兴学育材，桃李偏植西序；花下人杳，空仰河汾风高。

愚晚张钫、张钢鞠躬拜挽

题《李梦九先生荣哀录·遗像》

梦九老伯大人遗像

于穆我公，古貌古心，研求经史，不废寸阴；

探讨数学，独得渊深，提倡教育，造福士林；

平原丝绣，范蠡铸金，式瞻遗像，涕泪满襟。

愚晚张钫敬题

---

①录于《陕西文史资料》第二十二辑《陕西民国人物（一）》，政协陕西省委员会文史资料委员会编，陕西人民出版社1989年版。

②李天锡，字梦九，民国初年曾任洛阳教育局局长，1932年去世时，张钫为其《荣哀录》题写封签，墓志铭由于右任题盖，清末进士毕太昌撰文，洛阳名人林东郊书丹。

悼挽杨铭西联[①]

铭西吾兄遇难千古

醉后不知身是客，睡余犹忆梦还乡。

愚弟张钫敬挽

悼常志箴挽词[②]

一生勋名，德音昭昭，泽中州而爱于民；

盛年早逝，人天悲悯，哭俊杰而歌于里。

悼胡景翼挽联[③]

风雨同舟，会师三辅仰奇策；

山河无恙，慨瘁中原几故人。

张钫挽

---

① 录于《息县文史资料》第二辑，政协河南省息县文史委编，1988 年出版。

② 常志箴，河南卢氏（今栾川县）人，清光绪二十一年（1895）生。毕业于河南农业专门学校。曾任河南河洛道蚕桑局长、第二十路军总指挥部经理处长、中原煤矿公司董事。1934 年 6 月至 1939 年 9 月，任河南省政府委员。1942 年 7 月，当选为第三届国民参政会参政员。

③ 录于《胡景翼传》，李凤权著，陕西人民出版社 1991 年版。

悼念杨勉斋挽联①

妙龄正老泉发愤之时，迥忆运筹帷幄，效力桑梓，能破坏，能建设，如此曾有几人？那知星陨五原，雾压两河，君竟飘然跨鹤去！

奇才继贾生痛哭以没，顿教英雄堕泪，豪杰灰心，新中华，新国民，哀哉又弱一个！对瞰嵩岳无色，黄流失声，我从何处招魂来？

张钫

赠韦德懋对联②

得一以清，自无终极；

遇群能化，是谓大同。

题《军事旬刊》第四十二期周年纪念（1935年）

军委会北平分会军事旬刊周年纪念

猗欤斯刊，诞降燕云。拮华欧美，饷我同人。

阐扬武德，唤起国魂。昆山之东，泱泱大风。

燕然之巅，烈烈黄炎。祝降斯刊，亿万斯年。

---

①录于《偃师文史资料》第一辑《各界悼念杨勉斋挽联选》，《杨勉斋先生荣哀录》，1919年。

②韦德懋于1941年冬，将出任永寿县长时，晋谒张钫，张钫亲书大字对联一副相赠。录于《中原文献》第十八卷第一期《张伯英先生百龄诞辰纪念专刊》，韦德懋《追怀先贤伯英先生二三事》，中原文献社编印，1986年1月30日出版。

葆初夫子像赞 ①

毓毓夫子，岳降生嵩。

马融绛帐，詹著河东。

学博洙泗，气贯长虹。

神归大化，遗泽无穷。

永垂道范，师表攸崇。

受业张钫、张钢敬题

南昌民德路口新中华瓷庄写照

沈母郑夫人像赞 ②

其节苦，其志坚。

四德备，人称贤。

朝天不吊，噩耗惊传。

里罢井春，巷辍诵弦。

遗徽犹在，子孙是瞻。

姻侍生张钫拜题

---

　　① 张钫幼岁曾在新安县董沟村王性存私塾求学二年，深受王性存先生教诲，一生奉为恩师。王性存（1858—1932），字葆初，号秋圃，清廪膳生员，学识渊博，文翰典雅，门下生员辈出，桃李遍于新、渑、宜三县，人称河洛大儒。1936年，张钫与其堂弟张钢于南昌为王性存先生烧制瓷像一尊，瓷像上题赞如上。

　　② 录于民国二十三年（1934）渑池县沟头村（今属新安）《沈母郑太君荣哀录》。

书迹墨痕　楷模有法

　　张钫一生戎马倥偬，但非简单的一介武夫，他不仅酷爱诗文，也是一个对金石书画皆有嗜好的文士，他与于右任、章炳麟、康有为、王广庆、傅斯年等国学大师交往甚密。在书法方面，他先宗法《郑文公碑》和《龙门二十品》、欧阳询《九成宫醴泉铭》等。后又潜心临习颜真卿的《颜勤礼碑》《麻姑仙坛记》和赵孟頫的《三门记》《胆巴碑》以及王铎的《拟山园》等碑帖，逐渐形成了字体结构谨严，笔力浑厚隽秀，骨肉筋络兼具的书体。在这里，我们既可以欣赏这位辛亥革命老人以赳赳武夫之体在枪林弹雨中却练就的一手书迹翘楚的楷、隶，亦可欣赏领悟张钫所引所用的文辞典雅和语言文字功力之精巧。

新安汉函谷关① 关楼西门联

释文

（夹其皇涧）

弘我汉京。

张钫

张钫题汉函谷关关楼西门联

①函谷关有新旧两关。旧关原在今河南灵宝市，处于洛阳至长安古道中间的崤山西段，因其路途多在山谷之中，深险如函，故称函谷。春秋属晋，战国时期秦孝公夺取崤函之地，在此设置函谷关，西汉自杨仆移关之后，亦称秦关。故关、旧关今已无存。新关在今河南洛阳市新安县城东里许，为西汉名将杨仆所筑。《汉书·武帝纪》记载："元鼎三年（前114）冬，徙函谷关于新安，以故关为弘农县。"汉·应劭《注》："时楼船将军杨仆数有大功，耻为关外民，上书乞徙东关，以家财给其用度。武帝意亦好广阔，于是徙关于新安，去弘农三百里。"一千余年来，汉函谷关历尽风雨战乱，屡遭破坏，屡经重修，现仅存明万历，清顺治、乾隆时重修碑记可考。民国十二年（1923）时任新安知县葛邦炳与张钫协同重修此关，工竣于民国十五年（1926）。张钫曾题汉函谷关关楼西门联，现仅存下联"弘我汉京"石刻，保存于河南省新安县博物馆。上联石刻已遗失，关于对联上联，传有两种说法：一谓"佑彼周室"，一谓"夹其皇涧"。据原居住在汉函谷关关楼东门口路南八十多岁的张学治老人说，他在1958年"大跃进"运动函谷关还未被毁坏之前，看到张钫上联的刻石是"夹其皇涧，弘我汉京"；另据民国时期《中央日报》社驻豫记者，笔名天陶1934年2月27日起跟随当时河南省主席刘峙出巡豫西，返汴后所作《豫西一周记》登载于1934年3月河南省政府出版的《河南政治月刊》第四卷第三期，其中记载："（三月四日）十时出游函谷关，关在东门外约半里许，陇海路未通以前，此为豫西唯一孔道……关在两山间，背负新安县城，前临涧水，关上关下各有碑记其沿革。关凡二层，颇雄壮，余等随刘主席登其上，数十里外山川了如指掌。关上东西南北四面各有匾联，多借用老子及关令尹喜故事，殊属不合！固然苏子瞻黄州赤壁赋亦借用曹孟德故事，殊嫌有违史实。惟邑人张伯英氏集句独能陈书务去，别具匠心，确属本地风光。句云：'夹其皇涧，弘我汉京'，笼罩远近，八字尽之。"

蛰庐"谁非过客，花是主人"联

释文

谁非过客，花是主人。

张钫自题"谁非过客，花是主人"拓本

新安铁门镇东门联

释文

民国二十年（1931）

百二关山严凤阙，五千道德跨龙门[①]。

里人张钫

张钫题新安铁门镇东门石刻拓本

---

①凤阙、龙门是指铁门村北有凤凰山、南有青龙山，两山对峙如门似户。以凤阙、龙门，把当地的两山巧妙地写入联中。可谓用字恰如其分。"百二关山"，陕西古称秦，"百二"本义是以二敌百。一说是百的一倍。《史记·高祖本纪》："秦，形胜之国，带河山之险，县（悬）隔千里，持戟百万，秦得百二焉。"裴骃《注》引苏林曰："秦地险固，二万人足当诸侯百万人也。"司马贞《史记索隐》引虞喜曰："言诸侯持戟百万。秦地险固，百倍于天下，故云得百二焉，言倍之也，盖言秦兵当二百万也。"后用以形容地势险要。唐·杜甫《诸将五首》："洛阳宫殿化为烽，休道秦关百二重。""五千道德"指老子所写的《道德经》五千言（字）。

《新安王子亮先生讣告·像赞》①

张钫题《王子亮先生像赞》

释文

子亮老伯像赞

因心广济，隐身锡类。德信被于宗族，仁惠逮于胤嗣。

修其天爵，蔚为人瑞。拟②光风与霁月，仰遗像而钦迟。

世愚侄张钫拜题

———

①录于民国二十一年（1932）《新安王子亮先生讣告》。王子亮为王广庆之父，王广庆（1889—1974），字宏先，新安县磁涧镇掌礼村人。早年加入同盟会，曾留学日本，历任国民党立法委员、监察委员、国立河南大学校长等职。

②拟，比拟。《礼·曲礼》下："拟人必于其伦。"

张钫题书常母关太夫人墓园联残石拓本 [①]

张钫题书常母关太夫人墓园联残石拓本

释文

　　□□□源绵懿范，□□□郁拥佳城。

愚晚张钫敬题

---

　　① 洛阳栾川县"常母关氏墓园"，是民国时期曾任南京国民政府参政会参政员常志箴先生为其生母关太夫人修建的墓园。常氏墓园始建于民国二十三年（1934），至民国二十六年（1937）建成。常志箴（1894—1944），讳勤铭，字志箴，河南省栾川县城关镇人。1919年毕业于河南省农业专科学校蚕桑专业，毕业后留校工作，后任该校校长。1927年，常志箴结识张钫，并由张钫推荐担任河南省新安县县长。翌年，参加国民革命军，历任国民革命军第二十路军总指挥部军需处少将处长兼十五师军需处处长。1932年，任河南省政府委员。1934年，任河南省赈济委员会主席。1937年，任河南省财政厅厅长，1940年，由河南省参议会推选，为南京国民政府参政会参政员。

　　张钫题书常母关太夫人墓园联原为："伊水渊源绵懿范，魁丘盘郁拥佳城"，两联十四字，今仅存八字。

张钫书赠明为联

赠明为联

释文

明为^①老弟大书家正之

愚计忽思飞短檄,论功还欲请长缨^②。

念九^③仲冬张钫书于长安

---

①"明为",即曹明为(1903—1952),洛阳老城三复街人,幼承家学,诗书画皆有功底,尤以草书擅长,民国时期其书法与洛阳的林东郊、高福堂、李振九并称。1932年南京国民政府迁洛,于右任时任检察院长随之来洛,两人交往较多,曹曾帮助于右任编辑《标准草书字帖》。1938年,于右任推荐曹明为任宜阳县知县,曾在宜阳花山庙旁山石上题书"花果山"三字,至今仍存。1944年洛阳沦陷,曹明为投降日寇,成为汉奸,1952年去世。

②上联出自白居易《元和十二年淮寇未平,诏停岁仗,愤然有感,率尔成章》一诗,下联出自唐代祖咏《望蓟门》。愚计,即愚拙之计,乃自谦之词。檄文,古代官府用以征召或声讨的文书。长缨,即长绳。请长缨,《汉书》卷六十四下《严朱吾丘主父徐严终王贾列传下》:"南越与汉和亲,乃遣军使南越,说其王,欲令入朝,比内诸侯。军自请:'愿受长缨,必羁南越王而致之阙下。'军遂往说越王,越王听许,请举国内属。"后多用于比喻投身疆场,为国立功。

白居易《元和十二年淮寇未平,诏停岁仗,愤然有感,率尔成章》诗云:"闻停岁仗轸皇情,应为淮西寇未平。不分气从歌里发,无明心向酒中生。愚计忽思飞短檄,狂心便欲请长缨。从来妄动多如此,自笑何曾得事成。"

祖咏《望蓟门》诗:"燕台一望客心惊,箫鼓喧喧汉将营。万里寒光生积雪,三边曙色动危旌。沙场烽火连胡月,海畔云山拥蓟城。少小虽非投笔吏,论功还欲请长缨。"

③念九即民国二十九年(1940)。

慎恭先生像赞①

释文

慎恭先生像赞

孝友睦姻，心期古处。

明德燕翼，四丈夫子。

兰谷竞秀，庆余胤嗣。

道貌盎然，高山仰止。

张钫拜题

张钫书《慎恭先生像赞》

张钫书王羲之《兰亭集序》②

张钫书王羲之《兰亭集序》（一）　　张钫书王羲之《兰亭集序》（二）

---

①此页为编者20世纪60年代收藏。受赠者其人姓名现已不详，当系铁门镇附近渑池或宜阳县人。

②此为张钫在民国时期以行楷仿王羲之笔意所书《兰亭集序》，全文共四屏，三百二十四字，纸虽略有残缺，但还可以看到张钫笔力遒劲，豪爽俊迈之书风。

释文

　　永和九年，岁在癸［丑］①，暮春之初，会于会稽山阴之兰亭，修禊事也。群贤毕至，少长咸集。此地有崇山峻岭，茂林修竹，又有清流激湍，映带左右，引以为流觞曲水，列坐其次。虽无丝竹管弦之盛，一觞一咏，亦足以畅叙［幽情］。

　　是日也，天朗气清，惠风和畅。仰观宇宙之大，俯［察］品类之盛，所以游目骋怀，足以极视听之娱，信可乐也。

　　夫人之相与，俯仰一世。或取诸怀抱，悟言一室之内；或因寄所托，放浪形骸之外。虽趣舍万殊，［静躁］不同，当其欣于所遇，暂得于己，快然自足，（衍一僧字）不知老之将至；及其所之既倦，情随事迁，感慨系之矣。向之所欣，俯仰之间，以（已误为以）为陈迹，犹不能不以之兴怀，况修短随化，终期于尽！古人云："死生亦大矣。"岂不痛哉！

　　［每］揽②昔人兴感之由，若合一契，未尝不临文嗟悼，不能喻之于怀。固知一死生为虚诞，齐彭殇为妄作。后之（少书以下三十四字：视今，亦犹今之视昔。悲夫！故列叙时人，录其所述，虽世殊事异，所以兴怀，其致一也。后之）揽者，亦将有感于斯文。

张钫书其父《张子温家书·家谕》手迹

释文

　　……（非天要报善）人以安乐长久之福，恶人以澌灭短促之惨也，由善人好培其基，施仁布德，不嗜杀人、不急贪得。太王迁岐，避犬戎也，而邠人随之；先主走樊，日三十里，有人自有土，终王天下而鼎立一方者，皆敬以持己，以仁待民之所致也。

---

　　①［ ］号内为残缺字，下同。
　　②揽，古通览，王羲之书《兰亭集序》原文如此。

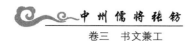

　　王莽、董卓、桓温及玄辈，岂不赫耀一时，天下在握，而不日倾覆，如泡似潮，忽而澎涨，转即无踪者，亦因其嗜杀好暴，残仁灭义，害人念重而人之欲去彼而甘心者多也。实怠之一字误之也。古今一理，内外同撰，谦益满损，仁兴暴灭。少有才智者，其三复吾言。六年小阳二十五。（毅斋主人识）

张钫书其父《张子温家书》手迹

张钫书唐·韩愈《训子诗》[①]

张钫书唐·韩愈《训子诗》

释文

木之就规矩，在梓匠轮舆。人之能为人，由腹有诗书。

诗书勤乃有，不勤腹空虚。欲知学之力，贤愚同一初。

由其不能学，所入遂异闾。两家各生子，提孩巧相如。

少长聚嬉戏，不殊同队鱼。年至十二三，头角稍相疏。

二十渐乖张，清沟映[②]污渠。三十骨骼成，乃一龙一猪。

飞黄腾踏去，不能顾蟾蜍。一为马前卒，鞭背生虫蛆。

一为公与相，潭潭府中居。问之何因尔，学与不学欤。

---

①韩诗原为"符读书城南"。符，韩愈之子。城南，韩愈别墅所在。

②张钫书写时原漏书"映"字，据宋·谢维新《古今合璧事类备要》补入。

金璧虽重宝，费用难贮储。学问藏之身，身在则有余。

君子与小人，不系父母且①。不见公与相，起身自犁锄②。

不见三公后，寒饥出无驴。文章岂不贵，经训乃菑畬。

潢潦无根源，朝满夕已除。人不通古今，马牛而襟裾。

行身陷不义，况望多名誉。时秋积雨霁，新凉入郊墟。

灯火稍可亲，简编可卷舒。岂不旦夕念，为尔惜居诸。

恩义有相夺，作诗劝踟蹰。

　　　甲申年立秋日晨起录韩愈《训子诗》粘学舍令诸子读之　钫志

步兵少校新安梁君（文炳）墓志铭

张钫撰书《步兵少校新安梁君墓志铭》拓本

---

①且：音据（jū），多用于句尾，加重语气表示感叹。

②原作鉏（chú），与锄同义。

释文

步兵少校新安梁君墓志铭　妾杨氏志铭附

新安张钫撰书

君讳文炳，字虎丞，祖籍山东青州临朐县彭家庄。清光绪十六年黄河决，田庐湮没。十七年春，君父清莲、母杨氏携君兄文明、文治西迁至豫省渑池之义马居焉。十八年四月生君，继由渑迁新邑铁门，为渑豪族逼也。君父兄佣，供君读，清末科试停，君遂从戎关中，辛亥陕义军起，君于豫晋秦陇北伐军中树奇勋，充营长，授少校，转战河洛，征讨蜀汉。长安内乱，戡定之功，君独多，桑梓善举、慷慨之风至今存。嗣陕局弈棋，解甲出关，往来秦鄂，收束往事，适入关，宿马军寨，友军误会，夜袭旅舍，赤身抗拒，却来兵而腿部受伤，君于灞桥之役，孤军夺桥之时，腿中流弹，今又伤，于是不能行彴，至长安医养，竟遭谗遇害，知者惜之！君殆以物贾祸者也。君貌魁梧，性豪爽，识者方期为大器。年仅三十，遽尔陨殁，呜呼，惜哉！父先君十载，兄文明先君十八载卒。君生于光绪十八年四月十日，卒于民国十一年三月十三日。是月某日，君仲兄文治将葬君于昌义桥东，并商合葬君妾杨氏之可否？予决之曰："合葬也宜。"君殁，杨氏亲殓，悲涕十数日，服毒死，重情轻生，壮士所难，况杨氏籍隶优伶，游艺三秦，誓盟偕老，中途失群，兰摧蕙折，饮鸩义存，粗识文字，绝命书云："父母早亡，零丁孤身，被虏为优，兄弟无人。"盖女中之侠者也，视死如归，十八岁人耳，岂可不合葬，以慰幽魂乎！君妻马氏生女一，彭氏生子二：桂林、遂林，王氏生子一：魁林，均幼。君生平从余最久，为吾部之健者。故旧凋零，部曲星散，追往多伤，思君增悲，序次事状，寄哀幽门。

铭曰：

毓灵泰岱兮！诞降于义乡。投笔关塞兮！立功于战场。威震长安兮！命于是戕。生死佚息兮！予复何伤。函谷关前，潼津原上，碧血黄沙，谁吊幽枉。巫山巫峡，鸷武凤翔。肉飞骨折，我部义彰。煮豆燃萁，悲哉丁王。天胡不悯，袍泽惨亡。尔家我育，尔魂其遑，刊石渺铭，永告茫茫。

附杨氏铭曰：

速义尽情，古今所崇。节烈之死，多因势穷。嗟尔杨氏，身本飘蓬，何草不灭，竟从夫终。绝琴辍响，饮鸩味香。泉门双勒，万古流芳。

中华民国十二年四月□日刊石

渑池沈闇然先生墓志铭

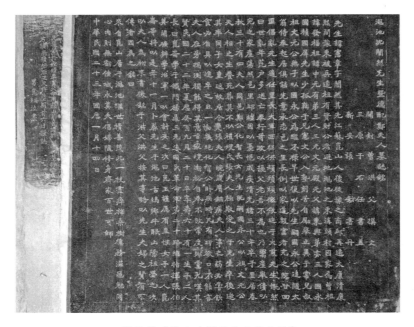

张钫书《渑池沈闇然先生墓志铭》

释文

渑池沈闇然先生暨德配郑夫人墓志铭

开封曾洪父 [①] 撰文

三原于右任书盖

新安张钫书丹

---

①曾洪父，原名繁昌，河南开封人，1931年3月起任监察院秘书，1947年5月起任监察院参事，其他不详。

先生讳宪章，字闇然。其先江苏昆山人，后徙豫之商丘，再迁太康，清康熙间，豫东被兵，远祖有资财公者，避地渑池之东沟头村，因家焉。曾祖讳发福，祖讳中元，有弟三人：三元、文元、殿元。父讳东兴，弟亦三人：国永、国祯、国屏。先生少孤，鞠于兄宪文。公入塾，刻苦自励，举止异于常儿，叔祖文元公无子，以国永公为继，不禄早世，复以先生嗣。国永公追随太翁，侍奉起居，俱能先意承志。邑之里长例以家道殷富者充之，陕甘回匪倡乱，先生适任里长，大军西征，供顿频繁，征敛迫于火煎。先生慨然曰："年荒户多逃亡，奉行苛政，以扰父老，吾不为也。"乃鬻产举债以完之，家产荡然。臣里丘墟，因以忧悒成疾，清光绪三十年卒于里居，春秋三十有四。夫人同邑郑公化智长女，先生既嗣国永公，以祖文元公夫人相之。生养死葬，莫不以礼。嫂氏张夫人极敬爱之，于先生卒后邀其率同子女，重返故居合爨。张夫人晚岁膺痼疾，夫人事之，药必尝饮，食必自具以进。卒之日，一恸几绝。化智公卧病时凡有所欲，口不能言，夫人在旁，揣测独能得其意旨。家境渐裕，自奉不改常度。乡党犹叹其贤。民国二十二年（1933）夏历癸酉九月二十日卒，享寿六十有一。生子二人，长曰崑嵒，学于铁门杨鼎三先生，国民革命军第二十路总指挥张伯英开矿办学治军，一以会计委之。次曰崑玉，谨愿有至性。女子一人。崑嵒等将于是年十一月卜葬先生于渑池古坞乡牛眠山阳祖茔之次，以夫人为祔，来书征铭于洪父，洪父按其事略以先生夫妇之贤有可传者，因为铭曰：

来自昆山，居于渑池。继世积善，茂此一枝。尽瘁梓桑，树德务滋。黾勉同心，内则无亏。佳城永奠，夫倡夫随。修身齐家，百世可师。

中华民国二十三年，国历一月十四日

张钫书《张子温家书·上等人得清淑之气》条幅

释文

上等人得清淑之气，生于贫贱而不移，生于富贵而不淫，惟以修德立业为事，如颜子之箪瓢亦乐，周公之富贵而圣，始能民称到今。若当修名立业之时，惟以饱煖为心，妻子为事，而能享大名留清白于并世来世者无此事亦无此理也。

滋轩老兄正之

张钫

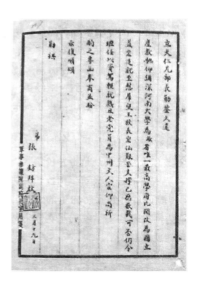

"上等人得清淑之气"条幅

张钫推荐王广庆任国立河南大学校长的信函

立夫仁兄部长勋鉴：久违

尘教，驰仰弥深！河南大学为敝省唯一最高学府，比闻改为国立，益宏造就，至慰群望。王校长宏仙艰苦支撑，已历数代，可否仍令担任，以资驾轻就熟。且老党员为中州文人宗仰，尚期酌之。专函奉商，并盼示复，顺颂勋祺。

弟张钫拜启

三月十九日

1942年3月19日，张钫向陈立夫推荐王广庆任国立河南大学校长的信函

张钫节录《说苑①》文赠静菴②

　　《说苑》记孔子言铜鞮伯华无死，天下其有定矣。其幼也，敏而好学；其壮也，有勇而不屈；其老也，有道而能以下人。伯华之贤如此，而左氏多记叔向言行。卫将军《文子篇》所谓国家无道，其默然以容者也。《仲尼弟子列传》称七十七人皆异能之士，然言行可见者《论语》只载二十八人，则有季次不仕，商瞿传易，余四十七人无闻焉。然则被褐怀珠玉不成乎名者多矣。冉有用矛以胜齐，有若三踊称国士，澹台曾斩蛟，圣门勇者非特子路也。

　　静菴仁兄正

　　　　　　　　　　　　　　张钫录

张钫节录《说苑》文

　　①《说苑》，又名《新苑》，古代杂史小说集，刘向编，书成于鸿嘉四年（前17），原20卷。按各类记述春秋战国至汉代的遗闻逸事，每类之前列总说；事后加按语。其中以记述诸子言行为主，不少篇章中有关于治国安民、家国兴亡的哲理格言。

　　②王国维（1877—1927），字静安，别字静菴，晚号观堂，浙江海宁人。是我国近、现代相交时期的著名学者，他学无专师，自辟户牖，生平治经史、古文字、兼及文学批评，均有深诣创获，诗词文亦无不精工。

张钫跋冯子龙云得藏文词一帧

释文

（藏文译汉）

日照雪山巅，溶作八德川。流通大千，解众生渴，若甘露然。

（张钫跋语）

冯子龙云于（民国）三十二年（1943）春，衔命查勘黄河上游及西北水利，历经湟、黄、洮、白诸流域，阅时两载，洵壮举也。过青海塔尔寺时，喜饶嘉错先生为书藏文词，译曰："日照雪山巅，溶作八德川。流通大千，解众生渴，若甘露然。"君抵陕，出以相示，云步行数千里至包头止，异日沿流至海口，方算完工，险道古迹，河流形状，了然于心目中。将来整理黄河之不朽工程，君为穷源溯流之第一人，此帧堪资纪念，因题数语归之。

乙酉孟冬①之月，新安张钫跋于青门，时年六十

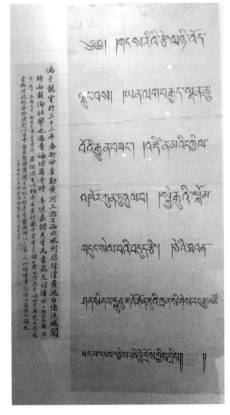

张钫跋冯子龙云得藏文词一帧

---

① 乙酉孟冬为民国三十四年（1945）阴历十月。青门，即青门斋。为西北画派创始人西安田亚民（张钫义子，河南新野人）的斋号。当年张钫、于右任曾帮助田于西安南院门18号开办"长安青门斋"以售书画，此斋亦为张钫经常往来之地。

张钫书《孙子兵法》条幅①

张钫书《孙子兵法》（一）　　　　　张钫书《孙子兵法》（二）

---

①原图片八幅分排，每页六行，每行九字，行宽30mm，字高24mm。

1942年，时张钫居于西安，胡宗南请张钫书《孙子兵法》条幅，胡宗南曾裱挂于西安王曲七分校，现展示于河南新安县铁门镇张钫纪念馆中。

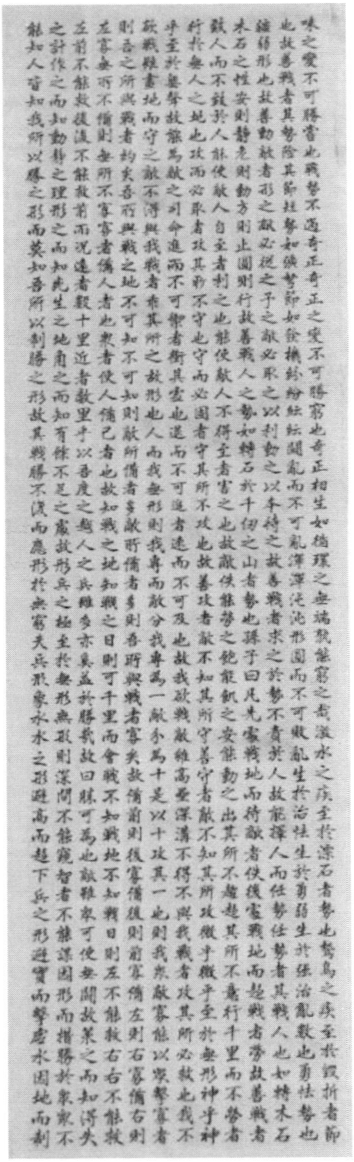

张钫书《孙子兵法》(三)

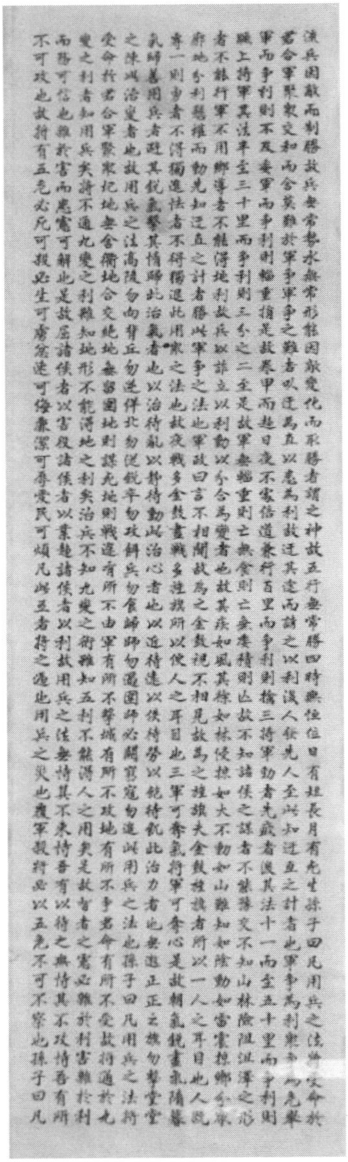

张钫书《孙子兵法》(四)

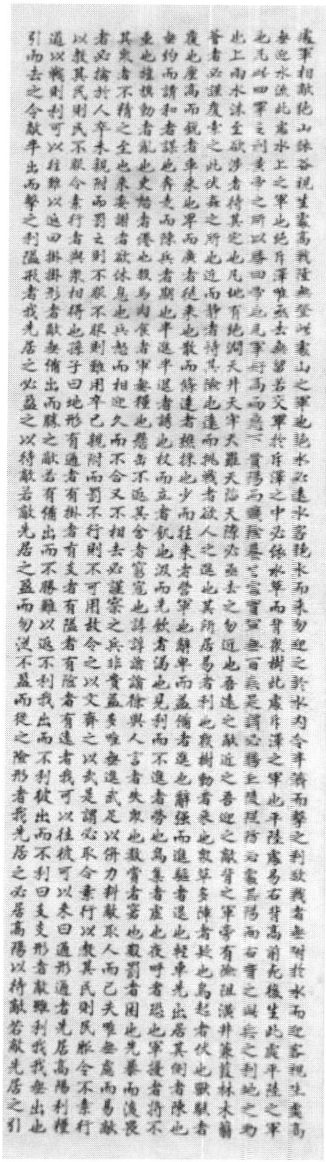

张钫书《孙子兵法》（五）

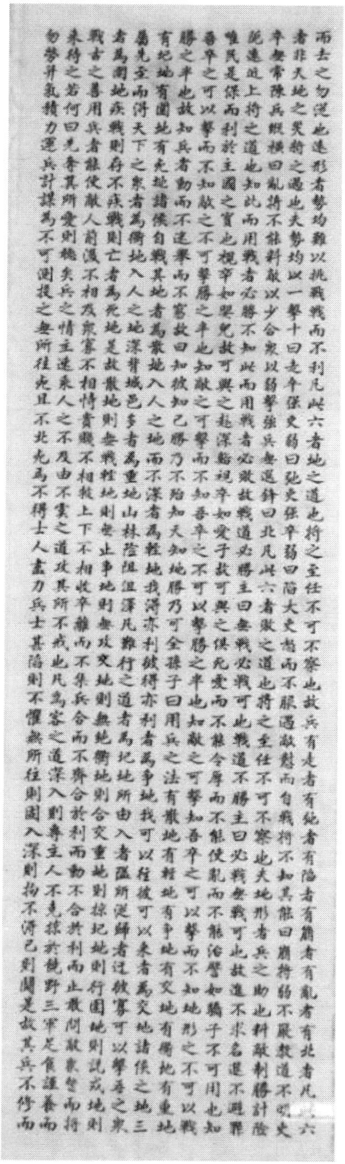

张钫书《孙子兵法》（六）

张钫书《孙子兵法》（七）　　　　张钫书《孙子兵法》（八）

释文

《孙子兵法》^① 第一《始计》

孙子曰：兵者，国之大事．死生之地，存亡之道，不可不察也。故经之以五事，校之以计而索其情。一曰道，二曰天，三曰地，四曰将，五曰法。道者，令民与上同意，可与之死，可与之生，而不畏危也。天者，阴阳、寒暑、时制也。地者，高下、远近、险易、广狭、死生也。将者，智、信、仁、勇、严也。法者，曲制、官道、主用也。凡此五者，将莫不闻，知之者胜，不知之者不胜。故校之以计而索其情。曰：主孰有道？将孰有能？天地孰得？法令孰行？兵众孰强？士卒孰练？赏罚孰明？吾以此知胜负矣。将听吾计，用之必胜，留；将不听吾计，用之必败，去之。计利以听，乃为之势，以佐其外。势者，因利而制权也。兵者，诡道也。故能而示之不能，用而示之不用，近而示之远，远而示之近。利而诱之，乱而取之，实而备之，强而避之，怒而挠之，卑而骄之，佚而劳之，亲而离之，攻其无备，出其不

---

① 《孙子兵法》，亦称《十三篇》《孙子》《孙武兵法》《吴孙子兵法》。又与《吴起兵法》合称《孙吴兵法》或《孙吴之书》。春秋时军事家孙武撰。为现存最早的中国古代著名兵书。《史记·孙子吴起列传》载有《孙武兵书》十三篇，《汉书·艺文志》载《吴孙子兵法》八十二篇，图九卷。今通行本为十三篇：《计》《作战》《谋攻》《形》《势》《虚实》《军争》《九变》《行军》《地形》《九地》《火攻》《用间》。1972年山东临沂银雀山汉墓出土《孙武兵法》残简，除与今十三篇同者外，尚有《吴问》《四变》《黄帝伐赤帝》《地形》《见吴王》等佚文五篇。唐张守节以"十三篇"为上卷，还有中、下二卷；杜牧以为"十三篇"乃曹操删削而成，皆为契符《汉书》八十二篇之数的推测之辞。书中总结春秋时期战争的经验，阐述古代战争之理论问题和客观规律，提出"兵者，诡道也"，"攻其无备，出其不意"（《计篇》），"兵无常势"，"因敌而制胜"（《虚实篇》），"知己知彼者，百战不殆"（《谋攻篇》）等观点。又详析战争中敌我、主客、众寡、强弱、攻守、进退、奇正、虚实、动静、勇怯、治乱、胜败等诸种矛盾及其相互转化，而且具有朴素唯物论和辩证法因素。被尊为"百代兵家之祖"，在世界军事科学史上占有重要地位。宋时，被列为《武经七书》之首。宋本《十一家注孙子》收集了曹操、杜佑、李筌、杜牧、陈皞、贾林、孟氏、梅尧臣、王晳、何延锡、张预等十一家注文，为现存最完备的古注本。今有英、法、俄、德、捷等文本。

意。此兵家之胜，不可先传也。夫未战而庙算胜者，得算多也；未战而庙算不胜者，得算少也。多算胜，少算不胜，而况于无算乎！吾以此观之，胜负见矣。

《孙子兵法》第二《作战》

孙子曰：凡用兵之法，驰车千驷，革车千乘，带甲十万，千里馈粮，则内外之费，宾客之用，胶漆之材，车甲之奉，日费千金，然后十万之师举矣。

其用战也胜，久则钝兵挫锐，攻城则力屈，久暴师则国用不足。夫钝兵挫锐，屈力殚货，则诸侯乘其弊而起，虽有智者不能善其后矣。故兵闻拙速，未睹巧之久也。夫兵久而国利者，未之有也。故不尽知用兵之害者，则不能尽知用兵之利也。

善用兵者，役不再籍，粮不三载，取用于国，因粮于敌，故军食可足也。国之贫于师者远输，远输则百姓贫；近师者贵卖，贵卖则百姓财竭，财竭则急于丘役。力屈财殚，中原内虚于家，百姓之费，十去其七；公家之费，破军罢（疲）马，甲胄矢弓，戟盾矛橹，丘牛大车，十去其六。

故智将务食于敌，食敌一钟，当吾二十钟；萁秆一石，当吾二十石。

故杀敌者，怒也；取敌之利者，货也。车战得车十乘以上，赏其先得者，而更其旌旗。车杂而乘之，卒善而养之，是谓胜敌而益强。

故兵贵胜，不贵久。故知兵之将，民之司命。国家安危之主也。

《孙子兵法》第三《谋攻》

孙子曰：夫用兵之法，全国为上，破国次之；全军为上，破军次之；全旅为上，破旅次之；全卒为上，破卒次之；全伍为上，破伍次之。是故百战百胜，非善之善者也；不战而屈人之兵，善之善者也。

（以下略）

张钫书《六韬》文①

释文

太公曰："天下非一人之天下，乃天下之天下也。同天下之利者，则得天下；擅天下之利者，则失天下。天有时，地有财，能与人共之者，仁也。仁之所在，天下归之。免人之死，解人之难，救人之患，济人之急者，德也。德之所在，天下归之。与人同忧、同乐、同好、同恶者，义也；义之所在，天下赴之。凡人恶死而乐生，好德而归利，能生利者，道也。道之所在，天下归之。"

文王曰："古之贤君可得闻乎？"太公曰："不以役作之故，害民耕织之时。削心约志，从事乎无为。吏忠正奉法者，尊其位；廉洁爱人者，厚其禄。民有孝慈者，爱敬之；尽力农桑者，慰勉之。旌别淑慝，表其门闾。平心正节，以法度禁邪伪。所憎者，有功必赏；所爱者，有罪必罚。存养天下鳏、寡、孤、独，振赡祸亡之家。其自奉也甚薄，共赋役也甚寡。故万民富乐而无饥寒之色，百姓戴其君如日月，亲其君如父母。"

文王问太公曰："愿闻为国之大务，欲使主尊人安，为之奈何？"

太公曰："爱民而已。"

文王曰："爱民奈何？"

太公曰："利而勿害，成而不败，生而勿杀，与而勿夺，乐而勿苦，喜而勿怒。"

---

①《六韬》又称《太公六韬》《太公兵法》，传说为中国先秦时期著名的军事家姜尚所著。是中国古典军事文化遗产的重要组成部分，其内容博大精深，思想精奥广博，逻辑缜密严谨，是中国古代军事思想精华的集中体现。最早明确收录此书的是《隋书·经籍志》，题为"周文王师姜望撰"。姜望即姜太公吕望。从此书的内容，文风及近年出土文物资料等分析，可大致断定《六韬》是战国时期黄老道家典籍。全书六卷，共六十篇。

张钫书《六韬》文

文王曰："敢请释其故。"

太公曰："民不失务，则利之；农不失时，则成之；省刑罚，则生之；薄赋敛，则与之；俭宫室台榭，则乐之；吏清不苛扰，则喜之。民失其务，则害之；农失其时，则败之；无罪而罚，则杀之；重赋敛，则夺之；多营宫室台榭以疲民力，则苦之；吏浊苛扰，则怒之。故善为国者，驭民如父母之爱子，如兄之爱弟。见其饥寒则为之忧，见其劳苦则为之悲；赏罚如加于身，赋敛如取己物。此爱民之道也。"

太公曰："天生四时，地生万物，天下有民，仁圣牧之。故春道生，万物荣；夏道长，万物成；秋道敛，万物盈；冬道藏，万物寻。盈则藏，藏则复起，莫知所终，莫知所始，圣人配之，以为天地经纪。故天下治，仁圣藏；天下乱，仁圣昌；至道其然也。圣人之在天地间也，其宝固大矣；因其常而视之，则民安。夫民动而为机，机动而得失争矣。故发之以其阴，会之以其阳，为之先唱，天下和之，极反其常。莫进而争，莫退而让。守国如此，与天地同光。"

冠五弟索书格言，因节录《六韬》以赠。

张钫　时在汉皋

《伊阙石刻图表》序 [①]

释文

洛阳金石甲天下，北邙之蕴藏无论矣。伊阙崖洞之造像，暴露于山巅水涯者以亿万数，片石只字皆中国艺术中无价之瑰宝也。余家与洛比邻，深慨古物之散失日多，久有维护志。当组织河洛图书馆时，将各处断碑残碣以及存古阁旧藏古刻尽移置其间。于伊阙造像，立龙门古迹保存会，继思修浚旧观，议定而不果行，至今耿耿。清末修陇海铁路至洛，欧人某窃白马寺断指石佛一尊，售价数万元，诡言伊阙物，于是业骨董者嗜利效尤，而伊阙及各处六朝石佛被盗卖者，不可胜纪，小者捆载以去，大者铲取其颅，每临游览，辄为恨事。河南博物馆长关君百益，余之金石交也。甲戌夏，百益偕至铁门，观余千唐斋藏石，并之渑池东，游千秋山及石窟鸿庆寺诸石洞，百益出所著《伊阙石刻图表》见示，其博览精取，纲举目张，将余夙昔无法罗致之胜迹，全数挟来，缩之方册间，纳须弥于芥子，作少文之卧游，不禁为之狂喜。尤可贵者，图中摄拓皆采之数十年前，近岁毁处，依然俱备，反复披阅，爱不忍释，亟欲助其出版，公诸同好，以军事

---

① 1935年，河南博物馆出版开封关百益（字葆谦）所撰的《伊阙石刻图表》上、下册，书中龙门石窟造像图版，百十幅采自清光绪年间法国学者沙畹所摄照片，并参以自己所摄照片二十七幅，记造像题记二千二百余品。这部书图文并茂，保存了龙门石窟遭受侵略者和民族败类破坏洗劫前的基本面貌，成为研究伊阙图像原貌的宝贵资料，此书卷首有张钫书《引言》。

所羁，迁移靡定，未克如愿。乙亥春在南昌，得百益函以出书有日，告并请序于余，余不敏，何敢言序？然对伊阙具有夙愿，且喜是作，实获我心。此书出，则吾洛千余载晦藏之古迹得以显传于世，诚艺林之佳话，不朽之盛业也。故略述经过，附之简末，藉抒胸臆云尔。

中华民国二十四年元月新安张钫

张钫书《伊阙石刻图表》序

影印河南书画展览会书画册引言

《引言》（一）

《引言》（二）

释文

影印河南书画展览会书画册引言

萃书云画日之英，衷成义举；托垂露生花之笔，润彼穷檐。纸贵洛阳，胜发敖仓之粟；艺传梁苑，同扶范麦之舟。慨兹豫民，频遭岁祲。太官之赋，不足广其仁；水衡之钱，不足拯其乏。吾豫当局，本救灾恤难之怀，为乞画征书之倡。乃集名流，各奏其技。或精诣八法，或深造三王。璧合珠联，五光十色。经本会影印成帙，公之于世。代群黎而呼将伯，人皆相感以诚；藉韵事而慕廉泉，谁不好行其德。大善士恫瘝在抱，名高郑侠之图；诸君子文采风流，光照黔敖之路。略述意义，以当引喤。

时中华民国二十四年清和月新安张钫撰于河南赈务会

张钫书唐·高适《送友诗》赠次楣①

张钫书唐·高适《送友诗》赠次楣

释文

碣石辽西地，渔阳蓟北天。关山唯一道，雨雪尽三边。

高适《送友诗》句，今北方多事，次楣兄索字，不揣粗武，因涂以复命。

二十四年冬张钫

---

①梁上栋（1887—1957），字次楣，山西崞县（今原平市）人。生于1887年10月1日（清光绪十三年八月十五），毕业于山西大学堂。1904年留学日本，入法政大学速成科，后留学英国伯明翰大学工科。1907年加入中国同盟会。1911年回国，任南京临时政府交通部参事。不久为山西省议会议员。1915年任中华民国陆军部外交事务处处长。1916年帮助办理天津汉口德奥租界的接收。欧战结束后，任巴黎和会中国军事代表。1920年任国际联盟军事顾问会中国代表，并被推选为该会第六届大会会长。1922年任接收青岛委员会主任委员兼胶济保安处长。1928年任胶东军事外交特派员及北平市政府参事。1930年任北平市社会局局长。1933年9月9日任实业部商业司司长。1938年被聘为第一届国民参政会参政员，同年被推选为军事委员会战区军风纪第一巡察团委员，赴各战区巡视，在南昌巡视时，遭到日本敌机轰炸，失去右臂。1946年11月当选为"制宪国民大会"代表。1947年任监察院监察委员。1948年"行宪"后，仍任监察院监察委员，并任监察院经济资源农林水利委员会委员。后去台湾，1954年任"监察院"副院长。1957年7月逝世。

赠均默（梁寒操）

张钫书赠均默

释文

清风明月，如与贤师益友晤对一堂也。

均默同志

张钫

受赠者简介

梁寒操（1899—1975），字均默，又名寒操，亦号篛默，又作君默（早年在广州执教培正中学时名）原名翰藻，别署伏龙。广东省高要县（今高要市）人，中华民国时期政治家。早年在广东高等师范学校毕业。曾随国民革命军北伐，任汉口政府交通部秘书，1927年以后，历任国民党中央执行委员，立法院委员兼秘书长，中央政治委员，军事委员会政治部副部长，中央宣传部部长等职。1944年辞去中央宣传部长之职，率部参加缅甸远征军抗击日本侵略军（时郭沫若赠诗以壮行色）。之后，任国防最高委员会副秘书长等职。后去香港，继至台湾，任台湾中国广播公司董事长，兼课于各大学，又被委为"总统府"国策顾问。有《西行乱唱》等。1975年病逝于台北。

致曹仲植[①] 函

仲植仁兄厅长勋鉴：

山梅欲放，岸柳待舒，每忆音尘弥劳。梦毅舍亲丁仲绥，夙卒业于南开大学，学识淹通，公牍娴熟，前随弟任秘书有年，撰拟文稿，极马工枚速之妙[②]，弟自解兵权，渠亦联带去职，久赋闲居，殊觉可惜，特以介诸左右，尚祈赐予裁成。倘归药笼，则丁君必可竭其智能，贡助高深也。恃爱奉渎，并盼福音。专此，顺颂勋绥。

弟张钫拜启

二月十五日

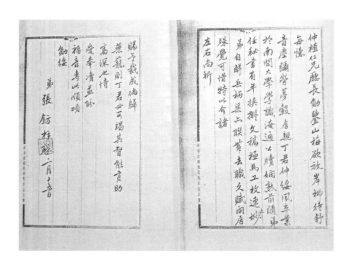

张钫致曹仲植函

---

①曹仲植，山东昌邑人。1938年12月8日任行政院院部参事。1939年4月8日任河南省政府委员兼财政厅厅长。1941年3月25日任全国粮食管理局副局长。张钫写此信时，尚在河南财政厅厅长任上。

②马工枚速：马谓汉代的司马相如，枚即汉代的枚乘。两人均善文赋。司马相如的文赋最为工整，枚乘写赋的速度极快。

致傅斯年函

释文

　　孟真仁兄雅鉴：顷奉华函，敬悉种切。安阳发掘之事①，本与国家学术、中州文物在在有关。吾兄经营擘画定期开工，毅力热忱，曷胜钦佩。絃先兄既奉宠约，自当前往参加。弟届时察看情形，或可一行以观其盛也。专此奉复，敬颂春祺！

弟张钫拜启

二十八（二十年二月十八日）

张钫致傅斯年函

张钫书戴叔伦《塞上曲》二首

释文：

　　军门频纳受降书，一剑横行万里余。

　　汉祖谩夸娄敬策，却将公主嫁单于。

　　汉家旌旗满阴山，不遣胡儿匹马还。

　　愿将此身长报国，何须生入玉门关。

张钫书戴叔伦《塞上曲》二首

---

　　①1928年夏，"中央研究院"甫告成立，年仅32岁的傅斯年因中西学俱佳而被任命为"中央研究院历史语言研究所"所长。史语所草创之初，百端待举，但傅斯年却立即着手组织对安阳殷墟的考古发掘这一宏大工程。在张钫此函之前，傅斯年曾有书信函致张钫，谈及安阳殷墟发掘计划，说明殷墟发掘的意义。信函所提到的"絃先兄"即新安人王广庆，又名王宏先，亦受命参加了这次发掘。傅斯年对推动中国现代考古学的建立，作出了卓越贡献。他不仅创建了中国现代考古学的专门机构，积极策划并大力推进考古发掘的开展。

戴叔伦《塞上曲》二首

宏毅书于金陵 [①]

赠钦斋六言诗

释文：

　　古寺不闻钟鼓，石凹却见桑麻。
　　舍南舍北春水，峰后峰前落花。
　　钦斋同志正

伯英张钫

张钫书赠钦斋六言诗

赠郭子直

释文

　　子直 [②] 仁兄正之
　　大着肚皮容物，立定脚跟做人 [③]。

甲申仲冬元月元日 [④] 张钫

张钫书赠郭子直

────────────

　　① 毅为张钫别号，缘于其父张子温曾号毅斋。

　　② 子直即郭子直，陕西省岐山县城西街人，生于1921年。陕西师范大学中文系教授，中国书法家学会会员，中国音韵学学会会员，陕西省文史馆馆员，陕西省语言学会顾问。该对联现藏于陕西省岐山县博物馆。

　　③ 此联语虽近俚俗，但寓真意于平淡之中，妙趣无穷。其时张钫先生已年近花甲，而郭子直先生三十余岁仍以"仁兄"称谓，足见先辈虚怀若谷之阔大胸襟。海纳百川，有容乃大，为人讲求一个"容"字，能容人、能容事，方见其品格之高尚，故上联言"大着肚皮容物"。立定脚跟，是办事有主见，坚持正确立场，才能踏踏实实立于不败之地，故下联言"立定脚跟做人"。此联书法气度开张，骨力洞达，结构宽博舒畅。率意中隐含一种稚拙之美与联语内容相互印合。

　　④ 甲申年为1944年，元月元日即阴历正月初一。

赠菊初 ①

释文

菊初仁兄正之

泥沙难掩冲天气，风雨终思发匣时 ②。

新安张钫

张钫书赠菊初（邓散木）

致虞岑函

释文

虞岑老弟：

本会为救济难民，拟购面粉（款已筹妥）壹

张钫书致虞岑函

---

① 菊初即现代著名书法篆刻家邓散木先生。邓散木（1898—1963），曾名菊初，字散木，又名铁，学名士杰，字纯铁，别号且渠子、芦中人、无恙、粪翁、更号一爱、一足，斋名厕简楼，豹皮室，自号厕简子。生于上海，在艺坛上有"北齐（白石）南邓"之誉。擅书法篆刻，真、行、草、篆、隶各体皆精。

② 此联语出自唐代李群玉《宝剑》一诗："雷焕丰城掘钊池，年深事远迹依稀。泥沙难掩冲天气，风雨终思发匣时。夜电尚接池底影，秋莲空吐锷边辉。自从星坼中台后，化作双龙去不归。"《晋书》卷三十六《张华列传》：初，物之未灭也，斗牛之间常有紫气，道术者皆以吴方强盛，未可图也，惟华以为不然。及吴平之后，紫气愈明。华闻豫章人雷焕妙达纬象，乃要焕宿，屏人曰："可共寻天文，知将来吉凶。"因登楼仰观。焕曰："仆察之久矣！惟斗牛之间颇有异气。"华曰："是何祥也？"焕曰："宝钊之精，上彻于天耳。"华曰："君言得之。吾少时有相者言，吾年出六十，位登三事，当得宝剑佩之。斯言生效欤！"因问曰："在何郡？"焕曰："在豫章丰城。"华曰："欲屈君为宰，密共寻之，可乎？"焕许之。华大喜，即补焕为丰城令。焕到县，掘狱屋基，入地四丈徐，得一石函，光气非常，中有双剑，并刻题，一曰龙泉，一曰太阿。其夕，斗牛间气不复见。

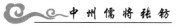
佰伍十袋，业由电话商得祥禾同意，希弟从中协助，速予批办为盼。

　　此颂，刻祺！

张钫拜启

三、十八

沪上训谕

《沪上训谕》（一）

《沪上训谕》（二）

《沪上训谕》（三）

《沪上训谕》（四）

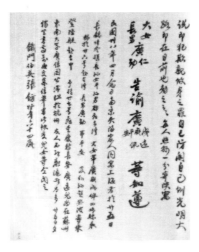

《沪上训谕》（五）

释文

人生最痛苦之事，莫过于乱世之骨肉分离。我与尔姨母西飞，尔姐妹兄弟等赴台湾，从此天涯涯角，重聚不知在何时也。尔等皆十六岁以上人，饥寒饱暖，咸能自理，学识能力，各有长短。无论男女，一生穷达皆在自己。父母负教养之责，领到指示而已，各个出路仍须自己检择，为龙为狗，为正为邪，为君子为小人，为现代之新青年也，为吾家之败类、社会之废物也，尔等具有耳目心思，生长于多事之时代，见闻所及，稍加考虑当知。大难当前。父为六十四岁之老翁，百口之家，一人负担，万般难事，累我一身。二百年之祖产薄厚无存，大好之故乡归省无期，河声岳色，梦魂常绕而泪湿枕席，祖宅祖墓，时萦心目而遗弃恨谁！兹有健吾身体，修我学问，冀望时局好转得返故土，以慰迟暮耳。而绕肠挂心之事，尔祖母年高，尔等多未成人，行将分离，掬吾心中之血滴，于尔等之身，形分心近，惟希尔等勿忘祖训，勿违父言，随尔大姐长兄远适异乡，避国家之乱，为苟全之计。行走坐卧无忘读弓，饮食言动，谨防疾病，爱护身体，可免父母之忧，可减兄弟之虑。勿贪玩，勿浪漫。学问可以济世，能力可以平乱，有损道德廉耻之事不为，自己是国民一分子，有益国家人类之事，万勿后人。小善小德是大善大德之本，勿忽小恶而铸成大过大恶之基。古人云：

"谨小慎微"即此道也。严以责己，勿轻怨人，则辱字不来。勤俭持身，勿向人开口，则耻字不临。大女长兄负教诲之道，为弟守恭顺之则。分则手足、义则师保，则尔等虽万里远行，我放心也。异日家人团聚，各有成就，相见之乐，可想见矣！若不自努力，巧言委（诿）过，是自欺自弃，我决不尔恕也！我并不奢望，苛求于尔等，但愿尔等每于非分之念头初起时，平心想想，不可为不可说之事，如为如说，即犯欺亲败身之罪，自己防闲自己，则光明大路，即在目前也。勉之！勉之！每人照抄一分（份）寄陕寓。大女广仁，长男广勋告谕广成、远、威、平、佩、安等知遵。

　　民国卅八年四月念日南京失陷，家人同寓上海者，于廿五日长媳培冬携长孙女平孙男梁飞台湾；大女带广威、成、佩四姐妹乘轮于廿六号赴台湾；长男广勋带广平及外孙赵安波等乘登陆艇赴台中。予于廿七号飞重庆转长安。广远儿尚在苏州东南大学。广信因公滞阻于杭州，友人不能离沪者尚多。廿五日夕独坐书斋，万感交集，信笔书此帙，交儿女等全（同）阅之。

铁门伯英张钫时年六十四岁

卷四

德业绵长

山川毓秀　忠孝传家

　　在人类文明的历史上，所谓的名山胜迹总是把山川和名人连接在一起，"干木隐而西河美，李陵降而陇西愧"①。这句话说明了人文比地理更为重要。山以仙而名，水以龙而灵，乡邦以有人而荣。这正是中华民族遵循乡邦道德文化，热爱家乡，崇拜地方英贤传统习俗的反映。新安历代贤达志士仁人人物辈出，为生长在这方热土上的人们树立了典范，也为这方热土增添了不少光彩。迨至清末民初，在新安的铁门镇又出现了一位允文允武博古通今的英贤张钫，他曾因组织参加陕西辛亥革命光复西安推翻帝制而功誉

---

　　① 见《旧唐书·列传》卷五十一《薛登传》。

　　段干木（约前475—前396），姓李，名克，封于段，为干木大夫，故称段干木。魏国安邑（今运城市安邑镇）人。春秋末战国初晋籍魏人，故里今邱县郝段寨。其数名好友先后为将，唯段干木清高隐居。魏文侯弟魏成子，极力推荐段干木，魏文侯月夜登门拜请段干木。他遵从"不为臣不见诸侯"的古训，越墙逃避。

　　李陵（前134—前74），字少卿，陇西成纪（今甘肃天水市秦安县）人。西汉名将飞将军李广长孙，李当户的遗腹子。善骑射，爱士卒，颇得美名。天汉二年（前99）奉汉武帝之命出征匈奴，率五千步兵与八万匈奴兵战于浚稽山，最后因寡不敌众兵败投降。

华夏。辛亥革命成功之后，又在河洛一带收集唐代墓志一千二百余方修建千唐志斋，成为中华民族千家万户寻根问源的族系家谱，亦是记载中华民族历史文明的石刻史志博物馆，至今更是独冠天下，熠熠生辉。"玉蕴石而山木茂，珠居渊而岸草荣"①，张钫一生事业的成功和在历史文化方面的成就不仅得益于其丰厚的学养内涵，更得力于地域文化和家庭教育的熏陶。

铁门镇张钫故居

---

① 见宋·司马光《赵朝议文稿序》。

张钫之里籍

据张钫家族之《张氏宗谱》所载，张氏原籍位于河南偃师县伊河、洛水之间的喂羊庄。清乾隆二十六年，伊洛合流，枌社被水，张氏为避水患，先迁鲁山，后又徙偃师翟寨。道光年间迁新安县西三十里之水源村，至同治十二年迁居水源村西五里铁门镇，世衍子孙，称为"铁门名派"。

铁门位于新安县城西十五公里的新（安）渑（池）两县交界处，东距洛阳九十里。这里青龙、凤凰两山对峙，涧水（古称穀水，今讹为谷水）东与广阳川水合流，形如门阙，故明清时期曾称阙门。铁门古时亦称缺门，见载于西汉刘向（约前77—前6）编撰的《列仙传》。其中《平常生》一文中所说之缺门山，即现在的铁门山。此地见载于史籍已有两千余年[1]的历史。北魏郦道元《水经注》又说："穀水又东，径（经）缺门山，山阜之不

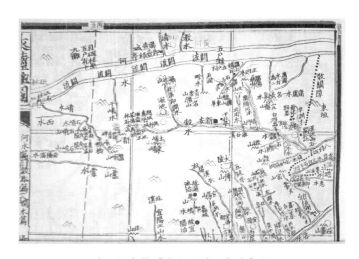

清·杨守敬《水经注疏·穀水》图

---

[1]《列仙传·平常生》："谷城乡平常生者，不知何所人也。数死复生，时人以为不然。后大水出，所害非一，而平辄在缺门山大呼言：'平常生在此，云复水雨，五日必止。'止，上山求问之，但见平衣帔革带。后数十年，复为华阴门卒。"

接者里余，右望如砥。谷水自缺门而东，广阳川水注之，水出广阳北山，东南流注于穀，南望微山，云峰相乱。"铁门镇是一个有着一千多年历史的古镇，自古以来为豫陕官道咽喉所在，在北宋时期曾改称延禧镇，据《元丰九域志》卷一《京西路》载："畿：新安，京西七十里。二乡，慈涧、延禧二镇。有缺门山、长石山、金水、谷水、陂水。"铁门镇其范围西起铁门村，东沿涧河南岸，至五里铺全长五里。因其地势险要，《河南府志》曾以"右阻铁门之险，左据青要之都"称誉新安形胜。在明代万历年间的《河南通志》中，曾列"阙门峭壁"为新安八景之一。

铁门古为兵家必争之地，屡经战火洗劫。东周时期，秦将白起伐韩，曾驻军凤凰山。乾隆三十一年（1766）《新安县志》载："白起城，县西三十里，凤凰山北，故址尚存，秦白起屯兵于此。"《晋书·皇甫重传》记载，晋末八王之乱，成都王司马颖、河间王司马颙起兵共攻长沙王司马乂，以讨伐皇后之父羊玄及齐王司马冏，参军皇甫商为名，齐王司马冏以皇甫商为左将军，领兵万余于缺门拒司马颙部将张方，为张方所败。明末清初顾祖禹《读史方舆纪要》记载说："（唐）玄宗开元八年（720），契丹寇营州，上发关中卒援之，宿缺门，营穀水上，夜半山水暴至，万余人皆溺死。"同书又载："唐肃宗乾元二年（759），郭子仪自相州溃败退回河阳（今孟津），军中相惊，又奔缺门"。

明崇祯十五年（1642），李自成率农民起义军攻陷新安，当时知县陈显元退守铁门青龙山，筑寨固守。义军发牌令其投降，陈显元摔碎令牌，拒不投降。李自成义军围攻青龙山十余日，寨破，陈显元并其子皆被杀。《明史·陈显元传》记载说："陈显元者，由副榜授新安知县。恶衣垢食，徒步咨疾苦。以城堞倾颓，寇至不能守，率士民入保阙门寨。贼檄降，立碎其檄。及来犯，死守月余，力竭而陷。见贼怒骂。贼大杀寨中人，显元叱曰："守寨者，我也，百姓何辜，宁杀我！贼怒，遂支解而死。"

清康熙三十三年（1694）进士新安人吕履恒的《梦月岩诗集》中有《阙门行》一诗并序，对李自成义军攻陷青龙寨一事有较为详细的记述，今录于此，以存史迹旧闻。

其序谓："阙门行，哀陈公也，公讳显元，楚之蕲州人。崇祯壬午令新安。以滑稽息民为治，时洛都失守，属城邑皆坠。公率民登铁门寨。日夜守陴，不为动，贼檄公，公碎其檄大骂。贼怒，并力攻之，寨启，无少长者皆屠，公走且呼曰：'乡民守死者，县令也，宜杀某，勿苦我民。'贼不顾，公持其刃呼益急，遂歼焉。其子某亦遇难，遗民三十六人者，为负土筑坟，予闻诸父老云。"

其诗曰：涧水奔山啮石根，逆流百折趋铁门。铁门山上垒培在，居民曰是陈公屯。瓦砾崩翻烧黔黑，荒冢草白天黄昏。犹传壬午世反侧，函谷关溃无完邑。我公陟巇辟巉石，率民坚守勿降贼。贼觇睥睨声方怒，谓若区区何自苦。公笑不答挥炮石，椎碎檄移詈狗鼠。黄巾万众并牛力，飞镞满眼天地黑。累卵难支巢树倾，苍颠黄口遭刲磔。更张空弮无所惨，啮龂血颈僵不仆。同时哲嗣亦遭坑，遗民负土营双墓。已矣哉！天柱地维昔崩摧，金城铁瓮空崔嵬。北门锁钥坠燕蓟，上东门亦军延开。翻城倒戈满眼是，嗟公为此一何哀。春来杜宇犹啼血，瓦棺不朽常山舌。落落青松三尺堆，常照嵩峰万古月。"

明末清初因当时新安县坻战乱破坏太甚，官府衙署无法办公，曾一度迁驻铁门。至顺治年间，知县佟希圣整复县衙，补修城垣，始又迁回县城。

由于铁门地势险峻，且位居长安、洛阳要冲，这里人杰地灵，军事人物代有所闻。在距铁门南三里隔涧水的南湾村为汉代楼船将军杨仆的出生地，迤东五里的韩都村为隋朝统一中国的军事家韩擒虎故里。受独特的地理环境和军事人物影响，造就了张钫这位名标青史的华夏英才。

民国初期，张钫为防兵匪，曾率领村人于铁门镇四周筑建寨墙一道，护卫村庄，并设东西南北四门，东门曰"拱阙"，匾额为清光绪二十四年（戊戌1898）进士林东郊题署。城门两侧有门联曰："百二关山严凤阙，五千道德跨龙门"为民国二十年张钫所题署。

铁门镇南门匾额为"龙飞"，有张钫率阖镇人仝修等字。北门曰"凤舞"，为当时洛阳著名书法家李振九先生题书。今"龙飞"匾额仍镶存于南门，北门匾额现存千唐志斋内。西门题署为"铁门镇"，为于右任先生题书。门两侧有联曰"黑虎神威开远略，青牛仙气自东来"，为清末举人凌素莹所书，匾额今存，门联刻石已丢失。

原铁门镇南门题额"龙飞"旧迹

铁门镇北门"凤舞"拓本

铁门镇西门于右任题署"铁门镇"原石刻

　　铁门镇为辛亥革命元老张钫旧居所在，旧居之西有名闻中外的千唐志斋博物馆，为张钫所建。

　　铁门隶属新安，新安古为百战之地，这里曾经过漫长和残酷的战争洗礼。秦汉时期，楚汉相争，《史记·项羽本纪》记载，项羽"坑秦卒二十万人新安城南"，此新安城即铁门西三十里今义马市之千秋一带。其后，据多种史书记载，东汉世祖建武二年（26）冬十二月，三辅大饥，赤眉东出，光武帝刘秀遣破奸将军侯进屯新安，破赤眉，救三辅。是年以阴识为关都尉，镇函谷。建武三年（27）春，左将军贾复别击赤眉于新安、渑池间，大破之。建武六年（30），讨虏将军王霸屯田新安；八年，屯函谷，击荥阳、中牟贼，平之。此后，历经三国、晋至隋，此地更是战争连绵不断。北魏孝文帝太和十二年（488）升新安为郡。北周孝闵帝元年（557），改新安郡为中州，以李端为中州刺史。是年，梁睿亦任中州刺史镇新安以备齐。北周明帝武成二年（560），以新安（东垣）人韩雄为中州刺史，镇守函谷关。北周武帝保定元年（561），骠骑大将军、开府仪同三司梁昕为中州刺史，增邑八百户。保定五年（565），冬十月辛亥，改函谷关城为通洛防。以贺若敦为中州刺史，镇函谷。隋文帝开皇十六年（596）于新安置穀州，新安、东垣二县属之。恭帝义宁二年（618）复置新安郡，县属之。唐朝立国之初，高祖李渊于武德元年（618），改新安郡为穀州，领新安、渑池、东垣三县。授任蛮奴（任忠）之侄任瑰为穀州刺史，以防御王世充军。唐武德二年（619）十二月，王世充遣其将罗士信侵（唐）穀州，士信率其众降唐。武德三年（620）夏四月，罗士信围慈涧。王世充遣其子元应出援，兵败。七月，唐秦王李世民伐王世充，师次穀州，前锋围慈涧。王世充自洛阳率精兵三万于慈涧布阵拒之。秦王引轻骑挑战，陷重围，激战竟日破敌，亲获世充大将燕颀。继率五万大军进攻，世充乃撤慈涧之兵，退归洛阳。其后，李世民乘胜攻克洛阳，王世充降唐。这场战争前后持续了三年，李世民以新安为依托，以函谷关为屏翰，终于占领中原，统一了中国。

　　水源村位于新安县城西南二十五里的烂柯山中，为张钫家族的发祥之地。其取名之因乃村东有一小溪，发源于村东，潺湲而北，流入涧水，故有水源之名。水源村四面环山，风光旖旎，人文与自然名山交相辉映，堪称新安一方佳胜之区。

村北里许的烂柯山下，古为洛阳与长安东西两京驿道，数千年来熙熙攘攘，过往了无数的帝王将相和骚人墨客英雄豪杰，流传着千古脍炙人口的锦绣华章。村西北二里，自古相传为王乔真人烂柯之处，旁有一石，矗立山腰，传说王乔打柴遇见两个仙人在此石上弈棋，王乔受其点化，遂成真人，故其地又名棋盘山。唐代诗人孟郊昔年行经山下，闻而畅游其处，即兴曾赋《烂柯石》诗一首曰："仙界一日内，人间千岁穷。双棋未遍局，万物皆为空。樵客返归路，斧柯烂从风。惟余石桥在，犹自凌丹虹。"

村南三里，有仙人王乔仙洞和具有八百年历史建于元代的道观洞真观，这里历来香火鼎盛，为文人雅士游赏之处，观内存有元明清历代石刻碑文七十余方，现为河南省重点文物保护单位。

又北二里，与水源村隔河相望，为隋文帝统一中国时骁将韩擒虎的故里韩都村。据《史书》记载，我国自东晋开始，以长江为界，南北分治延续了二百七十余年。到了隋朝立国之初，文帝为了统一中国，就下诏命韩擒虎为先锋，渡江伐陈。韩擒虎当时只带领士卒五百，趁新年佳节，南陈将士只顾狂欢饮酒，长江防备松懈，于是就兵不血刃渡过了长江，在另一将军贺若弼的配合下，攻下南京，俘获了南陈皇帝陈叔宝，结束了中国历史上近三百年南北分割不能统一的政治局面。另据古代传说，韩擒虎的名字"擒虎"也与烂柯山有关，古时水源村北的烂柯山一带，林木茂密，大树参天，是虎豹一类大型动物的乐园，韩擒虎13岁时，曾入此山擒得雏虎一只，遂以为名。

村西五里，有一个南庄村，汉武帝时楼船将军杨仆就出生在这里。他南征南越和东粤，东征朝鲜，为汉武帝江山的稳固立下了汗马功劳，并且将函谷关移徙新安，这就是今天中国现存最古老的关隘，天下第一关"汉函谷关"。

距铁门村五里的水源村亦为张钫家族的墓地及其家族的发祥之地。据《张氏族谱》和《张清涟墓志》记述，张钫祖上于明洪武年间由山西洪洞徙迁偃师小喂羊庄居住，清乾隆廿六年，洪水泛滥，伊洛合流，于是背乡离井，逃难鲁山，其后五世祖讳发福，复由鲁山投亲迁偃师翟镇。道光初年，张钫之曾祖父讳逢源，同其曾伯祖逢春、逢辰，再由偃师翟镇奉运其父六世祖张登朝的灵柩，落户至水源村。并将张登朝的灵柩安葬在水源村西南，是为张钫家族墓园立祖之始。到了清同治十二年，因在铁门经商，复迁铁门居住。

铁门镇水源村张氏祖茔

　　水源村人淳厚朴实，张氏家族到此之后，同樊姓家族和睦相处，初迁之始，张钫之大伯祖、二伯祖和张钫伯父张清阳均娶樊姓之女为妻，是铁门张氏后人与樊氏亦有亲缘血统关系。其后张氏家族人丁兴旺，事业昌盛，芳名远播，这与其移居新安水源受其环境影响亦有一定关系。

　　新安人杰地灵，英才辈出。除了上述新安铁门一带军事战争所提到的人物之外，汉代楼船将军杨仆征南越、征东越、伐朝鲜，立功疆场。隋时名将韩擒虎，曾率兵卒五百，渡江伐陈，俘获陈后主叔宝降隋，结束了中国自东晋以来迄隋二百七十余年南北分裂的历史。同时，韩擒虎之父韩雄，其兄韩僧寿、韩洪，其子韩世谔也都为当时名将，彪炳史册。

　　以上是张钫故里的历史人文情况。

　　张钫之祖籍。依张钫家族之《张氏宗谱》中所记，原籍河南偃师县西

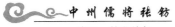

南，伊水洛水之间的喂羊庄。清乾隆二十六年，伊洛合流，枌社被水，四出迁徙，以避水患。先迁鲁山，后又徙翟镇。道光年间迁新安县之水源村，至同治十二年迁居新安县之铁门镇，世衍子孙，称为"铁门名派"。现将《张氏宗谱》中关于张钫家族籍贯的记载录记于此，以见其详。

张氏宗谱·家传 [①]

　　吾家世系，远不可考，祖居喂羊庄，在偃洛之间，自清乾隆廿六年，伊洛合流，枌社被水，四出迁徙以避水患，五世祖法贵公率兄弟徙居鲁山，法福公自鲁山就亲偃师县之翟镇，法兴公自鲁山徙居内乡县之细心沟，法福公次子登鳌，孙逢时，自翟镇复徙居鲁山，三子登朝留翟镇，吾曾祖也。大伯逢春，徙居新安县之水源村，法才公嗣予宗泰通籍后，自鲁山徙居修武，吾家自道光年迁水源，至同治十二年迁居铁门。翟镇、鲁山、修武、内乡、各族，子孙蕃昌，各有分谱，而吾族自光绪十六年经先伯清阳公四出调查，汇集各族而成家谱，后于今卅四岁矣，族人之疾病未问，死亡未吊，自民国成立以来，迁徙流离，遭盗贼兵火者数处，闻丧闻祸者不一而足，噫！族姓不畜，何以惠沅人，何以慰祖宗，遂定于民国十二年春，分派兄弟子侄辈，四出调查，死者之情状葬地，生者之年龄职业，重修族谱，以遗子孙。望吾族子孙辈，家各一卷，常置堂上，每逢春秋祭日，族中之长者，对与祭者，演讲族系之本派支源，及祖宗之颠连，立家之不易，后生之职守族规宗谊剀切训示，庶几祖宗先灵常印子孙之脑海中：永矢弗替，吾族类其万载永昌乎，族人勉之。

钫又记

---

①《家传》为张钫所撰。

张氏宗谱·序一

张清阳

吾家乏宗谱久矣，世传同居偃师之喂羊庄，源流支派犹可记其崖略，自乾隆廿六年枌社被水后，五世祖法贵公率兄弟徙居鲁山，法福公自鲁山归就亲翟镇，法兴公自鲁山徙居内乡，法福公次子登鳌子逢时自翟镇复徙居鲁山，三子登朝偕其孙徙居新安，法才公嗣子宗泰通籍后，自鲁山徙居修武，虽依桑梓者不乏人，而鸰原未衰，雁行不成，岂能尽知其梗概？是以支派世系，几有将湮之势，清阳用是忧焉，于是会故园之宗族，访他乡之弟兄，或则身亲，或则信达，在在悉究其所自出，按支分派，衰录成谱，虽不无存疑之处，而木本水源，尚觉分明，密枝茂叶，庶可不紊也已。

光绪十六年岁次庚寅清阳识

张氏宗谱·序二

张　钫

民国十二年正月朔二日，钫整理家务，有感往事，是时予卅八岁之始月也。家庐如故，人面多新，父行惟母亲与两四伯母在。钫束发读书，十七岁入秦，悉总师干，经历多故，奔走四方，百死一生之身，获归田园。父亡矣而不在侧，伯父伯母没而在军中，抚棺稽颡，抱恨终天。屈指廿载于外，于国无补，家祸连绵，老少亡者廿余人。遭兵燹，遭匪患，祖泽无遗；陷图圄，困围城，故旧凋零。两弟伤于锋镝，家产荡于凶年。骨肉数十口，老者衰，幼者弱，扶持元人。加以鲁巗祖之遗著待修，先伯先父之碑传未刻，男婚女嫁及家事之累，笔难罄述。遂谢绝世事，杜门家居。昏昏子侄辈，虽尚受教训，各入学校，而家庭往事，祖若父之艰难困苦，兄及弟之危亡忧虑，族人等之远近亲疏，朋友中之情谊厚薄，子侄辈皆茫然昧然。况立家之本，首在庭训，稼穑之道，重在告谕。若辈幼长于祖父母抚爱之下，兹育恩深，鲜知家计，长寓外方，更少阅历，虽世界不重大族之制，而木本水源，继承者当知先人之德泽佑启我后，分绪勿替，亦情理所重也。因撰家乘以告我后人，非敢仿国之史，省之志。修家谱，序昭穆、记本枝、以警励子孙耳。子侄族人等可各手一册，法已往，慎将来，我张氏之族，昌且大乎？弱且亡乎？皆在子侄辈之自择也，如违家训，族规犹在，毋谓言之不预也，慎之勉之。

钫记

从张清阳、张钫对《张氏宗谱》的前后题记可以看出，张氏家族祖居偃师、伊洛之间的喂羊庄，自清乾隆廿六年（1761），因水灾迁居他乡，张钫祖上初迁新安之水源，后又迁铁门。

张氏宗谱·家训

在《张氏宗谱》内首页题有《家训》，其文曰："平实纯朴，好德行仁。谦抑勤学，忠国孝亲。"这十六字，是张氏教育后代子孙的家珍瑰宝，也是张钫一生为人处世的箴言，张钫的所有成就和功绩，正是这一《家训》能量的释放和映现。

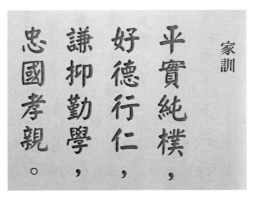

《张氏宗谱·家训》

张钫之宗亲

张钫之曾伯祖张宗泰

　　张宗泰原名成元，字宗泰，号秋斋，又自号鲁岩，原籍偃师县西南之喂羊庄，生于清乾隆四十年（1775）十月十日，卒于清咸丰元年（1815）二月二十二日，享年七十二岁。据张钫家之《张氏宗谱》记载，张法才子张成元，本张法贵次子以嗣。乾隆廿六年（1761），因遭伊洛水灾，庐舍浸没，其父张法贵率兄弟迁鲁山冢留村，张成元因以自号鲁巖。张宗泰是清代中后期河南知名目录学家，人称中州大儒，为授堂学派创始人武亿（1745—1799），字虚谷，号授堂，偃师人之弟子。

　　张宗泰约于清嘉庆六年（1801）前后与李碧川相识。嘉庆八、九年间，在鲁山县城南王戒覆家担任私塾教师。嘉庆十二年（1807）丁卯举人，出陈寿祺（字恭甫）门下，特授文学郎。嘉庆十三年（1808），赴礼部试，落第。道光元年（1821）八月任怀庆府学教授。道光二年（1822）选授修武县儒学教谕。道光三年（1823）参与河内县撰修志乘事。道光十三年（1833）参与校刻会稽《章氏遗书》数卷。

　　道光十七年（1837）参与重修《修武县志》，历时三载，是道光年间《修武县志》的主要编纂者之一。

　　道光十八年（1838），张宗泰再赴礼部试，在京师，拜谒阮元，以所作辨正文字十余篇，包含《淮海英灵集》，就正于阮元（1764—1849），阮元颇为欣赏。当年在京师，也获交浙江学者龚自珍。道光十九年（1839），监河朔书院事，与书院山长金瀛仙朝夕过从。

　　道光二十三年（1843）循资推升河南府学教授，在此期间，开始编撰《鲁岩所学集》一书。于道光三十年（1850）书成刻印。次年，咸丰元年

（1851）张宗泰去世，享年七十七岁。

张宗泰潜心学问，嗜读书，为教官二十余年，每读一书则旁通取证，评其得失，正其讹舛，补其未备。他收藏书籍数万卷，日事阅读、点勘，朱墨间杂，皆有辩证、跋尾。毕生致力于史学、文献学研究，于《四库全书总目提要》用力最勤。

在史学领域，张宗泰长于论史、考史、史书编撰。论史方面，遍览史籍，熔铸前人治史方法，评论历史，表达个人见解。考史方面，考校史籍谬误，书必有据，一丝不苟。在史书编撰方面，曾两次参与地方志书修撰。

在文献学领域，于校勘、目录之学亦有心得。其校勘精审，方法得当。其目录之学，宗主《四库》，解题文字精当，有益后学，尤其是编订《中州集略》，为研究中州文献提供了重要参考。

他校正的《淮海英灵集》，阮元极为赞赏。并嘉勉宗泰："富贵功名，不过镜花，只几章秦楮乌墨，长留人间世，足不朽耳！国家肇开四库全书馆，每种有提要一首，以悉其原委，今已历数十年。欲荟萃续出之书，各补作提要，以附其后。惜将伯无人，倘能得足下，长留此地，岂不大妙！"别后，致信称他"能读人所不读之书，真天机清妙者"！

张宗泰自叙其所著书曰："余官闲无事，凡百玩好，性所不近，率以读校书籍为课，日尽一卷，无间寒暑，其部帙重者，如《四库全书总目》《通鉴纪事本末》《经义考》诸书，几周岁始读一过；轻者或数月或兼旬，辄尽其卷。"又曰："喜读书，如啖蜜然，中边皆甜，只觉有不尽之意味。"又读《文选》后跋云："自六月二十五日写起，十一月初七日止，中间闲十九日，又小尽者三，共除去二十二日，尚得一百零十日。一部《文选》，逐字逐句，正文分注，点勘一过，随读随钞，共写一百六十纸。前贤称《文选》为文章渊薮，善《注》[①]又考证之资粮。一字一句，罔非瑰宝。此册于《注》中轶事秘典，摘钞殆遍，汉魏六朝之遗文，罗列胸中，亦足以豪矣！"

---

①善《注》，即唐·李善为《昭明文选》作注的版本。

张钫之大伯父张清阳

据《张清阳墓志》《张清涟墓志》所载，张氏自山西洪洞明初徙迁偃师。乾隆年间因伊洛水溃徙于鲁山。曾祖讳发福①，婚洛阳翟村镇就居。祖讳登朝，生子三。考讳逢源，为登朝季子。经商于新安铁门镇，在铁门镇南水源村定居，遂为新安人。

张逢源有子三人，清阳为长子。关于张清阳的生平事迹，除了《张清阳墓志》已有记述之外，在《张清涟墓志》《张清和墓志》和《张氏宗谱》中也有述及。2017年夏，千唐志斋王怀阳先生在铁门镇东八里发现一本《张清涟荣哀录》，书内夹有一张张清和所书字迹一纸谓："胞兄清泰（张清阳，又名清泰），字海秋，太学生。性孝友，先慈寝疾累年，汤药必亲承，胞堂昆仲男女十人，教养皆赖兄力。和生即失怙，六龄失恃，蒙兄教养至于成立。创修《张氏宗谱》，劝办直隶赈捐，蒙大府赐'乐善不倦'匾额。"

张清和拔贡卷批：

首艺理则铜墙铁壁，气则走山飞海，雨火比风发泉涌，极汪洋浩瀚之观，次高谈雄辩，惊四筵，解明确。

张子温墨迹所载张清阳（清泰）、张清涟事迹

①据2005年《张氏宗谱·世系沿革》世系第四表所载，六世登朝之父为五世法福。

清封奉政大夫张君墓志铭

固始秦树声[①] 撰书

安阳马吉樟[②] 篆盖

君姓张氏，字海秋，世家山西洪洞，明初徙偃师。乾隆中，伊洛溃，徙鲁山。曾祖讳发（法）福，婚洛阳翟村镇就居。祖讳登朝，生子三。考讳逢源，其季也，贾新安铁门镇，徙其南水源村，自是为新安人。君幼英迈，不屑治章句，见书计，则心开，习九九，不十日，究其理。与人交，沥肝胆，有古国士风。同治二年，丁父忧，卒哭，弟清和生。君笃友于，隐亲周至，万难未夷，家复集蓼。括积赀千金，属人贾，诡云：“道寇攘，不可诘。”旋丁母忧，所居蔽霜雨，田数亩而已。乃躬与仲弟贾，复自水源徙铁门，而遣弟清和入塾。岁洊饥，斗粟三千，食指十余，劣给粥，唯日以二饼啖弟。弟感雕励，师郭君澎、杨君堃，学日进，了然汉宋流别。帖括亦精绝，补博士食饩，擢丁酉萃科，倅陕西乾州，以覃恩貤封君奉政大夫。君故巨族荡析，则单骑走鲁山、内乡、修武，咨集耆硕，俾弟清和为谱牒，于先世葬洛偃者，崇建碑碣。伯祖鲁巖孝廉，著有《所学集》《余事稿》诸书，年远散佚，君补治漏缺，匡正讹谬，重梓之。某大僚，故孝廉门下士，饫百金，谢不受。镇南西溪潭，君脉地形，循山穿渠，溉田数百顷，人赖之。排释纷难，户外屦恒满，或甫至间，质厥成。有不善，辄畏君知其姓字，时以方汉王烈焉。君自处窭约，无珠玉绮绣之好，人有危困，倾囊笥不少吝。光绪丁丑大旱，力不能博施，则结戚友有中人之产者，酿

①秦树声（1861—1926），字宥横，号乖庵，固始人，清末民初著名书法家，曾两中进士。先后充任清会典馆《地理钧稽图志》总纂、民国年间受聘为《地理志》总纂。历官云南按察使、广东提学使等。张清和与秦树声之兄秦骏声为同僚雅好，故请树声作铭。

②马吉樟（1859—1931），字积生，号子诚，安阳人，清进士，曾任翰林院编修、国史馆协修、会典馆总校、湖北按察使、湖北提学使等。嗜古笃学，工于书法，精研金石，潜心著述，有《益坚壮斋稿》传世。其早年在北京创办之“豫学堂”，曾为民国鼎新培养了大批仁人志士。

钱庀大车若干乘，驰骤汝、息、正阳间，转其贱粜以粜。民国癸丑，豫西
饥，命犹子中将钫自陕辇二百五十石，并募万金助官，先后全活者无艺，
可谓六行敦备，孳孳焉乐善不倦者已。民国四年，旧历乙卯十一月十六日
卒，春秋六十有九。君讳清阳，配氏樊、氏黄、氏邱、氏邵，皆封宜人，
其三前君卒。子二，钢、铮，皆陆军少校。铮充陕西将军府副官，阵殁靖
国军，则今民国八年乙未三月事也，皆邵宜人出。孙三，广文，钢出；广
武、广地，铮出。钢将以冬十月二十五日葬君芦院里烂柯山侧之阡。君弟
清和沉笃，与树声兄骏声昔同窠雅故，乞铭。铭曰

袭孝友之茂绪兮，陶洪源于蒙汜；穆棠棣以流慈兮，隐自文褓而青紫；
勤惠鲜于无盖兮，不侵欺于然已。伊阙峨峨兮，涧波湜湜；刊玄石曰昌厥
后兮，后之人尚绍休于车耳。

渑邑马尚志[1] 刻字

志文谓清阳"幼英迈，不屑治章句，见书记则心开，习九九，不十日
究其理（九九即算术，其术始于九九乘法，故称九九之术）。与人交沥肝
胆，有古国士风。"清阳之父张逢源卒于清同治二年（1863 年），其时张钫
父清和生，家境甚贫寒，"听居蔽霜雨，田数亩而已"。其家迁入铁门后，
清和始入私塾读书，拜师郭澎、杨堃，"学日进，了然汉宋流别，帖括亦精
绝"，丁酉岁（1897）清和擢任陕西乾州，清阳亦以覃恩封奉政大夫。

张钫家族支脉繁衍甚厂，因灾异存生而散居各地，为了知道张氏后裔
流布情况，张清阳单骑走鲁山、内乡、修武等地，寻访耆老，搜集资料，
交其弟清和修订谱牒，并为先世葬洛偃者重建碑碣。其伯祖鲁岩为中州大
儒，著有《所学集》《余事稿》等，年久散佚，清阳"补治漏缺，正讹谬"，
予以印行。鲁岩有一门下士为政界大僚，馈以百金相助，清阳谢而不受。

张清阳乐善不倦，乡闾间口碑流诵至今，墓志记载甚多其好施之事。
他无珠玉绮绣之好，人有危困则倾囊以助，乡里多赖以排释纷难，闻听不

---

① 马尚志，渑池人，工于镌碑，张钫故园"蛰庐"碑刻皆出其手。

公之事常登门质问，人皆敬而畏之。铁门镇南有西溪（即玉梅河），他勘察地形，循山穿渠，引水溉田数百顷。光绪丁丑（1877）大旱，清阳力不能及，则联结戚友中有资产者，集资备大车数辆，奔驰于汝、息、正阳间，转运低价粮食以救灾。民国癸丑（1913）豫西旱魃施虐，饿殍遍地，清阳遂命张钫自陕西运回粮食二百五十石，并募集万金以助救济，灾民因此而存活者无数。

张钫之父张清和自幼失怙，赖其兄清阳护养长大，清阳亡故时，清和哭之毁且曰："吾兄弟如父子，吾事兄犹事父也，得葬兄吾事毕矣。[①]"

清阳之父卒于清同治二年（1863），其时张钫父清和生，家境甚贫寒，"所居蔽霜雨，田数亩而已"。其家迁入铁门后，清阳与族弟以生意养家，当时大旱连年，饥不得食，清阳宁肯忍饥挨饿，每日以二饼喂养清和。

张清阳卒于民国四年（1915）十一月十六日，得寿六十，九年（1920）十一月二十五日葬于铁门镇芦院里烂柯山侧水源村南。清阳有子张钢、张铮，皆陆军少校，张铮任陕西将军府副官，民国八年（1919）正月阵殁于靖国军。张清阳堂兄弟四人，清阳、清涟早卒，清和视长兄清阳如父，视长兄子如同己出。清涟子钊、鈺，钊曾留学英国，鈺十七岁死于长安兵乱之中。千唐志斋有张鈺墓志，为孟津郭涵撰文，洛阳李鼎岑（振九）书丹，渑池刘维屏篆盖。志文记述张鈺（字季音）"幼聪颖，卓荦不羁。常从伯兄军中，好驰马试剑。年十三忽辞兄去，遨游南北，与当时诸名士游。归陕，就中学习业，孜孜孟晋学，虽日臻上理，而英明飒爽之概不减……长安乱作，变兵围君第，君持枪登屋以抵御，贼皆披靡走，回顾间，忽中流弹，创重以死"。

张钫故园"蛰庐"存有张清阳墓志一方，墓志题曰"清封奉正大夫张君墓志铭"。

---

① 见于《张子温墓志铭》。

附录一：张清阳（海秋）墓志

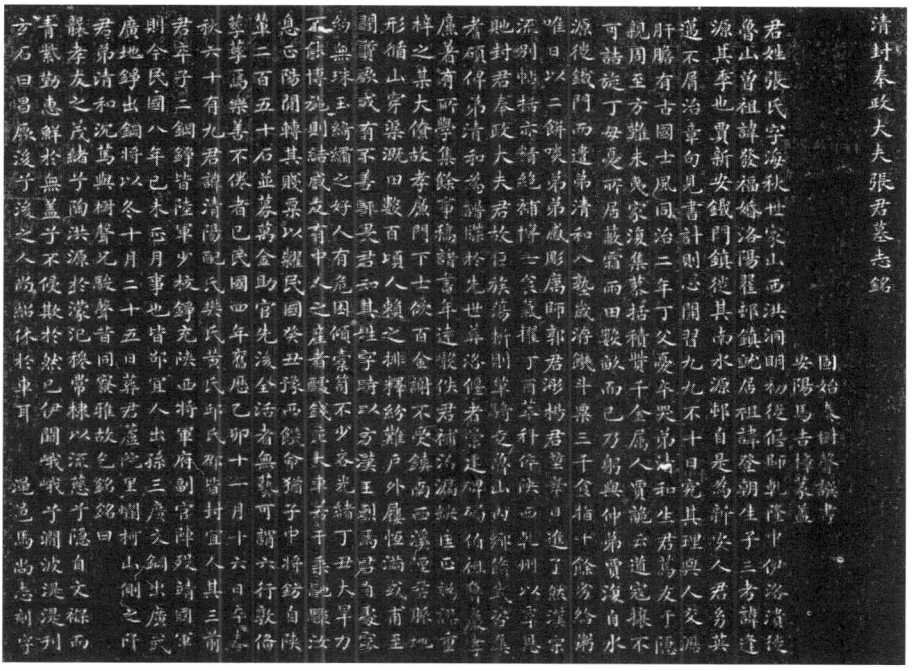
清封奉政大夫张君墓志銘

张清阳（海秋）墓志拓片

附录二：创修水源渠记碑 ①

创修水源渠记碑

---

① 创修水源渠记碑，现树于新安县铁门镇东水源村小学校院西墙外壁上，碑
高163厘米，宽56厘米，已残。碑额上中刻为"悠久"二字，两旁为鱼、龙花纹环
绕；残碑缺字，幸有水源村村民樊孝祥抄存，因以补缺。碑文作者杨堃，字子方，
号洪阳山人，又号静轩，渑池县东洪阳村人，清光绪辛酉科举人。从碑中记载可以
知道张清阳、张清涟、张清和弟兄三人于民国五年（1916）曾捐资五十余金，并相
地测山，勘察渠线为水源村人修筑一条可浇灌田地三百亩的水渠。

　　且人必有坚苦卓绝之志，乃能成万年不朽之业，此有志之所以竟成也。新安之西三十里烂柯山之南，有聚落曰水源，村中良田缺灌，幸喜岭南深溪中，有水自东南来者曰玉梅涧，清洌甘美，盛旱不竭，水源村中父老有志欲兴水利者累世，以费绌不成。清光绪二十五年，知河南府文太守悌檄阖属修渠井以备旱，于是樊君嵩山、宗元、清操等，创开渠道于玉梅涧下流河之石龙嘴，后因赀匮中止，然诸君之志终思有以之成而后已。民国元年秋冬之交旱甚，铁门海秋张封君暨其弟大学生荷亭、州别驾子温昆仲皆由水源迁居铁门者，水源村祖茔在焉。封君志在利人，久为乡里所推重，因与樊君宗元、国宾、惠元、清亮、清霄、清和、清廉、书山、崇德等议曰："吾本水源村人，今居铁门，平昔所为村人无裨毫毛，今欲修水源渠以竟昔年村众未成之志。吾年老不敢应渠长之任，愿先捐金开办以冀其用。"遂慨捐五十余金，偕诸君相地测山，另易渠口，勘渠线于张贞、王金贵、郭仙师、□福等诸君地界中，皆慨施无吝，二君复又□襄，并允在其地起土筑堰。即日兴工，其中艰难苦况。非有艰苦卓绝之志者，决不竟成。渠盘山凿洞长约五里有奇，共灌田三百余亩，费工七千零，至今春始蒇事焉。艰难数载，虽张封君提倡之功，亦诸君同心协助之力，先创所为，有志者事竟成，不诚然哉！今渠工虽成，业已绘图缔规、禀明县尊，存卷立案，诸君复欲勒石垂远，以志缘起。余与封君暨樊君等皆相知有素，因为艰难苦况，缔规后人，规则列后，至施渠地钱物诸君，另为立石以志芳声云。

民国五年丙辰秋九月

渑池县洪阳山人杨堃撰

邑人樊崇德[1] 书

（下略）

---

　　① 樊崇德，铁门镇永源村人。

张钫之二伯父张清涟

张清涟为张钫之二伯父，字荷亭，生于咸丰七年（1857）六月初五日，卒于民国五年四月十九日。2017年夏，千唐志斋研究院王怀阳先生在铁门镇东八里辛庄村发现了一本《张清涟荣哀录》，书内夹有一张张清和所书字迹一纸，其中有"清涟，太学生，帮长兄治生，和得游学，以至成立"。《张清涟荣哀录》内收录有渑池洪阳杨堃撰写的《张清涟墓志》，此墓志对研究张钫及其家族的历史极为珍贵。在此以前，千唐志斋内未见存有张清涟墓志，墓志谓张清涟"父讳逢源"，清涟一代"兄弟三人，君居次"。又谓："七岁失怙，母多病，与弟清和均受教养于长兄清阳。"据此可知，张清涟兄弟三人，兄清阳，弟清和。而《张氏宗谱·世系第四表》则将其系于其伯父张逢辰名下，与张清标为弟兄，或为出继，原因不明。张清涟"恭兄友弟"，仗义疏财，排忧解纷，"可挽叔世之颓风，末流之敝俗"是令人景仰的乡前贤。

附录：张清涟荣哀录·张清涟墓志

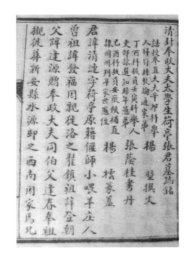

张清涟墓志（一）

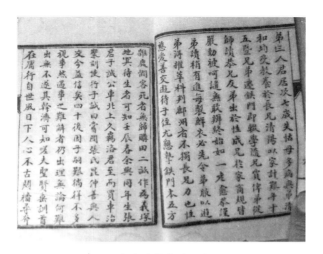

张清涟墓志（二）

张清涟墓志（三）

清封奉政大夫太学生荷亭张君墓志铭

诰授奉直大夫辛卯科举人祥符县教谕通家弟　杨墍[1]　撰文

丁酉科拔贡壬寅科举人吏部拣选知县年愚弟　张荫桂[2]　书丹

---

①杨墍，字子方，号静轩，生于清·咸丰元年（1851），河南渑池县洪阳村人。光绪辛卯（1891）科举人，曾参与编纂《新安县志》。

②张荫桂，履历不详。

己酉科拔贡安徽候补直隶州州判年家世愚侄　杨垚① 篆盖

君讳清涟，字荷亭。原籍偃师小喂羊庄人。曾祖讳发福，因亲徙洛之翟镇。祖讳登朝，父讳逢源，赠奉政大夫。同伯父逢春，奉祖榇徙葬新安县水源村之西南，因家焉。兄弟三人，君居次。七岁失怙，母多病，与弟清和均受教养于长兄清阳。以家计艰，年十五，暨兄弟迁铁门。即辍学随兄贾，俾弟从师读。恭兄友弟，出于性成。兄于家、商规皆严，动被呵谴无敢辩，终始如一，老愈恭谨。弟读稍有进，每制鲜衣必先令弟服以游。弟得擢萃科，判廊州者，不独长兄力也。性慈爱，善交游，待子侄尤恳挚。铁门本五方杂处，悯客死者无归，购田二亩，作为义冢地，冥待生者可知。壬辰春，余与同年生张君子诚公车北上，久羁洛，君至而买车治装，刻使行。子诚曰：尝闻张氏昆仲，善与人交，今益信矣。四十后因子嗣艰，徜徉不多视事，然遇事之难解者，仍出理，无论何难，出无不遂，其干济可知。嗟夫！圣贤垂训，首在庸行，自世风日下，人心不古，阋墙寻命，凶终隙末者所在多有。君于兄能事，弟能友，子侄能慈，情深手足，谊笃友朋，伦常之道无不各尽其分，诚可挽叔世之颓风，末流之敝俗矣。君殁于民国五年夏历丙辰四月十九日巳时，享年六十岁。配张氏，封宜人，妾李氏，嗣子二：长钊、次鉅，钊于君殁时留学在英，鉅送君出殡后于六年十月殇。养侄女一，适永宁陕西候补知县公惠亭之长子汝霖。今卜于八年夏历己未十月二十五日，同长兄附葬水源村先茔。其弟清和，余学友也，乞为君志墓。余与君交最久，知最悉，因不辞而为之铭，铭曰：

士贫而病，器满则溢。我嘉君心，坦坦若一。凉德时闻，庸行孰讲。我馆君家，怡怡堪尚。佐兄经商，谴呵弗避，卒赖商力，是谓能弟。

---

① 杨垚，新安人，宣统己酉拔贡。

张钫之父张清和

张钫之父张清和，字子温，生于清同治二年（1863）农历十月八日，民国十年（1921）农历五月六日卒于家中，享年五十九岁。清光绪二十三年丁酉（1897）拔贡，光绪二十四年戊戌（1898）参加朝考，历任陕西省直隶州乾州（今乾县）、鄜州（今富县）州判，邠州、下马口等处厘局，陕西武备学堂监学。张清和博学多闻，通易理，道德文章名重一时。

张子温先生家书

1921年六月，张钫辞云了陕西靖国军副总司令的职务，由陕西回河南新安铁门为其父亲张子温处理丧事守制。张钫所写《风雨漫漫四十年·我与吴佩孚过从的几个片段》一文中说到张钫守制期间，当时吴佩孚驻节洛阳，离张钫家不足百里，时有过从，两人建立了私人交谊。也就是张钫不在军中的这段时间，在家整理父亲所遗的家书，1922年，张钫将张子温家书送请夏时济、吴佩孚及张蔚蓝阅览，三人均为家书前写下了评语短序。

夏时济序

洁静精微，有功世道人心甚大，直可奉为格言。不只供作家书讽诵，不图今日尚闻此等正论。一再披阅，曷胜倾佩。

　　　　　　　　　　　　衡阳夏时济加墨，时在壬戌九月既望

吴佩孚序

壬戌秋，张君伯英出其先君子温先生家书数十通，大都训伯英昆仲之言，予浏览至再，乃恍然伯英之所以为人，及所以建功立名者，有自来矣。江河日下，道丧德漓，怙势者言权，黩货者言利，背义驰骛，罔知攸极。观先生反覆论说，不外理数两字，理尽诸己，数听诸天，治一人可，治一家可，治天下亦可，岂独训伯英昆仲哉。呜呼！先生往矣，吾未获见其面，今读此编，吾见其心矣。

吴佩孚谨识

张蔚蓝序

壬戌秋初，予道铁门，访伯英，伯英出乃父子温先生手札数十通，阅之，见其训子、规家、处世、应物、天人之际、是非之交、治乱之原、顺逆之机，无不称心刻酌，至周且当，乃喟然叹曰："予与先生交三十年矣，始而见其怡怡焉，晚而见其挚挚焉，尚未悉其辨理晰义之精，迪德蹈仁之熟，资深养粹，自在流露于日用周旋间，若斯之妙也，笃祜衍度，世阜俊哲有以哉！"伏波诚语，文正家书，得此鼎足矣。

长社张蔚蓝[①]谨识

张钫曾编辑整理刊行过《张子温先生家书》数次，民国二十七年（1938年）张钫在重庆，又复印《家书》，请于右任为之序，于右任为《张子温先生家书》题写书名并以草书做序。

于右任《张子温先生家书》序

世无无学问能治国，亦无无学问能治家者。新安张子温世丈，中年入

[①] 张蔚蓝，字霁村，今河南长葛市老城镇岗张村人。17岁入大梁书院，光绪二十三年（1897）拔贡，光绪二十九年（1903）中举。任清朝度支部主事，负责发放朝内官员俸禄。民国九年（1920）张蔚蓝与陈鸿畴等撰修《长葛县志》，并亲任总纂，三年成稿，后由刘盼遂修订付梓，并与张钫交往甚密。

秦，从政之余，以学自励。余昔年回里与伯英同志从事军旅，关内学者每称道世丈之学行，心仪久之，但以余与伯英连年困顿，苦守河北，未能一入西安，登堂请益为憾！及出关后，伯英辑送先生家书，余受而读之，始知先生笔翰余芬，皆一本经术，窥易象渊微，举得失存亡之数，盈虚消长之理，考诸史册，验以人事，合二程、颜、李以自成一家之言，其嘉惠来者，无有涯涘。伯英自辛亥举义后，从公党国，持身谨而治事忠勤，出入兵间数十年如一日，其所沾溉庭训者深矣！家书都四十篇，伯英刊行已二次，复为择语。民国二十七年来重庆，又复刊印，属余为序。惟先生之学有裨世教，果推其泽于天下，使人人充乾乾夕惕之心，奋勉于抗战建国之日，以为民族复兴之助，则伯英孝思，可谓能赐类者矣。

时民国廿八年二月一日，世愚侄于右任

附录一：张清和荣哀录·讣闻

哀启者：

先严天性纯笃，修学励品，终身孜孜不懈，以拔贡生官陕西。居家笃于孝友，与世无忤，乡里佥称为古君子。不孝等窃冀春晖永驻，少尽乌私，何期不获尽一日之养，遽遭大戚。一息尚存，其何以自安耶？呜呼痛哉！先严往矣，不孝等积过丛愆，负疚神明，何敢复有所言。惟不孝等幼奉庭训，长养教诲，不知耗先严几许心血。先严一生境遇与抚育不孝等，罔极深恩，敢泣血一陈述之。

先严幼失怙恃，赖先伯父二人抚育成立，以家贫，八岁方从蒙师受读，不俟督责，自无踬字，乃已年十七，从郭渊亭、杨子方二先生游。二十五岁以第一人入县庠，岁试经古列首。以清光绪廿三年丁酉贡拔萃科。戊戌朝考，以直隶州州判需次陕西，历膺邠州、下马口等处厘局差，悉心擘画，所至有声，凡措施必求利于上下。旋充陕西武备学堂监学，因命不孝钫偕堂弟铮往入就学。钫旋选入保定陆军速成学堂，毕业充军官，民国以来历掌兵柄者，皆先严教育之力也。先严初补乾州直隶州州判，改补郿州州判。

廊地僻瘠，历经兵燹，荒地未垦十八九。先严到任即延请绅董询问民间疾苦，极力整顿，招垦殖荒，恤商爱民，舆论翕然。宣统三年夏，钫自长安到廊省视，先严谓钫曰："乱将至矣，尔宜努力国事，勿以死生家室为怀。"是秋民军起义，道路不通，地方民军及绅民护送先严家慈至耀县。时陕北民军首领即现靖国军总指挥胡立生、现第三路第二支队长石宜川二公，均感先严之政声，故不忍其流离也。民国成立，豫西大祲，先严回河南办赈，充豫西赈务总办，与大吏往来，筹议办法，不辞劳瘁，各属咸赖之。先世居洛翟镇，至先王父始徙新安铁门南五里水源村。先王父及先大王父母相继逝世，先大伯父年仅十二，二伯父年方九龄，伶仃孤苦，连遭大故。先王母郁成癫疾，先严年方五龄，先王母见背，先大伯父年甫弱冠，支持门户，抚育幼弟，其艰难困苦什百，不殚述也。乃由水源迁铁门市营生业，藉省往返。先大伯父诏先严曰："人欲显亲扬名，流芳后世，非于故纸中竭力钻研，无他术也。"乃令先严就学，二伯父弃学服贾，稍整理先业。先大伯父又泣告先严曰："吾家世业耕读，书香不绝，以伊洛交溢，东西奔从。今与约，家事兄与仲任之，书香承继惟弟是责，无论兄等如何艰苦，总不缺汝诵读资，弟其勉之。"先严相与涕泣，刻苦为学，昼夜攻读。体质素弱，加以力学不息，二十后即得齿衄疾，食量顿减。入庠后肄业大梁书院。大伯父喜交游，远近宾至，辄相款洽，品学优者，尤礼重之，家用益啬。先严乃入渑池李肖石大令及本县曾葆莝大令幕，博微薪以自给。至需次陕垣，奉公之暇，手不释卷，尤究心易学诸书经集数百种，至今存于架笥，抄选批点尚多。先伯祖鲁巖公入鲁山学，中式嘉庆丁卯科举人，选授修武县教谕，俸满推升河南府教授，所著有《所学集》《余事稿》《交游记》等书行世，道光时阮文达公为之序，光绪时山东孙佩南先生为之跋，推为中州硕学通儒，至今中州学者无不知鲁巖先生。民国四年，北京中州文献征辑处于苏氏文献中又搜出多篇。先严已集抄成帖，惜遽值疾作，未及刊行。先大伯父于民国四年弃世，先严悲哀骨立。先严少失怙，晚年常谕钫等曰："我与尔伯父分维兄弟，恩逾父子，盖有非寻常骨肉所能及者。"五年四月，先二伯父又故，因时事未定，权厝于村居之西原。九月，先严同家慈赴陕寓。

六年冬，陕西靖国军起，钫六弟鉎死于难。八年春，钫四弟铮阵亡于岐山。钫奔走国事，先严常曰：'尔国人也，非我家人也，须无负国家，成败不计焉。'九年，先严回新改葬先大伯父、先二伯父于水源村祖茔之次。殡之日，执绋者数千人，四方来观者络绎不绝。先严常曰："吾之兄弟非同他人可比，吾之兄吾事之即犹父也。"又曰："毕吾兄葬事，吾事毕矣。儿孙辈吾已养之教之，使之成立，其贤否惟在其自奋自勉而已，吾不能顾及尔等终身也，尔等勉旃。"次年五月即染病不愈，食量大减，病势加重。诸弟专信请家慈由陕回里。盖年来迭遭多故，虽心存达观，而隐痛实深。不孝钫远离膝下，五年未见。不孝钊留学英国，八年方归。亡弟铮遗子二，长者又夭。钫一子三女，钢两女均相继夭。钫三伯母暨从堂兄铎亦先后于此数年中逝世。加以鉎将成人而卒，复因钫困于国事，日夜忧劳，气体渐不如昔，胸膈间阻，稍食即胀，烦医家以枳术丸等进，亦无大效。本年正月，不敢茹荤腥。二月中旬，以故人丧赴洛，留旬余，忽染黄疸，初不以为意，归来延医调治，不少减，又旬余，口不能言，亦不能食，时醒如梦，临终前五六日，不语不食，医药不能入口，用外治方，亦不见轻，延至夏历五月初六日，即阳历六月十一日酉时，竟弃不孝等而长逝矣！春秋五十有九，呜呼痛哉！不孝钫以军事在院，先时专人省视，病过即轻，仍如常人，不过体瘫而已。及至大渐之后，家慈以道路梗阻，秘不令知。迟至月余，始得闻讣，抱恨终天，曷其有极！不孝钊、镕等及长孙广基均侍奉在侧，亲视含殓。而钫独羁身关中，父病未能亲事汤药，父殁又不能亲视含殓，其罪孽更擢发难数矣。六月中旬接友唁，始匍匐奔丧，呜呼痛哉！只以先严窀穸未安，家慈在堂，不得不苟延残喘，勉襄大事。苫块昏迷，语无伦次，伏乞矜鉴。

棘人钫、镕泣述

附录二：张子温墓志铭

新安张君子温墓志铭

于右任附记：

此盖篆就，吴仓老自矜为生平第一，此志不朽，老伯不朽，皆兄之孝心所感也，其珍惜之。伯英兄！于右任。

吴昌硕篆书、于右任附记张子温墓志盖拓片

张子温墓志拓片

故郿州州判张君墓志铭

余杭章炳麟[1]撰文

世愚侄三原于右任[2]书丹

安吉吴昌硕[3]篆盖

君讳清和，字子温，世河南之新安，当关洛孔道。少入大梁书院，长宦于陕西，故其学出入尧夫、子厚间。尽性至命，正而通于方。君清吏也，其子钫，为民国将兵有功，官陕南镇守使。君知戎虏不可与，入民国，虽不仕，未尝斩然立埂岸。尝称："处乱世当危行慎言，不见轻于君子，不见疑于小人。义不当为，不以三公易其介；义当为，无其权亦已矣，有其权，

---

①章炳麟，见前"沅芷澧兰　蛰庐奇葩"辑内。

②于右任（1879—1964），陕西三原人，原籍泾阳，本名伯循，以字行，晚号太平老人。清光绪举人。光绪三十年（1904）出版《半哭半笑楼诗草》，因讥刺时政，遭通缉，遂走上海，入震旦学院。次年参与创办复旦公学、中国公学。三十二年赴日本募款办报，访孙中山，入同盟会。次年在上海办《神州日报》。宣统元年（1909）起先后创刊《民呼日报》《民吁日报》《民立报》，鼓吹革命。1912年任南京临时政府交通次长。宋教仁案发生后，致力讨袁斗争。1918年赴陕任靖国军总司令。1922年与邵力子等创办上海大学，任校长。1924年当选为国民党中央执行委员，拥护孙中山的三大政策。1928年起，历任国民党中央常务委员、审计院长、监察院院长等职。后在台湾病死。工草书，擅写诗。著有《右任诗存》《右任文存》等。

③吴昌硕（1844—1927），初名俊，又名俊卿，字昌硕，又署仓石、苍石，多别号，常见者有仓硕、老苍、老缶、苦铁、大聋、缶道人、石尊者等。浙江省孝丰县鄣吴村（今湖州市安吉县）人。晚清民国时期著名国画家、书法家、篆刻家，"后海派"代表，杭州西泠印社首任社长，与任伯年、蒲华、虚谷合称为"清末海派四大家"。他集"诗、书、画、印"为一身，融金石书画为一炉，被誉为"石鼓篆书第一人""文人画最后的高峰"。在绘画、书法、篆刻上都是旗帜性人物，在诗文、金石等方面均有很高的造诣。吴昌硕热心提携后进，齐白石、王一亭、潘天寿、陈半丁、赵云壑、王个簃、沙孟海等均得其指授。吴昌硕作品有《吴昌硕画集》《吴昌硕作品集》《苦铁碎金》《缶庐近墨》《吴苍石印谱》《缶庐印存》等，诗作集有《缶庐集》。

舍富与贵不顾也。"顾尝念国乱无纲纪，数言止戈为武，荡邪为汤，不嗜杀人者能壹之。又以师河西窦氏，教钫芟舍潼毃①之间，直②将帅黩兵，未尝戚然也。端本于易，以为治乱有时而已矣。民国十年六月十一日卒于家。钫与同县王广庆、三原于右任有旧，介以状来，于是浔③其世系爵里。张氏先世居洛阳瞿镇，自君之考逢源公始徙新安水源村。遗腹浔君，五岁而丧母，育于伯兄清阳。家故多书，其世父鲁岩先生者，尝著《所学集》等数种，称中州大儒。君以孤子承旧德，刻苦向学，无所不窥，然其归在宋儒。尤好易，集易说百余家平议之。清光绪中，以选拔贡生，除直隶州州判，分发陕西。尝监武备学堂，判乾州、鄜州。鄜州地硗瘠，君以判司闲散，无南面之重，犹时课其民垦艺，有德声。宣统三年秋，陕西义军起，鄜民争卫，出君致之耀县。民国初归，充豫西赈务督办。四年，两④兄亡，哭之毁，且曰："吾兄弟如父子，吾事兄犹事父也，浔葬兄，吾事毕矣。"九年，葬兄于水源村，襄事之日，执绋者数千人。明年六月，君遂卒，春秋五十有九。长子即钫，陆军中将，次钊、次镕、次鋆。鋆十五岁，御长安乱死。女四，皆夫人王氏出。孙广超、广勋、广远、广居、广孚、广信、广益。女孙七。所著书多未就，其遗言浔之家书中。十二年十二月，葬水源村先茔之次。余履迹未尝及中州，不能识其长老闻人。观君言行之所遗者，所谓坚白之性，不瓴而淬；修法应变，若数一二者非欤！平世有之，宜道也；降在叔季，其可以勿称。乃次其事，而铭之曰：玉也，瑾故，及于雕；雪也，淖故，就于消。非雕非消，唯德之巙；怀宝在躬，不以自翘。国乱无象，观其象繇。噫！硕果之不裂兮，明星之后没兮，吾将求之于太寥。

①潼毃，即"潼崤"。"潼毃之间"，即潼关和崤山之间。"毃"为"崤"字之异写。

②直，为"值"字之异体。

③浔为"得"之别体。

④此据断裂墓志。又有未断裂墓志此字为"伯"。

附录三：故郿州州判丁酉科拔贡张公子温墓表 ①

（墓表阳面）

陆军上将勋三位陕西省长兼督军愚侄刘镇华 ② 撰文

上将衔陆军中将勋二位扬威将军愚侄张凤翙 ③ 书丹

故郿州州判丁酉科拔贡张公子温墓表

子四：长钫　次钊　次镕　次鍫

女四：长适范　次适公　次适游　四幼

孙男七：广超　广勋　广远　广居　广信　广孚　广益

孙女七：均幼

中华民国十三年一月吉日立石

---

① 墓表由刘镇华撰文，张凤翙书丹，现存于千唐志斋。

② 刘镇华（1883—1956），原名茂业，字雪亚，河南巩义市人，原镇嵩军统领。曾授将军府阜威将军，辛亥革命后，他凭借这支号称十万之众的地方武装，依附于各大军阀之间，先后投靠孙中山、袁世凯、段祺瑞、吴佩孚、冯玉祥、阎锡山，最后归附于国民党蒋介石。曾任陕西督军兼省长、安徽省主席等职。1949年逃往台湾。1956年11月18日在台北家中病逝。

③ 张凤翙（1881—1958），字翔初，陕西西安人，祖籍河南沁阳，中华民国时期著名政治家。1904年，被清政府陆军部选派到日本学习军事，先后在东京振武学校、日本陆军士官学校就读，奠定了他后来军旅生涯的基础。1909年毕业回国。1910年任职陕西新军，曾任督练公所委员、三十九混成协司令部参军、参谋兼二标一营管带。1911年武昌首义后，被陕西革命党人推为总指挥。10月22日发动西安起义成功，被推为秦陇复汉军大统领，亲赴战场指挥。12月受命南京临时政府，任中华民国秦军政分府大都督。1912年任陕西都督。1914年被袁世凯调入京闲置。1917年曾组织力量反对张勋复辟。1924年驱逐陕西都督刘镇华受阻。抗日战争期间，张凤翙拒绝与日本人合作，坚持在大后方支援抗战，积极为抗战出力出资。1940年12月至1945年4月任第二、三、四届国民参政会参政员。1958年因病逝世。

（墓表阴面）

君讳清和，字子温，河南新安人也。志行纯笃，幼失怙恃，与仲兄清涟同育于伯兄清阳。先世业儒，兵燹之后，家道中落，伯耕仲贾而资君读。君天性聪颖，益以砥砺，潜心程朱之学。长游大梁，与都人士观摩。慨然曰："河洛为东亚文明之源，龙图龟书，阐发哲理。余生虽晚，倘使希夷、康节诸贤流风余韵自兹衰息，宁不令川岳笑人耶！"探赜勾玄，遂精于易。光绪丁酉擢萃科，以州倅需次秦中，次第管榷政，监武学。时当清季，夷风甚恶，而朝野泄沓，狃于故常，右文偃武，无敢言知兵者。君察天人之变，消长之机，知泰否剥复，迭为终始，命子弟娴习军旅，用报国家。授判乾州，移鄜州。鄜地故荒瘠，居民思想简陋。君至，为之购种课艺，劳徕招垦，远近利之。辛亥义军起，君曰："我清吏也"挂冠去，道阻不可行，鄜民念君惠，争将护以归。长子钫，集大勋于民国，为万夫长。僚友中拥旌旄、秉节钺者，莫不服君卓识，竞相延揽，终逊谢不应。悬车十载，谨言慎行，里鄙称盛德焉。又时以盈虚穷通训诫子弟，大都皆以修身寡过，尽性立命为依归，不詹詹焉谈休咎也。癸丑豫西大饥，君奉檄督赈务，以公以普，全活无算。世父鲁巖先生，中州名儒，著有《所学集》等书，君手校补刊之，行于世，盖为千古正学计，岂惟显家乘已哉！事兄最恭谨，有客至，兄在坐，言讷讷若不敢出诸口，亚坐饮食，一如兄命，凡事无巨细，咨而后行，虽发鬓皤白，友爱之笃，不减于儿时焉。乙卯君诫子侄曰："汝伯父今年岁星当命宫，恐不吉，尔等慎之。"已而果然。次岁又遭仲兄丧，君痛切鹡鸰，哀毁骨立，勉营殡宫，曰："葬兄，吾事毕矣，敢不勉旃。"庚申卜葬，会葬者不远千里，途为之塞。辛酉君疾，谓家人曰："今岁在酉，吾禄终矣。"五月初六日遂不起，春秋五十有九。曾祖法福，祖登朝，父逢源。配王夫人。子四：长即钫，陆军中将，陕南镇守使。次钊，次镕，次锥，锥以长安乱死。女四，孙男七，孙女七。卜十二年十二月初七日葬君水源村先茔之次。今天下汹汹，嗜杀攘利，儳焉不可终日。君于予为乡前辈，余且与君厚，尝闻君之诫钫，以河西窦融氏为法，尤乐道"不嗜杀人"一语，予心纫之。诗云："虽无老成人，尚有典型。"爰为之表。

张钫之母王温如

张钫之母王温如，母家铁门村南五里王庄村，生于清同治四年（1865）阴历六月十六日。

王太夫人性行慈惠，思虑敏通，治家勤俭，乐善好施，生子女各四，豫陕人士素钦贤母。张钫之父张清和任职陕西，王氏即居西安近四十余载。豫陕每有灾患，莫不慷慨赈济。民国十五年（1926），直系将领刘镇华围西北军杨虎城、李虎臣部于西安，达八个月之久，王氏身陷危城，犹以余粟救济饥民。民国二十五年（1936），西安事变，蒋中正为张学良、杨虎城所劫持，王氏趋晤杨母，责以大义，杨母赧然，怒责其子，事乃得缓。其时西安城中军政要员多匿居长府地下室，王氏挺身庇护，大义凛然，逆军不敢侵。民国三十一年（1942），河南大旱，千里绝收，张母于西安变卖部分田产及家产，赈粮东运豫西渑池、新安及豫省各县救济灾民。

张钫事母至孝，晨昏定省，每以笑颜应承，从无怍色。张钫为母祝寿时，请马尚志为其刻一石枕，造型精美，玲珑剔透，小巧可爱，张母十分珍爱，更被张钫视为家藏珍品。

张钫之弟张钊，大排行为行三，1932年1月22日殁于开封，张家人等瞒着张母，直至7月，张母获知儿殁，悲痛异常，时张母住于西安，张钫为慰母亲，并料理儿女求学事，7月15日由潢川防次起身，在明港乘火车赴开封，7月16日由汴赴陕，在西安冰窖巷本宅为其母王太夫人祝嘏，此间军政界要人及各界亲友，均前往庆贺，西京大戏院、正俗社在寓演剧助兴，剧目有《徐母骂曹》《四郎探母》等，汽车盈门，极为热闹。

《河南民国日报》（1932年7月22日）载《张钫电谢李厅长祝母寿》：

民政厅长李敬斋氏，前以二十路总指挥张钫氏之太夫人寿辰，特电祝贺一节，业志本报。兹悉张氏昨（21）电复谢，原文录后：

开封民政厅李厅长敬斋兄勋鉴：

顷奉巧电，祗聆吉语，崇赐隆仪，益感厚恃，特复鸣谢。

张钫叩　马（二十一）印

《西北文化日报》（1932 年 7 月 24 日）载《张钫奉母命，捐寿仪助陕赈，总值约千元》：

南京通讯社消息：国民革命军第二十路总指挥张伯英，前日来陕为太夫人祝嘏各节，已志报端。刻悉张氏以陕灾浩重，目睹心伤，特奉太夫人命，将各亲友所赐之寿仪，总值千余元，昨口送省赈会，以充赈款，藉济灾黎。兹将张氏致赈会原函录次：

寄瑶（康寄瑶）仁兄大鉴：

陕灾奇重，目击心伤。日前家慈寿辰，叨荷各亲友厚爱，优赐隆仪，总其所值，约有一千之谱，特奉慈命，一律移赈陕灾，以济灾黎。虽杯水车薪，无济于事，亦聊示提倡之意耳。特此奉恳，即希查收是荷。祗颂善祺。

张钫拜启

附录：张母王太夫人七十寿序 [①]

坤元讲易，含弘为积庆之基；天保陈诗，孔固挈釐宜之要。何则？德厚者福备，质坚者道永也。自昔撰文奋武之英，和众安民之彦，勋猷熠爚，位业峥嵘。鹤在阴而世绪昌，凤于阳而□华茂，其间必有恺悌慈祥之门祚，宽仁圣善之母仪，励其勤于韩熊，储其洁于孟鲜。压以密缝之线，凯风吹彼裳衣；寄来亲织之绝，春晖被夫袍泽。承母训而作士气，衍家庆而为国祥，息息相通，隆隆未艾，于伯英兄之寿母王太夫人见之矣！夫铺张奇迹，已乖迟纪之征，撰述谀辞，转旰徽音之实。大德大年之堪纪，庸言庸行之

[①] 刻石现存于千唐志斋。

必详，莫真于骨肉之周旋，莫切于循良之翊赞，莫大于废兴之前识，莫要于膏泽之旁流，此善长之宏纲，而仁寿之大券也。惟太夫人毓秀名区，含醇令族，躬仲氏之德，温淑无慝，体季女之姿，齐庄有则。迨归于子温先生也，不及事夫舅姑，遂善承夫兄嫂。推《尔雅》兄公之义，远溯宏农；详释名嫂叟之俪，旁征高密。顾所稽夫往事，殊难概夫今情。先是子温先生甫茁兰芽，废吟蒿蔚，爰依其哲昆海秋先生夫妇，以迄于成立。曼倩书自陈长养，今昔同符；昌黎文备述提携，恩情永矢。太夫人感蔡子度事兄如父之笃，体韩灵敏奉嫂如母之诚，宛宛同心，恂恂申敬。章钟一声之转，肃齐如对阿翁；妣似一义之通，俪谓原尊长妇。礼莫逾焉，情莫隆焉。子温先生旋以拔萃授郿州州判，六夫人偕往任所。异乡佳节，喜闰月之同看；别驾旧仪，论屏星之不去。犹复妻贤说孟，妇健推桓，既作宦游，仍操家政。凡夫米盐陵杂，细组纷纶。御冬美菜之储，消夏绤绤之备，牖下苹蘩之荐，室中榛栗之需，莫不先事豫筹，届时并举。用以俭勤之壸德。助成清慎之官声。维时伯英兄已肄业于保定军官速成学校，子温先生方以从政之劳，未遑他事之及。太夫人督诸幼子钊、镕两兄从师受读，或荒嬉之偶露，即呵责之交加。未几，伯英兄任陕西新军军校，深致沦夷之慨，共为兴复之谋。省觐郿州，密陈时事，子温先生重申庭诰，冀奠邦基。太夫人复谨以实地实心，蕲免夫蹠山踬垤。羊参军之仁恕，秉自慈颜；虞光禄之义忠，源于姆则。邦家傲扰，民国肇兴。值郿州之弃官，望长安而返驾。崇山虎啸，深夜狐鸣，无仓皇惊恐之容，有容与旋归之乐。然犹曰党人欢义，滂母备闻；大汉开基，陵母先觉。太夫人已悉夫非常之原，无虞夫巨变之至也。至护法之役，伯英兄任陕西靖国军副司令，饷绌，太夫人贷金二千，致之三原，曰："区区者何济，顾以安部曲心耳。"此则输财以助，直同襄哲之为；挟纩相欣，齐拜太君之赐。忆自鹤琴无恙，兔鸟不归，已纳晏婴之书，方侵展禽之谥。太夫人虑伯英兄追退两难，商之乡者，秘不以告，移孝作忠之诲，忘家为国之忱，允协经权，堪资矜式。伯英兄寻闻音信，扶服星奔，纱幔效忠，冠綍敦孝，士论两归焉。伯英兄前总师干，十七年为河南建设厅厅长，至一九年以二十路总指挥兼长民政。恭迓板舆，载歌华萼。以壶浆悦怿，上劝加餐，以冠剑雍容，增光舞彩。此时汴水昔感潼关，志两地之胜游，侍高堂之遐福，莫不睹孝忠双美之子，而羡德寿兼隆之母焉。太夫人弥结胜缘，遍施厚泽，既于其里宏厚生正德之谟，复以其时导移民实边之路。婺星有曜，湛露覃敷，而戚党仰续命之田，宗闾举同功之固，无庸论也。庇荫攸浓，本根益懋，而慈亲之谨于生事，犹子之视如己出，又不必述也。若夫养母有堂，颐亲营宅，得护树背，杂以恒春之华；移菊娱情，配以多寿之石。聚潘家兰玉，觞举颜和；合孟氏埙篪，餐馨膳洁。虽乘槎仲予，虚长风万里之期；而肯构诸郎，副当世三贤之目。太夫人园林揽胜，饴果分甘，遐迩之儿女齐荣，中外之童孙竞秀。团圆叙□□□□□此□□□□□翻。愿众生□，普渡莲花，朗诵□浩，子□□消式厂，慈宫□，弘寿宇，属□□钟之月，恭逢设帨之辰，年是古稀，祜□天锡，民生不□，且申戒惧之楚□。母寿无疆，谨献□昌之鲁颂。

国民政府军事委员会委员长兼参谋总长世侄蒋中正顿首拜撰

参谋次长世侄贺耀组顿首再拜书

世侄朱培德、唐生智、吕超、顾祝同、曹浩森、张翼鹏、杨杰、仇鳌、陈策、黄慕松、熊斌、周亚卫、张华辅、张治中、林蔚、俞大维、潘竟、杨端六、陈启之、汪镐基、张修敬、吴和宣、李国良、邱纬、徐培根、王纶、张元祐、袁绩熙、王泽民、吴德芳、姚琮、徐国镇、龚浩、黄菊裳、刘光、

章鸿春、王俊、邹作华、林伯森、潘佑强、杨言昌同敬祝

中华民国二十三年季夏之月谷旦

张钫之从弟张钊（仲勉）墓志铭

张钊（仲勉）墓志拓本

张钊（仲勉）墓志盖拓本

新安张君仲勉墓志铭

吴江金天翮[1] 撰文

开封关葆谦[2] 书丹

开封许钧[3] 篆盖

君讳钊，字仲勉，姓张氏。世居洛阳翟镇，以避洛水溢，徙新安水源村，再迁铁门镇，遂为新安人。祖逢源，父清和，以君出后仲兄清涟。君开敏而勤于学，弱冠负笈京师，访燕赵感慨悲歌之士与交。辛亥武汉义旗起，君之伯兄钫举兵长安，与清军战崤函间，不利，师次洛南。君先与偃师、新蔡诸豪杰有夙计，约河洛乡勇为应，至是率壮士数百人，间道走虢略，冒雪来援，声势复振。清廷既覆，君慨然有乘风破浪之志，癸丑赴英吉利北明翰大学习政法。尝谓欧美政制宜于西者，未必适于东，苟袭其貌而遗其髓，于国情必无当，今吾改革伊始，宜审己以度人，挹彼之长，以补吾短，或不致纷更反覆，为天下笑。庚申学成归国时，南北已分立两政府，上海方开和平代表会议，而君之伯兄，以陕西靖国军副司令驻三原，不附北庭，已而南政府又有所嬗变。君益感夫国事之靡宁，遂旋里养亲读书。父病，侍汤药三阅月，无须臾离。父卒，哀毁骨立。君之伯兄亦不韪墨经从戎之义，解甲归，营丧葬，筑友石山庄于镇之西阪，奉母颐养。君自是杜门却扫，益究心乡里疾苦、郡国利病，暇则徜徉泉石间，或纵酒酣醉，嬉笑怒骂，无所避忌，乡里长老或目之为狂，君亦不顾也。革命军底

---

① 金天翮（1873—1947），字松岑，号壮游，江苏吴江人，近代诗人，著有小说《孽海花》《天放楼诗集》等。曾与李根源、陈衍等组织中国国学会，与张钫交谊较厚。

② 关葆谦（1882—1956），字百益，满族，河南开封人，著名学者，近代考古学先驱，河南博物馆奠基人之一。其对史学、金石学、考古学、甲骨学等造诣深邃，著作颇丰，1918至1920年间任河南省立第一中学校长，1925—1929年间，先后编著《郑冢古器图考》《新郑古器图录》等。

③ 许钧（1878—1959），字平石，号子猷，开封人。教育家，曾任开封修志馆馆长、河南通志馆编纂开封文史馆馆长等。

定中原，伯兄出长河南建设厅，而关洛益不靖，无何秦晋兵犯中州，伯兄微服走徐宋。君扶老幼渡河，避辉县峪河口山庄，地依太行，林壑幽邃，登高山，临清流，益厌问世事。事定，伯兄以讨逆军二十路总指挥兼长河南民政厅，君来汴一省视，仍返峪河口。君既频年感愤世事，又以峪河口农民子弟多失学，拟设小学校，商诸耆老，而久无成，坐是触发夙昔块垒不平之气，浸以成疾。疾作，辄命酒自遣，然犹手一卷读。泊弥留，忽呼："酒来！"与之饮，遂卒，民国二十年十二月十五日也。距生于光绪十五年八月二十日，春秋四十有三。配高氏，子广琦、广瑞均幼。女长适开封冯承坤，次未字。二十二年二月三日，葬新安铁门镇南烂柯山先茔之次。使来请铭，铭曰：繄中州之奇士，思效用于邦家，悯国势之不振，日搏膺而长嗟，遂纵酒以自遣，终吾生之有涯。呜呼！斯人而撄斯疾，天耶？其人耶？

张钫之季弟张季音（鉎）墓志铭

张季音（鉎）墓志铭拓本

张君季音（鉎，鉎）墓志铭

孟津郭涵[1] 撰文

洛阳李鼎岑[2] 书丹

渑池刘维屏篆盖

---

[1] 郭涵，又名芳五，孟津达宿村（今属小浪底镇）人。工诗善书，其书法得于二王，融于魏碑，很受时人欢迎。民国时期，曾从事赈灾、禁毒、办孤儿院、推行民众教育等社会活动，在洛阳一带有较大影响。

[2] 李鼎岑（1888—1961），字振九，号茫庐主人，洛阳东关下园人，民国时期为洛阳著名书法家。

　　张君讳鈺（鉦），字季音，新安铁门人，吾友伯英将军之季弟也。幼聪颖，卓荦不羁，常从伯兄军中读，顾不屑章句学，好驰马试剑。年十三，忽辞兄去，邀游南北，与当时诸名士游，多幼之。与之语，议论上下千古，磊落有奇气，众皆叹服，折节与之交。君自是亦顿悟，非学无以济天下，事趣归陕，就中学习业，孜孜孟晋，学虽日臻上理，而英明飒爽之概，不减于畴昔，识者咸目为大器焉。逾年，长安乱作，变兵围君第，君持枪登屋顶以抵御，贼皆披靡走，回顾间忽中流弹，创重以死，时年才十七岁耳。呜呼伤哉！初辉县王氏见君才，妻以女，固未婚也。知君死，女自誓不他适，后君六年竟以贞卒于家，年二十三岁。王氏成女志，以其枢诣君，合葬于祖茔之次。伯英痛之甚，乃命次子广勋嗣之，且属涵为之铭。铭曰：干将其邪光熊熊，一双秋水青芙蓉。胡天不吊摧其锋，洛滨郁郁潜幽宫。化为双虹烛苍穹，千秋万岁仰雄风。

张钫之从弟张铮墓志铭

中华民国故步兵少校张君铮墓志铭

陕西督军署秘书长卢氏陈士凯[1]撰文

河南财政厅谘议乡愚弟王维屏[2]书丹

河南第八中校校长修武刘可志篆盖

中華民國故步兵少校張君錚墓誌銘
陝西督軍署秘書長盧氏陳士凱撰文
河南財政廳諮議鄉愚弟王維屏書丹
河南第八中校校長修武劉可志篆蓋
鼎革以來抱奇負才少年殉國者相望也顧有身死而志不得
伸心迹未襮白於世如吾友張君筱秋則尤為可痛君諱錚字
小秋河南新安縣鐵門人少倜儻好談兵學於西安之陸軍學
校宣統辛亥武昌事起隨從兄伯英中將舉義秦中轉戰潼殽
閭厥功甚偉授步兵少校任陝西將軍府副官民國七年伯英
由京入陝樹靖國軍幟師屯商雒士凱與君往商濟時之策顧
情難集義以不得要領屢命越日君再走商雒參靖國軍事臨
別曰吾兄為國靖亂義不反顧吾敢不追隨乎自是不復相見
明年伯英移兵西路屯岐山君引兵屯鳳翔往周公廟就見受
方略至通天大霧咫尺不辨猝遇敵同行劉暴二人止焉君力
戰不肯退死廟左巖下時夏曆八年正月十八日也悲夫君生
於光緒十七年三月十一日得年二十有九父諱清揚母氏邵
皆前卒昆季二人君居次妻劉無子卒繼配鄭生子廣智君歿
後伯英馳書來告將以民國十二年十二月初七日葬君於新
安水源郎祖塋之次且謂士凱故知君屬銘其梗概君之殉國
國不屑屑求諒於世然相知如士凱亦固願有以表彰之以誌
痛焉乃濡淚為之銘曰
有美一人兮萬夫傑孚浩氣兮命短折聞弓垂涕兮涕為血一
戰報國兮夫何說我發其潛幽兮鐫此碣石可泐兮血不滅
中華民國十二年十二月初七日

张铮墓志铭拓本

---

①陈士凯（1887—1942），字慈园，卢氏县城关蔡家巷人，民国初曾任陕西省财政厅长。当年豫西地区兵匪横行，卢氏匪患尤甚，陈士凯曾联结乡绅函请刘镇华派兵入境靖护乡里。陈士凯与张铮亦为生死之交，其在志文开首叹曰："鼎革（辛亥建立民国）以来，抱奇负才、少年殉国者相望也，顾有身死而志不得伸，心迹未襮白于世，如吾友张君筱秋，则尤为可痛。"

②王维屏，见前《沅芷澧兰　蛰庐奇葩》内。

鼎革以来，抱奇负才、少年殉国者相望也，顾有身死而志不得伸，心迹未襮白于世，如吾友张君筱秋，则尤为可痛。君讳铮，字筱秋，河南新安县铁门人，少倜傥，好谈兵，学于西安之陆军学校。宣统辛亥武昌事起，随从兄伯英中将举义秦中，转战潼崤间，厥功甚伟，授步兵少校，任陕西将军府副官。民国七年，伯英由京入陕，树靖国军帜，师屯商雒，士凯与君往商济时之策，顾情难夺义，以不得要领复命。越日，君再走商雒，参靖国军事，临别曰："吾兄为国靖乱，义不反顾，吾敢不追随乎！"自是不复相见。明年，伯英移兵西跱，屯岐山，君引兵屯凤翔，往周公庙就兄受方略。至，适天大雾，咫尺不辨，猝遇敌，同行刘、暴①二人止焉，君力战不肯退，死庙左岩下，时夏历八年正月十八日也，悲夫！君生于光绪十七

---

①据张钫回忆录记述：当年陕西靖国军主战场有兴武、盩（盩厔，今陕西周至）郿、渭北、乾县四地，张铮即阵亡于盩郿战场。张钫《回忆陕西靖国军始末》文中谈及此次战斗时写道："二月十八日（公历）拂晓，与奉军（北洋军阀之部队，当年段祺瑞委派许兰洲为奉军援陕总司令，伙同镇嵩军与靖国军作战）遭遇于周公庙，刘承烈、暴质夫二人被俘，我的四弟张铮阵亡。面对此情，遂退兵岐山。"由是可知志文中所言及之刘、暴二人即刘承烈、暴质夫。刘承烈（1883—1952），又名劲襄，字晶公，号墨园，同盟会员，辛亥革命志士，早年在日本早稻田大学法政系就读时，结识孙中山、黄兴、宋教仁等，后在同盟会总部工作。归国后辗转陕西、河南、山西等地从事策划反清事。刘因同盟会与张钫交好，某次在洛阳从事秘密活动，被警员拘捕，缚于牛车，押送至洛阳城外时，恰遇张钫，张钫诈称刘为其军中文职，遂将警兵扣押，刘始得以脱险。刘曾与孙中山一起组织中华革命党，参与反袁、反蒋等活动。抗战期间，在河北发动抗日起义，1946年策划东北部分国民党部队起义，1948年遭国民党诱捕入狱，国共和谈时被中共营救出狱，新中国成立后任国务院参事室参事。

暴质夫（1883—1923），名式彬。河南滑县人，1905年任开封公学学监时与张宗周共同加入同盟会，是河南反清革命的中坚。民国肇立，当选为河南省议会议长，后在盂县和渭南任职，人称"暴青天"。反袁期间，组织"中华革命军豫陕联军"，护法运动中曾追随张钫参加陕西靖国军征战，1923年，暴被委任为两湖宣抚使，因病卒于上海，孙中山派专人护送其灵柩归原籍安葬。1924年，于右任、张钫、胡景翼、邓宝珊等倡议在新乡卫水之滨建"暴张公园"（暴与张为革命生死与共，1917年护法运动中张宗周被南阳镇守诱杀），建有纪念碑、亭、纪念堂等，今仍存。

年三月十一日，得年二十有九。父讳清扬（阳）母氏邵，皆前卒。昆季二人，君居次。妻刘，无子卒。继配郑，生子广智。君殁后，伯英驰书来告，将以民国十二年十二月初七日，葬君于新安水源村祖茔之次，且谓士凯故知君，属铭其梗概。君之殉国，固不屑屑求谅于世，然相知如士凯，亦固愿有以表彰之，以志痛焉，乃濡泪为之铭曰：

有美一人兮，万夫杰。孕浩气兮，命短折。弯弓垂涕兮，涕为血。一暝报国兮，夫何说。我发其潜幽兮，锲此碣。石可泐兮，血不灭。

中华民国十二年十二月初七日

立德立言　功誉华夏

在中国历史上，被人们奉为经典的《左传》卷三十五曾记载鲁襄公二十四年春，穆叔入晋，范宣子问他说："古人有言曰'死而不朽'，何谓也？"穆叔未作回答，范宣子就举出了自唐尧以来的世袭望族。穆叔回答说：依我看，这些都是代代相传的世禄之家，不是"不朽"一词的本意。如鲁国的贤臣臧文仲，去世之后，其言传立于后，才能称得起"不朽"。接着又补充说："太上有立德，其次有立功，其次有立言，虽久不废，此之谓不朽。①"唐代学者孔颖达对此"三立"作了精辟的阐述，谓："立德，谓创制垂法，博施济众；立功，谓拯厄除难，功济于时；立言，谓言得其要，理足可传。"简单的三句话，三十三个字，把人生标准推论到极致。于是，"三立"有了定论，在中国古往今来成为人生为之奋斗向往的理想标尺，构建了炎黄子孙的中华文明史。综观张钫一生的为人做事，比照"三立"，可谓德言并立，功誉②华夏，传之不朽者。

①《左传》原文：穆叔曰："以豹所闻，此之谓世禄，非不朽也。鲁有先大夫曰臧文仲，既没，其言立，其是之谓乎！豹闻之，'太上有立德，其次有立功，其次有立言'，虽久不废，此之谓不朽。若夫保姓受氏，以守宗祊，世不绝祀，无国无之，禄之大者，不可谓不朽。"

②《晋书·乐广传》："广所在为政，无当时功誉，然每去职，遗爱为人所思。"

全国政协委员前陆军上将张君墓志铭 [①]

　　君讳钫，字伯英，自号友石山人。祖籍山西洪洞，屡迁，至祖逢源，贾于新安，家于铁门镇，遂占籍焉。余杭章先生有《故鄜州州判张君墓志铭》[②] 详之矣。州判公讳清和，一时名儒。君即公长子也。天秉岐嶷，倜傥不羁。念国步之艰难，怀兼济之大志。及学于保定军官学堂，即参与同盟会。辛亥武昌首义，响应于西安。民国元年（1912）任秦军第二师长，后兼陕南镇守使。袁世凯帝制自为，君义愤填膺，谋联络豫陕健儿倾覆之，被拘系京师，袁氏覆亡始获释。六年，反对张勋复辟，任陕西讨逆军总司令。七年八月，任陕西靖国军副总司令，捍卫共和，名重当世。北伐后，曾两任河南省代主席。旋任第二十路军总指挥。十八年河南告灾，赖君之力，及时获得赈济。抗日军兴，出任第十二军团军团长，八一三战起，率部参加淞沪战役，与敌军周旋，克尽军人天职。继移防苏州，复转第一战区预备军总司令。旋调军事参议院副院长，投之闲散，迄抗战胜利。君懿德在躬，韬略在胸，终不为世用。盖自清末至袁氏盗国以来，诸枭将多出自市井，残民以逞，搜求自肥。而君独守先德，素丝不染。余杭章先生以屈子比翼凤凰，不争食鸡鹜颂之，此其情也。解放战争末期，国民党政府任君为豫陕鄂绥靖主任。旿人民解放军进军西南，遂于一九四九年十二月策动国民党军第二十兵团起义于四川。应邀任全国政协二届委员会委员，并任民革中央团结委员会委员。

---

　　① 原载《河南文史资料》第二十五辑。

　　② 张钫墓志铭由孟志昊1983、1984年两赴杭州邀请姜亮夫（1902—1995）教授撰写。姜亮夫为云南省昭通市人，国学大师、著名楚辞学、敦煌学、语言音韵学、历史文献学家，教育家。1933年曾受聘河南大学教授，与张钫素识有旧。张钫之父张子温墓志铭为国学大师章炳麟（字太炎）撰写，而姜亮夫曾师从章炳麟，撰写张钫墓志铭，可称为奇缘。

当君之否剥不复也，虽退居乡里，但未尝忘世。办实业，修水利，惠鳏赈灾，致力于文教事业，至今人多称之。其办学校，改寺刹为校舍，以僧田为学田，经费支给，不加重民负。教忠教孝，不偏于传授知识而重在育人。每逢年时，则亲临校舍，与师生同乐。士无少长咸乐与之近。其有因革命被逮者，尝多方营救，趋赴革命者则示以渡津，免遭危害。而受君抚字上庠有成就者尤多，士林传为美谈。中州为古帝宅京之地，人文荟萃，故中土文物极盛，安阳甲骨，殷周吉金，所在多有，然亦为大利之所在，被盗卖国外，遍藏欧美扶桑，而吾国内反缺然少存。君痛心之甚，用是集埋幽之石以保抱，恢广先德于永世，次第学术为大猷者，无过千唐石志之搜集。石刻在当时有李根源之曲石藏石及于右任鸳鸯七志斋藏石，但未若君之多以千计。欧阳公《集古录》、赵明诚《金石录》及三百年来诸藏家，皆以拓墨为据。则余谓千唐志石为古今第一，非侈言也。昔余教授中州上庠，得君赐石志总目，即欲以校两《唐书》及《全唐文》。会余大病，未得录其文，即出国。数年归而抗战军兴，余至以为虑。盖敌骑所到，文物无完整，甚且囊括而去。余自锢于边邑，求其信息而不可得。东来后，文事不知所从，一不敢问。前年，及门孟君志昊专程来访，志昊即君顾抚以成之士，因知早已筑窟锢之，无一损折，余大快。然垂老，目已不能读书，则数十年心期所在，如何能偿？愿世之有志者，赓伯英先生志，钩稽追琢以尽其蕴，后死者之责也。君雅好文事，编有《历代军事分类诗选》。张仲景遗稿《伤寒杂病论》得梓以行世，雕片现存于南阳医圣祠，亦君之力也。一九六六年五月二十五日病殁于北京协和医院，骨灰原厝八宝山，今归葬于铁门千唐志斋窟顶空地。生于清光绪十二年（丙戌）六月十六日，享寿八十有一岁。生子十一：广超、广勋、广居、广益、广成、广武、广平、广威、广远、广瑞、广明。女七：广仁、广娴、广敏、广琴、广琨、广琛、广珍。

铭曰：

世重儒将，贵知礼仁。炜炜张君，衷怀在民。乐善赈灾，兴学育人。独有千秋，千唐石室。保我国粹，神州之谧。呜呼炜矣，此之谓天秩！

河南省志·人物志·张钫 [①]

张钫（1886—1966），字伯英。新安县人。清光绪三十一年（1905）入陕西陆军小学学习。两年后毕业，由陕西省选送入保定陆军速成学堂，习炮科。1908年加入中国同盟会，秘密从事反清活动，与河南革命党人亦有联系。清宣统元年（1909）被派到陕西省任用。

清宣统二年（1910），张钫任陕西新军混成协炮兵营排长。次年升任炮兵营右队队官。与一标钱鼎组织军事研究社，为在军中革命活动作掩护。同年7月在西安大雁塔与陕西同盟会及哥老会骨干36人歃血为盟，宣誓反清。

1911年武昌起义，张钫与钱鼎积极策划，发动了以张凤翙（日本士官学校毕业，同盟会员，时任新军混成协参军兼第二标一营管带）为首的陕西新军武装起义，占领西安。张钫任秦陇复汉军东路征讨大都督，率陕义军东征。结合河南民军，与清军三战潼关，并进出于灵宝、陕州一带。

1912年，袁世凯委张钫为陕军第二师中将师长。1913年孙中山、黄兴发动二次革命，致信张凤翙、张钫、刘镇华，命在豫陕同时行动。信被刘镇华在洛阳扣留报与袁世凯。袁电令张钫率部开安康，又开四川夔州、万县等地。1914年袁又命张钫率师开汉中，兼任陕南镇守使。1915年至京任将军府参军。同年冬去天津，与豫民党同志郭燕生、暴质夫等密议反袁计划，并愿任陕、豫两省讨袁军事组织工作。1916年张钫回豫组织讨袁军事，被豫督赵倜扣押解京。6月袁死，获释。次年返陕省亲，并与于右任、井勿幕、胡景翼等晤商革命问题。7月张勋复辟，张钫组陕西讨逆军，任第一路军司令驻潼关。复辟败后，张钫离军赴京津了解政局。

① 录于《河南省志》第六十卷《人物志》，河南省地方史志编纂委员会编，河南人民出版社1995年版。

1918 年，张钫应胡景翼、樊钟秀等约去陕，通电称陕西靖国军南路总司令，旋率樊钟秀部出蓝田威胁西安。8 月到三原与于右任、胡景翼、郭坚、樊钟秀、曹世英等开会，宣布受孙中山领导。会议商定统一编组陕西各部靖国军为七路，张钫被推为靖国军副总司令。5 年内先后与北洋军阀段祺瑞所指挥的陕军陈树藩、豫军刘镇华、甘军陆洪涛、奉军许兰洲、直军张锡元、川军刘存厚、晋军阎锡山等部队作战。段祺瑞倒台后，曹锟当权，靖国军解体。

1921 年，张钫由陕回河南新安故里。在家 3 年，曾资助续修《新安县志》，创办铁门小学，开采观音堂煤矿，并开始搜购出土石刻，建山庄园林。康有为过此，亲题山庄为"蛰庐"。

1924 年 8 月，于右任约请张钫到北京。翌年 4 月，国民军被迫撤离北京。直鲁联军入京后严查国民党人，张钫避居天津。7 月，广州革命军出师北伐，张钫微服返豫，筹划迎接北伐军。

1927 年春，在五原誓师参加北伐的冯玉祥军队占领西安。张钫应于右任、冯玉祥的邀请前往述说河南军政状况。5 月，随冯军返豫，参与谋划军事和河南政务。1928 年，张钫出任河南省政府委员、河南省建设厅长，兼赈务委员会主席，《河南新志》编纂处总监。并创办"黄河水利工程专门学校"。

1929 年，蒋冯战争在豫西爆发。张钫因参与蒋介石收买冯玉祥部下将领韩复榘的活动，与冯玉祥分道扬镳。

1930 年 5 月，蒋介石在徐州约见张钫，先后委任他为河南省代主席、第二十路军总指挥。10 月，河南省政府成立，蒋介石任命刘峙为河南省主席，以张钫为民政厅长。二十路军被整编为七十五、七十六两个师，张钫任总指挥兼七十六师师长。不久，又任"清乡督办"，指挥二十路军在河南各地"剿匪"。他看到豫西历年出土大量唐代墓志，遂于 1931 年夏委专人代为搜购。历经 5 年，共得唐志及其他石刻 1000 余片。1936 年在故园"蛰庐"单辟一天井院，建砖拱窑 15 孔将志石镶嵌在墙壁间，并由王广庆命名，请章太炎以篆书题额"千唐志斋"，张钫并编了藏志目录。

1932 年，张钫随二十路军到潢川"剿共"，遭到红军沉重打击。年底，他率七十六师撤往许昌整补。第二年移驻洛阳，负责豫西"剿匪"。他以"剿抚"结合的政策，把豫西主要杆头收编在自己部下。

1934 年，二十路军移驻许昌、南阳一带。这时，张钫购得《万有文库》《四部丛刊》《四部备要》多部和一批精印的儿童读物，分别赠送给故乡铁门和新安、偃师、洛阳、许昌、南阳等地，建立公共图书馆。同年 9 月，张钫受蒋介石令到江西参加对中央红军的第五次"围剿"。10 月，红军主力突围长征，张钫留驻清剿坚持当地武装斗争的红军游击队，历时 3 年。因疲惫奔波于深山茂林，部下数千死于疾病。

1937 年淞沪战后，张钫被任命为十二军团长，率七十六师至苏州、昆山准备对日军作战。10 月，被蒋介石免去本兼各职，调任第一战区抗日预备军总司令，实被夺去兵权。后回河南收编地方武装又未成功。1938 年 2 月，调任军事参议院副院长，未去就职。后携眷至西安，一直到 1945 年。在此期间先后倡办麟风煤矿公司、沔县民生公司、组织西北建设促进会，致力于实业开发，又出资刻板印刷东汉张仲景《伤寒杂病论》。他以河南同乡会会长身份，大力募捐，开办粥场，以安置因旱灾和被日军侵占而逃陕的河南难民。还创办"西北中学"，收容河南流亡学生。继而组织"西北移民垦干班"，培训移民干部和医生；组织难民向甘肃、新疆迁移。

1945 年张钫参加中国国民党第六次全国代表大会，当选中央执行委员。次年被授予陆军上将，退为预备役，解除军事参议院副院长职，受聘为国民政府顾问，移住上海。1947 年当选国民大会代表。1949 年奉母回西安，不久移重庆。是年秋，解放军逼近四川，蒋介石以张钫在陕豫川等省有历史渊源，面谕并特任他为川陕豫鄂边区绥靖主任。在重庆尚未将主任公署编组就绪，解放军已逼近重庆，张钫仓促转移成都。时解放军对成都已完成包围形势，他策动国民党第二军、第十五军连同本部共 6 万余人于 11 月 28 日在郫县起义，投向人民怀抱。1950 年随解放军移住天水。

1951 年应中共中央统战部邀请移住北京，受到周恩来总理、朱德总司令接见。其后参加国民党革命委员会，任民革中央委员，并当选中国人民

政治协商会议全国委员会委员。他对书画诗词金石文物颇感兴趣，经常与诸名家来往研究。晚年遵照周恩来指示写出 30 多万字的回忆录。1966 年 5 月病逝于北京，葬于八宝山。1986 年移葬于故里的千唐志斋院内。

千唐志斋院内东北方之张钫墓园

西北革命史征·人物纪传·张钫 [①]

张钫，字伯英，河南新安人，保定陆军速成学堂毕业。初任陕西新军混成旅协队官，与钱定三、党自新、刘伯明诸人运动革命，联络哥老会党，共图大举。辛亥（1911，清宣统三年）九月朔，与张翔初等首先入城，夺军装局，攻克满城，被推东路征讨大都督。出师潼关，与清军相持阌乡、灵宝间，互有胜负。时省垣接湖北电，谓上海和议可成，各省均宜停战，并因西路战事正急，无兵分援东路。因抄电文示钫、令与东路派员交涉，遵约停战，钫复书曰："接来函可恨可怜，陕东屏藩，必坏于我，而源于诸公也。南省电文决不可恃。十月二十一日停战时，毅军取我潼关；十一月二日停战期满展限，我军不得知，十三日攻灵宝，十五日取灵（宝）城，血战三昼夜，敌军不堪其苦而退，非遵约也。"钫由灵退至陕州，拟作防御计划，适伯生来函，言晋垣无多事，不日当令严孝全过河相助，于是复变守为进。先锋王天纵进至观音堂，据探报渑池敌人用十七营之力来攻，我军遂退硖石固守。时洋人与停战令皆到，于是停战两日，与清军实行交涉，清军支吾答之。继则请派专使面商，其实运兵河岸上，并未稍停，彼无先诚于兹可见，幸被我方探知，连夜退兵。王天纵等恃勇不服，仅退二十里驻守张茅镇。钫连夜回陕州，调七标二营接济严孝全过河。而清军已围攻张茅，我兵战败，弃枪而死于沟、死于井、死于敌弹者，约三百人。最痛心者，军使刘粹轩及随从五六人，往硖石议和，遭敌毒害，一人未归。是时钫之部队，兵不过三营，枪不过五百，以之退守函谷，敌虽强悍，我两营亦足抵御，其如兵无斗志，莫肯力守何。七标二营令守关门，敌来未战

①《西北革命史征》，陕西革命先烈褒恤委员会编，王陆一主编。此书原据《西北革命史征稿》节编整理，2010年王水涣、张胜波、牛敬飞等又据《西北革命史征稿》整理校订改称为《西北辛亥革命事略》，由甘肃人民出版社出版发行，2011年6月第1版。

即逃，不得已，退阌乡，次日又退潼关。一日早敌攻潼关。幸三十日陈树发来，一日晚李仲三来，尚可支持一时。然以兵器不利，陈营退守东原，李营一部东开，胜败不能逆见。赴晋请援兵，已三派信使，而救兵不至。敌军现临城下，危亡迫在旦夕，君等尚持秦桧之议，以误陕民与我，吾死有期矣，死亦当为厉鬼用徽办事糊涂者，君等好自为之。现我兵无子弹，无饷乾，即欲不退，而物不我济，为之奈何？当此酷寒，省来各兵，军装齐备，衣皮外套，靴鞋俱美；钫之兵，平时无衣，战时无弹，饷糈不继，饥寒交集。守碚石四昼夜，得饮热水一口者，不过千分之五十耳。且大雪，焉能以力守之。前后情况，略为述之。钫病重城危，请吴都督速来接事为祷，否则毁坏不堪，诸君并要防清兵得潼关窥省垣矣。省方得书大震，即命吴都督世昌，率数百人驰赴华阴往援。钫亦于南山收合部众，重整军容，东路战局，始告稳定。共和成，任陕西第二镇统制，驻防二华、潼关。嗣为陆建章所忌，解兵东游。七年，任陕靖国军副总司令。初，钫之督师潼关时，所部队伍，均由各标营配拨而来，且非素练之兵，指挥作战，诸事棘手。僚佐中如富平党廷佐字佑卿，华县袁桢字佐卿，皆清末拔贡。廷佐知兵，而桢能文，钫因使廷佐治军，使桢为记室，由是武备文事，均资其力。钫常谓人曰："党、袁二卿，实余左右手也。"袁后任华县知事，党在靖国军亦有劳焉。

新安县志·人物编·张钫 [①]

张钫（1886—1966），字伯英，号友石，本县铁门镇人。父亲张清和，为清光绪年间拔贡，曾任陕西乾州、邠州州判。张钫少时在家乡就学，喜马尚武，老师谓其不可造就，曾以"朽木不可雕"为题，令其作文。张钫开篇破题写道："雕朽木者，肩匠也。"老师惊服其才。

1902年（清光绪二十八年），张钫到陕西父亲任所读书，后以客籍考入陕西陆军小学。1907年陆军小学毕业，以优异成绩被选送到保定陆军速成学堂炮科学习。在校期间，曾与校友钱鼎、吕公望等组织军人革命团体"同袍社"，从事反清活动。1908年加入同盟会。是年暑假，乘返里之便于巩县黑石关小学与河南同盟会主要负责人密会，为河南民党起义事做准备。1909年，由保定陆军速成学堂毕业，返陕西新军实习。归途中，于洛阳再次与河南同盟会盟友开会，商炎河南革命事宜。

1910年，张钫正式任职陕西新军，为该部炮营右队排长。开始与钱鼎、党自新等在新军中组织同盟会，秘密联络组织"武学社"，并担任该社副会长。同时与新军中的"哥老会"会众联系，发展反清势力。是年7月9日（农历六月三三），张钫与西安同盟会、哥老会主要成员30余人在大雁塔集会，"歃血为盟"，矢志反清。

1911年10月22日（农历九月一日），张钫与张凤翙、张云山、钱鼎等领导陕西同盟会发动起义，响应武昌革命。当日上午，同盟会、哥老会领导骨干在西安西郊的林家坟开会，决定即时起义。张钫先行入城侦察，率领部队首先攻占军装局作为起义军总司令部，并缴获大批枪支弹药，武装了徒手的新军战士。继率军攻"满城"，激战2日，光复西安。11月初，

[①] 录于《新安县志》，新安县地方史志编纂委员会编，河南人民出版社1989年版。

张钫出任"秦陇复汉军"东征军大都督,率军东征。此后,三战潼关,一度进兵陕、渑,豫西民军万余望风来投,一时军威大振,吸引清兵数万,与武汉起义军互为策应,血战百余天,至南北议和停战。

民国建立之后,张钫任陕西陆军第二师(由原东征军整编)师长,屯兵潼关。1912 年 6 月,张钫先后到北京和开封面见袁世凯和河南督军张镇芳,呈准把原参加东征的河南民军编为"镇嵩军",由刘镇华统领,回驻豫西。

1913 年,袁世凯窃国行奸,激起全国人民的反对,孙中山发动"二次革命"讨袁,派人赴陕与张钫联络。袁世凯事先得刘镇华密报,急调陕军第二师移军四川。张钫身陷川东,孤掌难鸣,未敢轻举。1914 年,张钫任陕南镇守使,第二年,入京为将军府参军。这时,张钫受到袁世凯爪牙的严密监视,但他仍然设法与在京反袁志士联系,秘密侦听袁世凯帝制活动消息,并暗中联络河南的刘镇华和陕西的陈树藩,组织豫、陕反袁联盟,准备起兵讨伐袁世凯。

1916 年 3 月,张钫经过周密谋划之后,假办民团为名,回河南组织豫、陕联军,以策应云南护国军讨袁。又因刘镇华告密,在开封被河南督军赵倜扣押,并当即转押到北京。6 月,袁死,张钫始被释放。

1917 年,陕西各路靖国军,在征讨陈树藩、刘镇华(时已依附北洋军阀政府)的战争中,久战不胜,共约于右任、张钫赴陕,统一领导靖国军。张钫于 1918 年 8 月 5 日到达雒南樊钟秀(靖国军将领)军中,8 月下旬至三原与先行来到的于右任组织"靖国军总司令部",于右任为总司令,张钫为副总司令。各路靖国军得到统一整编,加强了对陈、刘的攻势,扭转了战争局势。张钫经常深入前线指挥作战,并在戎马倥偬之间,检阅古诗,编成《历代军事分类诗选》,自三代至隋唐的军事名作均有选录,内容颇为丰富。

1921 年,靖国军解体,张钫也因父丧返乡守制。在故乡 3 年,张钫创办了铁门小学,资助县政府在铁门成立"续修县志局",还集股筹金创设"观音堂民生煤矿股份有限公司",开办了观音堂煤矿。

1924 年,"北京政变"之后,胡景翼任河南督军。这时盘踞陕西的刘镇华派憨玉琨东来,欲与胡争夺中原。张钫乃发"弭兵电",呼吁双方罢兵，以宁中原，并来往奔走于胡、刘之间，从中调解，终于无效。

1925年2月，"胡憨之战"起，张钫因囿于与镇嵩军的旧关系，参与了刘、憨的军事行动。3月，战争结束，镇嵩军惨败，张钫为胡部所扣，险遭杀害。8月，于右任为促成冯玉祥的国民军与广州革命政府合作，约请张钫到北京。第二年4月，国民军被迫撤离北京，直鲁联军入京严查国民党人，张钫避居天津，以埋头搞实业为掩护，观察北方形势的变化。7月，广州革命军出师北伐，张钫乃微服返豫，筹划迎接北伐军。

1927年春，在五原誓师参加北伐的冯玉祥军队占领西安，张钫应于右任、冯玉祥的邀请前往。5月，随冯军返豫，经洛阳、郑州转开封，参与谋划军事和河南政务。1928年9月，张钫任河南省建设厅长兼赈务委员会主席，主持地方建设和赈济事务，领导创办"黄河水利工程专门学校"。

1929年，蒋、冯战争在豫西爆发，张钫帮助蒋介石收买冯部主要将领韩复榘倒戈，导致冯玉祥军失败。1930年春，蒋、冯、阎在中原大战，蒋军初战失利。5月，蒋介石在徐州约见张钫，委任他为河南省代主席，并密派他到亳州游说冯部将领孙殿英。张钫力劝孙殿英按兵不动，在挽回蒋军危局中起了重要作用。蒋介石盛赞张钫之功，并委任他兼二十路军总指挥。不久，张钫飞抵漯河，乘大战尾声，收编冯部败军，扩大了自己的军队实力。

10月，河南省政府成立，蒋介石任命刘峙为河南省主席，却以张钫为民政厅长，二十路军也由中央整编为七十五、七十六两师，张钫以总指挥兼七十六师师长。不久，又担任"清乡督办"，指挥二十路军在河南各地"剿匪"。是时，张钫在执行军务中，看到豫西地区历年出土大量唐代墓志不为人重视，遂于1931年夏委派专人代为搜集，妥为保护。并于故园"蛰庐"单辟一天井院，相继建砖拱窑15孔，将志石镶嵌在窑内外墙壁间。前后历时5年，竟得唐志及其他石刻千余片。1936年由王广庆命名，请章太炎以古篆题额为"千唐志斋"。

1932年初，二十路军奉命到潢川"剿共"，历时一年，遭到红军沉重打击。年底，张钫率领七十六师撤往许昌整补。第二年移驻洛阳西工，负责豫西"剿匪"事务。1934年春,张钫又率军回驻许昌和南阳一带。9月,任驻赣第七绥靖区司令官,率二十路军驻江西临川、光泽、邵武、南城一带,参加对红军的第五次"围剿"战争。1935年11月,出席国民党第五次代表大会,当选中央候补执行委员。

1937年,上海"八一三"抗战爆发,张钫升任十二军团长,移驻苏州,部队在昆山前线与日寇作战。9月下旬,蒋介石又任命张钫为第一战区抗日预备军总司令,令其回河南收编地方武装。张钫奉命到河南招兵,但处处碰壁,方悟蒋借机剥夺自己兵权的阴谋,一气上了鸡公山。

1938年2月,国民党政府(已迁重庆)任命张钫为军事参议院副院长(后任代院长)。后日军逼近武汉,张钫由鸡公山携眷至西安。豫西沦陷后,有大批难民涌进西安,张钫以河南同乡会会长身份,出面组织救济工作。并创办"西北中学",安排难民子弟入学就读。还组织"西北移民垦干班",短期培训移民干部和医生,有计划地组织难民向甘肃、新疆迁移。河南大学流亡至陕,张钫出面与陕西军政当局交涉,将其安顿在宝鸡复校上课。抗战胜利后,张钫又亲自出面,为河南大学争取到一笔"善后救济款",使河南大学顺利搬回开封复学。

1945年5月,张钫出席国民党第六次代表大会,为大会执行委员。1946年7月,南京政府授张钫以陆军上将军衔,并委任为总统府国策顾问。1948年3月,出席南京政府第一次国民代表大会,为大会主席团主席。1949年9月,任"鄂豫陕绥靖公署主任"。不久,解放军大举入川,解放重庆,包围成都,张钫乃串联国民党第二十兵团第二军、十五军连同本部共6万余人,在成都近郊郫县通电起义。

1951年,张钫应中共中央统战部邀请,迁居北京。1954年担任全国政协第二届委员会委员。晚年,他遵照周恩来总理指示,撰写了30万字的回忆录。1986年,张钫回忆录由全国政协和河南、陕西省政协文史资料委员会联合整理为《风雨漫漫四十年》一书,出版发行。

1966年5月,张钫因患癌症逝世,终年80岁,葬北京八宝山公墓。1986年6月,由其子女将骨灰归葬铁门"千唐志斋"故园。

回忆张伯英先生 [①]

陈子坚

一

1933 年春，时任二十路军总指挥的张伯英先生由豫到陕。西安绥靖主任兼陕西省政府主席杨虎城先生对张热烈欢迎，盛宴招待。当时我任西安绥署办公厅主任，参与招待，因而认识了伯英先生。席间除了一些重要军政人员外，还请了几十位陕西地方各界人士作陪。未待介绍，伯英先生对一些地方耆宿已呼兄唤弟握手问好了，盖皆旧交也。席间杨主任对众宣称：张先生是辛亥革命陕西起义的领袖之一，又是陕西靖国军的副总司令，是我的老上司。他虽然原籍河南，却在陕西过去革命事业中历尽艰难险阻。在座诸位都是知道或一同经历的。张先生这次来陕，我们热烈欢迎，盼望张先生对陕西现在的一切，仍本过去爱护陕西的精神，予以指导和批评。伯英先生也欣然作答，他说：刚才虎城兄对我所说的话，虽是事实，但评价过高，我深感不安和惭愧。陕西靖国军失败后，我有时息影家园闭门思过，有时奔走四方了解情况。由于内战频仍，政出多门，以致国势益弱，民生凋敝。九一八后东北沦陷，日帝近且进犯不已，我身为军人，不胜发指。我现在虽仍带着队伍，但心有余力不足，真是对国无补，对民有愧。这次来陕，主要是为看看我的第二故乡以及过去的旧交厚友。好在负责军政的虎城兄过去和我同志同事，我一向佩服他对革命坚持到底的精神和艰苦卓绝的作风，所以他能把多年来纷乱的陕西军政完全统一，使人民安居

---

　　① 录于《河南文史资料》第十八辑，中国人民政治协商会议河南省委员会文史资料研究委员会编，1986 年 5 月第 1 版。

乐业，并进一步进行建设。我不但佩服，更感高兴。我留陕期间，深盼老朋友们多见面谈谈，借叙契阔。当时他穿着军服，身体魁梧，整齐严肃。宴会毕，杨主任让我陪送他回冰窖巷他的公馆。从此，在他留住期间，我多次去看他。他没有官架子，平易近人，总是和颜悦色地拉我闲话，问这说那。有时看他的朋友多，他更是谈笑风生，既幽默又痛快。他在家，多穿中式便服，显得潇洒文雅。那时他已四十七八岁，剑眉朗目，犹留壮年英气。

<h2 style="text-align:center">二</h2>

抗日战争期间，我任第四集团军孙蔚如部参谋长、师长等职，在山西，河南方面抗战。陕西是我军后方，有时去西安。当时张伯英先生的带兵职务已被蒋介石解除，调任军事参议院副院长，张先生未去重庆，常住西安。我有时去西安，总到冰窖巷他的公馆看望他。他爱国情殷，深以战场胜负为念，对我垂询备至，慰勉有加。1942年河南蝗旱天灾，1944年日寇大举西犯，蒋鼎文指挥无能，汤恩伯部队溃退，河南人民纷纷逃往陕西，扶老携幼，缺衣乏食，尤以停留西安的灾民和流亡学生为多。张先生目睹惨状，挺身而出，以他的资望亲向陕西军（胡宗南）政（董钊）当局要求救济，设法安置。并倡导募捐衣食现款，救济灾民。他自己还出资办学，收容流亡学生。他还组织了一部分灾民移住甘肃、宁夏、新疆等地广人少省份。到现在，西安、咸阳、宝鸡等城市说河南话的几占居民的三分之一。当时在陕的河南同乡和灾民都喊张先生为老家长，解决不了的问题都找张先生想法解决。

抗战期间，胡宗南是陕甘一带的军事长官，常住西安。由于伯英先生在陕豫的历史资望，并和蒋介石在保定陆军速成学堂同过学，所以胡在一般的宴请之外还"见大人则藐之"的个性，对胡有啥说啥，毫不客气。胡还请张写字，张写了一段孙子兵法的条幅，胡裱挂在王曲七分校。胡宗南在西安同一个姓叶的留美学生结婚，也请张先生证婚。

三

解放战争末期，伯英先生挂豫陕鄂边区绥靖主任名义，在四川起义。后移住北京，参加民革，任全国政协委员。他除参与政协和民革的政治活动外，20 世纪 50 年代他常接触的朋友有邵力子、李根源、申伯纯、米暂沉、郑洞国、楚溪春诸先生。他更喜欢研究书画诗词兼及金石文物，因而与董寿平（书画家）、刘盼遂（北京师范大学古典文学教授）、萧钟梅（书法家），汪慎生（画家）、曹愗吾（教授）、周景涛（出版社总编）等诸先生来往频繁，谈诗论画，有时同游园林山水。他当时虽已年逾古稀，但生活及文艺的情趣极佳，有时还走访名画家齐白石老先生。同他来往的还有其他书画诗词朋友，兹不备述。陕西方面的旧交张翔初、茹卓亭、孙蔚如、赵寿山等有时开会来京，均来访晤。他对国民党的老朋友见面，总爱说："我们过去喊了大半生的打倒帝国主义，打倒军阀，现在共产党领导人民都已实现，中国人民确实站起来啦。"

1959 年周恩来总理号召老年人把亲身经历写成回忆录作为文史资料传之后世，教育青年。张先生积极响应周总理号召，于 20 世纪 60 年代集中精力写回忆录。他原计划把他在辛亥前后的革命活动及以后的风云变幻、军政经历和他亲闻亲见事件与社会现象综合地写成《我的六十年》。初步实践之后，感到年老手颤，书写困难，又因各时期背景材料查实不易，恐有差错。乃商之与我，决定按事按人分题写出，由他回忆口述，我笔录整理，最后由他审阅定稿。他虽年事已高，但记忆能力很强，几十年前之事，谈起来生动具体，如在目前。他的文字根底很好，对我整理的记录，辄加润色，故文章虽由我代写，实际上格调词句仍是他的写法本色。一直写到他病重入院为止。除了他办实业，办教育，在老家经营建筑千唐志斋及在陕赈济安置逃陕的河南灾民学生等事未及细谈记录外，他在四川起义详情也未及谈。其余他的经历回忆都写得差不多了。

到 1965 年，他感觉肠胃系统有病，经中西医诊治，未见大效。于冬季入北京协和医院（即现首都医院）住院诊治，最后查出系十二指肠癌，终于治疗无效，1966 年 5 月 25 日这位中原一代豪英与世长辞。他住院期间，我和民革中央楚溪春每一两天必到医院看望他，他仍思想清楚，言语明白，喜欢谈论旧事，还嘱咐家属把千唐志斋全部拓片送全国政协转献国家。火葬之日，家属之外，邵力子、楚溪春、董寿平、刘盼遂及很多生前好友都去医院与张先生遗体告别，并都亲送灵车到东郊火化场。

1986 年 3 月

（原文注："本文作者陈子坚，江苏徐州人。1905 年生。现为全国政协文史专员。"）

张大人恤民苦情歌 ①

天降下劫年来死人无倾（穷），还有人得生活都有救星。

为善事有大小多寡不等，能济众民心悦才算实行。

请诸兄莫喧哗一仝（同）坐定，愚振坤（神）表一段善士来宗。

新安县铁门镇处身有定，大人讳张百（伯）英何其威风。

天生下栋梁材有德有勇，为河南总司令大有根茎。

作之君作之师上帝命令，不愧天不怍人竭力施行。

在开封设粥棚黎民赞称，看万民比赤子如同亲生。

有东西动刀兵争城夺省，能和国息干戈四海声名。

行仁义兼万善不能尽涌，再说说干豪镇救急贫穷。

煤矿局这件事托有领袖，用人丁巧与拙几百有零。

张大人出告示晓谕民众，舍银钱收木柱巧救民生。

大也要小也要规程有定，好也收赖也收莫欺儿童。

照条规上中下要分几等，又嘱言把穷人不可看轻。

开工价柱子钱先后有定，莫推诿莫吝塞（啬）要顺人情。

老大人惜穷民出此命令，诸先生心欢喜一仝（同）听从。

众百姓都听说甚是喜幸，送木柱虽出力能救死生。

当此时卖六畜稍无一种，卖田地无人要谁还去耕。

大小树一齐放眼前顾俞，不管那后人们行与不行。

今日刊（砍）明日送天天有定，备干粮早做饭内助有功。

---

① 据民国二十四年（1935）洛阳品玉堂石印《末劫真言》引录，编著者不详。本书真实地记载了民国时期豫西一带的地方风土民情及人民在兵荒马乱和天灾人祸中的生活状况，并对张钫当时在开封设粥棚饱饥民及在陕县干壕镇（又名甘壕）兴办煤矿，救济贫困的事迹有所记述反映，然文词俚俗，含有迷信成分。

老也背少也背肩膀疼痛，肚子饿不前行哭泣叹声。

三十里五十里远近不等。一来回只少说百八路程。

到路途歇说话都说苦命，人生到这劫年该受困穷。

这个吃糠面馍两只手捧，那个吃高粮（粱）馍如同血红。

这个说父母老无饭可敬，那个说娃们饿谁不心疼。

说这些贫穷话嘎（啥）也不顶，赶紧走回来晚黑摸路径。

多人背忍着饥受热受冷，无目人背柱子令人伤情。

是小树容易背每日所送，把大树卖与人解板远行。

谁意那横暴来逼迫要命，或神树或坟树不放不中。

使锯锯斧子砍伐木丁丁，那飞禽无处栖鸟鸣嘤嘤。

这一方大小树尽行放净，登高望许多村透没连缨。

已树完远处发竭力加攻，犹恐怕煤矿局停工不收。

因年荒民困苦无法可弄，即受苦能换钱感恩承情。

诸先生甚公道多人赞称，收柱子救穷民大有功程。

大人善领袖好即此完定，再表表民国俗有辱有荣。

大清去民国续上天所定，大中华数十年无有太平。

三主义民权掌无有帅领，得自由不行正乱世来宗。

彼征来此战去争城夺省，谁还管众黎民九死一生。

屡次出告示说肃清地境，尽都是虚体面并无实行。

贼是人人是贼群处和众，正反邪邪反正皂白不清。

自古来遵纲常人伦为重，到如今这世事颠倒逆行。

有胆量敢作为富贵兴盛，无胆人守古制越弄越穷。

天生人到此时贫富两等，喜的喜忧的忧大不相同。

喜的是享荣花（华）运转好命，忧的是命难逃昼夜不宁。

富贵吃酒合肉美味各种，仗势力弄银钱化（花）费不清。

贫贱吃猪狗食令人悲痛，做的禾（活）是牛驴苦把田耕。

遇荒年受苦楚听天由命，谁意那飞天杵即要下拼。

打着谁谁难过倾刻要命，一家人脸失色无法可生。

若有钱免无罪亦算有命，无钱化（花）命难逃胆战心惊。

真好比有亲儿儿哭亲哄，无娘孩任哭死谁还心疼。

有势力去玩耍跳跳蹦蹦，无依靠脸失色痴痴聋聋。

人生到这劫年如同陷阱，望何人发慈悲救出火坑。

又悲天常阴雨受此寒冷，何日里退云雾才见天晴。

众百姓望大人隔山隔岭，拜先生见大人表表民情。

大人知发仁慈博施济众，真好比降甘霖四海昇平。

大地界男共女都想平定，再看那二三回其理自明。

1986 年 7 月 17 日（清光绪十二年农历六月十六日），出生于河南省新安县铁门镇，字伯英，号友石。父张清和，字子温，清·光绪丁酉（1897）科拔贡，曾任陕西武备学堂监学，陕西省乾州（今乾县）、鄜州（今富县）州判。母王温如，铁门镇王庄村人。

1892 年（清光绪十八年），入铁门镇董沟村私塾就读，塾师王性存先生。

1902 年（清光绪二十八年），随母到陕西其父任所，以后即在陕读书。

1904 年（清光绪三十年），考入陕西武备学堂（后改设为陕西陆军小学堂）。

1907 年（清光绪三十三年）9 月，陕西陆军小学堂毕业，由陕西省选送保定陆军速成学堂第一期炮科就读。

1908 年（清光绪三十四年），在保定速成学堂加入同盟会。当年乘暑假回乡之便，到巩县黑石关小学与河南同盟会盟友开秘密集会，商议组织反清活动。

1909 年（清宣统元年），保定陆军速成学堂毕业，被派回陕西陆军混成协实习，归途中到洛阳再次与河南盟友密议豫陕两省发动革命问题。

1910 年（清宣统二年）7 月 9 日，与陕西同盟会、新军、哥老会首领36 人在西安大雁塔"歃血为盟"，宣誓反清。10 月，任陕西陆军第 39 混成协炮营第三排排长，旋升为右队队官。是年，与钱鼎、党仲昭等在西安南院门创设武学研究社，以研究军事学术为名，传播革命思想，发展反清革命力量，并与奉孙中山之命从东京回陕发动革命的井勿幕取得联系。

---

① 此年表据中国文史出版社 2018 年版《风雨漫漫四十年：张钫回忆录》李鸣整理附录二录入。

1911 年（清宣统三年），武昌起义爆发后，与钱鼎等人积极策划组织西安起义。10 月 22 日（阴历九月初一），发动以张凤翙为首的陕西新军混成协武装起义，率炮兵首先占领军装局。23 日，西安光复。11 月 2 日，被大统领张凤翙委任为秦陇复汉军东路征讨大都督，率兵东征，三战潼关，一度进出河南灵宝、陕县以东地区。

1912 年 2 月 18 日，与清军代表赵倜、周符麟在潼关签订停战和约，之后接防潼关。3 月，陕西革命军奉北京政府令，整编为两个师，任陕军第二师师长。7 月 8 日，由潼关抵达洛阳。当晚驻洛北洋陆军第六镇十二混成协周符麟所部哗变，行李辎重被劫。19 日，抵达北京。20 日，在京谒见袁世凯，面报陕西整编军队方案。8 月 10 日，持袁世凯函赴开封面见豫督张镇芳，商洽镇嵩军编制问题，任刘镇华为统领，驻防豫西。9 月 4 日，在潼关亲写《悼辛亥东征阵亡将士文》。

1913 年 8 月，奉大总统袁世凯令，率所部由潼关入川，途经安康，因大雨延迟等因，9 月下旬始至，所部分驻夔州、万县等地。

1914 年 3 月，奉袁世凯令，回防陕南，堵剿白朗。6 月 13 日，被袁世凯任命为陕南镇守使。

1915 年 5 月 21 日，被袁世凯任命为将军府参军，着即来京供职。11 月，在天津与郭燕生、暴质夫、韩凤楼密商反袁称帝办法，并负责豫陕两省讨袁军事发动工作。

1916 年 2、3 月间，在北京与陈树藩部参谋长瞿湘衡及刘镇华部郭芳五联络，请其回陕西、河南面告陈、刘速作反袁准备。4 月 15 日，携带张镇芳给赵倜的信，以筹办河南民团名义回到开封，因刘镇华告密，被豫督赵倜扣留。4 月 20 日，赵奉袁世凯电令将其押解北京军政执法处。6 月 6 日，袁世凯病死。7 日，黎元洪就任大总统，将其释放。是年春，被孙中山委任为中华革命军豫陕兵军总司令。

1917 年 7 月，出任陕西讨逆军总司令，出师潼关，通电反对张勋复辟。张勋复辟旋即失败，返回西安。是年，派矿师到新安县邱沟之上孤灯村调查煤矿资源，并领得矿照。次年与袁绍明等倡办成立新安煤矿公司。

1918年7月1日，在陕西雒南联合樊钟秀部，称陕西靖国军南路司令，并即通电独立。7月下旬，与于右任先后到达三原，被胡景翼、曹世英等各路将领公推为副司令，于右任为总司令。8月8日，与于右任通电全国，就任陕西靖国军副司令之职，于右任为总司令。

1919年1月底，与陈树藩、刘镇华激战于鳌屋（今陕西周至县）、郿县（今陕西眉县），鳌、郿两县失守，退兵凤翔。2月18日，随行卫队在岐山附近周公庙被奉军许兰洲部截击，其堂弟张铮被击殒命脱险后绕道至三原总司令部。

1920年11月16日，与于右任暨靖国军诸将领联名宣言，痛述陈树藩、刘镇华祸陕罪行，反对北京政府之统一令，提出"民党成立真正之民治政府"等六项措施。

1921年6月11日（农历五月六日），其父在新安铁门家中病逝（享年五十九岁）。之后由三原返回故里，为父守制。是年，编订出版《历代军事分类诗选》。

1922年，筹款在新安创办铁门高等小学校；在陕县观音堂招股集资创立民生煤矿股份有限公司，并被推为董事长。

1923年10月，康有为应邀莅临洛阳，在吴佩孚宴请康有为时，特邀其作陪。之后康有为再应陕西督军兼省长刘镇华之邀去西安讲学，西行路上，经过新安县铁门镇，受邀在张家盘桓小住三日，乘兴挥毫，为花园题名"蛰庐"，并赠联、赋诗、书跋留念。是年，设修志馆于铁门镇，资助督修《新安县志》（捐款二千元）；捐资重修新安汉函谷关。

1924年2月8日，特任为略威将军。11月，国民二军军长胡景翼奉命督豫。刘镇华、憨玉琨统兵豫西，欲与胡争夺中原，出面对双方进行调解。之后在郑州组织成立河南弭兵会，被推举为理事长，随即发出弭兵电，呼吁弭兵停战。

1925年2月，调解无果，胡景翼下达总攻击令，酝酿两个多月的"胡憨之战"终于在巩县黑石关一带爆发。8月，应于右任之邀，赴北京联络冯玉祥反奉，策应广州国民政府北伐。

1926年4月，冯玉祥国民军撤往南口以西，直鲁联军张宗昌部入京，严查国民党人，避居天津。8月，微服密返河南，筹划迎接北伐军。

1927年3月，应于右任、冯玉祥之邀至西安，陈述河南军政情况。5月，随冯玉祥军东下，经洛阳、郑州至开封，参与筹划河南军事政治。

1928年10月6日，被任命为河南省政府委员兼河南省政府建设厅厅长。

1929年3月，创办河南省政府建设厅水利工程学校。4月，出任《河南新志》监定。6月，出任河南省赈务会主席。7月1日，以代理河南省政府主席身份于北京饭店晋谒蒋介石，报告冯玉祥政变后军事情况、豫省灾备及匪势情形。

1930年4月下旬，离开封赴山东等地。5月7日，奉蒋介石令由济南到徐州。5月11日，在徐州车站列车上与蒋见面，听蒋谈讨伐阎锡山、冯玉祥作战计划。6月1日，受蒋介石委任代理河南省政府主席，暂设省府办公处于归德（今商丘），旋奉蒋令赴亳州游说孙殿英投蒋，被孙扣留，后经各方营救，7月12日，被礼送出亳。8月4日，受蒋介石委任兼任国民革命军第二十路军总指挥，总指挥部设开封。9月9日，设立河南省政府驻漯河办事处，对阎、冯部队进行分化、瓦解和收编。10月4日，蒋介石电刘峙谓："河南重要，请兄为省主席。至省政府组织人员，请兄保荐，惟民政厅以张百［伯］英担任为宜，以报其此次之勤劳也。"10月7日，国民政府任免令正式下达。10月20日，随刘峙等在省府开封宣誓就职。

1931年1月，第二十路军奉令缩编完毕，全部调豫西清乡。3月26日，国民党中央第一三三次常会，准邵力子、于右任临时提议，介绍张钫等特许入党。9月1日，通电全国，为豫省水灾受害六十七县，一千五百万灾民乞赈，旋发起军人捐俸助赈活动。9月24日，致电蒋介石表示抗日决心。10月19日，拟定豫省人民义勇队组织大纲呈蒋介石。是年，嘱王广庆转告郭玉堂代为收购洛阳一带出土的墓志石刻，陆续运至铁门镇"蛰庐"收藏，以唐代墓志最多，经三广庆倡议，命名为"千唐志斋"，并请章炳麟以古篆书题匾额。

1932 年 1 月 25 日，被河南省政府推为豫南特别区抚绥委员会委员长，之后在信阳宣誓就职。3 月，第二十路军总指挥部及豫南特别区抚绥委员会奉令全部由信阳移防潢川。6 月 2 日，派为河南全省清乡督办。6 月下旬，奉蒋介石令，与红军第四方面军徐向前部在潢川、光山一带激战。

1933 年 1 月 1 日，致电蒋介石，报告河南全省清乡督办公署在开封正式成立。4 月，选拔第二十路军三百英勇健儿（第二批），由郑州转车北上抗日。5 月，七十六师奉令移防豫西一带。10 月，移防许昌。11 月，移防南阳，第二十路军总指挥部仍设许昌。

1934 年 3 月 22 日，蒋介石密电刘峙谓："张钫部待其移至铁路附近，拟即令调江西，请秘密准备。宋天才部届时是否亦能调动，请酌之，但事前切勿与之先说也。"3 月 28 日，蒋介石电令派为赣粤闽湘鄂"剿匪"军预备军副司令。4 月上旬，到南昌谒见蒋介石。之后率所部奉命于 4 月下旬全部开赴江西"剿匪"，七十五师驻黎川、南丰一带，七十六师驻资溪、光泽一带。是年，购书捐赠新安县《万有文库》《四部丛刊》各一部，计四千一百一十二册，新安县于教育局前院设"伯英图书馆"；购儿童读物分赠铁门、洛阳、偃师、南阳等地图书馆；发起重修南阳医圣张仲景祠墓，并草拟《为重修张仲景祠墓敬告国人书》。

1935 年 11 月，在南京出席国民党第五次全国代表大会，被推选为中央候补执行委员。是年，建成一座具有豫西地方特色的砖券窑院，将历时五年搜集的一千多方志石，请工匠镶嵌于大小拱式窑洞 15 孔的内壁和三个长方形天井院及一道走廊里外墙壁上。

1936 年 1 月 23 日，授陆军中将。4 月 3 日，改任驻闽第一绥靖区司令官，辖福建长汀、建宁、泰宁、邵武等二十县。9 月，七十六师奉令回驻江西光泽一带。12 月 12 日，由南京乘火车到达徐州，听到蒋介石被扣的消息，原奉蒋命约在西安见面，因此中止。

1937 年 1 月 10 日，奉命赴奉化谒见蒋介石，蒋表示和平了事，以不用兵为原则。之后飞南京面见时任讨逆总司令何应钦，在讨论对西部和战问题上，提出主和不主打的几条意见。9 月 13 日，被任命为第十二军团军团长，奉令率七十六师开赴上海闸北参加淞沪会战。10月15日，蒋介石任其为第一战区抗日预备军总司令，19日，蒋电令总司令部在许昌设立。10月26日，条陈抗战意见两则由陈诚转呈蒋介石。12月，与中共鄂豫边省委统战部部长刘子厚在开封谈判，双方达成改编协议，建立抗日统战关系。

1938年2月，特任军事参议院副院长。是年，携眷移居西安；在西安南郊丈八沟村购地二百亩，建造私家花园，取名"来园"，供母王太夫人及家人居住。

1939年，在河南嵩县德亭镇创办私立嵩岳中学，任董事长；资助陕西中医学家黄竹斋，将其珍藏的东汉名医张仲景《伤寒杂病论》（第十二稿手抄本），以木刻版印行；在陕西沔县（今勉县）发起筹建民生煤矿。

1940年1月，发起举行募捐游艺会（自捐二千元），邀请常香玉等名角，假西安易俗社演出，筹募赈款，以宏救济。12月1日，组织发起的西北建设促进会正式成立，被公推为会长。是年，成立陕西麟凤煤炭股份有限公司。

1942年，在西安开办粥厂，组织成立豫灾救济会，设立难民收容所，成立移民处，组织豫省逃陕难民分期分批赴西北垦荒就食；母王太夫人变卖西安部分田产，购赈粮运至豫西渑池、新安等县救济灾民。

1943年5月，与陕西省主席熊斌等发起"百元活一命"运动，救济逃陕豫省难民。8月上旬，创办私立西北中学，为首任校长。8月下旬，协助农林部在西安筹办西北移民训练班，月底首批移新疆垦民由西安乘汽车西上。12月18日，军事参议院院长陈调元病逝，以副院长代行院务。

1944年，以河南旅陕司乡会会长名义，发动募捐义演等，利用一切资源，救济中原沦陷后逃陕难民和师生。

1945年4月，在西安成立河南战区临时救济委员会，之后组织劝募总队（下设十队），呼吁各界一致捐助，救济大批来陕河南大学等校师生及难民，使河大师生4月中旬到宝鸡石羊庙、卧龙寺一带复课，河南战区其他学校学生也陆续赴岐山、扶风、凤翔、鄠邑、郿县五所联合中学复课。8月15日，出任河南复员协会陕西分会理事长，之后积极筹划豫省难民返乡。10 月 10 日，获国民政府颁授抗战胜利勋章一枚。10 月 11 日，经国民党第六届中央常务委员会第十一次会议通过，递补为中央执行委员。

1946 年 7 月 31 日，晋升陆军上将，即退为备役。

1947 年 1 月，筹组私立中原工学院，被推为董事长。4 月 18 日，加聘为国民政府顾问。11 月，当选国民大会河南省代表。

1948 年 7 月 29 日，聘任为国策顾问委员会委员。

1949 年 9 月 30 日，出任豫陕鄂边区绥靖公署主任。12 月 24 日，参与策动国民党军第二十兵团司令陈克非部及第十五兵团司令罗广文部在四川郫县通电起义。

1950 年 1 月，住天水，后住兰州。5 月，应中共中央统战部副部长汪峰之邀，移住北京。是年，将西安南郊丈八沟私家花园（二百多亩及房产）全部捐献陕西省人民政府。

1951 年，参加中共中央统战部举办的学习班，受到毛泽东、周恩来、朱德等中央高层领导接见，毛泽东称其为"中原老军事家"。

1953 年 6 月，编次出版《千石斋藏志目录》（一册），由北京石墨斋刊印发行。

1954 年 12 月，当选中国人民政治协商会议第二届全国委员会特邀委员、民革中央团结委员会委员、中央文史馆副馆长。

1956 年 11 月，赴山东济南、泰安、曲阜等地视察参观。

1957 年 4 月，作为全国人大、政协视察小组成员到河南等地视察，顺道回新安铁门故里。是年，被错划为右派分子。

1959 年，积极响应周恩来总理号召，着手撰写回忆录。

1963 年 2 月，被宣布摘掉右派分子帽子。

1965 年，完成 30 多万字回忆录的撰写。

1966 年 5 月 25 日，因消化系统患癌，医治无效，在北京协和医院病逝，安葬于北京市八宝山人民公墓。（1986 年 6 月 20 日，于张钫先生一百周年诞辰之际，骨灰由北京八宝山迁葬故里新安县铁门镇"千唐志斋"故园。）

（李　鸣／整理）

参考文献

1. 陈花容.联语蛰庐：二唐志斋楹联书法集读.郑州：河南美术出版社，2017.

2. 高启宏，陕西革命先烈褒恤委员会.西北革命史征.高又明先生资料编纂委员会刊印,2012.

3. 井晓天.乱世云烬：井勿幕、井岳秀昆仲史事钩沉.北京：中国文史出版社，2018.

4. 李鸣，张桓.豫陕名人张钫.冬勋文教基金会刊印，2018.

5. 陕西革命先烈褒恤委员会.西北辛亥革命事略：庆祝建党 90 周年纪念辛亥革命 100 周年.王永涣，张胜波，牛敬飞，校订.兰州：甘肃人民出版社，2011.

6. 上海人民出版社.章太炎全集：书信集.马勇，整理.上海：上海人民出版社，2017.

7. 新安县地方史志编纂委员会.新安县志.郑州：河南人民出版社，1989.

8. 中国人民政治协商会议河南省委员会文史资料研究委员会.河南文史资料：第七辑.1982.

9. 中国人民政治协商会议陕西省委员会文史资料委员会.陕西辛亥革命回忆录.西安：陕西人民出版社，1982.

10. 中国人民政治协商会议河南省委员会文史资料研究委员会.河南文史资料：第十八辑.1986.

11. 张钫.风雨漫漫四十年.北京：中国文史出版社，1986.

12. 中共陕西省委党史资料征集研究委员会.陕西党史资料丛书（三）：辛亥革命在陕西.西安：陕西人民出版社，1986.

13. 中共陕西省委党史资料征集研究委员会．陕西党史资料丛书（五）：辛亥革命在陕西．西安：陕西人民出版社，1987。

14. 赵跟喜，郭也生，李明德，徐金星，等．千唐志斋．洛阳市新安县千唐志斋管理所，编．北京：中国旅游出版社，1989.

15. 中国人民政治协商会议陕西省委员会文史资料委员会编写．陕西辛亥革命．孙志亮，张应超，著．西安：陕西人民出版社，1991

16. 中国人民政治协商会议陕西省委员会文史和学习委员会．陕西文史资料精编：第一卷．西安：陕西人民出版社，2010.

17. 曾雪梅．还读我书楼珍藏尺牍考解．兰州：甘肃人民出版社，2012.

18. 毛德富主编．百年记忆：河南文史资料大系．郑州：中州古籍出版社，2014.

19. 张钫．风雨漫漫四十年：张钫回忆录．北京：中国文史出版社，2018.

20. 吴天任．康有为年谱．广州：广东人民出版社，2018.

后 记

新安地扼函关，襟带两京，自秦置县，历汉唐而至今。北魏时期，新安为郡，北周以函关而设中州，隋称穀州，唐贞观元年复为县。

域之西有镇曰铁门，亦名缺门或阙门，既见载于北魏郦道元《水经注》，而其名尚见于汉刘向《列仙传》。明成化《河南总志》曾以"右阻铁门之险，左据青要之都"祢誉新安形胜，列铁门峭壁为新安八景之一。宋《元丰九域志》载新安为畿县，改设缺门为延禧镇。

山川之精缊必锺毓焕发俊逸超迈之人，故汉隋两代，杨仆、韩擒虎并以开疆拓土之功彪炳于青史，迨至清宣统辛亥，张钫与张凤翙、钱鼎等继武昌起义十一日后，率新军举义帜于西安，攻克满城，成立秦陇复汉军政府，独立陕西，并出师东征。清帝退位，共和肇建，张钫因护国反袁羁系囹圄，洪宪消亡，始得出狱。其后张钫于丁父忧家居期间，辟故居之西北隙地一区为蛰庐小园，以为冶情养性之所，且其只眼独具，哀集河洛流散之墓志，镶嵌于蛰庐西侧，命其室曰千唐志斋。点石成金，化腐朽为神奇；考古究史，补载籍之阙疑；人咸以石刻唐书呼之。成此巨著，天下唯一，人望文宗，可谓前无古人者。昔人以立德、立功、立言为三不朽，其于张钫先生，堪以副之矣！

庚子白露张宗子述于伴山书屋

後記

新安地扼函關襟帶兩京自秦置縣歷漢唐而至今北魏時期新
安為郡北周以函關而設中州隋稱穀州唐貞觀元年復為縣
城之西有鎮曰鐵門亦名缺門或關門既見載於北魏酈道元水
經注而其名尚見於漢劉向列仙傳明成化河南總志曾以右阻
鐵門之險左據青要之都稱譽新安形勝列鐵門峭壁為新安
八景之一宋元豐九域志載新安為畿縣政設缺門為延禧鎮山
川之精縕必鍾毓煥發俊逸超邁之人故漢隋兩代楊儻韓擒
虎并以開疆拓土之功彪炳於青史迄至清宣統年亥張鈁
與張鳳翽錢鼎等繼武昌起義十一日後率新軍舉義幟
於西安攻克滿城成立秦隴夏漢軍政府獨立陝西弁出師東
征清帝退位共和肇建張鈁復因護國反袁羈係圖圄洪
憲消止始得出獄其後張鈁於丁父憂家居期間闢故居之西
北隅地一區為蟄廬小園以為冶情養性之所且其雙眼獨具衷
集河洛流散之墓志鑲於蟄廬西側命其室曰千唐志齋
點石成金化腐朽為神奇考古完史補戴籍之闕疑故人咸以
石刻唐書呼之成此巨著天下唯一人望文宗可謂前無古人者
昔人以立德立功立言為三不朽其於張鈁先生堪以副之矣
庚子白露張宗子述于伴山書屋

张宗子手书《后记》